语文教师小丛书

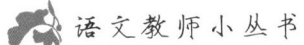
语文教师小丛书

中学古诗文教学与训释

黄灵庚 著

商务印书馆
The Commercial Press

图书在版编目（CIP）数据

中学古诗文教学与训释 / 黄灵庚著. —北京：商务印书馆，2023
（语文教师小丛书）
ISBN 978-7-100-22512-0

Ⅰ.①中… Ⅱ.①黄… Ⅲ.①古典诗歌—中国—中学—教学参考资料②文言文—中学—教学参考资料 Ⅳ.① G633.303

中国国家版本馆 CIP 数据核字（2023）第 093885 号

权利保留，侵权必究。

本书是首都师范大学文学院教学改革成果、绍兴文理学院教学改革成果

语文教师小丛书
中学古诗文教学与训释
黄灵庚　著

商　务　印　书　馆　出　版
（北京王府井大街36号　邮政编码100710）
商　务　印　书　馆　发　行
北京市十月印刷有限公司印刷
ISBN 978 - 7 - 100 - 22512 - 0

2023年8月第1版　　　　开本 787×1092　1/32
2023年8月北京第1次印刷　印张 19　插页 2

定价：98.00 元

目 录

自序 ··· *1*

第一章 导言：语文教师需要学点训诂知识

第一节 训诂贯穿于语文教学 ······································ *3*
第二节 训诂学 ··· *9*
第三节 训诂学的研究对象 ·· *16*
第四节 训诂对中学古诗文教学的作用 ·························· *27*

第二章 训诂的文献类别

第一节 注释类 ··· *61*
第二节 辞书类 ··· *68*
第三节 札记类 ··· *79*

第三章 形训

第一节 形训在先秦时期的表现 ·································· *93*
第二节 形训与六书的关系 ·· *98*

第三节　字形分析在语文教学中的应用·············· *106*
第四节　形训需要注意的问题·· *118*

第四章　双声与叠韵

第一节　反切·· *135*
【附一】　反切上字用字表·· *144*
【附二】　反切下字用字表·· *149*
第二节　上古声母系统·· *162*
第三节　上古韵母系统·· *168*
第四节　双声与叠韵·· *173*

第五章　声训

第一节　先秦两汉时期的声训·· *183*
第二节　声训的第二阶段：右文说·· *189*
第三节　声训的第三阶段：以声音通训诂·············· *199*
第四节　探求语源·· *207*
第五节　声训在语文教学中的应用·· *213*

第六章　古音通假

第一节　通假字及其识别的方法·· *237*
第二节　古今字不能当作通假字·· *249*

第三节 确立通假字的条件……258
第四节 识别通假字应注意的问题……271

第七章 义训

第一节 义训的主要方法……285
第二节 词义辨析……302
第三节 词义相反相成现象：反训……319

第八章 方俗语的训诂

第一节 什么是方俗语……335
第二节 介绍三种方俗语的辞典……346
第三节 训释语文教材中的方俗语……358

第九章 古书辞例在语文教学中的应用

第一节 对文例……382
第二节 互文例……388
第三节 变文例……394
第四节 省文例……401
第五节 倒文例……408
第六节 复语例……414
第七节 连类而及例……422

第八节　虚字误释实义例·················428

第十章　古诗文备课与教学

第一节　古诗文教学重点：疏通"浅易"词义·················435
第二节　古诗文的备课：对勘所选课文的版本·················443
第三节　古诗文的备课：参考古注·················465
第四节　古诗文的备课：广泛参考现代人研究成果·················481
第五节　古诗文的备课：补充当注而未注者·················494
第六节　古诗文的备课：求真务实，发明新义·················507
第七节　古诗文的备课：体会文心，疏理脉络
　　——以《送东阳马生序》《咏怀古迹》为例·················522

【附一】　上古声母及常用字归类表·················534
【附二】　上古韵母及常用字归类表·················548
【附三】　王力《古代汉语》上古声韵表的正误·················562

参考文献·················570
后记·················581

本书古汉语词汇索引·················584

自 序

20世纪末,我为中学一线语文教师"继续教育"开课,课程名曰"中学古诗文教学"。这本小书即是为这门课而编写的讲义。当时教育部下了文件,对在职中小学教师实施继续教育计划,帮助提高他们业务水平。浙江省的继续教育任务,落到了我们浙江师范大学。大概因为我调入师大以前,有过十七年的中学语文教学的经历,所以系领导安排我结合自己的专业特长,开设课程。匆匆上马,边备课,边教学。当时,在下听课者均是从事中学语文教学达二三十年的老教师,被戏称为"老油子"。多数学员的年龄比我还大,是20世纪五六十年代大学毕业的教学骨干,资格也比我老多了。系里老师感到"不好教",多不愿意开课。讲的内容若稍不称意,即遭非议,甚至有授课老师被他们轰下了讲台的先例。说实在话,面对这个特殊群体,我心里也没有谱，有点怯场，战战兢兢，如履薄冰。没想到，这门课结束，大受听课者青睐，以为所有继续教育的课程中，听了我这门课，收获最大，并且给予高度评价：实用、有效。其理由是，所举例子全部出于现行中学语文课本的古诗文中，虽然熟悉却容易误解，说"这才是真学问"。在课后的座谈会上，他们再三鼓励我加紧修订讲义，早日出版。

1998年7月，小书终于以《训诂学与语文教学》之名由浙江古籍出版社出版了。发行量极大，每年都有加印，到了2007年，总印数已在8万册以上，由此可以反映出这本小书受欢迎的程度。2006年，被教育部"全国教师教育课程资源专家委员会"评为"推荐使用资源"。但是，2006年，中学语文课本有一次较大修改，且教育部允许各省市自行编写，所谓"粤教版""苏教版""沪教版""鲁教版""语文版"等多种语文教材也纷纷出版，古诗文的篇目和原人教版课本大不相同，注释也有些变化，这本小书显然不能适应，有些过时了。于是我把各省市的新课本收集齐全，逐一审视，对此书大加修改。总体结构虽然保留原貌，然而撤换和增补了大量的例子，同时有针对性地增加了第十章"古诗文备课与教学"的内容。2008年，此书改由浙江大学出版社出版，其受欢迎程度也未减原版。

2012年，教育部启动统一组织编写的语文教材，于2017年秋季起陆续在全国中小学使用。2019年下半年开始，教育部统编的高中语文课本也开始使用。读了新版语文课本，觉得又有许多话如鲠在喉，不得不一吐为快，于是又有重新修订这本小书的念头，以适应新课本、新时代的需求。商务印书馆编辑李节主动联系了我，经她鼓励、催促，2020年9月以后开始着手修订。这次修订、调整，也是撤换和补充例子为主，力求针对性，尽量引用教育部统编语文课本中的"问题注释"。

中学语文课本不同于普通读物，内容要求准确无误，不允许存在差错，因为直接关系到千千万万学子的文化素质，关系中华优秀传统文化的传承、发展。当下国家出台各种政策，大力传承、发展中华优秀传统文化，为实现伟大的强国梦服务。中学语文课直接承担着传承传统文化教育的使命，对于课本质量的要求会更高。这样的道理，无须我多言。但是，从古诗文注释的质量上看，这套统编中学语文教材有诸多不尽如人意的地方，亟须改正。在这本小书中，也列举许多例子，全书850条标注，多是依据课本的问题注释而设。其中竟然还出现了错别字，如误"苟"为"茍"。《离骚》："不吾知其亦已兮，苟余情其信芳。"注释说："不了解我也就罢了啊，只要我本心确实是美好的。

苟,只要。"课本依据中华书局1983年版《楚辞补注》点校本。其实,点校本的"苟",是个错别字,选文版本出了问题。《楚辞补注》这种书,存世有明代翻刻宋本、明末清初汲古阁毛表校刻本、清康熙陈枚宝翰楼刻本、清道光二十六年惜荫轩丛书刻本、清同治十一年金陵书局刻本、日本国皇书林翻刻本以及民国中华书局《四部备要》本,这个"苟"字,均作"苟"。苟、苟,是音义完全不同的两个字。《离骚》在此句前已出现了"苟"字,如,"苟余情其信姱以练要兮",东汉王逸注:"苟,诚也。"其说确切不易。"苟诚"之苟(jì)、"苟且"之苟(gǒu),不能混淆。苟之解"诚",副词,即"诚然""的确""确实"之意。而"苟且"之苟,从"艸"、句声,音古厚反。颜师古《匡谬正俗》卷八"苟"条:"苟者,媮合之称,所以行无廉隅,不存德义谓之苟且。"虚化之后,则可以表示假设之词,释"如果"。但是,无论是"苟",还是"苟",都不能释解为"只要"。《离骚》"苟余情其信芳",苟,诚然,说我内心确实坚信芳美的。他如贾谊《过秦论》"周聚"误作"周最",《周亚夫军细柳》"介胄"之"胄"(下从月),误作表示"胄孙"的"胄"(下从肉),委实不应该。

再如存在诸多字句注释的错误,系完全不顾具体语境所致,姑且举一事以说明之。如《桃花源记》:"此人一一为具言所闻，皆叹惋。"注释说："叹惋，感叹惋惜。"桃花源里的人听了渔人那些因改朝换代而动乱不已的事情，居然感到"惋惜"？"惋惜"没有经历过那些可怕战乱年代？真是太荒唐了。查《辞源》（第三版）引此句为例，释"叹惋，慨叹惋惜"，以"惋"为"惋惜"，大概是课文注释的依据。其实是误解。徐复先生说："余一九六五年讲授古代汉语课，曾谓'叹惋'为惊叹之义，嘱吴君金华为文记之。略云：'惋在晋人语言中，往往与惊字同义。玄应《众经音义》卷三、卷十七均引《字略》："惋叹，惊异也。"《广韵》去声二十九《换》："惋，惊叹。乌贯切。"非惋惜义。'"（徐复《后读书杂志》，上海古籍出版社1996年版，第184页）其说至确。古书或者"惋愕"连用，因为"愕"有惊义，"惋愕"，是同义复语。如《晋书·桓温传》："军次武昌，获抚军大将军、会稽王昱书，说风尘纷纭，妄生疑惑，辞旨危急，忧及社稷。省之惋愕，不解所由。"《太平广记》卷一百七十（出《剧谈录》）："闻者具陈与贺跋从容，无不惋愕而去。"或者"惊惋"连用，是同义复语，惋即惊的意思。《宋书·王镇恶传》："北土素无舟楫，莫不惊惋，咸谓为神。"《宋书·傅弘之传》："羌胡聚观者数千人，并惊惋叹息。"或者"骇惋"连用，也是同义复语。《宋书·顾琛传》："刘诞猖狂，遂构衅逆，凡在含齿，莫不骇愧。"或者作"愧怛","怛",惊惕义。《晋书·王羲之传》："公私愧怛,不能须臾去怀。""愧怛",即"惊惕"。凡此皆可以补充"愧"训"惊"的例证。桃花源的老小听了渔人那些改朝换代的事,闻所未闻,感叹之外,故又表示惊骇,如此则文从字顺。2000年,我曾替人教社中学语文编辑室审订教材,当时,这条注释遂依据徐复先生意见改为:"叹愧,感叹惊骇。"没想到十几年以后,不知出于何等原因,又被改了回去,真令人"叹愧"不已。为此,我专写《课文注释焉能如此草率》一文(《中华读书报》2020年6月18日版),对统编中学语文课本的古诗文注释进行善意批评,希望他们真正为千千万万学子负责任,认真记取教训,在古诗文注释的质量方面下一番功夫。

这本小书,当然不是为了"纠谬",更重要的是帮助中学语文教师正确释读古诗文,教好古诗文。本书对语文教师在教学中讲究字义训释的方法、途径,工具书的选择和正确使用,语文教师如何积累素养、提高阅读古籍能力,等等,都有较为系统性的论述。书名改为"中学古诗文教学与训释",不是为了媚世和趋时,而是从实际出发。普通中学语文教师一看到"训诂"二字,以为是很高深的学问,是专门家的事情,与中学语文教学不相干,并且会产生畏难情绪。其实"训诂"就是字义解释,改为"训释",便于语文教师接受。"训诂"是一种解释字义的实践活动，日常读书、教学中经常会使用它，一点儿也不神秘。但是，"训诂学"就不一样了，那是一门如何进行理论探索、概括的学问，即是一种如何从理论上系统地总结训释方法、训释条理的学问，对于普通中学语文教师确实没有这样的要求。所以在这本小书中，尽力避免论"学"说"道"，只讲实际操作、具体解释，而且不厌其烦，列举了大量出自统编中学语文课本的"问题注释"，是其是，非其非。这也是改书名"训诂学"为"训释"原因所在吧。在书稿修订完成后，我分别在首都师范大学、浙江师范大学、洛阳师范学院以及一些重点中学开设过讲座，大受中文系本科生及一线中学语文教师欢迎，那种互动的热烈场面，令人终生难忘。相信此书出版，对于中文系本科生及一线语文教师会有所帮助。

商务印书馆慧眼识珠，这本小书被编入了"语文教师小丛书"。虽与责任编辑李节女士微信联系频繁，但是至今未曾晤面。她为此书的修订及时向我提供资料，且尽心尽力，在编辑过程中付出诸多劳动。如果不是李节主动联系，不断催促，恐怕现在也不会动手修订，在此深表谢忱。

时维辛丑孟夏七十八翁黄灵庚序

第一章 导言:语文教师需要学点训诂知识

第一节　训诂贯穿于语文教学

中学语文教师为什么要学训诂？训诂与语文教学到底有什么关系？这得先从"训诂"这个名称说起。

虽然，自产生"训诂"的名称以来，似未曾有过统一的认识。

在汉代，"训"与"诂"二字分用居多，最早出现于古老的词典《尔雅》。《尔雅》第一篇为"释诂"，第二篇为"释言"，第三篇为"释训"。《尔雅序》说："'释诂''释言'，通古今之字，古与今异言也。'释训'，言形貌也。"（《尔雅序》，无名氏作；或说郭璞作，不见郭注今本，唯见孔颖达《毛诗正义·周南·关雎》所引）。这说明："释诂""释言"是专门通古今异言的，即用后代词语来解释前代词语。"释训"是专门训"形貌"的，即以解释表达形貌的词语，对所解释的词义加以形象的描绘、说明，这就不是简单地以词释词了，有时需要用较长的文句来疏通、串讲，把意思完整地注释出来。总之。"训"与"诂"在《尔雅》里是有明显分工的。

有人认为，"训""诂"二字连用，发端于毛亨注释《诗经》，因为其所著书名为《诗故训传》①。("故"与"诂"系古今字，详见下文）其实，这不足为"训""诂"连用的证据。毛亨书名中的"故训传"三字是并列关系，各具其义。《尔雅》虽不专为解《诗经》而作，可是它罗列的训诂材料多取毛氏《诗故训传》，其成书即在《毛诗》之后。《尔雅》的篇目，"释故"在前、"释训"继后的编次，恐怕也是出自《毛诗》的"故训"二字。唐孔颖达说："诂、训者，通古今之异辞，辨物之形貌，则解释之义尽归于此。"又说："传者，传通其义也。……诂者，古也，古今异言，通之使人知也；训者，道也，道物之貌以告人也。"②在孔氏看来，"诂训"，不等于"训诂"，尽管孔氏将二者合而言之，但"诂"是指"通古今之异辞"，"训"是指"辨物之形貌"，各自分用的。只是毛氏的"诂训"与《尔雅》的"释诂""释训"之"诂""训"在词性上是有区别的，前者是动词，后者是名

---

① 洪诚：《训诂学》，江苏古籍出版社1984年版，第2页。
② 《毛诗正义·周南·关雎》，《十三经注疏》，上册，中华书局1979年影印本，第269页上栏。

词。要之，汉代的训诂，包含着释词与辨物形貌两大内容。

先说"诂"的意义，用作名词为"古语"，用作动词为"释解古语"，很好理解。《说文·言部》："诂，训故言也。从言、古声。"清段玉裁注："故言者，旧言也，十口所识前言也。训者，说教也。训故言者，说释故言以教人，是之谓诂。"①段氏以为"诂"是"解释古词语"的意思。诂，可以单用，如《诗经》有《鲁故》《韩故》《齐后氏故》等。陆德明《经典释文·毛诗音义上》："旧本多作故，今或作诂。音古，又音故。……案，诂、故皆是古义，所以两行。然前儒多作诂解，而章句有故言。郭景纯注《尔雅》则作《释诂》，樊、孙等《尔雅》本皆为《释故》。今宜随本，不烦改字。"②又《汉书·艺文志·鲁故二十五卷》，颜师古注："故者，通其指义也。它皆类此。今流俗《毛诗》改故训传为诂字，失真耳。"③或与"解"字连用，如《尚书》有《大小夏侯解诂》，《周礼》有《周官解诂》等。

再说"训"字的意义。《言部》："训，说教也。从言、川声。"说教，是教训、训导的意思，通过解说以达到教化

---

① 段玉裁：《说文解字注》三篇上《言部》，上海古籍出版社1981年据经韵楼藏版影印，第92页下栏。
② 陆德明：《经典释文》，中华书局1983年影印本，第53页。
③ 《汉书·艺文志》，中华书局1962年版，第6册，第1708页。

的目的，引申之可为开导、通晓之义。开导、通晓，则要顺着事物的具体形貌来解说，才能使人明白，所以，"训"就成为"道形貌"的专名了。孔颖达说："训者，道也，道物之貌以告人也。"①宋徐锴曰："训者，顺其意以训之也。"②说的就是这意思。从"训"字的语源上考证，从"川"的字，多有穿行、疏导、和顺的意思。如，和顺叫作"顺"，驯服叫作"驯"，周行无阻叫作"巡"，水流通畅无碍叫作"㽞"或作"汩"等，而这些字都从"川"。灾，古字作"𤆃"，中从巛，象川流受阻不通不顺，所以就成灾害。"训"与这些字同源。将它移植过来，既可以成为一种疏解事物性质的古书体式，如东汉高诱注《淮南子》在每篇篇名之后都加一个"训"字，如"原道训""天文训"等，即用训的方法解说事理；同理，也可以作为疏通古书词义的一种注释体式。除《尔雅》外，"训"在古书注释中是未见有单用的，都与"诂"字一起连用。

"训诂"二字连用，不再分别其义，最早见于《汉书》与《公羊传》何休注。如，《汉书·艺文志》有"汉兴，鲁

---

① 《毛诗正义·周南·关雎》，《十三经注疏》，上册，中华书局1979年影印本，第269页上栏。
② 徐锴：《说文解字系传》，中华书局1987年影印本，第44页下栏。

申公为《诗训故》"的话①。又,《公羊传·定公元年》"主人习其读而问其传",何休《解诂》:"读,谓经;传,谓训诂。"②这里的"训诂",似乎没有什么分别了,笼统地说,是指"解释字义"的意思。但是,也有人将它看作动宾结构,说是"解释古语"的意思。东汉以后,"训诂"一词便成了古书注释的代名称。

语文教师在课堂上给中学生解释课文中的词义,或者对于某些相对难懂的文言文句子,加以串讲,其实就是"训诂"。语文教师在课堂中"释古语"与"道形貌"这两大内容,都是须臾不可离弃的司空见惯的事情,几乎每堂课都在做,一点儿不神秘。课文中的各种注释,都可以用"训诂"来替代。入选语文课本的古诗文的注释不用说了,即便是现代语体文的注释也属于"训诂"范畴。如梁启超《敬业与乐业》:"但我确信'敬业乐业'四字,是人类生活的不二门法。"课文注释说:"不二法门,佛教用语,指直接入道、不可言传的门径。常用来指最好的或独一无二的方法。法门,指修行者入道的门径。"③这是用现代语言解释

---

① 《汉书·艺文志》,中华书局1962年版,第6册,第1708页。
② 《十三经注疏》,下册,第2334页中栏。
③ 教育部组织编写(以下简称"部编"):《义务教育教科书语文》九年级上册,人民教育出版社2018年版,第20页。(以下人民教育出版社的教材只注出版年。——注)

"不二门法"这个古词语,即所谓"通古今之异语",这便是"诂"。又如蔡年迟、蒲海洋《一着惊海天》:"舰岛的主桅杆上,艳红的八一军旗迎风招展。"课文注释说:"舰岛,现代航空母舰常把舰桥、烟囱等集中建造在飞行甲板的一侧,形似小岛,称为舰岛。"[1]又如汪曾祺《昆明的雨》:"菌中之王是鸡㙡,味道鲜浓,无可方比。"课文注释说:"鸡㙡(zōng),食用菌的一种,菌盖呈圆锥形,成熟时呈微黄色。"[2]又如竺可桢《大自然的语言》:"布谷鸟开始唱歌,劳动人民懂得它在唱什么:'阿公阿婆,割麦插禾。'"课文注释说:"阿公阿婆,割麦插禾,这是模拟布谷鸟的叫声,赋予它这样的意义。禾,这里指稻秧。"[3]这岂不就是以"道形貌"方式解释词义的"训"吗?再说,语文教学中常用的串讲形式,和《尔雅·释训》"丁丁,嘤嘤,相切直也"此类训释毫无区别。凡是有词义解释、课文串讲的地方,便有"训诂"存在。所以,"训诂"之事,既不高深,也不神秘,中学语文教师处处遇到它,时时用到它,语文教学的整个过程更是不能没有它。

---

[1] 部编:《义务教育教科书语文》八年级上册,2017年版,第10页。
[2] 同上书,第87页。
[3] 部编:《义务教育教科书语文》八年级下册,2017年版,第29页。

第二节　训诂学

训诂和训诂学是两码事：训诂是研读文献的实践活动，训诂学是研究这种实践活动的方法、门径等。

自汉代尊儒崇经以后，训诂始终是经学的附庸，仅为解读经书服务。所以，历代留给我们的，仅仅是大量的依附于各种文献中以随文释义的形式出现的训诂材料，人们对训诂的认识始终滞留在感性阶段。

清代乾、嘉以后，一些学者开始研讨训诂的条例、方法等，将零碎的训诂材料概括为富有指导意义的条理，逐步建立起一个训诂学的轮廓。及至晚清，训诂逐渐与经学分离，陆续出现了一些阐述训诂方法的专著。训诂之所以能够成为一门学科，就在于它的理论的形成和完善。其时间是在独立于经学之后，大致可以定在20世纪之初。

其实，传统训诂学真没有多少高深的理论，概括起来，其理论核心无非两条：一是建立时地观念；二是探究训诂方法与规律。

时地观念包括两方面：时是指历史观念，地是指方言的差异。清陈澧说："诂者，古也。古今异言，通之使人知之也。盖时有古今，犹地有东西，有南北，相隔远则言语不通矣。地远则有翻译，时远则有训诂。有翻译则能使别国如乡邻，有训诂则能使古今如旦暮。所谓通之也，训诂之功大矣哉！"①时地观念，现在看起来不新鲜，在当时提出来实在需要勇气。古人虽然在训诂实践上承认语言有古今之分，但是理论上不敢说。中古时期的"叶音说"，就是一个突出的例子。随着历史的进程，语言在不断发展变化。俗话说，什么时代说什么话。时代变了，语言必然要变化，而语言三要素中的词义变化是最为明显的。训诂学不但要承认语言的变化，而且要掌握变化的规律，以期指导训诂中的实践问题。如《愚公移山》："聚室而谋曰：'吾与汝毕力平险，指通豫南，达于汉阴，可乎？'杂然相许。"课文注释说："杂然相许，纷纷表示赞同。杂然，纷纷地。"②照此解释，"杂然"是"七嘴八舌"，似有"杂乱"的意思。

---

① 陈澧：《小学》，见《陈澧集》，黄国声主编，上海古籍出版社2008年版，第二册，第215页。

② 部编：《义务教育教科书语文》八年级上册，2018年版，第132页。

其实是不正确的。《说文·衣部》:"杂,五采相合也。从衣、集声。"所谓"五采相合",说五种彩色协调配合起来。《文心雕龙·情采》"五色杂而成黼黻,五音比而成韶夏",用的就是本义。引申为集合、齐同。"杂然相许",说"异口同声""齐声答应"。杂,是"齐同"的意思。课文选自《列子·汤问》,晋人张湛注:"杂,佥也。"[1]佥,即"齐同"之意。下文"杂曰"也同,也不解作"杂乱"。"杂"字的"齐同"意义,现在已经消失了,只剩下"纷乱"的意义。所以,用现在的"纷杂"的意义去解释《愚公移山》"杂然相许""杂曰"的"齐同"的意义,是犯了以今律古的毛病。

再者,一方水土一方语言,方言的差异也是客观存在的。如孟子称楚人许行是"南蛮𪁎舌之人"(见《孟子·滕文公上》)。这说明楚方言与中原地区方言的差异,孟子听不懂楚人说的话。即使南方的楚、越之间,方言的差异也非常大,如楚国的鄂君子皙听不懂渡舟越人所唱的《越人歌》,需要有人翻译为"今日何日兮,得与王子同舟"等句子才能明白。这个故事,见载于刘向《说苑·善说》[2]。训

---

[1] 杨伯峻:《列子集释》,中华书局1979年版,第159页。
[2] 向宗鲁:《说苑校证》,中华书局1987年版,第278页。

诂学要求掌握各种方言的对应关系，总结其中演变的规律，以解决古书中由于方言而造成的难题。在现代方言中还保留着一些古词义，我们也可以利用起来为阅读古书服务。如苏轼《和述古冬日牡丹四首》："一朵妖红翠欲流，春光回照雪霜羞。"陆游说："初不晓'翠欲流'为何语。及游成都，过木行街，有大署市肆曰：'郭家鲜翠红紫铺。'问土人，乃知蜀语'鲜翠'犹言鲜明也，东坡盖用乡语云。"① 其实，以"翠"为"鲜明"，至今保留在金华浦江县方言里。我是浦江人，称"鲜艳"曰"翠刺刺"，则不见得是"蜀语"。选入高中语文课文的柳永《望海潮》（东南形胜）"烟柳画桥，风帘翠幕"的"翠"，② 即是"鲜翠""鲜艳"的意思，也不解作"翠绿"。又如顾况《送大理张卿》："白沙洲上江篱长，绿树村中谢豹啼。"陆游说："吴人谓杜宇为'谢豹'。杜宇初啼时，渔人得虾曰'谢豹虾'，市中卖笋曰'谢豹笋'。唐顾况《送张卫尉》诗曰：'绿树村中谢豹啼。'若非吴人，殆不知谢豹为何物也。"③ 案"谢豹"确实是吴方言，今浙江浦江、义乌、东阳一带称杜鹃为"借报"、杜鹃花为"借报花"，是"谢豹"之名，犹存于其地方言，皆可

---

① 陆游：《老学庵笔记》，中华书局1997年版，第102页。
② 部编：《普通高中教科书语文》选择性必修下册，2020年版，第17页。
③ 陆游：《老学庵笔记》，中华书局1997年版，第35页。

以印证。中学语文课本里的古文,时间跨度大,自先秦至晚清各个历史时期的作品都有。而且,这些作品的作者分布在我国的各个方言区,方言的差异必然存在。所以,时地观念对于指导语文教学的重要意义是不言而喻的。这个问题在后面的章节里还将具体讨论。

说到训诂的方法、规律,近人黄侃说过一段被当今学者屡次称道的话。他说:"训诂者,用语言解释语言之谓。若以此地之语释彼地之语,或以今时之语释昔时之语,虽属训诂之所有事,而非构成之原理。真正之训诂学,即以语言解释语言,初无时地之限域。且论其法式,明其义例,以求语言文字之系统与根源是也。"[①]这段话的精彩之处,在于"论其法式,明其义例"八个字。法式,即方法,训诂学要研究训诂实践的各种方法,并且加以系统化、条理化,便于指导操作;义例,即规律,训诂学就是要从前人的注疏中进行分析、归纳,总结出规律性的东西来,然后再应用到训诂实践中去。前人已总结出许多行之有效的训诂条例,如"以形索义""因声求义""右文说""字母说""据文证义"等等,是一份非常珍贵的文化遗产,仍然适用于

---

① 黄侃:《文字声韵训诂笔记》,黄焯编,上海古籍出版社1983年版,第181页。

我们今天的语言研究和语文教学。再说，今后中学语文课古文教学的任务，比起过去，恐怕有所加重。从教育部组织编写的高中语文教材看，古文篇目有所增加。学习训诂学，掌握必要的训诂学知识，应是每个中学语文教师提高自己业务修养的重要环节。

训诂学有广义与狭义之分。广义的训诂学，习惯上统称为"小学"，包括音韵学、文字学与狭义的训诂学。音韵学研究汉语语音的结构及其演变规律，重点在字音，历代的韵书是研究音韵学的主要成果。文字学研究汉字的形体结构及其演变，重点在字形，历代的字书是研究文字学的主要成果，《说文解字》即是其中最杰出的代表之作。狭义的训诂学相当于以后的词汇学，重点研究古书里的字、词、句的意义的解释。然而这三者不是均等的，从内容上看，三者是相互渗透的，如韵书里既有解形又有释义的，字书里既有标识字音又有释义的，只是在某方面有所侧重而已。但分析字形，审辨音韵，最终是为了解释词义。音韵学、文字学是研究古代文献所必须具备的基本常识，训诂学则是对这些基本常识的应用，是最终要达到的目的。所以，训诂学离不开音韵学与文字学，就是说，训诂学必须贯通文字、声韵之学，加以综合运用，才能达到训诂的目的。这正如前人所总结的，形、音、义"三者互相求"的道理①。训诂学的综合性,并不局限于形、音、义三者的结合,还包括历史语法学、文言修辞学、校勘学、篇章学甚至文化学、神话学等。本书的训诂学,即是以释义为主要宗旨、综合运用语言诸科的广义的训诂学。

---

① 段玉裁:《广雅疏证序》,上海古籍出版社1983年据嘉庆本影印。

第三节　训诂学的研究对象

解释词义是训诂学的终极目标，可它研究的对象并非只是单一的词义，这是因为释词的途径与手段是多方面的，内容又是综合性的，因而训诂学涉及语言学的每个分支，语音学、文字学、词汇学、语法学、修辞学等，都将成为它所要考察与研究的对象。

首先是语音学。训诂要通古今异语，而古今语言上的差异，语音即是一个方面。训诂学离不开语音学常识的帮助。如诸葛亮《出师表》："后值倾覆，受任于败军之际，奉命于危难之间，尔来二十有一年矣。"注释说："尔来，自那时以来。"[①]李白《蜀道难》："蚕丛及鱼凫，开国何茫然！尔来四万八千岁，不与秦塞通人烟。"注释

---

① 部编：《义务教育教科书语文》九年级下册，2018年版，第128页。

说:"尔来,从那以来。"①二例"尔来"的"尔",是指示代词,相当于现代的"那"。原来,"尔""那"古声母相同。"尔"的声母本来属〔n〕,后来受介音影响,才腭化为〔r〕。弄懂了从中古到近代的声母变化的规律,"尔"字便直接可解释为"那"了。所以"尔来",等于说"那时以来"。再如,《论语·子罕》:"子在川上曰:'逝者如斯夫,不舍昼夜!'"注释说:"夫,语气词,用于句末,表示感叹。"②毛泽东《水调歌头·游泳》节引了这句话:"子在川上曰:逝者如斯夫!"课文注释说:"孔子在河边上说:'一切事物的流逝就像这流水一样啊。'"释"夫"为"啊"。③如果用汉语语音演变的规律来检验,就知道这个解释不很正确。因为"夫"的声母是唇齿音〔f〕,而古无唇齿音,〔f〕应该念唇音〔b〕;"夫"的古韵在鱼部,主要元音是〔a〕。所以句末感叹语气词"夫"的古音是〔bā〕,应翻译为"吧",翻译为"啊",是不正确的。但是,研究语音学不是训诂学的目的,训诂学研究、分析语音,只是想掌握、运用古今语音变化的规律,最终作为解

---

① 部编:《普通高中教科书语文》选择性必修下册,2020年版,第14页。
② 部编:《义务教育教科书语文》七年级上册,2016年版,第52页。
③ 高中《语文》第四册,1997年版,第175页。——本书所引已停用的旧版语文教材,注释从简,详参考文献。

释词义的一种手段或途径。清人提出"因声求义""以声音通训诂"等,说的就是这个道理。

其次是文字学。文字是词语的书写符号,汉字的表意特征,便决定了它的表义功能的特征。分析字形结构也就成为训诂的一条行之有效的途径。如韩非《五蠹》:"古者仓颉之作书也,自环者谓之'私',背私谓之'公',公私之相背也,乃仓颉固已知之矣。"[①]"私"字的篆文,写作"ㄙ",画一个圆圈,表示自己所圈定的利益范围。"公"字,从八、从厶,"八",八,分也,把圈子分解,表示是和"私"相违背的意思,故"背私为公"。韩非虽非专讲词义训诂,但是他使用训诂方法,即通过"公""私"二字的字体结构的分析,来解释词义,阐发道理。再如,《季氏将伐颛臾》:"危而不持,颠而不扶,则将焉用彼相矣?"课文注释说:"相,辅助的人。"[②]这个解释是正确的,但何以"相"能解作"辅助的人"?这需要从其字形结构上加以分析。"相",从木、从目,并非表示眼睛看树木的意思。"木",只是表示替代目视的功能,这相当于盲人手上拿的那根木棒,盲者是靠手中之木来辨别方向的,

---

① 陈奇猷:《韩非子集解》,上海人民出版社1974年版,第1058页。
② 高中《语文》第三册,1995年版,第315页。

所以"相"字从木、从目。引申为辅助,又引申为审视。这说明训诂离不开文字形体的分析,必须对汉字的构造下一番功夫研究。但是,研究文字形体结构不是终极的目的,训诂学研究汉字也不过是为了解释词义而已。

再次是词汇学。词汇学是舶来品,成为现代语言学的一个组成部分。词汇学是不太讲究词的意义的,偏重于词汇内部的组合结构形式,然后归综为合成式、偏正式、主谓式、动宾式、补充式等几种类型。表面上看,现代词汇学与词义解释不相干,训诂学可以不管词汇学。其实不然。如《陈涉世家》:"陈涉少时,尝与人佣耕,辍耕之垄上,怅恨久之,曰:'苟富贵,无相忘。'庸者笑而应曰:'若为佣耕,何富贵也?'陈涉太息曰:'嗟乎!燕雀安知鸿鹄之志哉!'"[1]"燕雀安知鸿鹄之志"这句话,非常普通,谁也不会太在意。殷孟伦先生注意到司马贞《索隐》的解释:"按鸿鹄是一鸟,若凤凰然,非谓鸿雁与黄鹄也。"然后看到"燕雀""鸿鹄"这两个词语是对文,结构相同,认为"鸿鹄"既然是一鸟,偏正结构,"燕雀"也应是偏正结构,"燕"与"鸿"相反为义,"鸿"是"大"的意思,则"燕"是"小"的意思。"燕雀",即小雀。他说:"故燕麦

---

[1] 课程教材研究所等:初中《语文》九年级上册,2003年版,第183页。

就是小麦,亦可以说,照《尔雅·释草》:'蘥雀麦',郭注:'即燕麦也。'按郭知雀麦即燕麦者,《一切经音义》廿一引郭璞等曰䳆麦也。盖古义相传是这样,雀之言小也,所以燕雀同有小义。由此可见,说鸿鹄是一鸟,燕雀亦是一鸟,寻其语义,一是同得于大义,一是同得于小义。"[1]说明"燕"解释为"小",在古书里有根据。这个例子足以说明词汇的结构分析对训诂甚有帮助,现代词汇学成为训诂学研究的对象是理所必然的了。

再次是语法学。训诂学重视语法,准确地说是重视句读。所谓句读,是指古人在读古书时,用勾号"√"或逗点"、"点断,表示在某处需要停顿,这实际上是属于语法学的范畴。但又不同于现代语法学,因为现代语法学只管句子结构的各种类型的研究,将它抽象成为纯符号性质的图表,与词义没有多少联系。训诂学则不然,训诂学研究语法与解释词义密切相关,它是通过语法结构的分析以解释句中的疑难词义,所以,训诂学的语法分析,是一种释词的手段,或者是一种释词的途径。如《触龙说赵太后》:"太后曰:'诺,恣君之所使之。'于是为长安君约

---

[1] 殷孟伦:《有关古汉语词义辨析的问题》,《语言文字研究专辑》,《中华文史论丛》(增刊)上册,上海古籍出版社1982年版,第435页。

车百乘,质于齐,齐兵乃出。"其中"恣君之所使之"这句话不大好解释。课文注释说:"任凭您派遣他。……使之,派遣他。之,代舒祺。"①首先,之,不是代舒祺,是代长安君。2002年版教材据笔者作了改正。而弄懂这句话的关键,就在这个"所"字。如果"所"解释为"处所"或"'所'字结构",在句法上都不能成立。于是徐复先生从分析句子结构出发,认为"'所'是名词,作动词'恣'的宾语",所,只能解为"意思"的"意"。"恣君之所使之",就是"恣君之意使之"。②同时徐先生找到"所"训"意"的书证。《汉书·曹参传》:"窋既洗沐归,时间,自从其所谏参。"颜师古注:"自从其所,犹言自出其意也。"训"所"为"意"。《薛宣传》:"自从其所,问宣不教戒惠吏职之意。"颜师古注:"若自出其意,不云惠使之言。"《周勃传》:"此非不足君所乎",此"所"也即是"意"。其说当可成立。《董贤传》:"上有酒所,从容视贤笑,曰:'吾欲法尧禅舜,何如?'"王先谦说:"酒所,犹酒意。"说明"所"训"意"非个别情况。又,《兰亭集序》:"及其所之既倦,情随事迁,感慨系之矣。"注释说:"所之既

---

① 高中《语文》(试验本)第一册,1997年版,第94页。
② 《徐复语言文字学论稿》,江苏教育出版社1996年版,第281页。

倦,(对于)所喜爱或得到的已经厌倦。之,求得。"①之,没有"求得"的意思,是注者误解。所,也是"意"的意思。之,结构助词。意思是说,待其意既已厌倦。陈小平先生也有详考,可参考。②再如,《曹刿论战》有"下视其辙,登轼而望之"二句,由于语法上的理解不同,对"登轼"的解释也有很大的出入。课文注释说:"登轼而望之,登上车前的横木眺望齐国军队。"③则显然是错误的。乘车的人以保持身体平衡,故行车时手扶着车轼。车轼是车前细细的一条横木,人无论如何都站立不稳的。王泗原先生认为"登轼"都是动词,"登"与"下视"之"下"字为对文,"下"是下车,"登"是上车,"轼"是手扶车轼,所以标点应作:"下,视其辙;登,轼而望之"。④孙雍长先生以为"登轼"是动宾短语,"登轼",即同《左传·僖公二十八年》"君冯轼而观之"之"冯轼"。"冯",就是"凭"。"登"之训"凭",古有书证。⑤答案只有一个,谁是谁非,姑且勿论。但是,他们都是通过语法分析来释

---

① 部编:《普通高中教科书语文》选择性必修下册,2020年版,第76页。
② 陈小平:《高中语文语义探究》,浙江古籍出版社2003年版,第163页。
③ 部编:《义务教育教科书语文》九年级下册,2018年版,第123页。
④ 王泗原:《古语文随笔》,《中国语文》1978年第3期。
⑤ 孙雍长:《古"登"字有凭义》,《中国语文》1997年第4期。

"登轼"之义的,足以说明语法分析是一种释义手段,训诂学理当重视语法学。

最后是修辞学。训诂学所研究的修辞学与现代修辞学有很大的区别,现代修辞学研究的对象是修辞格,讲究用词造句的技巧、方法,以达到形象化的修辞效果,如比喻、拟人、夸张之类,与词义无甚直接的关系。准确地说,训诂学里的修辞,讲究词句组合的条理与规律,传统说法,称之为"辞例",像"对文""互文""倒文""省文"等等,多数与词义有直接的关系。清代学者利用此类"辞例"来考释词义,多有发明。如,《庄子·山木篇》:"庄周游于雕陵之樊,睹一异鹊自南方来者,翼广七尺,目大运寸,感周之颡而集于栗林。"王念孙说:"司马彪曰:'运寸,可回一寸也。'按司马以运为运转之运,非也。'运寸'与'广七尺'相对为文,广为横而运为纵也。目大运寸,犹言目大径寸耳。《越语》'句践之地广运百里',韦注曰:'东西为广,南北为运。'是运为纵也。"①就是说,王念孙首先注意到"运寸""广七尺"为对文的"辞例"。由此推断"运""广"相对为义,"运"是"纵"的意思,是指目的直径。然后与《越语》韦昭注相印证,

---

① 《庄子集释》(第三册),中华书局1985年版,第696页。

说明"运"训"纵",在古书上有根据,可以成立。再如,《世说新语·文学第四》第99条有"殷仲文天才宏赡而读书不甚广博亮叹曰若使殷仲文读书半袁豹才不减班固"这样一段话,余嘉锡笺疏的点校本为:"殷仲文天才宏赡,而读书不甚广,博亮叹曰:'若使殷仲文读书半袁豹,才不减班固。'"①余氏从李慈铭说,以为"博"字为"傅",指"傅亮",将"广博"二字断开,实误。"广博"二字连用,属训诂上的"复语"辞例。同卷第25条:"褚季野语孙安国云:'北人学问,渊综广博。'"也以"广博"连用,即其内证。所以,根据古书"复语"的辞例,可以纠正其断句上的错误,即"广"与"博"之间不能用逗号点开。又,《愚公移山》:"遂率子孙荷担者三夫,叩石垦壤,箕畚运于渤海之尾。"注释说:"荷担者三夫:三个能挑担的人。荷,肩负,扛。"②这条注释表面上看,似乎没有问题,"荷担"确是挑担的意思。但是,"荷担"属什么结构?是动宾,还是并列?据其"荷扛"之义,是当作动宾短语的。这就成问题了。课文选自《列子·汤问》,晋张湛注:"荷,揭也。"或通作"何"。《诗经·曹风·候

---

① 余嘉锡:《世说新语笺疏》,中华书局1983年版,第275页。
② 部编:《义务教育教科书语文》八年级上册,2017年版,第130页。

人》:"何戈与祋。"毛《传》:"何,揭也。"孔颖达《毛诗正义》:"戈祋须人担揭,故以荷为揭。"《左传·昭公七年》:"子产曰:'古人有言曰,其父析薪,其子弗克负荷。'"杜注:"荷,担也。"说明"荷""担"二字同义,皆有"揭举"之义,可以释为"挑担"。但是,"荷担"连文,是并列关系,是复语,非动宾,不能说"荷"是"扛""挑","担"是"担子",用作名词。《后汉书·丁鸿传》:"布衣荷担,不远千里。"《段翳传》:"某日当有诸生二人荷担问翳舍处者,幸为告之。"《晋书·董养传》:"乃与妻荷担入蜀,莫知所终。"《郭文传》:"王导闻其名,遣人迎之,文不肯就船车,荷担徒行。"《晋书·载记·慕容皝传》:"且古之王者不以天下为荣,忧四海若荷担,然后仁让之风行,则比屋而可封。"皆其例。又,刘长卿《送灵澈上人》:"荷笠带斜阳,青山独归远。"注释说:"荷笠,背着斗笠。荷,背着。"[①]非是。荷,是载的意思,说头载斗笠。

除此以外,像校勘学、文章学、历史学、神话学、民俗学、文化学、考古学等,只要成为释词的途径或手段,

[①] 《义务教育课程标准实验教科书语文》七年级下册,2008年版,第23页。

也可以列入训诂学某个方面的研究内容,这里就不再一一举例了。总之,凡是可以用作考释词义的所有知识都将成为训诂学研究的对象。

第四节 训诂对中学古诗文教学的作用

根据语文课程标准的要求，初、高中的古诗文教学，始终将字、词教学确立为文言文教学的重点，并且从低段到高段，对每单元和每篇古文的字、词训练作了严格的规定，将字、词教学的要求加以具体的量化了。毋庸置疑，中学语文课本里的古文注释绝大多数是正确可靠的，字、词教学，也完全可以依据课文的注释来进行。但是，作为一个语文教师，尤其是高中语文教师来说，如果仅仅依照课文的注释，或者单凭类似参考资料去讲课，则是很难胜任的。因为语文教师传授的知识常常要超出课文里的内容，教学生懂得所以然，自己首先要懂得之所以然。再说，在课文中的随文释义的注解，多数并没有说明为什么是这样解释而不是那样解释的道理，好像是一地的散沙，不仅要一粒粒地拾起来，还需要语文教师在备课过程中加以综合、归纳、提高和研究，使之条理化、系统化。而训诂学可以在这方面发挥其特有的功用。郭在贻先生的《训诂学》曾从五个方面来说明训诂学在中学语文教学中的指导作用，至今未失其为至理名言①。现在，我们就依据郭先生所总结的五个方面，从中学语文课本注释中另外筛选出25个例证，进一步加以论述。

第一，课文中的某些注释虽无大错，但推敲起来总觉得有些勉强，利用训诂学的知识，可以帮助我们弄清课文中的词语的确切意义。

例之一 李清照《渔家傲》（选自《李清照集笺注》卷一，上海古籍出版社2002年版）："我报路长嗟日暮，学诗谩有惊人句。"②比对原书"谩"字作"漫"。③注释说："谩（màn），同'漫'，空、徒然。"谩、漫二字虽通用，但是用作副词"空""徒然"的字，本作"漫"。而"谩"是欺诈的意思，不解"空""徒然"。杜审言《春日京中有怀》："上林苑里花徒发，细柳营前叶漫新。"李节《满江红·示妇》："笑杜陵，憔悴漫多情，须燕玉。"课文注释改"漫"为"谩"，纯属多作一举。

---

① 郭在贻：《训诂学》，湖南人民出版社1986年版，第23—34页。
② 部编：《义务教育教科书语文》八年级上册，2017年版，第40页。
③ 《李清照集笺注》，第127页。

例之二 《出师表》:"宫中府中,俱为一体,陟罚臧否,不宜异同。"注释说:"赞扬、批评,不应该(因在宫中或在丞相府中而)不同。……臧否,赞扬和批评。"[1]初看似乎可通,"臧否"这个词语,确有"赞扬和批评"的意思。训诂讲究"为传注",虽是同一个词语,出现在不同语境中就会有不同的指归,不可强以一律,显示其灵活性。《出师表》这几句话,是诸葛亮劝谏刘禅对内外之臣要执法如一,而"论其刑赏",要出于公正,实在不是仅仅是口头上的"赞扬和批评",而是说对"为忠善者"要奖,对"作奸犯科者"要惩。臧否,在这里,是指"奖惩"而已。

例之三 宋濂《送东阳马生序》:"今诸生学于太学,县官日有廪稍之供,父母岁有裘葛之遗,无冻馁之患矣。"注释说:"县官,这里指官府。"[2]这条解释不准确。"县官"这名称出自汉代,本是对天子的称呼。如,《史记·绛侯周勃世家》:"庸知其盗买县官器,怒而上变告子,事连污条侯。"唐司马贞《索隐》说:"县官,谓天子也。所以谓国家为县官者,夏家王畿内县即国都也。王者官天下,故曰县官也。"[3]后来也用以泛称朝廷。如,《史记·景帝本纪》:

---

[1] 部编:《义务教育教科书语文》九年级下册,2018年版,第127页。
[2] 高中《语文》第三册,1987年版,第411页。
[3] 《史记》(第六册),中华书局2013年版,第2524—2525页。

"令内史郡不得食马粟，没入县官。"① 晁错《论贵粟疏》："今募天下入粟县官，得以拜爵，得以除罪，如此，富人有爵，农民有钱，粟有所渫。"② 就是没有以"县官"泛称作官府的。再者，宋濂所说的"太学"，也是当时朝廷的最高学府，而"有廪稍之供"，只能是指朝廷，而非官府。故从具体语境上考虑，"县官"，应释为"朝廷"。后来，语文课本将此注释改为"这里指朝廷"，③ 是正确的。

例之四 《归园田居》："暧暧远人村，依依墟里烟。"注释说："暧暧，迷蒙隐约的样子。依依，隐约的样子。一说'轻柔的样子'。"④ 释"暧暧"为"模糊不清的样子"，是正确的。释"依依"为"隐约"或"轻柔"，训诂上没有根据。"依依"，或作"暧暧"。《离骚》"时暧暧其将罢兮"，汉王逸《章句》注："暧暧，昏昧貌。"或作"翳翳"，《归去来兮辞》"景翳翳以将入，抚孤松而盘桓"。"翳翳"，昏暗的样子。"翳""暧"，都是影母字。或作"曀曀"。《后汉书·冯衍传》"日曀曀其将暮兮"，李贤注："曀曀，阴晦貌也。"引申为"盛密"义，因为训"盛密"与训"昏暗"，

---

① 《史记》（第二册），中华书局2013年版，第569页。
② 《二十四史》（第二册），《汉书》，中华书局2008年版，第294页之下。
③ 部编：《义务教育教科书语文》九年级下册，2018年版，第53页。
④ 部编：《普通高中教科书语文》必修上册，2019年版，第59页。

意义上是相通的。或作"依依"。《诗经·采薇》:"昔我往矣,杨柳依依。今我来思,雨雪霏霏。""依依""霏霏"对文,"霏霏",说雨雪之密;"依依",说杨柳之茂。高亨《诗经今注》:"依借为殷,殷殷,茂盛貌。"其实,"殷殷",也是影母字,其义相同,不存在谁是本字与谁是借字的问题。"依依墟里烟",是形容炊烟之浓密。"依依",也是解昏暗不明的样子。

例之五 《子路、曾皙、冉有、公西华侍坐》:"千乘之国,摄乎大国之间,加之以师旅,因之以饥馑。"注释说:"饥馑,泛指饥荒。"[①]注释是正确的。饥,五谷不熟;馑,蔬菜不熟。饥馑,可以"泛指荒年"。《齐桓晋文之事》:"百亩之田,勿夺其时,八口之家可以无饥矣。"[②]这个"饥"字,不解"五谷不熟",而是饥饿的意思。为什么同一个"饥"字既表示饥饿,又表示"五谷不熟"?查阅《说文》就知道,表示"五谷不熟"的"饥",古代作"饑",而表示饥饿的"饥"作"飢",分别是两个字,简化以后都变成了一个"饥"字。"饑""馑"是同义词,与"穰"字是相反对的,如《论积贮疏》:"世之有饑穰,天之行也,禹、

---

① 部编:《普通高中教科书语文》必修下册,2020年版,第2页。
② 同上书,第7页。

汤被之矣。"①而"饥""饿"是同义字，与"饱"字是相反对的。"饥"，表示有东西吃而吃不饱，不至于死；"饿"，表示绝对没东西吃，故能致人于死，"饥""饿"的区别是在程度上。如，《〈指南录〉后序》："穷饿无聊，追购又急，天高地迥，号呼靡及。"②"穷"是走投无路，"饿"是没东西吃，"无聊"是生活无着，这里就不能用作"饥"。单用时似乎看不出其间的差异，分用时区别就很明显。《孟子二则·杀人以梃与刃》"民有饥色，路有饿莩，此率兽而食人也"。"饥""饿"分别为文，训诂学称为"对文"，明显地区分开来了。注释说："饿莩，饿死的人。"③这里就不能说"饥莩"。词语教学中最忌解释同义词含混模糊或区分不明，训诂学则可以通过"对文"与"散文"手段，帮助我们准确地把握像"饥（飢）""饿"此类同义词的区别。

第二，课文中某些注释常常有两种或两种以上不同的解释，这说明注释者也不能抉择，故列而并陈之，需要语文教师自己来判断。在这种情况下，运用训诂学的方法则能帮助我们在众说纷纭中作出正确选择。

---

① 高中《语文》第四册，1988年版，第310页。
② 高中《语文》第四册，1993年版，第272页。
③ 浙江省编：初中《语文》第四册，浙江教育出版社1995年版，第75页。

例之六 《齐桓晋文之事》:"为长者折枝,语人曰:'我不能。'是不为也,非不能也。"注释说:"为长者折枝,对长者按摩肢体。枝,同'肢',肢体。一说'折枝'指弯腰行礼。另一说'折枝'即折取树枝。均喻指常人容易办到的事情。"[①]似乎不能决断,而罗列了三种不同解释,以为三解都可通。其实,"折枝",在这个语境里只有一种解释、一个答案,不可能三个解释都是正确的。枝,虽然可以通作"肢",而将"折肢"解作"弯腰",这恐怕是出于臆测,在古书里没有根据。此说出自《文献通考·经籍考》引陆筠《翼孟》。释"折枝"为"折树枝",出自唐代陆善经,说"折枝,折草树枝",宋代朱熹也采用此说。从字面上看是无可非议的,为什么非要为"长者"折草树枝?就觉得不可思议了。"折枝"解释为"按摩",出自东汉的赵岐《孟子》注,赵说:"折枝,案摩,折手节、解罢枝也。少者耻见役,故不为耳,非不能也。"赵氏于古最近,当得其实。清人焦循《孟子正义》为之详考,说:"毛氏奇龄《四书賸言》云:'赵氏注"折枝,案摩折手节解罢枝",此卑贱奉事尊长之节,《内则》"子妇事舅姑,问疾痛疴痒而抑搔之",郑注:"抑搔即按摩。"屈抑枝体,与折义

---

① 部编:《普通高中教科书语文》必修下册,2020年版,第5页。

正同.'以此皆卑役，非凡人屑为，故曰是不为，非不能。《后汉·张皓王龚论》云：'岂同折枝于长者，以不为为难乎？'刘熙注：'按摩不为，非难为。'可验。若刘峻《广绝交论》'折枝舔痔'，卢思道《北齐论》'韩高之徒，人皆折枝舔痔'，《朝野金载》'薛稷等舔痔折枝，阿附太平公主'。类皆朋作媛谄之具。"可见，"折枝"，原是一种弯弯手关节，解除肢体疲劳的"卑役"，视如"舔痔"之类极委琐无耻的行为，为常人所不愿干、耻于作为而不是"常人容易办到"的事情，二者性质完全不同，所以赵岐说，"少者耻见役，故不为耳"。王力先生主编的《古代汉语》注释说："枝，通肢。折枝，指按摩。"[1]王力先生只采用赵岐说是正确的，而课本所列另外二说，都不可取，应该删去。其罗列于此，只会徒滋歧纷，绝无好处。

例之七　《鸿门宴》："哙曰：'此迫矣！臣请入，与之同命。"注释说："与之同命，跟他同生死。意思是要守卫在刘邦身旁，竭力保护他。之，指刘邦。"[2]这条注释是正确的。旧版课本注释或者说"之，指项羽等。同命，死在

---

[1]　王力：《古代汉语》第一册，中华书局1982年版，第292页。
[2]　部编：《普通高中教科书语文》必修下册，2020年版，第15页。

一块儿、拼命"，①或者说"之，指项庄"。②汪维辉先生认为"同命"本义是"同生死，共命运"。古书里并没有表示"拼命"的意思，而是指一块死、共同死在一起的意思。③其说可信。"同命"，表示一块死，古书里确有其证。如，《淮南子·俶真训》："夫历阳之都，一夕反而为湖，勇、力、圣、知与罢怯、不肖者同命。"高诱注："勇怯同命，无遗脱也。"《三国志·蜀书·马超传》"密书请降"，裴松之注引《典略》说："超捶胸吐血曰：'阖门百口，一旦同命。'"《后汉书·冯岑贾列传》："（冯）异归，谓苗萌曰：'今诸将皆壮士屈起，多横暴，独有刘将军所到不虏掠。观其言语举止，非庸人也，可以归身。'苗萌曰：'死生同命，敬从子计。'"樊哙意在保护沛公，"与之同命"之"之"，当指刘邦，是说与刘邦一块死。

例之八 《屈原列传》："其志洁，故其称物芳；其行廉，故死而不容。自疏濯淖污泥之中，蝉蜕于浊秽，以浮游尘埃之外，不获世之滋垢，皭然泥而不滓者也。"注释说："自疏濯淖污泥之中，自动地远离污泥浊水。濯、淖、

---

① 高中《语文》第二册，2006年版，第97页。
② 高中《语文》第二册，1991年版，第305页。
③ 汪维辉：《新版中学课本文言文注释商兑拾补》，《古汉语研究》1992年第3期。

污、泥，都是'污浊'的意思。不获世之滋垢，不为尘世的污垢所辱。获，辱，被辱。滋，黑。"①这篇课文选自中华书局2014年版的《史记》，但是，旧版《史记》这段话中的"自疏"二字属上，以"故死而不容自疏"为一句。这两种标点法哪个对呢？需要作出选择。黄侃先生说："俗本在'自疏'下断句，语无可说。'自疏'当属下，为此句之动词，为自远义。"又说："上句'故死而不容'，自为句，与'故其称物芳'为对文。"徐复先生说："又按：《汉书·扬雄传》：'又怪屈原文过相如，至不容。'又王逸《离骚经章句序》引班固曰：'不见容纳，忿恚自沈。'王逸《远游章句序》亦谓'屈原履方直之行，不容于世。'皆其证也。'不容'下缀'自疏'二字，失其义矣。"②黄侃解释，符合句法，且有训诂上的根据，所以新版《史记》吸取其意见，是正确的。又，《离骚》："何离心之可同兮，吾将远逝以自疏。"正是"自疏濯淖污泥之中"的意思。这是内证，更能证明"自疏"应该属下。课本的标点也是对的，旧版《史记》版本，则标点错了。又，课文注释"获"字解为"辱，被辱"，将此句译为"不为尘世的污垢所辱"。

---

① 部编：《普通高中教科书语文》选择性必修中册，2020年版，第83页。
② 徐复：《后读书杂志》，上海古籍出版社1996年版，第31页。

《广雅·释诂》:"濩、辱,污也。"又:"获,犹辱也。"王念孙说:"与获濩义相近。《楚辞·渔父》:'又安能以皓皓之白而蒙世之温蠖乎?'蠖与濩义亦相近。陈氏观楼云:'温蠖,即污之反语也。'"①可见,"获"字在汉代有污辱义,释"获"为"辱"是正确的。但是,"获"字本身无"辱"义,原来是"污"的通假字。张家山汉简《引书》"尺蠖"写作"尺污",②即其证。所以,这条注释需要补充:"获,通'污',污辱。"

例之九 《信陵君窃符救赵》:"侯生因谓公子曰:'今日嬴之为公子亦足矣!嬴乃夷门抱关者也,而公子亲枉车骑自迎嬴。于众人广坐之中,不宜有所过,今公子故过之。然嬴欲就公子之名,故久立公子车骑市中,过客,以观公子,公子愈恭。'"注释说:"抱关者,守门人。不宜有所过,不宜再访问谁。"③王伯祥先生说:"乃夷门抱关者也,是夷上抱着门闩的人啊。在当时,看职司启闭城门的人是贱役,故与上'难为'或羞辱相应。关,用来固护门户的东西,即门闩。"又说:"不宜有所过,不应当有过分的礼

---

① 王念孙:《广雅疏证》卷三上,上海古籍出版社1983年据清嘉庆本影印,第312页。
② 《张家山汉墓竹简》,文物出版社2001年版,第286页。
③ 高中《语文》第六册,2006年版,第107页。

节。"① 这两种解释哪一种对？粗看起来似乎都有道理，其实不然。首先，"关"字古义为"以木柲持门户也"，实是今之门闩，引申为关隘。"关"作为"抱"的宾语，只能解作"门闩"。因为"抱"字没有守卫的意思。所以课文注释不确。其次，从这段文章的内容看，"不宜有所过"的"过"，与上文"愿枉车骑过之"及下文"今公子故过之""过客"等"过"字相同，都表示"拜访"的意思。"不宜有所过"，是说"不当有拜访的事情"。课文译为"不宜再访问谁"，大意近是，只是字义未能逐个落实。但如果将"所过"释为"过分的礼节"，那么下文两个"过"字该作如何解释？这显然是不正确的。

例之十 《硕鼠》："逝将去汝，适彼乐土。"注释说："逝，往。逝将去汝，将去汝而逝。"② 赵浩如《诗经选译》说："逝，誓。""逝将去汝"，译为"决计离开你"。③ 课文注释采用郑玄说，郑《笺》说："逝，往也。往矣将去女，与之诀别之辞。"而赵说也有所本。《公羊传·昭公十五年》徐彦《疏》引此句作"誓将去女"，说明徐氏所见本"逝"作"誓"。又，张慎仪《诗经异文补释》卷五说："誓者，

---

① 王伯祥：《史记选》，人民文学出版社1982年版，第202页。
② 高中《语文》第五册，1994年版，第91页。
③ 《诗经选译》，上海古籍出版社1980年版，第77页。

要约之词也。诗人疾其君之贪残，言我誓将去女矣。其义甚当。逝为誓之同声假借字。"《说文》谓"逝，读若誓"。杨树达《造字时有通借证》说："盖《三家诗》有作誓字者。此《诗》本表示决绝之辞，《三家》作誓，用本字也；《毛诗》作逝，用假字矣。许君见誓、逝异文，知二字必同音，故云'逝读若誓'矣。"[①]可见，"逝""誓"通假，甚有根据。此句是说发誓将离开你，而课文注释颠倒词序，释为"将去汝而逝"，在训诂上属于"据形生训"而"强为之解"，是不足取的。

第三，在中学语文课本中，有些课文的词语虽然貌似普通，其实意义相当特殊，本当加以注释，可是偏偏未注，留给语文教师自己去思考解决。如能发挥训诂学的职能，则可以帮助我们求得正确的答案，以弥补课文在注释方面的疏略。

例之十一　《涉江》："与前世而皆然兮，吾又何怨乎今之人？"[②]句中"与"字课本未注，可能当作连词"与"字解释了。实非。《楚辞·七谏·初放》"举世皆然兮"，王逸注："举，与也。言举当世之人皆行佞伪，何所告我忠

---

① 杨树达：《积微居小学述林》，中国科学院出版1954年版，第113页。
② 高中《语文》第五册，1994年版，第98页。

信之情也?"这句诗实是《涉江》的翻版,王逸"举"训"与",也可以说明"与前世"同"举前世"。而"举"有都、全部的意思。"举前世",是说"整个前世"。又,洪兴祖《补注》:"举,一作与。"洪氏所见或本有"与"作"举"者。"与""举"二字古书通用。《墨子·天志篇》"天下之君子,与谓之不祥"。说"都谓之不祥","与"即"举"。《汉书·高帝纪》"兵不得休八年,万民与苦甚"。说万民都甚苦。"与"即"举",皆其证。所以,这里应该作注:"与,通举,全、都的意思。"

例之十二 《〈指南录〉后序》:"国事至此,予不得爱身;意北亦尚可以口舌动也。"①这句中的"爱"字课本没有注释,就很容易误解为"喜爱"的意思。用"喜爱"的意思去解释,显然讲不通。爱,除"喜爱"义外,古时还可以表示"吝啬""舍不得"的意思。屈原《九章·怀沙》:"知死不可让,愿勿爱兮。"王逸注:"言人知命将终,可以建忠仗节死义,愿勿辞让,而自爱惜之也。""自爱惜之",正是"舍不得"的意思。《齐桓晋文之事》:"曰:'是心足以王矣。百姓皆以王为爱也,臣固知王之不忍也。'王曰:

---

① 高中《语文》第三册,1988年版,第398页。

'然，诚有百姓者。齐国虽褊小，吾何爱一牛？'"①课文注释："爱，吝惜，舍不得。"《过秦论》："诸侯恐惧，会盟而谋弱秦，不爱珍器重宝肥饶之地，以致天下之士，合从缔交，相与为一。"课文注释说："爱，吝惜。"②其说甚确。然则注书何以顾此而失彼？所以，"予不得爱身"，应补注："爱，舍不得。爱身，舍不得自己。"

例之十三 《信陵君窃符救赵》："平原君使者冠盖相属于魏，让魏公子曰：'胜所以自附为婚姻者，以公子之高义，为能急人之困。'"③课文对"婚姻"二字未注。笼统地说，嫁娶双方都可以叫作婚姻，可分别开来说，妇家嫁方叫作"婚"，婿家娶方叫作"姻"。妇家的父母和婿家的父母互相称谓为"婚"或为"姻"。平原君的夫人是魏公子的姐姐，对平原君来说是婿家娶方，就称为姻。所以"胜所以自附为婚姻"的"婚姻"，是连类而及，只表示"姻"的意思，"婚"是衬词，不表义。又，《牡丹图》："丞相正肃吴公与欧公姻家。"④"姻"字，课文无注，以为笼统指婚姻

---

① 部编：《普通高中教科书语文》必修下册，2020年版，第4页。
② 部编：《普通高中教科书语文》选择性必修中册，2020年版，第92页。
③ 高中《语文》第六册，2006年版，第107页。
④ 浙江省编：《初中语文》第一册，浙江教育出版社1997年版，第115页。

的意思。其实,这里是表示吴家娶了欧家之女为妻,所以说是"姻家"。"与",此处就不是连词,应用"为"解,即"作为"的意思。这句是说丞相正肃吴公家是欧阳公的姻家。如果不明此字义,就会影响对整个句子意思的理解。

例之十四 《信陵君窃符救赵》:"公子遂行。至邺,矫魏王令代晋鄙。晋鄙合符,疑之,举手视公子,曰:'今吾拥十万之众,屯于境上,国之重任。今单车来代之,何如哉?'欲无听。"①"举手视公子"一句课文未注。王伯祥先生说:"举手视公子,正显出晋鄙轻慢不信的态度。"②于是有语文教师据此臆测,释"举手"为"挥手""摆手"等,表示其不耐烦的态度;或说是将手搭在眉毛上,为了遮光,使更能看清公子脸上的表情。这更荒唐可笑了。其实,"举手"即"举首",是说抬头的意思。"手""首"二字古书通用。《左传·宣公二年》"见其手",《释文》:"手,本作首。"《汉书·古今人表》"手",《说文·支部》作"首"。《庄子·达生》"则捧其首而立",《释文》:"首,一本作手。"《仪礼·士丧礼》"左首进鬐",注:"古文首为手。"《大射仪》"后首",注:"古文后首为后手。"《颜氏家训》

---

① 高中《语文》第六册,2006年版,第108页。
② 郭在贻:《训诂学》,湖南人民出版社1986年版,第108页。

卷上《风操》第六："歧路言离，欢笑分首。"《类说》引作"分手"。《南史》卷二五《垣护之传》："时张超之手行大逆，亦领军隶柬。""手行"，即"首行"，首发的意思。以上皆其相通之证。李白《古风》："时登大楼山，举手望仙真。""手"，一作"首"。说明晚至唐代，"手""首"二字仍可通用。所以，应补注："手，通'首'。举首，抬头。"

例之十五 《桃花源记》："此人一一为具言所闻，皆叹惋。"注释说："叹惋，感叹惋惜。"①桃花源里的人听了渔人那些因改朝换代而动乱不已的事情，居然感到"惋惜"？太荒唐了。查第三版《辞源》引此句为例，释"叹惋，慨叹惋惜"。以"惋"为"惋惜"。大概是课文注释的依据。其实是误解。徐复先生说："余一九六五年讲授古代汉语课，曾谓'叹惋'为惊叹之义，嘱吴君金华为文记之。略云：'惋在晋人语言中，往往与惊字同义。玄应《众经音义》卷三、卷一七引《字略》："惋叹，惊异也。"《广韵》去声二十九《换》："惋，惊叹。乌贯切。"非惋惜义。'"②其说甚确。古书或"惋愕"连用，因为"愕"有惊义，"惋愕"，是同义复语。如，《晋书·桓温传》："军次武昌，获

---

① 部编：《义务教育教科书语文》八年级下册，2017年版，第56页。
② 徐复：《后读书杂志》，上海古籍出版社1996年版，第184页。

抚军大将军会稽王昱书，说风尘纷纭，妄生疑惑，辞旨危急，忧及社稷。省之惋愕，不解所由。"《太平广记》卷一百七十（出《剧谈录》）："间者具陈与贺跋从容，无不惋愕而去。"或"惊惋"连用，是同义复语，惋即惊的意思。《宋书·王镇恶传》："北土素无舟楫，莫不惊惋，或谓为神。"《傅弘之传》："羌胡聚观者数千人，并惊惋叹息。"或"骇惋"连用，也是同义复语。《宋书·顾琛传》："刘诞猖狂，遂构衅逆，凡在含齿，莫不骇惋。"或作"惋怛"，"怛"，亦惊惕义。《全晋书》卷二二王羲之《杂帖》："公私惋怛，不能须臾去怀。""惋怛"，即"惊惕"。凡此皆可以补充"惋"训"惊"的例证。桃花源的老小听了渔人那些改朝换代的事，闻所未闻，感叹之外，故又表示惊骇，如此则文从字顺。2000年，笔者为人民教育出版社中学语文编辑室审订教材时，这条注释遂依据徐先生意见改为："叹惋，感叹惊骇。"十几年以后，不知何等原因，发现又被改了回去，真令人"叹惋"不已。

第四，课文注释非出自一人之手，难免会有这样或那样的不足。对于其中的差错，语文教师需要有一定的辨别是非的能力，不能以讹传讹。为此，应该加强训诂学方面的修养，对课文中出现注释之误必须及时加以订正。

例之十六　《与陈伯之书》："直以不能内审诸己，外受流言，沉迷猖獗，以至于此。"注释说："沉迷猖獗，不辨是非，放肆癫狂。"①大概将"猖獗"当作"放肆癫狂"的意思。非是。清赵翼《陔馀丛考》有详尽考证，说："今人见人恣横不可制者辄曰'猖獗'，史传亦多用之，然更别有义。汉昭烈谓诸葛武侯曰：'孤智术浅短，遂用猖獗。'王彪之谓殷浩曰：'无故忽忽，先自猖獗。'刘善明谓萧道成曰：'不可远去根本，自诒猖獗。'丘迟《与陈伯之书》：'君不能内审诸己，外受流言，沉迷猖獗，以至于此。'金将张柔为蒙古所败，质其二亲。柔叹曰：'吾受国厚恩，不意猖獗至此。'凡此皆有'倾覆'之意，与常解不同。"②看来课文注释的错误，就在于不知"猖獗"有"倾覆""跌倒"的意思，而以今律古，强解为"放肆癫狂"的。

例之十七　《信陵君窃符救赵》："侯生曰：'公子勉之矣！老臣不能从。'"注释说："勉之矣，好好努力吧。"③将"勉"释为"努力"，是注者只知其一，不知其二。"勉"，除"努力"一义外，还有"保重""珍重"的意思。《太平广记》卷十九"马周"条："天纲惊曰：'子何所遇邪?

---

① 高中《语文》第四册，1988年版，第329页。
② 赵翼：《陔馀丛考》下册卷二十二《猖獗》，中华书局1963年版，第446页。
③ 高中《语文》第六册，2006年版，第107页。

已有瘳矣，六十日当一日九迁，百日位至丞相，勉自爱也。'"卷八十四"李业"条："翁曰：'行官领节钺在兵马使之前，秀才节制在兵马使之后，然秀才五节钺，勉自爱也。'"卷七十六"乡校叟"条："君后为人臣，贵寿之极，勉自爱也。""勉自爱"为同义复语，是说好好珍重。又，卷三百七十二"张不疑"条："乃诫不疑曰：'君有重厄，不宜居太夫人膝下，又不可进买婢仆之辈，某去矣，幸勉之。'不疑即启母卢氏。"卷四百四"辟尘巾"条："中有称处士皇甫玄真者，衣白若鹅羽，貌甚都雅，众从皆有宽勉之辞。"卷四百八十四"李娃"条："娃谓生曰：'今之复子本躯，某不相负也。愿以残年归养老姥，君当结媛鼎族，以奉蒸尝，中外婚媾，无自黩也。勉思自爱，某从此去矣。'"凡此皆释作"保重""珍重"的意思，可能是古代分别叮咛语，与一般训"努力"者不同。可见，侯生与公子诀别时，说"勉之矣"，也是宽慰公子"好好保重"的意思。

例之十八　《捕蛇者说》："然得而腊之以为饵，可以已大风、挛、踠、瘘、疠，去死肌，杀三虫。"注释说："已，止，治愈。"①《苦斋记》："初食颇苦难，久则弥觉其甘，能

---

①　初中《语文》第五册，1988年版，第159页。

已积热，除烦渴之疾。"注释说："已，消，治。"①"已"，释为"治愈"是正确的，但据其注，似训"治愈"，是由"止""消"义引申而来的，此实乃画蛇添足。《广雅·释诂》："已，愈也。"《山海经·南山经》："虎蛟可以已痔。"郭璞注："已，治也。"可见，"已"，本是古代医学上的术语，但训"已"为"治愈"即可，用不着去兜圈子。还有人说，"已"通"医"。但是"已""医"二字通用，古无书证，这就多此一举了。

例之十九 《屈原列传》："屈平属草稿未定，上官大夫见而欲夺之，屈平不与。"注释说："夺，强取为己有。"②这条注释不符合司马迁的本意。上官大夫再坏，还不至于公然在朝廷动手强行抢夺的地步，"夺"，除"夺取"义外，古代还有"更改"的意思。《后汉书·卢植传》"虽有贲、育、荆、诸之伦，未有不犹豫夺常者"，李贤注："夺，谓易其常分者也。"《孟子·梁惠王上》"不夺其时"，即勿改易其农时的意思。《论语·子罕》："子曰：'三军可夺帅也，匹夫不可夺志也。'"说三军的主帅可以改，而匹夫的志气不能变。凡此"夺"皆解为改易、变更的意思。"屈平

---

① 高中《语文》第一册，1988年版，第324页。
② 部编：《普通高中教科书语文》选择性必修中册，2020年版，第82页。

不与"之"与",是说答应、同意。《论语·公冶长》"吾与女弗如也",皇侃疏:"与,许也。"《子罕》"子罕言利与命与仁",皇侃疏:"与者,言语许与之也。"《史记·五帝本纪》"与为多焉",《索隐》:"与,犹许也。"所以这段话的意思,说屈原由于草稿未定,上官大夫见到后欲更改它,屈原不同意。又,《陈情表》:"行年四岁,舅夺母志。"注释说:"舅父强行改变了母亲想守节的志向。这是母亲改嫁的委婉说法。"①注释毋须如此烦扰、啰唆,只需注明"夺"是"改"的意思即可。

例之二十　郁达夫《故都的秋》:"不过在中国,文字里有一个'秋士'的成语。"旧课文注释"秋士"这个词,则引《淮南子·缪称训》:"春女思,秋士悲。"注云:"春女感阳则思,秋士见阴而悲。"②注明了"秋士"典故的出处。新课本则删去引文,注释说:"秋士,古时指到了暮年仍不得志的知识分子。"③则是误解其义。秋士,并非专指"暮年仍不得志的知识分子"。《淮南子》"女""士"是对文,泛指男女。问题在于:《淮南子》的原文和注文中的"思"字究为何意?旧课本的注者未置一语。又,《孔雀东南飞》:"奄

---

① 部编:《普通高中教科书语文》选择性必修下册,2020年版,第70页。
② 高中《语文》第二册,2004年版,第52页。
③ 部编:《普通高中教科书语文》必修上册,2019年版,第108页。

晻日欲暝，愁思出门啼。"① "愁思"二字也未注，注释者可能都把句中的"思"当作"思想、思念"之"思"，以为不足注。其实不然。"思""悲"为对文，其义相同，即悲哀、悲愁的意思。"愁思"连用为复语，"思"即"愁"。古书或"忧思"连用，也是并列复语。屈原《九章·抽思》："心郁郁之忧思兮，独永叹乎增伤。""思"即"忧"。《悲回风》："糺思心以为纕兮，编愁苦以为膺。""思心""愁苦"为对文，"思"即"愁"。《九辩》"蓄怨兮积思"，"怨""思"为对文，"思"即忧愤的意思。《诗经·大序》"亡国之音哀以思，其民困"，"哀""思"为对文，"思"即"哀"。《文选》卷十九张华《励志诗》"吉士思秋"，李善注："思，悲也。"这说明张华及李善都将"思"解作"哀愁"。又，《琵琶行》："弦弦掩抑声声思，似诉平生不得志。"注释说："思，深的情思。"②思，也是忧愁。释"深的情思"，毫无根据。旧课本解释"愁思"，③是正确的。陈子昂《宿空舲峡青树村浦》："客思浩方乱，洲浦寂无喧。""思"一作"愁"。程长文《狱中书情上使君》："十月寒更堪思人，一闻击柝一伤神。""思"，一作"愁"。张说《奉和圣制送金城公主适西

---

① 部编：《普通高中教科书语文》选择性必修下册，2020年版，第11页。
② 部编：《普通高中教科书语文》必修上册，2019年版，第62页。
③ 高中《语文》第六册，2006年版，第135页。

蕃应制》:"空弹马上曲,讵减凤楼思。""思",一作"悲"。张祜《题润州金山寺》:"翻思在朝市,终日醉醺醺。""翻思",一作"因悲"。罗隐《送溪州使君》:"灞桥酒盏黔巫月,从此江心两所思。""所思",一作"地悲"。皆其"思"训"愁"的书证。所以,"声声思",是说一声声的哀愁。郭在贻先生也曾作如此解释。①

第五,语文教师对出现于古文中的字形普通而意义特殊词语,不能满足于知其然,而要明其之所以然。只有这样,才能做到举一反三,得心应手。这就更需要加强训诂学的学习了。

例之二十一　《屈原列传》:"上称帝喾,下道齐桓,中述汤武。"注释说:"汤武,商汤、周武王。"②沿袭旧版课本的注释。姜亮夫说:"汤武,是汤禹之误,唐写本作'汤禹'。"③其说甚是。说明课文依据《史记》版本出了问题,唐代抄本"汤武"作"汤禹"。汤是商汤,禹是夏禹,两个不同朝代的圣明之主。因为夏朝在商朝的前面,按常规说法,应该"禹汤"才是,如贾谊《论积贮疏》:"世之有饥穰,天之行也,禹汤被之矣。"所以后人就妄改为"汤

---

① 郭在贻:《训诂学》,湖南人民出版社1986年版,第27页。可参看。
② 部编:《普通高中教科书语文》选择性必修中册,2020年版,第83页。
③ 姜亮夫:《楚辞学论文集》,上海古籍出版社1984年版,第20页。

武"了。其实,"汤禹"连用,在屈原辞赋中出现过三次,如《离骚》:"汤禹俨而祗敬兮,周论道而莫差。""汤禹严而求合兮,挚咎繇而能调。"《怀沙》:"汤禹久远兮,邈而不可慕。"司马迁《史记》"中述汤禹"云云,即从屈原辞赋来的。姜亮夫又说,屈赋这三例的"汤"字都应该释作"大","汤禹",就是"大禹","古书皆言禹汤,无言汤禹者"①。此说不可信。古书没有将"大禹"称作"汤禹"的例证。再说,将"禹汤"倒作"汤禹"的书例也不只屈赋三条书证。如,《吕氏春秋·审分》:"尧舜之臣不独义,汤禹之臣不独忠。"《汉书·宣元六王传·淮阳宪王刘钦》:"大王诚赐咳唾,使得尽死,汤禹所以成大功也。"唐天后诗《蔡州鼎铭》:"唐虞继踵,汤禹乘时。"故似乎不宜说古"无倒言汤禹者"。古人为什么"禹汤"要倒作"汤禹"呢?《世说新语》第二十五《排调》:"诸葛令、王丞相共争姓族先后。王曰:'何不言"葛王"而云"王葛"?'令曰:'譬言"驴马",不言"马驴",驴宁胜马耶?'"余嘉锡说:"凡以二名同言者,如其字平仄不同,而非有一定之先后,如夏商、孔颜之类,则必以平声居先,仄声居后,此乃顺乎声音之自然,在未有四声之前,固已如此。故言

---

① 姜亮夫:《重订屈原赋校注》,天津古籍出版社1987年版,第62页。

'王葛''驴马',而不言'葛王''马驴',本不以先后为胜负也。如公榖、苏李、嵇阮、潘陆、邢魏、徐庾、燕许、王孟、韩柳、元白、温李之属皆然。"①余先生终于道出了这个秘密。"汤禹",即属其例。汤,平声;禹,上声;平声"汤"居前,而上声"禹"居后,在没有四声以前的先秦时代且本有一定之先后的骈词也是如此。《楚辞·九思·逢尤》:"吕傅举兮殷周兴。"闻一多先生说:"'吕傅'疑当作'傅吕',传写误倒也。上云'思丁文兮圣明哲',先武丁,后文王,此云'傅吕举而殷周兴',先傅说,后吕望,二句相承为文也。"②其实,吕,上声;傅,去声。上声居前,去声居后,未以时代先后排比。闻说非也。《荀子·赋》:"法禹舜而能弇迹者邪?""舜",去声,排在上声"禹"之后,也不以时代为先后。由此推之,先秦古书中的两名连用的"骈词",如土地、天地、家国、兰蕙、兰芷、荃蕙、草木、云霓、燕雀、江夏、幼艾等等,皆以平上去入为先后次序,③说明在未有四声以前就是如此了。这样,由一个词的

---

① 余嘉锡:《世说新语笺疏》,中华书局1983年版,第791页。

② 闻一多:《楚辞校补》,见《闻一多全集》第二册,生活·读书·新知三联书店1982年版,第487页。

③ 黄灵庚:《楚辞章句疏证》(增订版),上海古籍出版社2019年版,第329—331页。

结构，竟发现了汉语骈词结构的规律问题。

例之二十二 《屈原列传》："宁赴常流而葬乎江鱼腹中耳，又安能以皓皓之白，而蒙世之温蠖乎？"注释说："温蠖，尘垢。"①这条注释是正确的。"温蠖"为什么会有"尘垢"的意思呢？从其字体上是找不到答案的。汤炳正先生运用"以声音通训诂"的方法，说"温"即"混""溷"；"蠖"即"污"。"温蠖"，即"混污"，音同义通。可惜当时他未找到蠖、污直接相通的书证，只是作为一种假设提了出来。后来汤氏发现了新的证据，说："我在七十年代所写的《释温蠖》，提出《渔父》的'温蠖'的借字，亦即一本'尘埃'的异文。只可惜'蠖''污'通借在先秦两汉典籍中，仅有间接佐证，并无直接通假之例。但近读《文物》，得知一九八四年江陵张家山出土的汉简《引书》中，竟直书'尺蠖'为'尺污'，成为'蠖''污'通借的铁证，使结论立于不败之地。"②长沙马王堆汉墓帛书《五十二病方》："君欲练色鲜白，则观尺污（蠖）。尺污（蠖）之食方，通于阴阳。"皆以"污""蠖"通用，说明汉代用字习惯如此。则"温蠖"之所以释"尘

---

① 部编：《普通高中教科书语文》选择性必修中册，2020年版，第85页。
② 汤炳正：《离骚校诂序》，见黄灵庚《离骚校诂》，中州古籍出版社2021年版，第3页。

垢"的问题也就得以圆满地解决。

例之二十三 《冯婉贞》:"日暮,所击杀者无虑百十人。"注释说:"无虑,大概,大略。"① 这条注释是正确的。"无虑"何以可解"大概,大略"呢?有位中学语文教师曾给学生解释说,"无虑",本来是说不用考虑、不必考虑的意思,所以引申为大概、大略。这真是"望文生义"到了极致。没有一点训诂学的修养,确实不能说出个所以然来的。好在清代王念孙对此词有比较翔实的考证,他认为"无虑"是个"连语",说:"凡书传中言'无虑'者,自唐初人已不晓其义,望文生训,率多穿凿,今略为辩之。高诱注《淮南·俶真》篇曰:'无虑,大数名也。'《广雅》曰:'无虑,都凡也。'又曰:'都,大也。'都凡,犹言大凡,即高诱所谓'大数名'也。《周髀算经》曰:'无虑后天十三度十九分度之七。'赵爽注曰:'无虑者,粗计也。'义亦与大数同。宣十一年《左传·释文》曰:'无虑,一音力于反。'无虑,叠韵字也。《汉书·食货志》'天下大氐无虑皆铸金钱矣'。颜师古注曰:'大氐,犹言大凡也。无虑,亦谓大率无小计虑耳。'《赵充国传》'亡虑二千人',注曰:'亡虑,大计也。'按师古以无虑为大计,是也。而

---

① 初中《语文》第三册,1988年版,第277页。

又云'无小计虑',则凿矣。《后汉书·光武纪》'将作大匠窦融上言园陵广袤,无虑所用',李贤注曰:'《广雅》曰,无虑,都凡也。谓请园陵都凡制度也。'按《后汉书》中多称无虑,李贤皆引《广雅》以释之,故不误也。总计物数谓之无虑,总度事宜亦谓之无虑,皆都凡之意也。《礼运》曰:'圣人耐以天下为一家、以中国为一人者,非意之也。'郑注曰:'意,心所无虑也。'心所无虑,谓心揣其大略也。《正义》乃云:'谓于无形之处,用心思虑。'失其指矣。宣十一年《左传》'使封人虑事以授司徒',杜注曰:'虑事,无虑计功。'无虑计功,犹言约略计功也。《正义》乃云'城筑之事,无则虑之,讫则计功'。愈失之矣。无虑,或但谓之虑。《荀子·议兵》篇'焉虑率用赏庆刑罚,势诈而已矣',杨倞注曰:'虑,大凡也。'《汉书·贾谊传》'虑亡不帝制而天子自为者',颜师古注曰:'虑,大计也。言诸侯皆欲同帝制而为天子之事。'是虑亦都凡之意也。无、勿一声之转,故无虑或谓之勿虑。《大戴礼·曾子立事》篇'君子为小由大也(小谓家,大谓国,由与犹同),居由仕也,备则未为备也,而勿虑存焉。事父可以事君,事兄可以事师长,使子犹使臣也,使弟犹使承嗣也。'按勿虑即无虑,言孝者所以事君,弟者所以事长,慈者所以使众,道虽未备而大较已存乎此也。卢辩不晓'勿虑'二字之义,乃以'勿虑存'为不忘危，其凿也甚矣。无虑之转又为摹略。《墨子·小取》篇曰'摹略万物之然，论求群言之比'。摹略，总括之词，犹言无虑也。又转之为孟浪。《庄子·齐物论》篇'夫子以为孟浪之言，而我以为妙道之行也'。李颐曰：'孟浪，犹较略也。'崔曰：'不精要之貌。'左思《吴都赋》'若吾之所传孟浪之遗言，略举其梗概而未得其妙也'，刘逵注曰：'孟浪，犹莫络，不委细之意。'无虑、勿虑、摹略、莫络、孟浪，皆一声之转。大氐双声叠韵之字，其义即存乎声。求诸其声则得，求诸其文则惑矣。"[1]其说至确。说明解释"无虑"这样的词语需要以声音通之，不可泥其形体。如果循声以责义，则潾浪、罔浪、罔两、魍魉、朦胧、迷离、烂漫、望阳、盲羊、酩酊、沐肿、蒙懂、茗艼、眠娗等，皆可系联为同一语词的一组变体，掌握了一大串的声近义通的词语，其功用不就甚大吗？

例之二十四 《伐檀》："河水清且沦猗。"注释说："沦，细小的波纹，这里形容水波细小。"[2]这条注释不能说全错，但不太确切。"沦"，确是表示"细小的波纹"，可这是一种怎样的"细小"波纹？需要进一步考究。毛亨

---

① 王引之《经义述闻》卷三十一《通说上》"无虑"条，《高邮王氏四种》之三《经义述闻》，江苏古籍出版社2000年影印本，第729—730页。

② 高中《语文》第五册，1997年版，第53页。

《诗故训传》说:"小风水成文转如轮也。"《释文》引《韩诗》说:"顺流而风曰沦,沦,文貌。""沦",是像车轮形状向四周荡漾的细小波纹。《说文》"沦"字从水、仑声。仑,繁体作"侖",从亼、冊。亼,古"集"字,而冊,即古"册"字。古代的书册,是写在"册"上的言语,是有条理的,所以从仑声的字多包含有条理的意思。言语阐述有条理为"论",长幼有序为"伦",用麻或草比次相连"缀得理"者为"纶",水波一圈圈有次序地荡漾有序为"沦"。又,比次砌土为墙为埨,或作"垒",物以属相连为"类",这些字音近义通,是同源字。这样,将"沦"字放在与其同源的一组字中考察,会有更确切的理解,不仅考释了"沦"字之所以然的问题,而且解决了与其音近义通的一组同源字的字义,也是说将汉字的字义条理化、系统化了。

例之二十五 《关雎》:"参差荇菜,左右流之。"注释说:"流,求取。"[①]按"左右流之""左右采之""左右芼之"三个句子在辞例上是变文,以避免重复,所以用了流、采、芼三个同义词。"流",确有取的意思。何以"流"能解释为"求取、采取"?"流",实是"抽"的通

---

① 部编:《义务教育教科书语文》八年级下册,2017年版,第63页。

假字。《庄子·天地》"挈水若抽",《释文》:"抽,司马、崔本作流。"是其明证。《说文》谓"㩅"是"抽"字的古文。"㩅"从手、留声。"抽",古属透母。"流",古属来母。两个声母古可以相通。如"礼"字古属来母,而与"礼"同"豊"声的"体"字为透母;"龙",古属来母,而以"龙"为谐声的"宠"字为透母;"离",古属来母,而以"离"为谐声的"魑"字为透母。皆其证。所以,"抽",古音可以读如"流"。㩅,《说文》训"引"即抽引、抽擢。《左传·宣公十三年》:"每射,抽矢菆纳诸厨子之房。"杜预注:"抽,擢也。菆,矢之善者。"是说拔取矢中之善者。《尔雅·释诂》:"流,择也。"《释言》:"流,求也。"即指求取之意,正是用"㩅"字之义。所以,"左右流之",就是左右抽引的意思。①

---

① 此说出赵建伟,见《文史》(第十九辑),中华书局1983年版,第14页。

第二章 训诂的文献类别

第一节 注释类

我国历代的古籍文献可谓汗牛充栋,这是前人留下来的丰厚的文化遗产。为使这些文化遗产得到更好的继承与利用,且在语文教学中发挥其特有的作用,有必要对传统的训诂文献加以归类。

从内容上说,我国历代的训诂著作可分为三种类型,即注释类、辞书类与笔记类。这些不同类别的训诂著作虽然都以释词为主要内容的面貌出现,但在释词的方式上是有较大区别的。

注释类的训诂著作是传世训诂文献的主要组成部分。一是数量多。可以说,凡是先秦两汉时期的传世古籍,几乎都有古人注释,有些重要的古书,注释往往不止一家,多至几十家,甚至上百家。如,历代注释《诗经》的著作,自毛亨《诗故训传》以后,至清末止,流传于今的注本,就达一千二百七十余种。①注释《楚辞》的著作,自西汉刘安作《离骚传》以后,各种《楚辞》注本则代出不穷,至清末为止,大略也有二百零九种。②我国现存的注释类训诂著作到底有多少,恐怕很难统计出一个准确的数字来。若一本本地读下来,则一辈子也读不完,只能选择几种重要的本子来读。传世重要的注本,《诗经》有毛亨《诗故训传》,郑玄《毛诗传笺》,孔颖达《毛诗正义》;《尚书》有孔安国注的《古文尚书》,孔颖达《尚书正义》;《周易》有王弼、韩康伯《周易注》,孔颖达《周易正义》;《周礼》有郑玄《周礼注》,贾公彦《周礼义疏》;《仪礼》有郑玄《仪礼注》,贾公彦《仪礼义疏》;《左传》有杜预《春秋左氏经传集解》,孔颖达《春秋左传正义》;《公羊传》有何休《春秋公羊解诂》,徐彦《春秋公羊传注疏》;《穀梁传》有范甯《春秋穀梁传集解》,杨士勋《春秋穀梁传疏》;《论语》有何晏《论语集解》,皇侃《论语义疏》,邢昺《论语注疏》;《孝经》有唐玄宗《孝经注》,邢昺《孝经注疏》;《孟子》有赵岐《孟子章句》,孙奭《孟子注疏》;《庄子》有郭象《庄子注》,成玄英《庄子疏》;《楚辞》有王逸《楚辞

---

① 详参《诗经文献丛刊总目》(黄灵庚著,未刊稿)。
② 黄灵庚:《楚辞文献丛刊》(全八十册),国家图书馆出版社2014年版。

章句》，洪兴祖《楚辞补注》；《荀子》有杨倞《荀子注》；《吕氏春秋》《淮南子》《战国策》都有高诱《吕氏春秋注》《淮南子注》《战国策注》；《老子》有王弼《老子注》；《孙子》有曹操《孙子略解》；《国语》有韦昭《国语注》；《孔子家语》有王肃纂注《孔子家语》；《史记》有裴骃《史记集解》，司马贞《史记索隐》，张守节《史记正义》；《汉书》有颜师古《汉书注》；《文选》有李善《文选注》等。此外还有一些比较重要的独立于古书的训诂专著，如玄应的《众经音义》，慧琳的《一切经音义》，陆德明的《经典释文》等，特别是清人阮元编纂的《经籍纂诂》及近人宗福邦编的《故训汇纂》，几乎汇聚了唐代以前古书注释的所有材料，向来被尊奉为训诂的渊薮，确是每个文史工作者、语文教师所必备的工具书。

二是随文释义，有很大的随机性、灵活性。即以《诗经》的"夷"字为例，毛亨《诗故训传》根据不同的语境，就有五种不同的解释。（1）"夷"为平定的意思。《大雅·桑柔》二章："乱生不夷，靡国不泯。"毛《传》："夷，平也。"（2）"夷"为平易、和易的意思。《小雅·节南山》五章："君子如夷，恶怒是违。"毛《传》："夷，易也。"（3）"夷"为平静、喜悦的意思。《召南·草虫》三章："亦既见止，亦既觏止，我心则夷。"毛《传》："夷，平（平静)也。"《郑风·风雨》一章:"既见君子,云胡不夷?"毛《传》:"夷,说(悦)也。"(4)"夷"为平常、一定的意思。《大雅·瞻卬》一章:"蟊贼蟊疾,靡有夷届。"毛《传》:"夷,常也。"(5)夷为少数民族的通称。《鲁颂·閟宫》七章:"及彼南夷,莫不率从。"毛《传》:"南夷,荆楚也。"实际上这五种解释,除最后一种外,都可以用"平"义来涵盖,并不是"夷"真有四种不同的意义。又以《诗经》的"裳"字为例,《邶风·绿衣》二章:"绿兮衣兮,绿衣黄裳。"毛《传》:"上曰衣,下曰裳。"说明"裳"是穿在下身的,相当于裙子。这个意义比较绝对,似乎没有可以灵活的余地。但是,郑玄的《毛诗传笺》还是有些不同。《魏风·葛屦》一章:"掺掺女手,可以缝裳。"郑《笺》:"裳,男子之下服。"《小雅·斯干》八章:"载衣之裳,载弄之璋。"郑《笺》:"裳,昼日衣也。"这是出于具体不同的语境而所作的灵活解释。虽说如此,还是没有超出"下衣"的范畴之外。这种随文释义的特征,清代段玉裁称之以"为传注",与"造字书"是不同的。如,《说文·攴部》:"彻,通也。"段玉裁注:"按《诗》'彻彼桑土',《传》曰:'裂也。''彻我墙屋',曰:'毁也。''天命不彻',曰:'道也。''彻我疆土',曰:'治也。'各随文解之,而'通'字可以隐括。"就是说,《说文》释"通",得以涵盖毛《传》随文释《诗经》的"裂""毁""道""治"四个意义。古书注释可以顾及不同语境的需要而略作灵活变通，但只能允许在辞书所概括意义的范围之内。

这里有必要附带说明一下辞书释义与古书注释的关系。辞书产生于古书注释之后，首先是古书的注释，为编纂辞书提供了大量的材料，然后加以汇总、取舍、概括，按一定的体例编排起来，这才成为辞书。如果没有古书注释的材料作基础，不可能产生辞书。但是，辞书的性能与古书的注释毕竟不同，辞书不可能将古书注释中所出现的意义全都收罗进来，只能以概括性的意义来体现，其特征就是"会通"，即"通"其古书注释的随文解释的意义。上述所举的"夷""裳"二例足可以说明这个问题。正因为如此，语文教师利用各种辞书来解释语文课中的词义，就要处理好"为传注"与"会通"的关系。如，陶渊明《归去来兮辞》："悟已往之不谏，知来者之可追。"注释说："谏，挽回。追，补救。《论语·微子》中有'往者不可谏，来者犹可追'之语。"[①]按："谏"训"挽回"，"追"训"补救"，都是随文释义，一般的辞书都未收。《说文》："谏，证也。"是谏诤的意思，与"改正"之义会通，放置于此语境可以

---

① 部编：《普通高中教科书语文》选择性必修下册，2020年版，第78页。

释为"挽救",离此语境则无此义。又:"追,逐也。"引申有"追回"的意思,而放置在此语境是"补救"的意思,离此语境也不能释"补救"。这就是"会通"。再如,《蒹葭》:"蒹葭采采,白露未已。"注释说:"未已,没有完,这里指还没干。"①按:已,息止,引申为"完了",是辞书里的释义。而"干燥""晒干",是依据辞书会通的,离开此语境,"已"也不能解为"干",所以用"这里指"这样的方式来表示。又如,《归园田居》:"久在樊笼里,复得返自然。"注释"樊笼"说:"关鸟兽的笼子。这里指束缚本性的俗世。"②按:"樊笼",是圈养牲畜的牢房和关养鸟类的笼子,是辞书里的释义,而"束缚本性的俗世"是依据辞书会通的,离此语境即无此,所以也用"这里是指"这样的方式来表达。

但是,对于辞书"会通义"理解不深不精,难免有"通"出辞书所概括意义的范围而造成失误。如,《子路、曾皙、冉有、公西华侍坐》:"千乘之国,摄乎大国之间。"注释说:"摄乎大国之间,夹在(几个)大国的中间。摄,夹处。"③摄,《说文》本义解"引持",所以有"收敛""迫

---

① 部编:《义务教育教科书语文》八年级下册,2017年版,第64页。
② 部编:《普通高中教科书语文》必修上册,2019年版,第59页。
③ 部编:《普通高中教科书语文》必修下册,2020年版,第2页。

近"的意思。何晏《论语集解》引包咸曰:"摄,迫也,迫于大国之间。"正是"靠近""迫近"之义,和"引持"之义相通。若解"夹处",则显然越出了"引持"范围,就不准确了。如,《殽之战》:"师之所为,郑必知之,勤而无所,必有悖心。"注释说:"所,处所,这里指用武之地。"[①] 按:此句意思,是说秦师劳苦而无驻足之处。"所",这里是指立足之地,而不是用武之地。《治平篇》:"水旱疾疫,即天地调剂之法也。然民之遭水旱疾疫而不幸者,不过十之一二矣。"注释说:"不幸,指死亡。"[②]这"不幸"是指生命与财产两方面都蒙受损失,不一定是专指死亡。总之,从查字典或词典,到课文的词语解释,不是一个简单的套用或对照、移植的过程,应既使两者"会通",又能灵活地注出具体语境的意义来。这是语文教师必须具备的基本修养。

[①] 高中《语文》第五册,1997年版,第203页。
[②] 同上书,第214页。

第二节　辞书类

我国传统的辞书分五大类，即雅类、方言类、释名类、字典类与韵书类。

第一，雅类的辞书，主要是指《尔雅》与《广雅》。《尔雅》是我国现存的最古老的一部辞典，对后世的训诂学影响极大。《汉书·艺文志》说："《尔雅》，三卷，二十篇。"今见本只有十九篇，即《释诂》第一，《释言》第二，《释训》第三，《释亲》第四，《释宫》第五，《释器》第六，《释乐》第七，《释天》第八，《释地》第九，《释丘》第十，《释山》第十一，《释水》第十二，《释草》第十三，《释木》第十四，《释虫》第十五，《释鱼》第十六，《释鸟》第十七，《释兽》第十八，《释畜》第十九。从内容上看，前三篇为一类，解释非名词性的词语，后十六篇为一类，解释各种类属的名词，属于文化词语。从材料的来源看，采自毛亨《诗故训传》的居多，但有的也出自《楚辞》《庄子》《穆天子传》《吕氏春秋》《山海经》《国语》等（见《四库全书提要》）。可以说是先秦两汉时期的训诂资料的总汇。唐代以前，学者多以为此书为周公所作，孔子所增，孔子门徒游、夏等从而足之，汉叔孙通、梁文等更从而足之。至宋始以为汉人所作，且定在毛亨之后。现在可以断定，《尔雅》作者是战国末至西汉时期的儒生，是由许多人缀辑旧注、递相增益而成的，绝非一人所为。"尔"，是接近、依据的意思；"雅"，即夏，是指华夏的语言，普通语。用接近标准的"夏言"来解释古语、方言，所以称"尔雅"。此书以义类相属的方式编排，是训诂"义书"的首创者，所以很受历代训诂学家的重视。汉代就有为此书注释者，如郭舍人、樊光、刘歆、李巡等；魏、晋至唐宋，赫然有名者，则为孙炎、郭璞、裴喻、郑樵等；现在只有郭璞、郑樵的注释留传了下来，南宋有邢昺《尔雅疏》，被列在"十三经"里面，成为学人通习的经典之作。清代研究《尔雅》能卓然一家者，则有邵晋涵的《尔雅正义》与郝懿行的《尔雅义疏》，尤以郝氏《义疏》的成就为最大，成为后世研究《尔雅》者必读之作。

《广雅》是继《尔雅》以后一部影响较大的辞书，作者为张揖，字稚让，三国魏清河人。张氏作此书，实是增广《尔雅》的意思，所以体例分别部居，一依《尔雅》，凡《尔雅》所未收者，悉著于篇。自六书的训诂，《楚辞》、汉赋、两汉诸子的注释，《仓颉篇》《训纂篇》《滂喜篇》《说文解字》的解说，等等，兼而录之。所以，先秦两汉间的名物训诂，于此集其大成，自然受到后世学者的特别重视。历代研究《广雅》的学者甚多，成就较大者为两家，即钱大昭《广雅义疏》、王念孙《广雅疏证》，而王氏的《疏证》最为著名，堪称古今"雅学"的集大成之作。除《广雅》外，继《尔雅》者还有汉无名氏的《小尔雅》，宋陆佃的《埤雅》、罗愿的《尔雅翼》，明朱谋㙔的《骈雅》、方以智的《通雅》，清吴玉搢的《别雅》、朱骏声的《说雅》、程先甲的《选雅》、洪亮吉的《比雅》、夏味堂的《拾雅》、史梦兰的《叠雅》、刘灿的《支雅》等，还有近人张舜徽的《郑雅》、徐世荣的《反雅》等，有一些虽未标以"雅"名，可体例内容实与《尔雅》同，就不一一列举了。总之，雅类辞书在传统的辞书文献中，当称"蔚为大国"，独领风骚。

第二，方言类的辞书。发端于西汉扬雄的《轺轩使者绝代语释别国方言》，省称为《方言》。扬雄，字子云，西汉蜀人。据应劭《风俗通义序》称，周秦之世，常以每年的八月，遣轺轩使者求异代方言，"还奏籍之，藏于秘室"。

及秦亡，遗弃脱漏，无从得见。其时蜀人严君平别有《方言》千余字，林闾孺翁才有梗概之法，扬雄甚好之。正值"天下孝廉卫卒交会，周章质问，以次注续"，历时27年，乃成《方言》。但也有人说非扬雄之作。① 从内容与体例上看，基本上是采用《尔雅》以义相属的编排法，但与《尔雅》也不尽相同。《尔雅》虽或罗列"古今异语"，仅以义类相同而系联一起，没有说明其间的区别，《方言》完全从方言词的角度来解释古今的同义词，不仅说明各词在地域分布上的不同，而且还辨析同义词使用上的差别，并用当时"通语"加以解释。如，《方言》卷一："嫁、逝、徂、适，往也。自家而出谓之嫁，由女而出为嫁也。逝，秦晋语也。徂，齐语也。适，宋鲁语也。往，凡语也。""凡语"，就是普通语。全书分《释诂》第一，《释言》第二，《释人》第三，《释衣》第四，《释食》第五，《释宫》第六，《释器》第七，《释兵》第八，《释车》第九，《释舟》第十，《释水》第十一，《释土》第十二，《释草》第十三，《释兽》第十四，《释鸟》第十五，《释虫》第十六，凡十六篇，十三卷。这是我国最早的方言词典，也是世界上最早的方

---

① 见洪迈：《容斋随笔·三笔》卷十五，上海古籍出版社1996年版，第593页。

言词典。

《方言》的价值，在于保留了一大批古代方言词汇，这对我们今天阅读古书大有帮助。如，《史记·陈涉世家》："客曰：'夥颐！涉之为王沈沈者！'楚人谓多为夥，故天下传之，夥涉为王，由陈涉始。"《方言》第一："齐宋之间曰巨、曰硕，凡物盛多谓之寇，齐宋之郊、楚魏之际曰夥。"则《史记》与《方言》可以相对照，从中可以看出方言词语流行地区的扩大变化情况。这对中学语文课的文言词语教学也是大有帮助的。如，《过秦论》："及至始皇，奋六世之余烈，振长策而御宇内，吞二周而亡诸侯，履至尊而制六合，执敲扑而鞭笞天下，威震四海。"注释说："奋六世之余烈，奋力发展六世遗留下来的功业。奋，振兴。"[①]课文以"余"为"遗留"，以"烈"为"功业"。按：以"烈"为"业"，是采用了唐颜师古的旧说。"奋"释为"振兴"，"余"释为"遗留"，没有根据。"奋"，旧注或训"发"，是发起的意思，而不是"振兴"或"奋力发展"。余，秦汉之世只表示"饶""多"的意思，或训"末"，《公羊序》"此世之余事"，徐彦《疏》："余，末也。"而无训"遗留"的书例。至魏晋以后，"余"始有"遗留"的意

---

① 部编：《普通高中教科书语文》选择性必修中册，2020年版，第93页。

思。故释"遗留",是犯了以今律古的毛病。《方言》第一:"烈、枿,余也。陈、郑之间曰枿,晋、卫之间曰烈,秦、晋之间曰肄,或曰烈。""枿"即"蘖",实"孽",指"余子"。知"烈"作为方言词,也是"余孽"的意思,"余烈"连文为复语,二字同义,等于说"余末",这里是指后代。"奋六世之余烈",说起兴于六世之末的意思。由此可见,解释语文课中的古代方言词,也用得着扬雄的《方言》。

郭璞的《方言注》是传世的最早注本,至清代戴震为《方言疏证》,钱绎为《方言笺疏》,这是两种研究《方言》成就最为突出的训诂名著,前者以典赅取胜,后者以博赡见长。近人周祖谟的《方言校笺》详于正字,也是一部不可多得的力作,都是研习《方言》必读的著作。继《方言》之后,历代出了一些续作,以清代为最。如戴震的《续方言稿》,杭世骏的《续方言》,钱大昕的《恒言录》,陈鳣的《恒言广证》,钱大昭的《迩言》,梁同书的《直语补证》,沈龄的《续方言疏证》,程际盛的《续方言补》,徐乃昌的《续方言又补》,程先甲的《广续方言》与《广续方言拾遗》,张慎仪的《续方言新校补》《蜀方言》与《方言别录》,胡文英的《吴下方言考》,毛奇龄的《越语肯綮录》,茹敦和的《越言释》,范寅的《越谚》,章太炎的《新方言》等,形成了一个专以考释古今方言俗语为宗旨的训诂系列。

第三，释名类的辞书，实指刘熙的《释名》。这是一部专门考释事物命名缘由以研究词语同源关系的词典。刘熙，字成国，生于东汉末三国初，北海人。《释名》的体例与分类略同《尔雅》，故明人郎金奎将它与《尔雅》《广雅》《小尔雅》《埤雅》合刻，名为"五雅"。全书凡二十七篇，《释天》第一，《释地》第二，《释山》第三，《释水》第四，《释丘》第五，《释道》第六，《释州》第七，《释形体》第八，《释姿容》第九，《释长幼》第十，《释亲属》第十一，《释言语》第十二，《释饮食》第十三，《释采色》第十四，《释首饰》第十五，《释衣服》第十六，《释宫室》第十七，《释床帐》第十八，《释书契》第十九，《释典艺》第二十，《释器用》第二十一，《释乐器》第二十二，《释兵》第二十三，《释车》第二十四，《释船》第二十五，《释疾病》第二十六，《释丧制》第二十七。所解释的名物典礼，计一千五百零二事。这部辞书最显著的特点是声训法，即以音同或音近且释词与被释词之间有联系的词语来解释。如，《释天》："冬，终也。物终成也。""冬""终"二字古音同，"冬"为一岁之终，二字的意义有内在联系。《释天》："金，禁也。气刚毅能禁制物也。""金""禁"古音同，"金"用作兵器，其功用在于禁制，故"金""禁"在意义上有因果相关联系。《释丘》："锐上曰融丘。融，明也；明，阳也。"以"阳"释"融"。二字古音相近（二字声母古同喻四，阳、东为旁转），"融""阳"同有光明的意义。《释名》的声训法实是推究事物名称的来历，是为了求得个"之所以然"的道理，对后世的"右文说"和"音近义通"的训诂理论产生过巨大的影响，对中学语文课的古词语解释也有一定参考价值。如，《陌上桑》："少年见罗敷，脱帽着帩头。"注释说："帩头，包头的纱巾。"[①]为什么称"包头的纱巾"为"帩头"？按："帩头"，《释名·释首饰》作"绡头"，说："绡头：绡，钞也。钞发使上从也。""钞"，就是后来的"抄"字。"抄"有向上束拢的意思。原来"帩头"的"帩"，受义于"钞""束"。这对于认识古代这种发型是极有帮助的。《释名》还保留了大量的秦汉时期的语音素材，也为研究古音韵提供了翔实的例证。但是，我们不能不承认，《释名》的声训随意性太大，没有一个科学准则，推究事物的语源近乎猜谜，多主观臆测。所以此书在以后的训诂实践中没有多少作用，而继作也不多见，大约只有张金吾的《广释名》一种。运用《释名》的释义成果来指导文言文词语教学，更应采取谨慎的态度。

正因为如此，后世少有《释名》的传世注本。到了清

[①] 初中《语文》第六册，1995年版，第320页。

代才开始有注本,先是毕沅的《释名疏证》,后有王先谦的《释名疏证补》,都是注释《释名》的很好的本子。

第四,字典类的辞书,当以许慎的《说文解字》为代表。这是一部具有划时代意义的辞书,虽以"说文"与"解字"为名,实质上是综合研究汉字形、音、义三者关系的名作,开创了汉语字典"部首制"编排体系,在我国语言学史上具有里程碑的地位。

许慎,字叔重,东汉汝南召陵人,是当时著名古文经学家。历二十一年成《说文解字》,简称《说文》,这是许氏毕生从事学术研究的最重要的著作。据许氏称,"依类象形"谓之"文","形声相益"谓之"字",前者属"六书"中的"象形"与"指事",是独体字,只能"说",所以是"说文";后者属"六书"中的"会意"与"形声",可以分解,所以是"解字"。全书凡十五卷。前十四卷为字典的正文,末一卷为目录与后叙。全书以部首制编排,确立540个部首,收字9353个,重文1163个,各系联于部首之下。这是许慎的独创,以后出现的字典,如,《玉篇》《类篇》《康熙字典》乃至现在的许多词典,尽管部首的数目、次序等与《说文》有所不同,但基本上是采用《说文》的部首制的体例编纂的。《说文》每字的正体是小篆,同时也收录一些与小篆不同的古文、大篆、籀文、异体字等,并附在小篆之后。对每字解释，先是释义，其次是释形，其次是释音，还引证经传、群书、方言、通人说等作为说解的依据。据吴玉搢《说文引经考》，其所引书竟达1112条之多，除经书外，尚有《山海经》《楚辞》《国语》《五行传》《墨翟书》《吕不韦书》《韩非子》《韩诗外传》《甘氏星经》《司马法》《扬雄赋》《司马相如》等50多种。《说文》释义的方式，集中体现了传统训诂的精华，如，"直训""互训""声训""义界""属中求别""描述""譬况"等等，都为后世训诂学家所继承和发扬。

《说文》的实用价值，超过了古代的任何一种辞书，语文课古文教学同样少不了它。这个问题在"形训"一章中要专门讨论。研究《说文》到清代成为一门独立的学问，著作达270余种，其中以段玉裁的《说文解字注》、桂馥的《说文解字义证》、王筠的《说文句读》与《说文释例》、朱骏声的《说文通训定声》最为著名，号称清代"《说文》四大家"。段氏的功绩在于阐述《说文》的本义与引申义，以明汉语词义演变的规律；桂氏博引群书以印证《说文》，在材料的丰富上，无与伦比；王氏在于阐明许书凡例，便于初学；朱氏离析《说文》的部首编制，以十八部古韵重作编排，在于发明《说文》的转注与假借。这些著作各有千秋，都是我们经常查阅的案头之书。

第五，是韵书类的辞书，有《切韵》《广韵》《集韵》等，也是重要的训诂书。在这里之所以省略不提，是因为下面第六章《声训》讲到古音韵时，还要全面地介绍它们。至于现代人所编纂《汉语大字典》《汉语大词典》《古汉语常用字字典》《辞海》《辞源》等等，也是阅读古籍的工具书，中学教师经常会使用它们，这里不作具体介绍了。

第三节 札记类

札记,是指读书笔记,这是与注释类、辞书类可以鼎足而立的训诂著作。

古人读书、治学有勤记笔记的习惯,随看随记,日积月累,便成为一种非常独特的学术著作。这种形式到底起于何时,尚难定论。有人说,"起源于魏晋南北朝,如崔豹《古今注》、梁元帝《金楼子》里面都有一些关于训诂的记载"。[①]笔者以为还应该往前推,东汉蔡邕的《独断》、应劭的《风俗通义》就是属于条目式的读书札记,里面有训诂的内容。如,蔡邕在《独断》中解释说:"朕,我也。古者上下共之,咎繇与帝舜言称'朕',屈原曰'朕皇考'。至

---

① 赵振铎:《训诂学纲要》,陕西人民出版社1986年版,第30页。

秦独以为尊称，汉遂因之而不改也。"① 唐、宋时期，读书笔记得到极大发展，如，唐代颜师古的《匡谬正俗》、苏鹗的《苏氏演义》，宋代王楙的《野客丛书》，沈括的《梦溪笔谈》，洪迈的《容斋随笔》，邵伯温的《邵氏闻见录》，庞元英的《文昌杂录》，吴子良的《林下偶谈》，姚宽的《西溪丛话》，马永卿的《嬾真子》，王观国的《学林》，吴曾的《能改斋漫录》《辨误录》，戴埴的《鼠璞》，项安世的《项氏家说》，叶大庆的《考古质疑》，赵彦卫的《云麓漫钞》，陈善的《扪虱新话》，赵与时的《退宾录》，范晞文的《对床夜语》，龚颐正的《芥隐笔记》，史绳祖的《学斋占毕》，俞德邻的《佩苇斋辑闻》，刘昌诗的《芦浦笔记》，等等，内容虽然比较庞杂，但里面记载着大量的训诂内容的条目。语文教师的文言文教学，有时也要用来借鉴一下。如，《过秦论》："尝以十倍之地，百万之众，叩关而攻秦。秦人开关延敌，九国之师，逡巡而不敢进。秦无亡矢遗镞之费，而天下诸侯已困矣。"注释说："逡巡，有所顾虑而徘徊不敢前进。"② 按："逡巡"释为"有所顾虑而徘徊"，是正确的，又释为"不敢前进"，则是蛇足之说。唐颜师古当时所

---

① 《二十四史》（第二册），《汉书·高帝纪》，中华书局2008年版，第24页。
② 部编：《普通高中教科书语文》选择性必修中册，2020年版，第93页。

看到的《史记》本子，"逡巡"作"逡遁"，于是考辨说："遁者盖取盾之声，以为巡字，当音详遵反。此言九国地广兵强，相率西向，仰形胜之地，泝函谷之关，欲攻秦室，秦人恃其险固，无惧敌之心，不加距闭，开关而待。然九国畏愞，自度无功，持疑不进，坐致败散耳。后之学者既不知'遁'为'巡'字，遂改为遁逃，因就释云，九国初见秦闭关，其谓可胜，所以率兵来攻，忽见秦人开关，各怀恐惧，遂即奔走。故潘安仁《西征赋》云：'或开关而延敌，竞遁逃以奔窜。'斯为误矣。若见秦开关遁逃而走，即应大被追蹑，覆军杀将，岂得但言不进而已乎？且书本好者，今犹为'逡遁'，不作遁逃也。"[①]可见，"逡遁""逡巡"是同一联绵字（也叫"联绵词"）的两种不同的书写形式，是"持疑不进"的意思，其义与字形没有关系，今本作"逡巡"，完全是后人根据颜氏此说改过来的。这条考释对于帮助我们理解"逡巡"的这个词的结构形式是有参考价值的。

　　清代是读书笔记最为发达的时期，其数量之多、学术价值之高，是任何一个历史时期所不能比拟的。特别是清代乾、嘉时期的学者，崇尚实事求是，无征不信，一改明代那种浮夸空疏的习气。他们不草率作文著书，必待占有

---

① 颜师古：《匡谬正俗》卷五"逡巡"条，清同治间刻《小学汇涵》本。

详尽材料的基础上才动笔，日写月记，读书笔记成为他们治学的基础课目，于是产生出一大批学术精品。比较著名的读书笔记，则有黄生的《字诂》《义府》，臧琳的《经义杂志》，顾炎武的《日知录》，阎若璩的《潜邱札记》，钱大昕的《潜研堂文集》《十驾斋养新录》，卢文弨的《钟山札记》《龙城札记》，王鸣盛的《蛾术篇》，李赓芸的《炳烛编》，刘源渌的《读书日记》，吴骐的《读书偶见》，万斯同的《群书疑辩》，杭世骏的《订讹类编》，惠栋的《九曜斋笔记》，孙志祖的《读书脞录》，王念孙的《读书杂志》，王引之的《经义述闻》，汪中的《知新论》，赵翼的《陔馀丛考》，梁玉绳的《瞥记》，桂馥的《札朴》，洪亮吉的《晓读书斋杂录》，洪颐煊的《读书丛录》，臧庸的《拜经日记》，宋翔凤的《过庭录》，俞正燮的《癸巳类稿》《癸巳存稿》，朱一新的《无邪堂答问》，俞樾的《群经平议》《读书馀录》《茶香室四钞》《诸子平议》，于鬯的《香草校书》《续香草校书》，孙诒让的《札迻》，等等，其中以王念孙、王引之父子二人的笔记著作的成就为最高。这些读书笔记对于语文课的古词语教学很有帮助，值得大加利用。下面略举王氏父子的《读书杂志》《经传述闻》与语文课的古文词语教学直接有关系的五例来说明。

例之一 《触龙说赵太后》："左师触龙愿见太后，太后盛气而揖之。"注释说："揖，原意是拱手，这里是表示接见的意思。"①原通行本《战国策》"触龙"作"触詟"。按王念孙《读书杂志·读〈战国策〉志》"触詟 揖之"条说："此《策》及《赵世家》皆作'左师触龙言愿见太后'，今本'龙言'二字误合为'詟'耳。太后闻触龙愿见之言，故盛气以待之。若无'言'字，则文义不明。据姚云'一本无"言"字'，则姚有'言'字明矣。而今刻姚本亦无'言'字，则后人依鲍本改之矣。《汉书·古今人表》正作'左师触龙'。又，《荀子·议兵篇》注曰：《战国策》赵有左师触龙。'《太平御览·人事部》引此《策》曰：'左师触龙言愿见。'皆其明证矣。又，《荀子·臣道篇》曰：'若曹触龙之于纣者，可谓国贼矣。'《史记·高祖功臣侯者表》有临辕夷侯戚触龙，《惠景间侯者表》有山都敬侯王触龙。是古人多以触龙为名，未有名触詟者。'太后盛气而揖之'，吴曰：'揖之，《史》云胥之。当是。'念孙按：吴说是也。《集解》曰：'胥，犹须也。'《御览》引此《策》作'盛气而须之'。隶书胥字作𦙫，因讹为䏏，后人又手旁耳。下文言'入而徐趋'，则此时触龙尚未入，太后无缘揖之也。"②

---

① 初中《语文课本阅读》第五册，1990年版，第291页。
② 王念孙：《读书杂志》第一册，上海古籍出版社2014年版，第148页。

这段话王念孙解决了两个问题。一是"触詟"应作"触龙言";二是"揖"是"胥"的误字,实为"须",是等待的意思。后来,长沙马王堆二号汉墓出土帛书《战国纵横家书》,"触詟",正作"触龙";"揖",正作"胥"。证明王念孙的识断是正确的。而课文把"揖"仍然解释为"拱手",是一个失误。完全应该根据王念孙的这条札记与长沙马王堆汉墓的帛书将它订正过来。

例之二 《鸿门宴》:"项伯乃夜驰之沛公军,私见张良,具告以事,欲呼张良与俱去,曰:'毋从俱死也。'"①"毋从俱死",课文无注。按王念孙《读书杂志·读〈史记〉志》"毋从俱死"条说:"从,当为徒。项伯以张良不去,则徒与沛公俱死,故曰'毋徒俱死也'。《汉书·高祖纪》作'毋特俱死',苏林曰:'特,但也。'师古曰:'但,空也。空死而无成名也。'特、但、徒一声之转,其义一也。隶书'从'字作從,形与'徒'相似,故徒误为'从'。《齐风·载驱》笺'徒为淫乱之行',《释文》:'徒,一本作从。'《列子·天瑞篇》'食于道徒',《释文》:'徒,一本作从。'《吕氏春秋·禁塞篇》'承从多群','从',一本作'徒'。《史记·仲尼弟子传》'壤驷赤,字子

---

① 部编:《普通高中教科书语文》必修下册,2020年版,第13页。

徒。郑国，字子徒。'《家语·七十二弟子篇》'徒'，并作'从'。"①在这个条目中，王氏既有《汉书》"从"本作"徒"的坚实证据，又有"徒""从"二字相讹的众多书证，其说当可以成立。所以，课文完全可以根据王氏之说把这个错误改正过来。"毋徒俱死"，是说别空与沛公一起死。

例之三 《信陵君窃符救赵》："公子再拜，因问。侯生乃屏人间语曰：'嬴闻晋鄙之兵符常在王卧内，……'"注释说："屏人间语，叫旁人走开，悄悄地说。"②根据这条解释，很容易让人理解为"间"是低声窃语的"悄悄话"。按：王念孙《读书杂志·读〈史记〉志》"间语"条说："间，读'间厕'之间，间，私也。《项羽纪》'沛公道芷阳间行'，谓私行也。'汉王间往从之'，谓私往也。'王可以间出'，谓私出也。《韩子·外储说右篇》'秦惠王爱公孙衍，与之间有所言'，谓私有所言也。《后汉书·邓禹传》'因留宿间语'，李贤注曰：'间，私也。'"③据王氏之说，"屏人间语"，是说屏开人私语。私语，只要没有旁人，可以高声说话，不一定是"低声"到只有两人才能听到的程度，这自然要比释为"悄悄"贴切多了。

---

① 王念孙：《读书杂志》第一册，上海古籍出版社2014年版，第201页。
② 高中《语文》第六册，2006年版，第108页。
③ 王念孙：《读书杂志》第一册，上海古籍出版社2014年版，第330页。

例之四 《五蠹》:"以是言之,夫仁义辩智非所以持国也。"注释说:"非所以持国,不是可以用来操持国家,管理国家。"① "持"释"操持",在这个语境里讲不通,又释"管理",失之无据。按:王引之《经义述闻》卷三十一《通说上》"持"条说:"持训为执,常训也。又训为守、为保。《越语》'夫国家之事有持盈,有定倾'。《吕氏春秋·慎大篇》'胜非其难者也,持之其难者也'。韦、高注并云:'持,守也。'《周语》'膺保明德',韦注云:'保,持也。'保可训为持,持亦可训为保。昭十九年《左传》'楚不在诸侯也,其仅自完矣,以持其世而已'。谓保守其世也。《孟子·公孙丑篇》'持其志,无暴其气'。谓保守其志也。故保养谓之持养。《荀子·劝学篇》'除其害者以持养之'。《荣辱篇》'今以夫先王之道,仁义之统,以相群居,以相持养'。杨注云:'持养,保养也。'《议兵篇》'高爵丰禄以持养之',《墨子·天志篇》'内有以食饥息劳,持养其万民',《吕氏春秋·长见篇》'申侯伯善持养吾意'是也。"② 据此,"持",训"保守",文从意顺。"夫仁义辩智非所以持国",是说仁义辩智不是用来保守国家的东西。

---

① 高中《语文》第三册,1988年版,第337页。
② 王引之《经义述闻》,《高邮王氏四种》之三,江苏古籍出版社2000年影印本,第739页。

例之五 《〈论语〉十二章》:"子曰:'学而不思则罔,思而不学则殆。"注释说:"殆,疑惑。"①是正确的。但是,旧课本注"殆"为"有害",②浙江省编语文课本对孔子此则语录的注释则说:"殆,不安,这里是恍惚而无所依据的意思。"③均属误解。"罔""殆"为对文,其义相近,"罔"为"迷惑",则"殆"不应为"有害""不安"。按:王引之《经义述闻》卷三十一《通说上》"殆"条说:"何休注襄四年《公羊传》曰:'殆,疑也。'《论语·为政篇》'学而不思则罔,思而不学则殆',谓思而不学则事无征验,疑不能定也。又曰'多闻阙疑,多见阙殆',殆犹疑也。谓所见之事若可疑则阙,而不敢行也。《史记·仓公传》'良工取之,拙者疑殆'。殆亦疑也,古人自有复语耳……后人但知殆训为危、为近,而不知又训为疑。盖古义之失传久矣。"④其说极确。王力先生主编的《古代汉语》也采用王引之说,⑤是完全正确的。

---

① 部编:《义务教育教科书语文》七年级上册,2016年版,第51页。
② 义务教育教科书《语文》(七年级),2010年版,上册,第45页。
③ 浙江省编:初中《语文》第一册,浙江教育出版社1997年版,第85页。
④ 王引之《经义述闻》,《高邮王氏四种》之三,江苏古籍出版社2000年影印本,第740页。
⑤ 王力:《古代汉语》第一册,中华书局1982年版,第178页。

除此以外，对于现代学者的读书笔记也应重视。如，徐复、蒋礼鸿、郭在贻等人所作学术笔记，有些内容直接涉及语文课本的词义，就需要好好参考，加以利用。如：

杜甫《咏怀古迹》："画图省识春风面，环佩空归月夜魂。"注释说："省（xǐng）识，认识。"[①] 按：从此联对偶情况分析，省、空相对，空是副词，说白白地。则"省"也是副词，不当解"认识"。郭在贻说："未省是六朝以迄唐宋时期的俗语词，意思是未曾、没有，《敦煌变文字义通释》言之详矣。有时又作'不醒'，如唐人传奇《裴航》：'女曰："裴郎不相识耶？"航曰："昔非姻好，不醒拜侍。"'有时又作'不忆'。如张文成《游仙窟》：'未曾饮炭，肠热如烧；不忆吞刀，腹穿似割。'不忆与未曾对举，不忆即不曾也。有时又作'未记'，如敦煌写本《佛说阿弥陀经讲经文》：'下至寸草不曾偷，未记黄昏偷他物。'未记与不曾对举，未记犹未曾也。其在唐诗，则如高适《在哥舒大夫幕下请辞退托兴奉诗》：'自从嫁与君，不省一日乐。'岑参《函谷关歌送刘评事使关西》：'野花不省见行人，山鸟何曾识关吏？'杜甫《秋雨叹》：'秋来未曾见白日，泥污后土何时干。'仇兆鳌《杜诗详注》于

---

① 高中《语文》第三册，2006年版，第54页。

'曾'字下注云：'陈浩然本作省。'则未曾即未省也。又元稹《代九九》：'每常同坐卧，不省暂参差。'白居易《放言五首》：'北邙未省留闲地，东海何曾有定波。'不省、未曾，犹言不曾、未曾也。"①其说甚确。其实，"省"解作"曾"，也可以单用，未必一定要与否定副词合用。如，《闻斛斯六官未归》："老罢休无赖，归来省醉眠。"白居易《画竹歌》："西丛七茎劲而健，省向天竺寺前石上见。"韩愈《双鸟诗》："两鸟既别处，闭声省愆尤。"以上"省"皆解作"曾"。

《苏武传》："凿地为坎，置煴火，覆武其上，蹈其背以出血。"注释说："蹈同'搯'，叩击，拍打。一说当作'焰'，熏。"②旧课本注释说："蹈，踩。"③按：后一说非。蹈，解为"搯"字的假借，取之于杨树达。杨说："背不可蹈，况在刺伤时耶！《国语·鲁语》云：'无搯膺。'韦昭云：'搯，叩也。'马融《长笛赋》云：'搯膺擗摽。'搯膺，谓即叩胸也。搯背者，轻叩其背使出血，不令血淤滞体中为害也。"④其说甚是，宜采用。后一说通作"焰"，似无必要。

---

① 郭在贻：《郭在贻文集》第三册，中华书局2002年版，第65页。
② 部编：《普通高中教科书语文》选择性必修中册，2020年版，87页。
③ 高中《语文》第四册，2006年版，第86页。
④ 杨树达：《汉书窥管》，上海古籍出版社2006年版，第426页。

第三章 形训

第一节　形训在先秦时期的表现

从这章开始，就要讲解释字义的方法了。

首先，要弄清楚什么是形训以及形训的基本特征，然后讨论一下形训的渊源问题。顾名思义，形训与汉字的形体结构有关系。

我国的汉字是一种非常特殊的书写符号，其区别于世界表音文字的最显著的特征，在于汉字的字形符号有表意功能，或通称汉字为"形意文字"。现在的汉字大多已看不出其符号的表意性能，可是，在汉字的古文字阶段，如殷商的甲骨文和西周的金文，多是按字的意义来绘制和组织形体结构的，睹形识义，字形与字义往往有直观的联系。所以，汉字的形体结构特征，就为我们提示着一条可以通过字形的辨识与分析而达到解释字义的途径。前人将这条途径称之为"据形索义"的训诂方法，这就是形训。

形训作为传统的训诂方法之一，其所依据的是"说文"与"解字"，其推求的意义是字的本义。如，"象"的古字为象，"木"的古字为朩，"水"的古字为氺，"刃"的古字为刃，据其字形，即可识其义，简捷明快，非常奏效。因为这些都是独体的"文"，本身就有图画性质，容易辨识。但是，合体"字"就不那么简单了，按图索骥式的辨识方法常常行不通，而必须对合体字加以合理地分析、辨别。既不能主观地以字形来确立字义，又不能简单地用字形来附会字义，而是严格贯彻形义结合的客观原则，即按照语言实际中的词义以求得其形与义的一致。如，"若"字，古作ᄬ。像什么？不能瞎猜。《说文·艸部》："若，择菜也。从艸、右。右，手也。"许慎以为"若"字从艸，表示的是菜，而不是别的东西；右是手。"手"，可以表示许多种动作，而在"若"字里仅表示"择取"。许慎这个解释，完全是通过分析若字的形体结构来完成的。其正确与否，还得回到实际语言中去检验。段玉裁在注释《说文》这条解释的时候，引用《国语·晋语》秦穆公"夫晋国之乱，吾谁使先若夫二公子而立之，以为朝夕之急"这句话来印证，然后说："此谓使谁先择二公子而立之。'若'正训'择'。择菜，引申之义也。"说明许慎的解释是有客观依据的，经得起实际语言的验证。所以，形训的形、义统一，应是字形结构所表示的字义与实际语言的词义相互统一。否则，就会陷入"望形生训"的歧途，得不到正确的解释。

说起形训，古今学者都会引用到《左传》里的三条据形释义的著名材料。如，《宣公十二年》："于文，止戈为武。"认为"武"字可以分解为"止""戈"，表示执持干戈以定止天下的意思。《宣公十五年》："天反时为灾，地反物为妖，民反德为乱，乱则妖灾生。故文：反正为乏。"认为"乏"是"正"字的倒写，其义相反，正，所以受矢，乏，所以拒矢。《昭公元年》："于文：皿虫为蛊。谷之飞亦为蛊。"认为"蛊"是蚀食坏物的害虫，由"皿"中生"虫"来表示。《宋书》卷十九《乐志》第一："于文：文武为斌，兼秉文武，圣德所以章明也。"认为"斌"是兼备文武之才的意思。还有一个在上章提到过的《韩非子·五蠹》解释"公""私"二字的例子，也是使用形训的方法释义。可惜这样的材料太少了，现存于先秦典籍中仅有此四例，但足以说明形训在春秋战国之世就已经存在了。又，据《周礼》载，保氏"养国子以道，乃教之六艺：一曰五礼，二曰六乐，三曰五射，四曰五驭，五曰六书，六曰九数"。《汉书·艺文志》说："古者八岁入小学，故《周官》保氏掌养国子，教之六书，谓象形、象事、象意、象声、转注、假借，造字之本也。""六书"，是指六种不同的字形结构类型的名称，教习"六书"，自然离不开汉字形体结构的分析。在西周时期，字形分析已经成为"国子"的学习内容，或许上述四例即是保氏当年执教"六书"的遗子。

毛亨在战国末期作《诗故训传》，用形训的方法来解释字义的书例，更是迭出不穷。如，《诗经·豳风·七月》："穹窒熏鼠，塞向墐户。"毛《传》："向，北出牖也。"可为什么"向"可以解释为"北出牖"呢？向的古字作"𢂷"，象朝北开的窗户。毛亨这条解释使用的就是据形索义的方法。后来被许慎的《说文》收进来了。再如，《诗经·邶风·北门》："终窶且贫，莫知我艰。"毛《传》："窶者，无礼也。贫者，困于财。"窶，为什么可以释"无礼"？俞樾说："凡从娄得声者并有小义矣，窶从穴，娄声，当为小屋。……屋小则堂室奥阼之制不备，不可以行礼，故曰'无礼居'。引申之则凡无礼者皆得谓之窶。"① 其说不确。"窶"字从穴从娄。"娄"即《左传·定公十四年》"既定尔娄猪，盍归吾艾豭"之"娄"，杜预注："娄猪，求子猪，以喻南子。艾豭喻宋朝。""求子猪"，即指发情的母猪。"豭"是公猪，即今之种猪。"娄"字在这里表示情欲发动的意思。《说文·女部》："娄，空也。从毋、中、女，

---

① 俞樾：《群经平议》卷八，见《春在堂全书》，凤凰出版社2010年版。

娄空之意也。""毋",是"从女有奸者"的意思;从女,是从女性方面说的;从中,"中"是内心。所以,陆宗达先生释"娄",认为是指"女性春情发动的意思"。[①]引申为淫乱,为无礼。"既窭且贫","窭""贫"为对文,"窭"为情欲之贫,指茕独无偶,所以说"无礼";而"贫"为财物之乏。毛氏"窭者,无礼也"这条注释,虽未具体析形辨义,恐怕就是依据"娄"字的形体结构而得出来的。又如,《大雅·大明》:"大任有身,生此文王。"毛《传》:"身,重也。"毛亨使用的是"形训"的方式,即用"道形貌"的形容词"重",来解释名词"身",说"身"是沉重垂下的意思。郑玄《笺》说:"重,谓怀孕也。"为什么"身"字可以解释为妇女怀孕时那种沉重垂下的形态呢?原来,"身"字的古文作"𠂆",正象妇女怀孕的形状。可见,毛氏用的即是据形索义的方法。

总之,形训的传统方法,在有"六书"以后就应该存在了。

---

① 《说文解字通说》,北京出版社1981年版,第108页。

第二节　形训与六书的关系

《说文》是一部专门分析汉字形体、以求汉字本义的"形书",它把汉字分为六种结构类型,即象形、指事、会意、形声、转注、假借。这就是说,形训到许慎以后,开始以"六书"为准则而条理化、系统化了。自此以后,学者讲形训,都奉"六书"为圭臬。

古今对"六书"的认识尚有分歧。清代的多数学者以为,"六书"中的转注、假借,无从形训,或者说与形训没有关系。形训与"六书"的关系,实际上只体现为与象形、指事、会意与形声"四书"的关系,尤其与前三书的关系更为密切。这种说法是不正确的,是出于对许慎"六书"定义的误解。下面分别给以说明。

首先,象形与指事。许慎说象形字是"画成其物,随体诘诎",指事字是"视而可识,察而见意",并分别各举

"日"与"月"、"上"与"下"四字为例。象形字源于图画,其睹形识义的形训特征最为显著;指事字的符号富有象征性,识辨其所指意义也不难。《说文》的字体是小篆,虽然已经不是单纯的图画,而是抽象化的表意符号,其所表示的"意象"还是容易明白的。如,《醉翁亭记》:"峰回路转,有亭翼然临于泉上者,醉翁亭也。"注释说:"回,曲折、回环。"①这是正确的。因为,"回"是个象形字,小篆作"@",象水的漩涡。又如,《伶官传序》:"岂得之难而失之易欤?抑本其成败之迹,而皆自于人欤?"注释说:"本,考察,探究。"②按:本,这里用作动词,是说推究根源的意思。"本",是指事字,小篆作"𣎳",木下一点,象根部,指木的根。《谏太宗十思疏》:"求木之长者,必固其根本。"③这个"本"字,用的是木根的本义。推究根源,是引申义。但是,《说文》里面的象形字只有365个,而指事字更少,仅有125个,总共加起来才480个字。这种睹形识义的方法的使用范围也非常有限,只在独体的"文"当中起作用,充其量才480字而已。

其次,会意与形声。许慎说会意字是"比类合谊,以

---

① 部编:《义务教育教科书语文》九年级上册,2018年版,第48页。
② 部编:《普通高中教科书语文》选择性必修中册,2020年版,第96页。
③ 部编:《普通高中教科书语文》必修下册,2020年版,第144页。

见指挥",并举"武""信"二字为例。"止戈曰武","武"的意义是合会"止""戈"二字来体现的。"人言为信","信"的意义是合会"人""言"二字来体现的。类此例子还很多,如,人止于木为休,背私为公,示以手持肉为祭,力于田者为男,子承事老为孝,二人相依随为从,二人相背为北,等等。这类字的两个或两个以上独体字合会以后,能直接将意义体现出来,通过分析其形体结构来解释字义并不难。《说文》中的会意字有1667个。余下的是形声字,凡7697个。许慎对形声字的解释与现在通行的说法有很大歧异,许说:"以事为名,取譬相成,江、河是也。""事"是动词或形容词,"名"是名词。将动词或形容词当作名词,并通过譬喻方式以表达名称的意义,叫形声的造字法。如,"江"字从水、工声。"工",通"共"或"公",诸多水流所公共合汇者名曰"江"。"河"字从水、可声。从可声之字多有"大"的意思,如"呵""诃""阿""奇""荷"之类。水之大,名曰"河"。据许氏定义,形声字中的声是表义的,不是纯表音符号。形声字就是形符与声符相结合的会意字。"加"有增益的意思,从加声的"贺""驾"等,均赅"增加"之义。"迥"字训"远",从辵、同声。因为"同"有远界的意思。"迅"字训"疾飞",从辵、卂声,因为"卂"有疾快的意思。"楺"字训"屈申木",从柔声。

因为"柔"有柔曲的意思。刘歆以形声为"象声",黄承吉认为"象者,像也,似也。言右旁之字既义与声原相配合,偏旁又与此声义相配合,故谓之像似也"。《周礼》郑众《注》又称为"谐声"。黄氏又认为,"谐声者,谐其声也,正谓以义与声相和相适"①。这说明汉人都将形声字当作声义结合的会意字,所以,对形声字也可以使用分析形体的途径来解释其字义。

但是,有相当数量的会意字与形声字构成其字的成分,体现不出意义来,就得借助于"转注""假借"来解决。许慎说"转注"也有八个字,即"建类一首,同意相受",列举"考""老"为例。"考"的本义是"父死",从老省、丂声。丂,即作"朽",有死亡的意思。"老"是老人,引申为"父"之称,这称之为"转"。再把这个转引过来的"父"义,合会表示"父死"的"考"字,这叫"注",也称之为"同意相受",并将"考"系联在"老"部之下,就称之为"建类一首"。这个过程叫"转注"。不能直接体现"指挥"的会意字,有时就用得着这"转注"的方法。如,《六国论》:"思厥先祖父,暴霜露,斩荆棘,以有尺寸

---

① 黄承吉:《字义起于右旁之声说》,见黄生《字诂义府合按》,中华书局1984年版,第78页。

之地。"① 按："斩"，会意字，从车、从斤，有截断的意思。"斤"，斧子，可以表示合会截断之义。从车，则直接体现不出来。《说文·车部》有所解释，说："斩，法车裂也。"又曰："轘，车裂人也。"即是说，"斩"字从车，是"车裂人"的"车"，而不是一般的车。"车"，用作"裂人"的刑具，这是词义的引申，许慎称为"转"，引申以后再去合会表示截断的"斩"，许氏称为"注"，合起来就是"转注"。形声字也是如此。如，《说文·日部》："昕，旦明日将出也。从日、斤声。"按"斤"，本义是斤斧，没有明的意思。"斤"，用作动词，有开启、开明的意思。用"开明"的转义以注"旦明日将出"，则字作"昕"；用"开启"的转义以注表示开口"笑"，则字作"听"；以注表示开心喜悦，则字作"忻"。"欣"训笑、喜，"唬"训虎啸声，"狺"训犬吠声，都谐"斤"声。说明这些字的"斤"声，包含有"斤"字的转义，即"开启"的意思。

在用"转注"法不能表意的情况下，又得借助于"假借"法。许慎说假借也是八个字，即"本无其字，依声托事"，并以"令""长"二字为例。需要说明，许慎所说的假借绝不是使用文字当中的假借，而是与造字有关系。如，

---

① 部编：普通高中教科书《语文》必修下册，2020年版，第150页。

"令"的本义为命令,而"零"从雨从令,表示零雨,与"令"的字义无关。"令"通作"霝",表示零雨的"零"本作"霝",而"霝",则"本无其字",借"令"为"霝","零"是用"依声托事"的方法制造出来的。"长",本为长短的长,而"伥"从人从长,有狂乱的意思,与"长"的字义无关。"长",通作"襄",训"乱"。表示狂乱的"伥"本作"儴",而"儴",则"本无其字","伥"是用"依声托事"的方法造出来的。这就是造字的假借。会意字有假借,如,《说文·我部》:"义(義),己之威仪也。从我从羊。"我有"己"的意思,而"威仪"必须由"羊"来表示。"羊",通作"像",古书通用,合会"我""像"以表示"己之威仪",借"羊"为"像",故造字作義。《说文·言部》:"设,施陈也。从言、殳。殳,使人也。"按:"殳"为兵器,无"使人"义。"殳",通作"役",古书通用。合会"言""役"二字以表示"使人",借"殳"为"役",故字作"设"。形声字也是如此。如,《说文》"必",训"分极",但是谐"必"声的形声字多不见"分极"义。"闷"训"闭门","觅"训"蔽不见","谧"训"静语","秘"训"神秘"等。"必",借为"密",古书通用。是造字的假借。"只",本为语已词,而谐"只"声的形声字有支、曲的意思。《说文》"胑"训"体四肢","迟"训"曲行"等,"只",借为"支",古书通用。"支"有屈曲的意思。《石钟山记》:"桴止响腾,余韵徐歇。"注释说:"鼓槌停止了(敲击),声音还在传播。腾,传播。"① 按"腾"字,解作传播,是古义。《说文·马部》:"腾,传也。从马、朕声。""腾"字训"传",指古代的驿传。从马,是传邮的工具;"朕",则应表示"传递"的意思。"朕",借作"代",古书多通用。如"黛"字从代声,其异体字作"䑜",从朕声。"袋"字古作"帒",代声,而异体字作"縢",朕声。都可以证明"代""朕"二字通用。"代"有递代的意思。"腾",朕声,当代声。是造字的假借法。但是,靠转注与假借二书,是不能独立进行形训的,必须体现在那些不能直接表义的会意字与形声字中。② "六书"的关系,诚如明人赵撝谦所说,"余近在山中,博古之暇,作书曰《本义》,定三百三十字为字母,八百七十为字子,以象形为首,原文字之本也。次二曰指事,加乎象形者也。次三曰会意,次四曰谐声,合夫象形、指事者也。次五曰假借,次六曰

---

① 部编:《普通高中教科书语文》选择性必修下册,2020年版,第83页。
② 黄灵庚:《〈说文〉"转注""假借"考释》,《淮北煤炭师范学院学报》(社会科学版)1989年第3—4期。

转注,托夫四者之中者也。"①所谓"托夫四者",指转注、假借二字不能独立造字,必须寄托于象形、指事、会意、形声四书中。

综上所述,"六书"的原理,是进行形训的关键,离开"六书"就无从说文解字。所以,要掌握形训这种方法,先得将"六书"的原理吃透,深刻地加以理解。

---

① 赵㧑谦:《稽古斋记》,见黄宗羲《明文海》卷327《记》一《居室》,稿抄本,藏于浙江图书馆。

第三节　字形分析在语文教学中的应用

形训既然是一种传统的说文解字的方法,前人也积累了许多很有参考价值的经验,我们就应该利用这份遗产,为中学语文教学服务。运用形训,确实能解决中学语文课中的一些实际问题。下面举十例来说明。

例之一　《孟子》:"为宫室之美,妻妾之奉,所识穷乏者得我与?"注释说:"所识穷乏者得我与,所认识的穷困的人感激我吗?"[1]《苏武传》:"其冬,丁令盗武牛羊,武复穷厄。"注释说:"穷厄,困顿。"[2]这两条注释的意思大致是通的。但是,"穷"字为什么有"困顿""穷困"的意思?需要从字形结构上去理解。"穷",繁体作"窮"。《说

---

[1] 部编:《义务教育教科书语文》九年级下册,2018年版,第47页。
[2] 部编:《普通高中教科书语文》选择性必修中册,2020年版,第89页。

文·穴部》:"窮,极也。从穴、躬声。""极",是极点、尽头。"穷"字的意思是走到了极点,无路可走。如成语"日暮途穷""途穷知返",就是这个意思。"穴",表示洞穴,可以理解为囹圄、地牢,囚禁人的地方。"躬",从身,从吕。"吕",是古"邕"字。《说文·川部》:"邕,四方有水,自邕成池者是也。从巛、邑。读若雝,🆎,籀文邕如此。"段玉裁注:"池沼多由人工所为。惟邑之四旁,有水来自拥抱,旋绕成池者,是为邕。……引申之,凡四面有水皆曰邕。"籀文"🆎",从川、🆎,🆎象水中可居之地,从川与从水同意,象水环绕之形。甲骨文"邕"作🆎,🆎其象意更为明显。《诗经》中的《大雅·文王有声》《鲁颂·泮水》都有"璧雍"这个词。"邕""雍"通用。郑玄《笺》:"璧雍者,筑土邕水之外圆如璧。"罗振玉先生《殷虚书契考释三种》:"从巛从口从佳,古辟雍字如此。辟雍有环流,故从巛,或从〈,乃巛省也。口象环土形,外为环流,中斯为环土矣。"①这种结构的建筑,实在是远古时期的"牢狱",与古典文献中的"重泉""圜土""均台"同属一类的东西,既是囚禁俘虏的地方,又是贵族祭典庆功和胄子们习武的圣地。可见,"穷"字从🆎,象人的身体

---

① 罗振玉:《殷虚书契考释三种》上册,中华书局2006年版,第145页。

囚拘在四面环水的"囧"中，以表示身处绝境，无路可行。再加上意符"穴"字，其窘困的意思，更为显豁。①所以，《孟子》的"穷乏"是两个词，"穷"是困厄，处境艰难；"乏"是缺财、缺食。《苏武传》的"穷厄"，处于绝境不通，不用分释为二义。《桃花源记》："复前行，欲穷其林。"②"穷"，指路的尽头，再往前行，已没有路了。

例之二 《烛之武退秦师》："因人之力而敝之，不仁。"注释说："敝，损害。"③《过秦论》："秦有余力而制其弊，追亡逐北，伏尸百万，流血漂橹。"注释说："制其弊，利用他们的弱点制服他们。弊，弱点。"④而旧版课文注释说："弊，通敝，困顿、失败。"⑤《六国论》："六国破灭，非兵不利，战不善，弊在赂秦。"⑥这个"弊"字未注，可能也是当作"弱点"或者"失败"解释的。"敝""弊"何以作如此解释？需要从分析字形结构中去寻找答案。《说文·㡀部》："敝，帗也。一曰败衣。从攴、㡀，㡀亦声。"据许慎此释，"敝"，是会意字。以为"败衣"是"敝"字的本

---

① 黄灵庚：《离骚校诂》，中州古籍出版社1996年版，第310、401页。
② 部编：《义务教育教科书语文》八年级下册，2017年版，第54页。
③ 部编：《普通高中教科书语文》必修下册，2020年版，第11页。
④ 部编：《普通高中教科书语文》选择性必修中册，2020年版，第93页。
⑤ 高中《语文》第四册，1993年版，第307页。
⑥ 部编：《普通高中教科书语文》必修下册，2020年版，第150页。

义。《送东阳马生序》:"余则缊袍敝衣处其间,略无慕艳意,以中有足乐者,不知口体之奉不若人也。"注释说:"敝,破。"①其实本是指破败的衣服。《诗经·鸿雁序·笺》:"宣王承厉王衰乱之敝而起。"孔颖达《疏》:"衣服破坏谓之敝。"引申为"败坏"。今作"弊"字。甲骨文"敝"作"㪍",象击巾除尘的形状。衣服破旧必多尘垢,所以支击之以去尘,表示是"败衣"。而训"破",不是"敝"字的本义。然后又引申为泛指败坏的原因或弊端,即不利或不好的方面,用作名词。《过秦论》"秦有余力而制其弊",是说抑制其不利的方面。《六国论》"弊在赂秦",败坏的原因就在赂秦。又引申为拂拭尘垢的意思,则分化出"撇""擎""潎"等字。②所以,通过"敝"字的形体结构的分析,可以找出其字义的根,弄清其来龙去脉,从而对"敝"字会有更全面、更深刻的理解。

例之三 《孔雀东南飞》:"卿但暂还家,吾今且报府。不久当归还,还必相迎取。"注释没把"取"字注出来③。综观全诗,焦仲卿说这番话时,刘兰芝已被休弃,夫妻的名分已经不存在了。如果再要把她接回家,得重新举行复婚之

---

① 部编:《义务教育教科书语文》九年级下册,2018年版,第53页。
② 详参黄灵庚:《离骚校诂》,中州古籍出版社1996年版,第574页。
③ 部编:《普通高中教科书语文》选择性必修下册,2020年版,第8页。

礼。所以，这个"取"字，就是娶亲的意思。"取"字，为什么有娶亲的意思？或者说，"取"是"娶"的借字，"娶"有娶亲的意思。不确。因为"娶"字是后来才有的。古代表示娶亲只作"取"。《诗经·齐风·南山》："取妻如之何？必告父母。"《诗经·大雅·韩奕》："韩侯取妻，汾王之甥。""取妻"，亦即娶妻。《孔雀东南飞》这里用的是古字。《说文·又部》："取，捕取也。从又、耳。《周礼》：'获者取左耳。'《司马法》曰：'载献馘。'馘者，耳也。"原来，"取"的本义是割取俘虏左耳的意思，古人就曾凭割取敌人耳朵的多少来统计战功。《左传·僖公二十二年》："虽及胡耇，获则取之，何有于二毛？""获则取之"，指将俘虏抓起，再割下他的耳朵。"取"，在古代是一种暴力行为，所以说"捕取"。男女婚姻，在初始也是一种暴力行为，只是它"捕取"的对象是女人。进入文明社会以后的今天，暴力取亲已成为陈迹，但是在我国西南有些少数民族娶亲中，依然流行着象征性的"抢婚"习俗，实质上以暴力"捕取"的文化残余，体现在语言文字上就是这个"取"字。

例之四 苏轼《念奴娇·赤壁怀古》："惊涛拍岸，卷起千堆雪。"[①] "惊涛"二字课文未注。大概以"惊"为"心

---

① 部编：《普通高中教科书语文》必修上册，2019年版，第65页。

惊、惊骇"的意思，其义习常，无须深究。其实不然。惊，繁体字作"驚"。《说文·马部》："驚，马骇也。从马、敬声。"所谓"马骇"，指马受惊吓后而狂奔，失去控制，今人称为"马奔"，是非常危险的状态。惊涛，形容波涛像"马奔"一样，气势磅礴，不可遏阻。所以，苏词用"惊"字极富文学色彩。解作"心惊"，说"惊涛"是"令人心惊的波涛"，其诗意即索然无味。分析"惊"字的形体构造，深刻体味"马骇"本义，对苏轼这首词"惊涛拍岸"，会有别一番风味的想象和理解。柳永《望海潮》（东南形胜）也被选进，其写"波涛"曰："怒涛卷霜雪，天堑无涯。"[1]这"怒涛"自然比不上"惊涛"更富于文学形象。《岳阳楼记》："至若春和景明，波澜不惊。"和上一段"阴风怒号，浊浪排空"相比较，[2]"不惊"的"惊"字，宜也应解本义"马奔"。

例之五 《马说》："故虽有名马，祇辱于奴隶人之手，骈死于槽枥之间，不以千里称也。"[3]辱，指耻辱。辱，为什么会有耻辱的意思？《说文·辰部》："辱，耻也。从寸在辰下。失耕时于封疆上戮之也。辰者，农之时也。故房星

---

[1] 部编：《普通高中教科书语文》选择性必修下册，2020年版，第17页。
[2] 部编：《义务教育教科书语文》九年级上册，2018年版，第45页。
[3] 部编：《义务教育教科书语文》八年级下册，2017年版，第122页。

为辰，田候也。"按：辱，是会意字。"从寸在辰下"之所以表示"耻辱"的意思，没有说清楚。考甲骨文，"辰"字作🙾、🙾，金文作🙾、🙾，陆宗达先生说像蛤蜊之形，实是"蜃"字古文。蛤蜊的外壳是古代的耕作之具，即用作犁头进行耕种。晚商的"辰"字作🙾，完全是犁头的形状。[①]其说极确。与农作有关系的蓐、耨、槈、鎒等都从"辰"。农作贵时，所以"辰"有时义。晨，从辰；农（農），从辰；都与农时相关。《说文》所说"辰者，农之时也。故房星为辰，田候也"，就是这个意思。"唇"，像蛤形，故"唇"字也从辰。女阴与唇形相似，这样又把女子依时来经血的事情，称作"月辰"。而"辱"为污垢、耻辱义，当受义于女子的月辰。这是"转注"。"寸"，是"手"字，古作"🙾"，象手的虎口。古以手的虎口作为丈量的度数，"寸"字有法度的意思。法度的"寸"，竟安置在污垢的"辰"之下，则所蒙受的耻辱，没有比这更严重的了。从字形结构上说，"辱"字在语法上只能用作使动词。"祗辱于奴隶人之手"，说只使辱于隶仆之手。

例之六 "谋"字，古书多作计画、图谋解释。如《曹

---

① 陆宗达：《训诂方法论》，中国社会科学出版社1983年版，第41页。

刿论战》："其乡人曰：'肉食者谋之，又何间焉？'"[①]谋，是说图谋、计画。《说文·言部》："虑难曰谋。从言、某声。䛑，古文谋；䜴，亦古文。"谋，形声字。从言，表示言说的意思，而"从某"的意象，实在有些晦涩。"某"，古文作"某"，原来是古"梅"字。仲春之月，梅子成熟，正是古代祭高媒神的时节。媒氏令会国中男女，"于是时也，奔者不禁。若无故而不用令者，罚之，司男女之无夫家者而会之"[②]。所以，"媒"字，某声，即因梅子而得名。媒氏的司职，在于用言语设法把男女撮合为婚姻，故"从言"，是"谋"的最初意思，和古代婚娶文化有关系。可见，"谋""媒"古本一字。古文䛑，从口、母声；或䜴，从心、母声。母，是地母，土地神，也即高媒神。其文字结构的意象要比"媒""谋"二体更为原始。后来引申为泛指计画、计虑，于是"谋""媒"就分用为二字二义。

例之七 《氓》："氓之蚩蚩，抱布贸丝。"[③]"氓"字无注。旧课文注释说："氓，民，这里指诗中的男主人公。"[④]

---

① 部编：《义务教育教科书语文》九年级下册，2018年版，第122页。
② 《周礼·媒氏》，《十三经注疏》本，中华书局1979年影印本，上册，第733页之中。
③ 部编：《普通高中教科书语文》选择性必修下册，2020年版，第2页。
④ 高中《语文》第二册，2006年版，第21页。

按：以"氓"为"民"，有毛亨《诗故训传》的依据，当是可信的。为何"民"别称为"氓"？二字在不同语境中能否任意替换？恐怕不可以。孔颖达《正义》说："氓、民之一名，对文则异。故《遂人》注云：'变民言氓，异内外也。氓，犹懵懵无知貌。'是其别也。其实通，故下《笺》云：'言民诱己是也。'"孔《疏》所谓"异内外"，指同邦国之内者为"民"，来自邦国之外者称"氓"。《孟子·公孙丑上》："廛无夫里之布，则天下之民皆悦而愿为之氓矣。"赵岐注："里，居也。布，钱也。夫，一夫也。《周礼·载师》曰：'宅不毛者有里布，田不耕者出屋粟，凡民无职事者出夫家之征。'孟子欲使宽独夫去里布，则人皆乐为之民矣，氓，民也。"称"天下之民"，则来自邦国之外者，故称"氓"。又，《滕文公上》："有为神农之言者许行，自楚之滕，踵门而告文公曰：'远方之人闻君行仁政，愿受一廛而为氓。'"赵岐注："许，姓。行，名也。治为神农之道者。踵，至也。廛，居也。自称远方之人愿为氓。氓，野人之称。"许行自"楚"至"滕"，是滕之邦国外之民，故自称"氓"。所谓"野人"者，也是指邦国之外的意思。《说文·民部》："氓，民也。从民、亡声。"段玉裁注："自他归往之民则谓之氓。故字从民、亡。"段氏即据形析"氓"字"从民、亡"之义，来自他邦者。《氓》中的女主人公是卫国人,则男主人公称"氓"者,说明来自其他诸侯国。

例之八 《归去来兮辞》:"生生所资,未见其术。"注释说:"术,这里指营生的本领。"①按:术,繁体作術,《说文》:"術,邑中道也。从行、术声。"邑中道路,通行无阻,所以"从行",说明和"行走"有关系。而"术",是草名,和行走没有关系。读如"述",有循行的意思。说明"術"字,是形声的假借。而后引申为"方法""手段""技术""权术""技艺""方术"等,课文"未见其术",是指生存的方法。说是"这里指营生的本领",没有必要"为传注",越出了词书意义范围。

例之九 《种树郭橐驼传》:"其莳也若子。"注释说:"莳,栽种。"②《插秧歌》:"秧根未牢莳未匝,照管鹅儿与雏鸭。"注释说:"莳,移栽、种植。"③至确。按:《说文》:"莳,更别种。从艸、时声。"何为"更别种"?段注:"《尧典》'播时百谷',郑读为莳。今江苏人移秧插田中曰莳秧。"即是说,从此处移栽于别外一处曰"莳"。"莳、时"二字通用,"时"有替代之意。春夏秋冬,四时替换,

---

① 部编:《普通高中教科书语文》选择性必修下册,2020年版,第77页。
② 同上书,第81页。
③ 部编:《普通高中教科书语文》必修上册,2019年版,第53页。

称之曰"时"。《庄子·徐无鬼》篇："莛也，桔梗也，鸡壅也，豕零也，是时为帝者也。"《淮南子·说林训》："譬若旱岁之土龙，疾疫之刍狗，是时为帝者也。"《淮南子·齐俗训》："见雨则裘不用，升堂则蓑不御，此代为帝者也。"三例句法结构相同，以类证之，时之犹言代也。故"莳"字解"更别种"。注谓"栽种"，也是"更别种"。

例之十 《过秦论》："齐明、周最、陈轸、召滑、楼缓、翟景、苏厉、乐毅之徒通其意。"注释说："齐明、周最这些人沟通他们的意图。"① 周最是谁？课文无注。其实，周最，当作"周聚"，最，是个错别字。《史记·周本纪》："齐重，则固有周聚以收齐，是周常不失重国之交也。"裴骃《集解》："徐广曰：一作最。最，亦古之聚字。"张守节《正义》："按周聚事齐而和于齐周，故得齐重。今相国又得秦重，是相国收秦。周聚收齐，周常不失大国之交也。"说"最亦古之聚字"。"聚"，古字作"冣"，上从冂，下从取。或从冃（古冒字）、取，故而误作"最"。王念孙《读书杂志·史记》："'夫齐，霸国之余业，而最胜之遗事也'。念孙按：'最'当为'冣'，字之误也。"② 弄清"聚"字的几种

---

① 部编：《普通高中教科书语文》选择性必修中册，2020年版，第93页。
② 王念孙：《读书杂志》第一册，上海古籍出版社2014年版，第338页。

不同写法,这个"周最"名字之讹,也就不难发现了。

　　由此可见,形训有助于探求字的本义,并由本义而引发出一系列引申义。语文教师对形训的方法应引起足够的重视,力求娴熟地掌握它,使它更好地为文言文教学发挥作用。

第四节　形训需要注意的问题

形训在训诂中的作用是有限的,其最大忌讳是望文生义。

汉字是表意文字,从字形的结构确能帮助我们辨认各自的本义,可是在实际使用当中,并非全如"人""水""火""山""木""日""月"等基本字,一字一义,字与词的关系相对比较固定,而是大多数字常有一字多用或数字一用的情况,这产生了用字与造字之间的矛盾。这是由于词义不断发展变化所造成的,常常是汉语里的某些词义早就发生了变化,产生了新的词义,而记录这些词义的符号依然如故;有些词义的符号就根本不存在,不得不利用原有的文字来替代,词多而字少,于是就造成了"异词同字"的现象。尽管后来记录这些新词义的符号造出来了,但是仍然久用不归,因而又造成了"同词异字"的现象。这势必给"从字认词"的形训带来障碍。所谓"望文生义",或者不顾形体语境,据形强解,凭空臆测;或者不顾词义变化,套用自己熟悉的常用义解释。这是古书注释中常见的一种通病。为在语文教学中使用形训方法时,能够避免"望文生义"的弊病,以下三个问题应该引起注意。

第一,注意字义的发展变化。

有些古义比较生僻,或者早已消失,就不能想当然地用常用义或今义来强解。如:

孙中山《〈黄花岗七十二烈士事略〉序》:"倘国人皆以诸先烈之牺牲精神为国奋斗,助予完成此重大之责任,实现吾人理想之真正中华民国,则此一部开国血史,可传世而不朽。否则不能继述先烈遗志且光大之,而徒感慨于其遗事,斯诚后死者之羞也!"注释说:"继述,继承、讲述。"[①] 按:"继",释为"继承"是正确的;"述",释为"讲述",是属望文生义。讲述,不是"述"字的古义,是后起的今义。《说文·辵部》:"述,循也。从辵、术声。"《尔雅·释诂》:"述,循也。"说明"述"的古义是循行。《孟子·梁惠王下》:"述职者,述其所职也。"即指循行其所职,而不是讲述其所职的意思。《尚书·五子之歌》"述大

---

① 高中《语文》第五册,1997年版,第182页。

禹之戒以作歌"，孔《传》："述，循也。"《诗经·邶风·日月》"报我不述"，毛《传》："述，传也。"《汉书·礼乐志》"述者谓之明"，颜师古注："述，谓明辨其义而循行也。""述"字从辵，表示与循行有关系，所以，《说文》以义类相属，把"述"与"遵""适""过"等表示行走的字连在一起。孙中山在这篇序文里用的是古义，是说继续循行先烈的遗志而发扬光大的意思。

《过秦论》："斩木为兵，揭竿为旗，天下云集响应，赢粮而景从。"注释说："赢粮而景从，（许多人）担着粮食如影随形地跟着（陈涉）。"①按："粮"，解释为"粮食"，自然是指今天囤积仓库里的稻米之类的东西。实是误解。"粮"字古义不是指今天所说的稻米之类的粮食，而是指行旅中备用的干粮。今天所称的"粮"，古代称为"谷"。《说文·米部》："粮，谷食也。从米、量声。""谷食"，是指用百谷制作成的食物。段玉裁注："《周礼·廪人》'凡邦有会同师役之事，则治其粮与其食'，郑云：'行道曰粮。'按《诗》云：'乃裹糇粮。'《庄子》云：'适百里者宿舂粮，适千里者三月聚粮。'皆谓行道也。"所以，这里的"赢粮而景从"，"粮"是指行军道上直接可以食用的干粮，用的就

---

① 部编：《普通高中教科书语文》选择性必修中册，2020年版，第94页。

是古义，而不是指一般的"粮食"。

《苏武传》："单于使卫律治其事。张胜闻之，恐前语发，以状语武。"注释说："恐前语发，担心以前（与虞常）的谈话泄露。"① "恐"字解释为"担心"，表面上似乎讲得通，实则程度太轻。《说文·心部》："恐，惧也。从心、巩声。恐，古文。"笼统地说，"恐""惧""畏"都是同义词，表示害怕、担心的意思。区别开来说，"恐"字的害怕程度比"惧""畏"都强烈，表示极度害怕，有大难临头、惊慌失措的意思。《鬼谷子·权》："恐者，肠绝而无主也。""无主"，是说没主意、没办法，如果是有主意、有办法，则成语就不说"有恃无恐"了。《尚书·金縢》："天大雷电以风，禾尽偃，大木斯拔，邦人大恐。"《荀子·天论》："星坠木鸣，国人大恐。"《庄子·秋水》："惠子相梁，庄子往见之。或谓惠子曰：'庄子来，欲代子相。'于是惠子大恐。"都表示对所怕的对象无法预测，没有办法避开。这些地方都不能用"畏"或"惧"来替换。"畏"，古代表示一般的害怕，程度比"恐"要弱得多。"惧"，从心、瞿声。"瞿"象鹰隼受惊吓时的状态，"惧"则表示惊怕而已。这三个字的区别是比较明显的。"恐前语发"，"恐"，是非常

---

① 部编：《普通高中教科书语文》选择性必修中册，2020年版，第87页。

害怕,不仅仅是"担心"而已。

第二,假借字不能形训。

假借字有两种类型,一种是"本无其字"的假借,一种是"本有其字"的假借。"本无其字"的假借,其假借义相对固定,就比较好办,只要查对一下《说文》所释的本义,即可以分辨清楚。如:

"而",古书多用作连词,或用作第二人称代词。《说文·而部》:"而,须毛也。象毛之形。"可知连词、代词的"而"是假借字。

"莫",古书多用作无定称否定代词。《说文·茻部》:"莫,日且冥也。从日在茻中。""莫"是"暮"的古字,而否定代词"莫"则是假借字。

"焉",古书只作虚词用,或代词,或疑问词,或连词等。《说文·鸟部》:"焉,焉鸟,黄色,出于江淮。象形,凡字朋者,羽虫之长;乌者,日中之禽;舃者,知太岁之所在;燕者,请子之候,作巢避戊己。所贵者,故皆象形。焉,亦是也。""焉"的本字原是鸟名,虚词"焉"则是假借字。

"虽",古书只用作表示推托关系的语词。《说文·虫部》:"虽,似蜥蜴而大,从虫、唯声。""虽",原是虫名,语词"虽"是假借字。

"然",古书多作指示代词。《说文·火部》:"然,烧也。从火、肰声。"然"是"燃"的古字,由于久借不还,后来别制"燃"字与指示代词"然"字区分开来。

"殿",古代多表示军后的殿与宫殿。《说文·殳部》:"殿,击声也。从殳、屍声。""殿",本义是打击声。训"殿军"的"殿"与"宫殿"的"殿"都是假借字。

"率",古书多用为将率、率领或表率。《说文·率部》:"率,捕鸟毕也。象丝网,上下其竿柄也。"段玉裁注:"此篆本义不行。"说明"率"字训"将率""率领"等,都是假借字义。

"配",古书多表示匹配、配偶。可《说文·酉部》:"配,酒色也。从酉、己声。"这个本义未见古书,而训"配偶"的"配",则是假借字。

以上这些例子均属"本无其字"的假借字,无从进行形训,这是容易明白的。但是"本有其字"的假借字就不同了,因为这种类型的假借字是临时性的,其假借义多是随文而定,不甚固定,不易识别,稍不谨慎,就极容易误入"望文生义"的歧途。如:

《陈情表》:"母孙二人,更相为命,是以区区不能废远。"注释说:"区区,自己的私情。"[1]《羽林郎》:"多谢金

---

[1] 部编:《普通高中教科书语文》选择性必修下册,2020年版,第71页。

吾子,私爱徒区区。"注释说:"区区,指心,这里引申为心机、心计。"① 又,《孔雀东南飞》:"阿母谓府吏,何乃太区区。"注释说:"区区,愚拙。"② 又:"新妇谓府吏,感君区区怀。"注释说:"区区,情意深挚。"③《答司马谏议书》:"无由会晤,不任区区向往之至。"注释说:"区区,小,用作自称的谦辞。"④ 按:以上四例"区区",注释各不相同。"区区"解释"心",不知其根据是什么。解释"心机、心计",更是臆说。释"区区"为"情意深挚",则是正确的。《广雅·释训》:"拳拳、区区、款款,爱也。"是其依据。实际上《陈情表》"区区不能废远"、《羽林郎》"私爱徒区区"的"区区",也是此意,乃忠爱的样子。何以"区区"有忠爱的意思?从字形上无法解释。"区区",或作"叩叩"。东汉繁钦《定情诗》:"何以致区区?耳中双明珠。何以致叩叩?香囊系肘后。""区区"与"叩叩"为对文,"区区""叩叩",一声之转,音近义同,都是忠爱的意思。"叩",或作"款"。《楚辞·九叹》:"行叩诚而不阿兮,遂见排而逢谗。""叩诚"连文,为同义复语,"叩"

---

① 初中《语文》第五册,1998年版,第272页。
② 部编:《普通高中教科书语文》选择性必修下册,2020年版,第8页。
③ 同上书,第9页。
④ 部编:《普通高中教科书语文》必修下册,2020年版,第147页。

是诚恳的意思。王念孙说:"叩诚,犹言款诚,款与叩一声之转。"详参见王念孙《读书杂志·余编》①。"叩诚"或作"悃诚"。《汉书·王褒传》"陈见悃诚则上不然其信"。"悃"与"款""叩""区"皆为一声之转。《说文·心部》:"悃,愊悃也。""愊,至诚也。"《楚辞·卜居》:"吾宁悃悃款款朴以忠乎?"《文选》五臣注:"悃款,勤苦貌。"即忠恳之意。可见,"悃"才是训"忠爱"义的本字,而"款""叩""区"都是借字。训"忠爱"的"区区"本应作"悃悃",而训"小"的"区区"则是另外一字。都无法从字形上解释得清楚。

《涉江》:"乘鄂渚而反顾兮,欸秋冬之绪风。"注释说:"在鄂渚登岸,回头遥望来路,对着秋冬的寒风叹息。……绪,残余。"②这到底是秋天的绪风,还是冬天的绪风?看了这条注释总觉得不明白。从全篇写屈原的行踪看,始自鄂渚出发,然后过洞庭湖,经沅水,再到辰阳、溆浦,最后"幽独处乎山中",在僻远的湘西山区待了一段时间。这是一段很长的路程,在当时的条件下要走完这样一段路程,没有一两个月是不成的,何况屈原是在流放的途中。"霰

---

① 王念孙《读书杂志》第五册,上海古籍出版社2014年版,第2661页。

② 高中《语文》第五册,1997年版,第53页。

雪纷其无垠兮，云霏霏而承宇。"屈原到湘西山区大约是严寒的冬季，那么由此推论，他离开鄂渚的时间只能在秋末。所以"秋冬之绪风"，也只能是指秋天的绪风。"冬"，读为"终"，古书通用。《太玄·玄数》"为北方，为冬"，注："冬，终也。物皆终藏也。"《太平御览》引蔡邕《月令章句》："冬，终也。万物于是终也。"马王堆帛书《老子》甲、乙两种本子"终"字多作"冬"。都是"终""冬"通用的书证。所以，"秋冬"，即是"秋终"，指秋末。

《硕鼠》："硕鼠硕鼠，无食我黍！三岁贯女，莫我肯顾。"注释说："贯女，养你。贯，侍奉、供养。"[①]考毛《传》："贯，事也。"说明这条解释有旧注作为依据。可是，"贯"为何有侍奉、供养的意思？《说文·毌部》："贯，钱贝之贯也。从毌、贝。"贯字本身并没有"侍奉、供养"的意思。后来，发现同是《硕鼠》的"三岁贯女"这个句子，东汉石经又写作"三岁宦女"。《说文·宀部》："宦，养也。室之东北隅，食所居。从宀、臣声。"《释名·释宫室》："东北隅谓之宦。宦，养也。东北阳气始出布养物也。"《尔雅·释宫》李巡注："东北隅者，阳气始起，育养万物，故曰宦。宦，养也。""宦"字有养育的意思。据此，"贯"是

---

① 高中《语文》第五册，1994年版，第91页。

"宦"的借字。

第三，《说文》用"六书"条理进行字形分析的对象是小篆，小篆是秦统一以后规范化的文字，与先秦古文字比较，在形体结构上已经有明显的变化，一笔一画的象征性的意义与字义的关系越来越疏远，最终由"笔意"演变成"笔势"。

所谓"笔意"，是指文字点画所包含的意义。许慎在《说文后叙》说："至孔子书六经，左丘明述《春秋传》，皆以古文，厥意可得而说。""厥意"就是指文字点画所表示的意义。文字发展的结果，字形的点画表意功能日趋淡化，几成为抽象无义的符号，这就是"笔势"。如，《说文》小篆"天"字属会意，"从一、大"。从"天"字的小篆已经不能解释"颠，至高无上"的意思了。甲骨文、金文作 ᚼ、ᚼ，象人形而突出其头部，是指事字，本指人的头部，引申为颠顶。《山海经·海外西经》的怪神"刑天"，"断其首"，是个无头神。"天"，即是头的意思。小篆简化为"天"，上一横，已经成为笔势，指示不出头的意义来了。又如，《说文》"民"字的小篆作民，训"众萌"，已经无法从"民"字的形体结构解释字义。古文作 ᛖ，从女，作系缚的形状的俘虏，表示其奴隶的身份。小篆简化为民，成为笔势，割断了形与义的联系，这自然是不利于据形索义的训诂方法的应用。所以，在利用许慎《说文》的成果时，非常有必要参照一下先秦以前的古文字,才能比较准确地把握住文字的原始意义。

如"宿"字,甲骨文作俞,金文作俞,象一人躺在簟席之上。小篆作俞,从宀,表示在屋内,日、西,都是"簟"字的古文。"宿"是会意字。而《说文》释"宿"为"止,从宀、佰声",误作形声字。

"老"字,甲骨文作㐅,金文作㐅,象一长发驼背老人,手扶拐杖之形。是象形字。小篆已形变为㐅,《说文》据此释为"从人、毛、匕,言须发变白也"。误作会意字。

"庶"字,甲文作㐅、㐅、㐅,于省吾谓从火从石,以火燃石,以烙烤食物,即"煮"字的古文。是会意字。小篆作庶,形体与古文殊异,而《说文》据此解为"屋下众也,从广、㐅",完全是望文生训。

"雷"字,《说文·雨部》作"靁","阴阳薄动靁雨行物者也。从雨,畾,象回转之形。"畾,已经无法看出"回转"的意思来了。金文"雷"作靁,下从四田;或作靁。田是车轮子。从四田或三田,象众多车轮滚动而发出的巨大声响,来表示"雷"的意义。引申为回旋的意义。段玉裁注:"凡古器多以回为靁。"这就是引申义。《史记·楚世家》载有楚先吴回,而先秦楚器《楚公逆铸尊》作"吴雷"。"吴雷",用的是本字,而"吴回"是后人依据"雷"

字的引申义改过来的,属于同义异文。有人说是通假字、同源字,①是不正确的。因为,"回""靁"二字古虽同微部,可"回"字的声纽为"匣","靁"字的声纽为"来",非双声,无法通假。明白于此,就可以解决古书上的一些具体问题了。《楚辞·招魂》:"魂兮归来,西方之害,流沙千里些。旋入雷渊,靡散而不可止些。""雷渊"就是回渊,指沙暴的旋涡。大约"雷"字解释为"回转"的意思在汉代就不常用了,所以王逸《章句》以"雷渊"为"雷公之室",宋洪兴祖《补注》引《山海经》"雷泽中有雷神,龙身而人头",来与王注印证,是"望文生义"的极致。"雷渊"与雷神无关,不能据《山海经》的"雷泽"来附会。

第四,必须明白,要准确解释一个古字的意义,常常要追溯到其产生的源头,综合运用民族学、文化学、民俗学、神话学、考古学等多方面的知识来考察,即通过文字研究追寻先民的各种生活遗迹,或用先民的各种生活遗迹、文化心态与字形字义相印证。这要求我们不受传统模式的束缚,把视野放得更开阔一些。

以"东""西"二字为例,常常非东、西两个方向的意思所能概括尽的。"东",《说文》说"从日在木中"。"西"

---

① 郭在贻:《训诂学》,湖南人民出版社1986年版,第104页。

字，篆文作🐦，《说文》说"鸟在巢上也，象形"。显然与先民太阳崇拜以及由此产生的太阳神话有关。"木"，是指太阳栖息的神树扶桑，《淮南子·天文训》："日出于旸谷，浴于咸池，拂于扶桑，是谓晨明。""东"字，即象"拂于扶桑"的"晨明"，所以太阳神名"东君"。"鸟"，指居于日中的三足鸟，鸟进巢，表示日已没，犹《天文训》"至于虞渊，是谓黄昏"之象。然后引申为东与西的方向。东方主生，象青色；西方主死，象白色。则称农郊为东郊，青帝为东帝，青宫为东宫；死亡之区为西天，白帝为刑杀之神，为"西皇母"。生属阳，死主阴，东与西就与男女有联系了。《陌上桑》："东方千余骑，夫婿居上头。"故称婿在东方。阮籍《咏怀诗》："西方有佳人，皎若白日光。"李白《秦女休行》："西门秦氏女，秀色如琼花。"女子所居通称为"西厢"。于是形成了一种崇东抑西的心理定势，凡美、尊、崇高者为东，而丑、卑、低微者为西。《孔雀东南飞》："东家有贤女，自名秦罗敷。"宋玉《登徒子好色赋》："臣里之美者，莫若臣东家之子。"这东、西之分并非出于方位的区别。然而美女西施的"西"仅表示女性而已，似与美丑无关，然后据此，效颦的丑女则称"东邻之子"（见《庄子·天运》）或"东施"。这属例外。东主春、主乐，西主秋、主悲，于是乐春而悲秋、乐东而悲西的鲜明主题出现在历代的诗文里，其乐则有"采菊东篱下，悠然见南山"（陶渊明），而悲则有"孤坟在西北，常念君来迟"（孔融）。这就不胜其举了。作为中学语文课堂教学，当然没有这种要求，但作为语文教师的业务修养，恐怕也是需要的。

古老的汉字实在是汉文化的主要载体，像"孟"字的古义，很需要加以综合研究，才能搞清它的原始意义。《说文·子部》："孟，长也。从子、皿声。㿿，古文孟如此。"从其字形结构，实在解释不出有"长"的意思。甲骨文为𥁋，金文作𥃞，如器皿盛子之形。或从八，八是分解的意思。夏渌先生说，"孟"字是解子而食，是古代的一种原始习俗。但是古人所食的只是"长子"。①《墨子·鲁问》："楚之南有啖人之国者桥，其国之长子则解而食之。"《节葬》亦载："昔者，越之东有輆沐之国者，其长子生，则解而食之，谓之'宜弟'。"《太平寰宇记》载乌浒之夷，"男女同浴，生首子而食之"。为什么远古时代会有这种食人的野蛮习俗？这当然是原始群婚制度的产物。群婚带来了一个严重的社会问题，即女子在没有正式结婚前就生出了孩子。这些"野合而生"的私生子，要么被遗弃，如后稷、伊尹等都是"只知其母而不知其父"的弃儿，曾遭到遗弃；要

---

① 夏渌:《评康殷文字学》，武汉大学出版社1991年版，第322页。

么被活吃，如周文王的长子伯邑考被殷纣烹食，还分送一块给文王吃。这实际上就是食首子习俗的残余。距今七千余年前的河姆渡遗址的实物遗存中，有罐、鼎等炊器，发现留有幼孩的残骸，在山东龙山文化遗址的炊器里，也曾先后发现过幼孩的残骸。这大约是"孟"字的实物见证。因为，所食的是"长子"，所以引申为"长"、为"始"，又因为食子味美，所以引申为"美"、为"好"。

类似这样的文字考释，现在已经成为一门学问，即语言文字文化学。其中有些合理的研究成果和方法，也有必要吸收到语文教学中来。

第四章 双声与叠韵

第一节 反切

这章内容是专门为下章讲"声训"而增加的,因为讲声训离不开上古音韵学的知识。但是,音韵学的内容很多,这里只讲与训诂关系比较密切且经常用到的常识,主要是双声与叠韵。

双声与叠韵的原理,是声训的核心,应该掌握它并应用到训诂实践中去。语文教师最起码的要求是,必须学会查检四份表,即《反切上字用字表》《反切下字用字表》和《上古声母常用字表》《上古韵部常用字表》。这四份表会使用了,说明具备了一定的辨别双声和叠韵的能力。本章的内容就围绕着这四份表来安排,目的是帮助语文教师学会能独立查检和使用这四份表,培养与提高识别双声与叠韵的能力,逐步在训诂实践中学会运用声训的方法。

反切是产生于中古时期的一种注音方法，利用上下二字来注音，上字取声，下字取韵。"反"或"切"是拼合的意思。反切的产生，必然会有研究反切的韵书。据说三国时孙炎注《尔雅》时就已经使用反切注音，而李登就依据当时的反切，撰写了我国历史上第一部韵书，即《声类》，后来吕静撰写了《韵集》。可惜这些书早就失传了，今天已无从了解到其书的面貌。南朝齐梁间，是产生韵书的高峰期，其中有沈约的《四声谱》、夏侯咏的《四声韵略》等。隋仁寿年间，陆法言根据刘臻、颜之推、卢思道、李若、萧该、辛德源、薛道衡、魏彦渊等八人的讨论意见，撰写成《切韵》一书。[①]后来，这部韵书，经宋人陈彭年等人增广补充，就是传到现在的《广韵》。

《广韵》凡206韵，分平、上、去、入四声，平声韵为57个韵，又分上平与下平，上平为28韵，下平为29韵；上声为55韵，去声为60韵，入声为34韵，分别与阳声韵相配。《广韵》收字凡26000多个，以韵类编排，即把同韵类的字编为一韵，然后又用系联法，把同声、同韵的字编在一条反切之下。如，平声第一部《东韵》收356字，然后分别系联在26条反切之下，每条反切所收

---

① 陆法言：《切韵序》，见《宋本广韵》，北京市中国书店1982年版。

的字数不等，表示《东韵》有26个不同的小韵和声母。每个小韵都有代表字，反切即在代表字之后。如："中，陟弓切。四。""四"，表示"中"的小韵有四字，下出"忠""衷"等三字。每字又有字义解释，先列本义，然后列引申义。所以，《广韵》又是一部词典。我们讲反切，就是指魏晋至唐宋时期的反切，而重点是《广韵》一书里的反切。

反切的原理非常简单，那就是"反切上字用声母而不用韵母，反切下字用韵母而不用声母"。如，红，胡笼切。胡，取其声母〔ɤ〕；笼，取其韵母〔oŋ〕，包括声调与介音；拼合起来〔ɤoŋ〕，就是"红"字的音。坎，苦感切。苦，取其声母〔kʻ〕；感，取其韵母〔am〕；拼合起来〔kʻam〕，就是"坎"字的音。可是，由于语音已经发生变化，《广韵》里的有些反切，拼合出来的音与现代的语音有较大的区别。如，鸡，苦奚切。"苦"字的声母是〔kʻ〕，而"鸡"字现代的声母是〔tɕ〕。敲，口交切。敲，现代的声母是〔tɕʻ〕，而反切上字的"口"字是〔kʻ〕。这两条反切已经拼不出现代的字音来了。

古书注音用反切的方式，语文课的注音也多参考反切来确定的。语文教师必须具备这种注音知识，因为这是审订课文注释文字注音正确与否的基础。如，《邹忌讽齐王纳谏》:"邹忌修八尺有余而形貌昳丽。"注释说:"昳（yì）丽,光艳美丽。"①按:鲍彪《战国策注》:"昳,徒结切,日侧也。故有光艳意。又,疑作佚。"元吴师道《战国策校注》:"昳,徒结切,日侧也,故有光艳意。又疑作佚。正曰:高注'昳'读曰'逸'。"据鲍、吴二家所注,昳,本解"日侧（仄）",即在日之旁侧,引申为"光艳""艳丽"。其音"徒结"者,应读作dié。如果读作yì,则假"昳"作"佚"或"逸",是"美丽"之义。课文对"昳"字注释,音、义皆讹。如果不懂反切注音法,就无法判定了。

如果要读懂《广韵》的反切,就应该把《广韵》的声系与韵系搞清楚。前人采用反切上下字的系联法,归纳出《广韵》的47声系和90韵类,分别与三十六字母和206韵加以对照,因而制订出《广韵》47声类《反切上字用字表》和90韵类《反切下字用字表》。②后来瑞典语言学家高本汉把每类的声韵,各用国际音标符号标出了音值。③这两份表非常有实用价值,可以解释和拼出《广韵》以及中古时

---

① 部编:《义务教育教科书语文》九年级下册,2018年版,第125页。

② 陈澧:《切韵考》,见《陈澧集》（第三册）,上海古籍出版社2008年版。

③ 王力:《汉语音韵学》,中华书局1981年版,第248—251页。

期的任何一条反切。如，香，许良切。先在《反切上字用字表》中找到"许"字，"许"，原来在"许"类，属晓母三等，音值为〔xj〕；然后再在《反切下字用字表》中找到"良"字，"良"，原来在第六十一"良"类，开口呼，音值为〔iaŋ〕，可以与二、三、四等字音相拼。这里与三等拼，因为"许"属三等，必有介音。所以，"香"字的真正读音为〔xjiaŋ〕。又如，间，古贤切。先在《反切上字用字表》中找到"古"字，"古"，原来在"古"类，见母一、二、四等，音值为〔k〕；然后再在《反切下字用字表》找到"贤"字，"贤"，原来在第四十七"前"类，四等、开口呼，音值为〔ian〕。这里只能拼四等，尽管古可以与一、二、四等音拼，可下字"贤"只有四等音。所以，"间"字的真正读音为〔kian〕。

在利用这两份表解读反切时，有几个属于音韵学的名称术语需要明确一下。属于声母方面的则有"三十六字母""清浊""等"三个；属于韵母方面的也有"阴阳""平入""呼"三个。

1.三十六字母

是指产生于五代时期的三十六个声母，分别用36个字来代表。根据发音部位，可以分为如下七类：

清　　次清　　浊　　次浊

一、喉音：

	清	次清	浊	次浊
	晓		匣	
	〔x〕		〔ɣ〕	
	影		喻	
	〔ʔ〕		〔j〕	

二、牙音：

	见	溪	群	疑
	〔k〕	〔k'〕	〔g〕	〔ŋ〕

三、舌音：

舌头：

	端	透	定	泥
	〔t〕	〔t'〕	〔d〕	〔n〕

舌上：

	知	彻	澄	娘
	〔ṭ〕	〔ṭ'〕	〔ḍ'〕	〔ṇ〕

四、齿音：

齿头：

	精	清	从
	〔ts〕	〔ts'〕	〔dz〕
	心		邪
	〔s〕		〔z〕

正齿：

	照	穿	床
	〔tɕ〕	〔tɕ'〕	〔dʑ〕

　　　　审　　　　　禅
　　　　〔ɕ〕　　　 〔ʑ〕

五、唇音：

　　重唇：帮　　滂　　并　　明
　　　　〔p〕〔pʻ〕〔b〕〔m〕

　　轻唇：
　　　　非　　敷　　奉　　微
　　　　〔f〕〔fʻ〕〔Ḇ〕〔m̩〕

六、半舌：

　　　　　　　　　　 来
　　　　　　　　　　〔l〕

七、半齿：

　　　　　　　　　　 日
　　　　　　　　　　〔ŋʑ〕

2.清与浊

区别于声带是否振动，声带不振动为清音声母，也称不带音声母。古人根据声母发音时送气与否，又分为最清与次清。最清的声母有晓、影、见、端、知、照、审、精、心、帮、非11个；次清的声母有溪、透、彻、清、穿、滂、敷7个。声带振动为浊音声母，则有匣、喻、群、定、澄、床、禅、从、邪、并、奉11个。鼻音及边音声母为次浊，则有疑、泥、娘、明、微、来、日7个。

3. 等

是个非常重要的概念。古人将字音分为四等，说一等洪大，二等次大，三等细小，四等最小。[①]一、二等与三、四等的区别在于是否有介音。无介音者为一、二等，有介音者为三、四等。介音本来属于韵母部分，可反切是否有介音则由上字声母来决定。所以中古的声母有等的含义。而一、二等，三、四等的区别则在主要元音上了，可是这主要元音的区别，在没有音标符的条件下，也由反切上字声母来决定。具体分布如下：

一至四等：晓影、见溪疑、帮滂并明、来；

一、二、四等：匣；

一、四等：端透定泥、精清从心；

二、三等：知彻澄娘、照穿床审；

三、四等：群、喻；

三等：非敷奉微、禅、日。

反切的"等"的区别，就根据上字归在哪个声母。所

---

① 江永：《四声切韵表》，1929年北平富晋书社据应云堂藏石印本，凡例第四条。

以,"等"是读反切的一个非常重要的概念。

4. 阴阳

指韵母分阴、阳两大类,阴声韵母没有韵尾,阳声韵母有韵尾。阳声韵母的韵尾有三类:一是以后鼻音〔ŋ〕为韵尾,一是以前鼻音〔n〕为韵尾,一是以鼻音声母〔m〕为韵尾。

5. 平入

指古代声调的区别。中古时期有平上去入四声,上古时期按理也有声调的区别,只是上古的四声已无从知晓。一般处理的办法是,分为平入二声,平声可以包括中古的平上二声,入声则包括中古的去入二声,并用辅声符号来表示,分为三类:一类以〔k〕为入声韵尾,一类以〔t〕为入声韵尾,一类以〔p〕为入声韵尾。

6. 呼

是指古代韵母是否以〔u〕为韵头,是则为合口呼,不是则为开口呼。现代普通话分开口、齐齿、合口、撮口四呼,而古代只有开、合二呼。齐齿归开口,撮口归合口。这是容易分别的。

【附一】

反切上字用字表

1.古〔k〕类：见一、二、四等
古公过各格兼姑佳诡
2.居〔kj〕类：见三等
居举九俱纪几规吉
3.苦〔k'〕类：溪一、二、四等
苦口康枯空恪牵谦楷客
4.去〔k'j〕类：溪三等
去丘区墟起驱羌绮钦倾窥诘岂曲
5.渠〔gj〕类：群三等
渠其巨求奇暨白衢强具
6.五〔ŋ〕类：疑一、二、四等
五吾研俄
7.鱼〔ŋj〕类：疑三等
鱼语牛宜虞疑拟愚遇危玉
8.呼〔x〕类：晓一、二、四等
呼火荒虎海呵馨花

9.许〔xj〕类：晓三等
许虚香况兴休喜朽羲
10.胡〔ɣ〕类：匣一、二、四等
胡户下侯何黄乎护怀
11.乌〔ʔj〕类：影一、二、四等
乌伊一安烟翳爱挹哀握
12.於〔ʔj〕类：影三等
於乙衣央纡忆依忧谒委
13.以〔dj〕类：喻四等
以羊余馀与弋夷予翼营移悦
14.于〔j〕类：喻三等
于王雨为羽云永有雲筠远韦洧荣
15.陟〔ʈ〕类：知二、三等
陟竹知张中猪徵追卓珍
16.丑〔ʈʻ〕类：彻二、三等
丑敕耻痴楮褚抽
17.直〔ɖ〕类：澄二、三等
直除丈宅持柱池迟治场伫驰坠
18.侧〔tʃ〕类：照二等
侧庄阻邹簪仄争
19.之〔tɕ〕类：照三等

之职章诸旨止脂征正占支煮

20. 初〔tsʻ〕类：穿二等

初楚侧叉刍厕创疮

21. 昌〔tɕʻ〕类：穿三等

昌尺充赤处叱春姝

22. 士〔dʒ〕类：床二等

士仕锄床查雏助豺崇崱

23. 食〔dʑ〕类：床三等

食神实乘

24. 所〔ʃ〕类：审二等

所山疏色数砂沙生疎史

25. 式〔ɕ〕类：审三等

式书舒施伤识赏诗始试矢释商失

26. 时〔ʑ〕类：禅三等

时常市是承视署氏殊寔臣殖植尝蜀成

27. 而〔ŋʑ〕类：日三等

而如人汝仍儿耳儒

28. 奴〔n〕类：泥一、四等

奴乃那诺内你

29. 女〔ɳ〕类：泥二、三等

女尼浓铵孥

30. 卢〔l〕类：来一、二、四等

卢郎落鲁来洛勒赖练

31. 力〔lj〕类：来三等

力良吕里林离连缕

32. 都〔t〕类：端一、四等

都丁多当得德冬

33. 他〔t'〕类：透一、四等

他吐土托汤天通台

34. 徒〔d〕类：定一、四等

徒杜特度唐同陀堂田地

35. 子〔ts〕类：精一、四等

子即作则将祖臧资姊遵兹借醉

36. 七〔ts'〕类：清一、四等

七仓千此亲采苍粗青醋迁取雌麁

37. 昨〔dz〕类：从一、四等

昨徂疾才在慈秦藏自匠渐情前酢

38. 苏〔s〕类：心一、四等

苏息先相私思桑素斯辛司速虽悉写胥须

39. 徐〔z〕类：邪四等

徐似祥辞详寺随旬夕

40. 博〔p〕类：帮一、二、四等

博北布补边伯百巴晡

41. 方〔pj〕类：帮三等

方甫府必彼卑兵陂并分笔畀鄙封

42. 普〔p'〕类：滂一、二、四等

普匹傍譬

43. 芳〔p'j〕类：滂三等

芳敷抚孚披丕妃峰拂

44. 蒲〔b〕类：并一、二、四等

蒲薄傍步部白裴捕

45. 符〔bj〕类：并三等

符扶房皮毗防平婢便附缚浮冯父弼苻

46. 莫〔m〕类：明一、二、四等

莫模谟摸慕母

47. 武〔ɱ〕类：明三等

武亡弥无文眉靡明美绵巫望

【附二】

反切下字用字表

1. 红:〔uŋ〕一等,合。

(平)红东公(上)孔董动摠蠓

(去)贡弄送冻(入)木谷卜禄

2. 弓:〔iuŋ〕二、三、四等,合。

(平)弓戎中融宫终

(去)仲凤众(入)六竹逐福菊匊宿

3. 冬:〔uoŋ〕一等,合。

(平)冬宗(上)鶟湩

(去)综宋统(入)沃毒酷笃

4. 容:〔iʷoŋ〕三、四等,合。

(平)容恭封钟凶庸(上)陇勇拱踵奉宂悚冢

(去)用颂(入)玉蜀欲足曲录

5. 江:〔ɔŋ〕二等,开。

(平)江双(上)项讲憃

(去)绛降巷(入)角岳觉

6. 支:〔ie〕二、三、四等,开。

（平）支移宜羁离奇知（上）氏绮纸婢倚尔此豸侈俾被

（去）义智寄赐豉企

7. 为：〔ʷie〕二、三、四等，合。

（平）为垂危规隋吹（上）委婢弭彼累捶诡毁髓俾靡

（去）伪恚睡瑞避累

8. 夷：〔i〕二、三、四等，开。

（平）夷脂尼资饥肌私（上）几履姊雉视矢

（去）利至四冀季二器寐悸自

9. 追：〔ʷi〕二、三、四等，合。

（平）追悲佳遗眉绥维（上）轨鄙癸美诔水洧垒

（去）类位遂醉愧秘媚备萃累

10. 之：〔i〕二、三、四等，开。

（平）之其兹持而灾（上）里止纪士史市理已拟

（去）吏记置志

11. 希：〔ei〕三等，开。

（平）希衣依（上）岂狶

（去）既豙

12. 非：〔ʷei〕三等，合。

（平）非韦微归（上）鬼伟尾匪

（去）贵胃沸味未畏

13. 鱼：〔iʷo〕二、三、四等，合。

（平）鱼居诸余菹（上）吕与举许巨渚

（去）据倨恕御虑预署洳助去

14.俱：〔iu〕二、三、四等，开。

（平）俱朱无于输俞夫逾诛隅刍（上）矩庾主雨武甫禹羽

（去）遇句戍注具

15.胡：〔uo〕一等，合。

（平）胡都孤乎吴吾姑乌（上）古户鲁补杜

（去）故误祚暮

16.奚：〔iei〕四等，开。

（平）奚鸡稽兮迷黪（上）礼启米弟

（去）计诣

17.携：〔iʷei〕四等，合。

（平）携圭

（去）惠桂

18.例：〔iεi〕三、四等，开。

（去）例制祭憩弊袂蔽

19.芮：〔iʷε〕三、四等，合。

（去）芮锐岁税卫

20.盖：〔ɑi〕一等，开。

（去）盖太带大艾贝

21. 外:〔uɑi〕一等,合。

(去) 外会最

22. 佳:〔ai〕二等,开。

(平) 佳膎 (上) 蟹买

(去) 懈卖隘

23. 娲:〔ʷai〕二等,合。

(平) 娲蛙涡 (上) 夥

(去) 卦卖

24. 皆:〔ai〕二等,开。

(平) 皆谐 (上) 骇楷

(去) 拜介界戒

25. 怀:〔ʷai〕二等,合。

(平) 怀乖淮

(去) 怪坏

26. 犗:〔aiʔ〕二等,开。

(去) 犗喝

27. 夬:〔ʷaiʔ〕二等,合。

(去) 夬迈快话

28. 回:〔uɑi〕一等,合。

(平) 回恢杯灰胚 (上) 罪猥贿

(去) 对内佩妹队辈缋

29. 来：〔ɑi〕一等，开。

（平）来哀才开哉（上）亥改宰在乃给恺

（去）代溉耐爱亥

30. 废：〔iʷɑi〕三等，合。

（去）废肺秽

31. 邻：〔iɛn〕二、三、四等，开。

（平）邻巾真珍人银宾（上）忍引轸尽

（去）刃觐晋遴振印（入）质吉悉栗乙笔密必七毕一日叱

32. 赞：〔iʷɛn〕二、三、四等，合。

（平）赟（上）殒敏

（入）律

33. 伦：〔iuěn〕二、三、四等，合。

（平）伦匀遵迍唇纶旬（上）尹准允

（去）闰顺峻（入）聿律恤

34. 臻：〔iɛn〕二等，开。

（平）臻诜

（入）瑟柿

35. 云：〔i̯uən〕三等，合。

（平）云分文（上）粉吻

（去）问运（入）勿物弗

36. 斤：〔iən〕二、三等，开。

（平）斤欣（上）谨隐

（去）靳焮（入）讫迄乞

37. 言：〔iɛn〕三等，开。

（平）言轩（上）偃幰

（去）建堰（入）竭谒歇歺

38. 袁：〔iʷɑn〕三等，合。

（平）袁元烦（上）远阮晚

（去）愿万贩怨（入）月伐越厥发

39. 昆：〔uən〕一等，合。

（平）昆浑尊奔魂（上）本损忖衮

（去）困闷寸（入）没骨忽勃敦

40. 痕：〔ən〕一等，开。

（平）痕根恩（上）很恳

（去）恨艮

41. 干：〔ɑn〕一等，开。

（平）干寒安（上）旱但笴

（去）旰案赞按旦（入）割葛达曷

42. 官：〔uɑn〕一等，合。

（平）官丸潘端（上）管伴满纂缓早

（去）贯玩半乱段换唤算（入）括活拨秳

43.奸:〔an〕二等,开。

(平)姦颜(上)板赧

(去)晏谏涧(入)八黠

44.还:〔ʷan〕二等,合。

(平)还关班顽(上)板绾鯇

(去)患惯(入)滑拔

45.闲:〔ɑn〕二等,开。

(平)闲山闲㬉(上)限简

(去)苋襇(入)镳辖瞎

46.顽:〔ʷɑn〕二等,合。

(平)顽鳏(上)绾

(去)幻辨(入)刮领

47.前:〔ien〕四等,开。

(平)前贤年坚田先颠烟(上)典珍茧蜆

(去)甸练佃电麫(入)结屑蔑

48.玄:〔iʷen〕四等,合。

(平)玄涓(上)泫鴃

(去)县练(入)决穴

49.连:〔iɛn〕三、四等,开。

(平)连延然乾仙(上)善演免浅蹇搴展辨剪

(去)戬箭线扇间贱碾膳变彦见(入)列薛热灭别竭

50.缘:〔i̯ʷɛn〕三、四等,合。

(平)缘员权专圆挛川宣全(上)兖转缅篆

(去)恋绢眷倦卷掾钏转(入)劣悦雪绝爇辍

51.聊:〔ieu〕四等,开。

(平)聊尧幺雕萧消(上)了鸟皎皛

(去)吊啸叫

52.遥:〔i̯eu〕三、四等,开。

(平)遥招娇昭乔宵消邀宵焦嚣潚(上)小沼兆夭表矫

(去)照召笑妙肖要少庙

53.交:〔au〕二等,开。

(平)交肴茅嘲(上)巧绞爪饱

(去)教孝貌稍

54.刀:〔ɑu〕一等,开。

(平)刀劳袍毛曹遭牢褒(上)皓老浩早抱道

(去)到报导耗倒

55.何:〔ɑ〕一等,开。

(平)何俄歌河(上)可我

(去)个佐贺逻

56.禾:〔uɑ〕一等,合。

(平)禾伽戈波婆和迦(上)果火

(去)卧过货唾

57. 靴：〔i̯uɑ〕三等，合。

（平）靴鸵瘸肶

58. 加：〔ɑ〕二等，开。

（平）加牙巴霞（上）下雅贾疋

（去）驾讶嫁亚骂

59. 遮：〔i̯a〕三、四等，开。

（平）遮邪车嗟奢赊（上）者也野冶姐

（去）夜谢

60. 瓜：〔ʷɑ〕二等，合。

（平）瓜华花（上）瓦寡

（去）化霸吴

61. 良：〔i̯ʷaŋ〕二、三、四等，开。

（平）良羊庄章阳张（上）两丈奖掌养网昉

（去）亮让向样（入）略约灼若勺爵雀虐

62. 方：〔i̯ʷaŋ〕三等，合。

（平）方王（上）往

（去）放况妄访（入）缚钁籰

63. 郎：〔aŋ〕一等，开。

（平）郎当冈刚（上）朗党

（去）浪宕（入）各落

64. 光：〔ʷaŋ〕一等，合。

（平）光旁黄（上）晃广

（去）旷谤（入）郭博各

65.庚：[eŋ] 二等，开。

（平）庚盲行（上）梗杏冷打

（去）孟更（入）格伯陌白

66.京：[ʷeŋ] 三等，开。

（平）京卿惊（上）影景丙

（去）敬庆（入）戟逆剧却

67.横：[ʷeŋ] 二等，合。

（平）横盲（上）猛矿营幸

（去）横孟（入）伯获虢

68.兵：[iʷeŋ] 三等，合。

（平）兵明荣（上）永憬

（去）病命

69.耕：[æŋ] 二等，开。

（平）耕茎（上）幸耿

（去）迸诤（入）革核厄摘责

70.萌：[ʷæŋ] 二等，合。

（平）萌宏

（入）获麦摑

71.盈：[ieŋ] 二、三、四、等，开。

（平）盈贞成征情并（上）郢井整静

（去）正政盛姓令（入）益役石只昔亦积易辟迹炙

72.营：〔iʷɛŋ〕二、三、四等，合。

（平）营倾（上）顷颖

73.经：〔ieŋ〕四等，开。

（平）经丁灵刑（上）挺鼎顶到醒泞

（去）定径佞（入）历击激狄

74.扃：〔iʷeŋ〕四等，合。

（平）扃莹（上）迥颎

（入）阒矎鶪

75.陵：〔iəŋ〕二、三、四等，开。

（平）陵冰竞矜膺蒸乘仍升（上）拯庱

76.餕〔iʷəŋ〕

（去）证孕应甑（入）力职侧即翼极直

77.域：〔iʷək〕二、三、四等，开，入声字。

（入）逼

78.登：〔əŋ〕一等，开。

（平）登滕棱增崩朋恒（上）等肯

（去）邓亘隥赠（入）则得北德勒墨黑

79.肱：〔uəŋ〕一等，合。

（平）肱弘（入）或国

80.鸠:〔i̯əu〕二、三、四等,开。

(平)鸠求由流尤周秋州浮谋(上)九久有柳酉否妇

(去)救佑又咒副僦溜富就

81.侯:〔əu〕一等,开。

(平)侯钩娄(上)后口厚苟垢斗

(去)候奏豆遘漏

82.幽:〔i̯əu〕四等,开。

(平)幽虬彪烋(上)黝纠

(去)幼谬

83.林:〔i̯əm〕二、三、四等,开。

(平)林金身深吟淫心寻今簪任(上)荏锦甚稔饮枕朕凛痒

(去)禁鸩荫任譖(入)入立及戢执急汲汁

84.含:〔ɑm〕一等,开。

(平)含南男(上)感禫唵

(去)绀暗(入)合答阁沓

85.甘:〔ɑm〕一等,开。

(平)甘三酣谈(上)敢览

(去)滥瞰暂蹔(入)盍腊榼杂

86.廉:〔i̯ɛm〕三、四等,开。

(平)廉盐占炎淹(上)琰冉检染敛渐奄险俭

（去）艳赡验窆（入）涉辄叶摄接

87. 添：〔iem〕四等，开。

（平）兼甜（上）忝掭簟

（去）念店（入）协颊惬牒

88. 咸：〔ɑm〕二等，开。

（平）咸谗（上）减斩赚

（去）陷韽赚（入）洽夹图

89. 衔：〔ɑm〕二等，开。

（平）衔监（上）槛黤

（去）鉴忏（入）甲狎

90. 严：〔i̯em〕三等，开。

（平）严检（上）广掩

（去）酽欠（入）业怯劫

91. 凡：〔i̯em〕三等，合。

（平）凡芝（上）犯锬锾

（去）剑梵欠泛（入）法乏

第二节 上古声母系统

《广韵》有47个声母,五代时期有36个声母,那么先秦两汉时期有多少个声母?

研究上古声母比较寂寞,远不如研究古韵部的热闹,但前人还是作出了很大的成就。最早研究古声母的人是清代的钱大昕,他根据古书里的异文、古读等训诂材料,总结出辨别上古声母的四条规律。第一,古无轻唇音。如:联绵字"葡匐",或作"蒲服",又作"扶服""扶伏"。"扶",古读"蒲";"佛",古读"弼"。轻唇音,都应该读作重唇音。第二,古无舌上音,即知、彻、澄三母应读为端、透、定三母的音。如,"竹",古读如"笃";"桄",古读如"棠";"陟",古读如"得";"陈",古读如"田"等。第三,古人多舌音,即正齿音照系五个声母也应读端系三母的音。如,"周",古读"凋";"至",古读

"噎";"专",古读"端"等。第四,古影、喻、匣、晓为双声。如,感叹词"噫嘻",或作"於戏""於乎""呜呼","噫""於""呜"为影母,"嘻""戏""呼"为晓母,而"乎"为匣母。①这四条规律是开古声母研究的先河,尤其前两条,为后世奉为不祧之祖。民国初,湖南学者曾运乾作《喻母古音考》,说中古的喻母分三、四等,其中三等音的字应该归匣母,如"营"古读"环","援"古读"换","羽"古读"扈","围"古读"回","员"古读"魂"等;四等音的字应该归定母,如"夷"古读"弟","易"古读"狄","逸"古读"迭"等。②这也是为后世公认的一条古今声母演变的规律。

王力先生广泛地吸收前人研究的成果,提出上古声母为六类,凡三十二声母,具体如下:

一、唇音

帮(非)	滂(敷)	并(奉)	明(微)
〔p〕	〔pʻ〕	〔b〕	〔m〕

---

① 钱大昕:《十驾斋养新录》卷五,上海书店1983年版,第101—117页。

② 曾运乾:《喻母古音考》,见《音韵学讲义》,中华书局1996年版。

二、舌音

| 端(知) | 透(彻) | 定(澄) | 泥(娘) | 余 | 来 |
| [t] | [t'] | [d] | [n] | [dj] | [l] |

三、齿头音

| 精 | 清 | 从 | 心 | 邪 | 庄 |
| [ts] | [ts'] | [dz] | [s] | [z] | [tʃ] |

| 初 | 床 | 山 |
| [tʃ'] | [dʒ] | [ʃ] |

四、正齿音

| 照 | 穿 | 神 | 日 | 审 | 禅 |
| [tɕ] | [tɕ] | [dʑ] | [ȵʑ] | [ɕ] | [ʑ] |

五、牙音

| 见 | 溪 | 群 | 疑 |
| [k] | [k'] | [g] | [ŋ] |

六、喉音

晓	匣(于)	影
〔x〕	〔ɣ〕	〔ʔ〕

如果比较一下这三十二声母和五代时期的三十六声母的异同，则可以看出声母从上古到中古演变的六条规律，进而分析出中古三十六字母的来历。

第一，上古匣母三等音，到中古成为于，即喻母三等音；上古定母分化出四等的余，即喻母四等音。喻三、喻四合流，就成为中古的喻母了。

第二，上古牙音溪母中分化出三等的浊音声母，至中古独立为群母。

第三，上古舌头音端、透、定、泥四母，分化出二等音与部分三等音，至中古成为舌上音知、彻、澄、娘四母。

第四，上古舌头音端、透、定三母的另一部分三等音独立出来，至中古分化成照、穿、神、审、禅五母；上古齿头音精、清、从、心四母中分化出二等音庄、初、床、山，并与从舌头音分化出来的照系五母合流，即成为中古时期的照、穿、床、审、禅五母。

第五，上古泥母的三等音中，有一部分向卷舌音分化，成为中古的日母。

第六，上古唇音帮、滂、并、明四母分化出三等音，至中古独立成为非、敷、奉、微四母。

王力先生的《古代汉语》第二册后面附有《上古声母及常用字归类表》，可惜此表疏误太多。我们即从原表例字为基础，重新加以编排。现在移附在本书的后面，便于查检使用。例如，要查"羁"字的上古声母，如果一部部查下去，这未免太费时了。可以先在《广韵》里查到"羁"字的反切（如果没有《广韵》这部书，可以查《辞源》第三版或《康熙字典》，每字都有《广韵》的反切；《说文解字》每字下的反切，出自《唐韵》，实与《广韵》同），"羁"音居宜切，然后查《反切上字用字表》，"居"属见母三等音，上古当属见母。则在见母里可以查到"羁"字，应读〔kj〕。再如，查"损"字的上古声母，先查到《广韵》的反切，"损"音苏本切。然后查《反切上字用字表》，知"苏"为"心"类，可以是一等或四等。而"苏""本"属几等？则查《反切下字用字表》，知"本"字属第三十九"昆"类，为一等。则在心母里可以查到"损"，应读为〔s〕。又如，查"匀"字的上古声母，先查到《广韵》的反切，"匀"音羊伦切。然后查《反切上字用字表》，知

"羊"属"以"类,喻母四等,归上古声母定母。则在定母"余"类里可以查到"匀"字,应读为〔dj〕。查熟了,用不着查《反切上字用字表》和《反切下字用字表》,直接可以在此表中找到。熟能生巧,而初学者总得有个熟悉的过程。

第三节　上古韵母系统

上古韵部研究的成果,要归功于清代的学者。清初顾炎武著《音学五书》,为古音学研究开了一个好头。他用系联法归纳先秦韵文的用韵字,然后离析《广韵》,认为先秦古韵是十部。紧接其后的是江永,认为先秦古韵是十三部。江永的学生戴震则定为九类二十五部。戴震的学生段玉裁著《六书音韵表》,定为六类十七部。可以说,清代的古音学至段氏的十七部说,基本上已经定型,以后的分合只是在段氏的基础上略作调整而已。所以说,段氏的十七部说是清代古音学一个里程碑。这六类十七部的具体韵目排列如下:

一　1之咍
二　2萧宵肴豪　3尤幽　4侯　5鱼虞模

三　6蒸登　7侵盐添　8覃谈咸严凡

四　9东冬钟江　10阳唐　11庚耕清青

五　12真臻先　13谆文欣魂痕　14元寒桓删仙

六　15脂微齐灰祭泰诀废　16支佳　17歌戈麻

后来，孔广森著《诗声类》，定为十八部，而且孔氏阴声韵与阳声韵相对排列，明确提出"阴阳对转"的理论。所谓"阴阳对转"，就是在声母不出其类的前提下，阴声字与阳声字可互转。如，"等"音多肯切，"待"音徒亥切。前者为端母，后者为定母，都属舌头音，未出其类。"等"有韵尾〔ŋ〕，属阳声韵；"待"无韵尾，属阴声韵。在这样的情况下，"等"可以转为"待"，变为阴声韵；"待"可以转为"等"，变为阳声韵。"阴阳对转"的理论是很有实用价值的训诂理论，以后的章节将经常谈到它。在孔广森以前虽然有人说过，如戴震九类二十五部，但没有像他这样有系统性、条理性。戴震的另一个学生王念孙著《诗经群经楚辞韵谱》，定为二十一部。再后来，江有诰著《音学十书》，提出二十一部说。二人都以阴阳相对的次序排列。大致愈分愈细，愈分愈密。民国初期，黄侃著《声类表》，对有清一代的古音学作全面系统总结，成为清代古音学的殿军。他吸收各家的成果，将先秦古韵定为二十八部，并以阴、阳、入对应排列。"阴阳对转"就成为"阴阳入"三声对转了。这二十八部的韵目排次如下：

阴声韵
1歌戈 2灰 3齐 4模 5侯 6豪 7萧 8哈
阳声韵
9寒桓 10先 11痕魂 12青 13唐 14东 15冬 16登 17覃 18添
入声韵
19曷末 20屑 21没 22锡 23铎 24屋 25沃 26德 27合 28帖

由此可知，先秦韵部的研究贯穿于清代整个历史时期。这些前所未有的成绩的取得，实是几代人努力的结果。从顾炎武到黄侃，一代接一代，大抵有师承的关系，从来没有中断过，而且常常是"前修未密，后出转精"。清代的训诂学能达到那样高的水平，与古音学研究的成就是分不开的。所以，要吸收清人训诂学的学术成果，就必须对清代的古音学有相当熟稔的程度。如果是因为古音学难学，就采取回避的态度，则永远进不了清代开创的这一学术殿堂。

王力先生在黄侃二十八部的基础上又分为三大类十一

小类，凡三十部：

一

（一）1之〔ə〕 2职〔ək〕 3蒸〔əŋ〕
（二）4幽〔əu〕 5觉〔əuk〕 6冬〔əuŋ〕
（三）7宵〔au〕 8药〔auk〕
（四）9侯〔o〕 10屋〔ok〕 11东〔oŋ〕
（五）12鱼〔a〕 13铎〔ak〕 14阳〔aŋ〕
（六）15支〔e〕 16锡〔ek〕 17耕〔eŋ〕

二

（七）18歌〔ai〕 19月〔at〕 20元〔an〕
（八）21脂〔ei〕 22质〔et〕 23真〔en〕
（九）24微〔əi〕 25物〔ət〕 26文〔ən〕

三

（一〇）27缉〔əp〕 28侵〔əm〕
（一一）29叶〔ap〕 30谈〔am〕

王力先生的《古代汉语》第二册后面附有《上古韵母及常用字归类表》，可惜此表亦有诸多疏误。我们即从原来例字为基础，重新加以编排，附在本书之末，供查检使用。查检此表的方法同前声母表，先查反切，然后查《反切下字用字表》，找到反切下字的韵类，然后再根据此韵归类去向找到其古韵部，就能在此部中找到所要查的字。如，"邦"字的韵部，查《广韵》音古巷切，"巷"归第五"江"类，而"江"类归东部，则在表中的东部里可以查到"邦"字。再如，"拘"的韵部，查《广韵》音举朱切，"朱"归第十四"俱"类，而"俱"类归侯部，则在表中的侯部里可以查到"拘"字。又如，"渐"字的韵部，查《广韵》音慈严切，"严"归第八十九"严"类，而"严"类归谈部，则在表中的谈部里可以查到"渐"字。使用此表的功夫也在于常查多查，在于熟能生巧，提高效率。查熟了，则不用查反切，径直在此表中即可以找到所要查的字。

第四节　双声与叠韵

现在可以来讨论双声与叠韵的问题了。笼统地说，双声是指两字的声母相同或相近。这里的"声母"，是指上古音的声母。所谓"相同或相近"，也不是一个含糊的说法，而是有一定的标准的。王力先生提出五条标准，[①]可以供我们参考。这五条标准是：

第一，同声母者为双声。如：

【刚／坚】上古都是见母字。

【勤／倦】上古都是群母字。

【丸／圜】上古都是匣母字。

【青／苍】上古都是清母字。

【省／相】上古都是心母字。

---

① 王力:《同源字典》,商务印书馆1982年版,第18—20页。

所以，这五组字各为双声字。

第二，根据第二节王力先生审定的上古声母表的排列，同类同直行，或舌齿同直行者为准双声。这条标准只在第二舌与第三齿头、第四正齿的声母中起作用，其他声母没有准双声。如：

【著／彰】著字上古属端母，彰字上古属照母，处在同一直行，所以是舌齿准双声。

【乃／而】乃字上古属泥母，而字上古属日母，同处在一直行，所以是舌齿准双声。

【至／臻】至字照母三等，上古属端母；臻字照母二等，上古属精母；同处在一直行，所以为舌齿准双声。

【营／私】营字喻母四等，上古属定母；私字上古属心母，同处在一直行，所以为舌齿准双声。

【乘／曾】乘字神母三等，上古属舌头音；曾字上古属从母，同处在一直行，所以为舌齿准双声。

第三，同类同横行为旁纽双声。如：

【劲／强】劲字上古属见母，强字上古属群母，都是牙音，为同类。

【大／太】大字上古属定母，太字上古属透母，都是舌头音，为同类。

【走／趋】走字上古属精母，趋字上古属清母，都是齿头音，为同类。

【背/负】背字上古属帮母，负字上古属滂母，都是唇音，为同类。

【增/层】增字上古属精母，层字上古属从母，都是齿头音，为同类。

所以，这五组字属旁纽双声。

第四，同类不同横行者为准旁纽双声。跨横行的只有舌齿音，因此这条标准也只局限于舌齿音。如：

【它/蛇】它字上古属透母，蛇字为神母三等，上古属舌头音，在表中同舌头类而不同横行，所以为准旁纽双声。

【跳/跃】跳字上古属定母，跃字为余母四等，上古也属定纽，在表中同舌头类而不同横行，所以为准双声。

【柴/薪】柴字为床母二等，上古归从母；薪，上古属心母；在表中同齿类而不同横行，所以为准双声。

【待/侍】待上古属定母，侍为禅母三等，上古归舌头音；在表中同属舌头类而不同横行，所以为准双声。

【殚/单】单字上古属端母，殚为禅母三等，上古属舌头音；在表中同属舌头类而不同横行，所以为准双声。

第五，喉与牙、舌与齿的字，各可以为邻纽双声。如：

【影/景】影字上古属影母，为喉音；景字上古属见母，属牙音；为邻纽双声。

【加／贺】加字上古属见母，为牙音；贺字上古属匣母，属喉音；为邻纽双声。

【诚／信】诚字为禅母三等，上古归舌头音；信上古为心母，属齿音；为邻纽双声。

【顺／驯】顺字为床母三等，上古归舌头音；驯字上古为邪母，属齿音；为邻纽双声。

【乳／字】乳字上古属日母，为舌头音；字上古为从母，属齿音；为邻纽双声。

叠韵，是指二字的韵母相同或相近。判定二字韵母是否"相同或相近"，也有一定的标准。王力先生提出四条标准，[①]可供参考。

第一，二字同在一个韵部者为叠韵。如：

【乃／而】乃、而上古同属之部。

【卖／买】卖、买上古同属支部。

【呼／嘘】呼、嘘上古同属鱼部。

【曲／局】曲、局上古同属屋部。

【斩／芟】斩、芟上古同属谈部。

第二，二字在同一小类中并在同横行者为对转。如：

【起／兴】起字上古在之部，兴字上古在蒸部，之、蒸

---

① 王力：《同源字典》，商务印书馆1982年版，第14—16页。

为阴阳对转。

【陟／登】陟字上古在职部，登字上古在蒸部，职、蒸为平入对转。

【斯／析】斯字上古在支部，析字上古在锡部，支、锡为平入对转。

【题／定】题字上古在支部，定字上古在耕部，支、耕为阴阳对转。

【袭／侵】袭字上古在缉部，侵字上古在侵部，缉、侵为平入对转。

第三，二字在同一大类中并在同一直行者为旁转。如：

【叩／考】叩字上古在侯部，考字上古在幽部，侯、幽为旁转。

【逼／迫】逼字上古在职部，迫字上古在铎部，职、铎为旁转。

【踣／仆】踣字上古在职部，仆字上古在屋部，职、屋为旁转。

【省／相】省字上古在耕部，相字上古在阳部，耕、阳为旁转。

【饑／饥】饑字上古在微部，饥字上古在脂部，脂、微为旁转。

如果二字仅在同一大类而不在同一直行者则为旁对

转。如：

【雕／琢】雕字上古在幽部，琢字上古在屋部；由幽转为觉，是平入对转；然后由觉旁转为屋，所以幽、屋为旁对转。

【柔／弱】柔字上古在幽部，弱字上古在药部；由幽转为觉，是平入对转；然后由觉转为药，所以幽、药为旁对转。

【冒／蒙】冒字上古在幽部，蒙字上古在东部；由幽转为侯，是旁转；然后由侯对转为东，所以幽、东为旁对转。

【回／还】回字上古在微部，还字上古在元部；由微转为真，是阴阳对转；然后由真旁转为元，所以微、元为旁对转。

【曳／引】曳字上古在月部，引字上古在真部；由月转为元，是平入对转；然后由元旁转为真，所以月、真为旁对转。

第四，二字既不在同一大类中，而且又不在同直行者为通转。如：

【在／存】在字古在之部，存字古在文部，之、文为通转。

【吾／我】吾字古在鱼部，我字古在歌部，鱼、歌为通转。

【徒／但】徒字古在鱼部，但字古在元部，鱼、元为通转。

【极／穷】极字古在职部，穷字古在侵部，职、侵为通转。

【介／甲】介字古在月部，甲字古在叶部，月、叶为通转。

以上四种类型，叠韵最为常见，其次是对转、旁转和旁对转。这三种类型符合语音变化的通例，而通转则比较特殊，属于越出音理变化范围的变例，一般情况下需要谨慎使用。

第五章 声训

第一节　先秦两汉时期的声训

声训，就是"因声求义"，即用音同或音近、意义相通的字来训诂。所谓"音同或音近"，就是必须符合双声、叠韵的标准，即是说，光符合双声不行，光符合叠韵也不行。声训要求，构成声训的解释字与被解释字，不仅在语音上具有双声与叠韵的关系，而且它们的意义虽不尽相同，但是可以贯通。如：

《诗经·关雎》毛《传》："雎鸠，王雎也。鸟挚而有别。"郑玄《笺》："挚之言至也。""挚""至"上古同质部、照母三等，完全同音。"挚"，是专一的意思；"至"，有至诚的意思。二者意义可以贯通。

再如：

《周礼·地官》"媒氏"，郑玄注："媒之为言谋也，谋度二姓，以成婚姻也。""媒""谋"上古同之部、明母，完全同音。"媒"是名词,"谋"是动词,"媒"虽不同于"谋",但其义可以贯通。

又如:

《仪礼·乡饮酒礼》"主人实觯酬宾",郑玄注:"酬之言周也。忠信为周。""酬""周"上古同幽部,"周"属照母三等,"酬"属床母三等,为旁纽双声。"酬"是酬劳,"周"为忠信,其义可以贯通。

如果没有后面"意义可以贯通"这一条,就不是声训,只能说是通假字而已。通假字可以用声训的方式来表示,但不等于通假也是声训,说明古书的文字通假和声训是不同的。"之言""之为言"是古代注书表示声训的专用术语,可是,古人临文注释,术语可以用,也可以省去不用。

声训的训诂材料在先秦时期就存在了,今多散见于各种文献典籍的正文中。如,《易经·说卦》:"乾,健也。""坤,顺也。""坎,陷也。""离,丽也。""兑,说也。"《序卦》:"坎者,陷也。""晋者,进也。""睽者,乖也。"《论语·颜渊》:"政者,正也。"《孟子·滕文公上》:"庠者,养也。周曰庠。"《孟子·尽心下》:"征之言正也。"《孟子·梁惠王上》:"其《诗》曰:'畜君何尤?'畜君者,好君也。"《荀子·王制》:"君者,善群也。"《穀梁传》庄公三年:"其曰王者,民之所归往也。"《诗经·大雅·灵台·序》:"民者,冥也。"以上的例子,被解释词与解释词,不仅音同或音近,符合双声五条与叠韵四条的标准,又意义互相贯通。如《孟子》,居然出现了"之言"的术语,可见声训的方式在当时已趋成熟。还有一个现象值得注意,即被解释词都是名词,而解释词是动词或形容词,"以事释名",是求其所以得名的道理,极具有推究语源的性质。所以,从研究语言发生学的角度看,这些声训材料就显得尤其珍贵,也为后来的刘熙作《释名》,提供了可靠而翔实的依据。

用声训方法来解释古书词义者则首推毛亨,在他的《诗故训传》里有丰富的声训材料。或用于探究事物名理,如:《采菽》"殿天子之邦",《传》:"殿,镇也。"《候人》"不遂其媾",《传》:"媾,厚也。"《文王》"祼将于京",《传》:"祼,灌鬯也。"《鸤鸠》"恩斯勤斯",《传》:"恩,爱也。"或以表示同源,如,《采芑》"有玱葱珩",《传》:"葱,苍也。"《小明》"政事愈蹙",《传》:"蹙,促也。"《蒸民》"我仪图之",《传》:"仪,宜也。"或仅以表示同音通假而借用声通的形式,如,《蝃蝀》"崇朝其雨",《传》:"崇,终也。"《七月》"亟其乘屋",《传》:"乘,升也。"由此可知,声训的条理在战国晚期已经形成了。

两汉是声训的发展期,差不多每种训诂书,如《尔雅》

《广雅》《方言》《说文》以及汉人注释六经诸子的专著,都广泛地使用了声训。综观两汉时期的声训,大致形成了如下一些法则。如,有谐声字与形声字相为声训的,《尔雅·释诂》:"诰,告也。"有同谐声的形声字相为声训的,《说文·户部》:"房,室在旁也。"有用同音字相为声训的,《方言》卷三:"氓,民也。"有用音近字相为声训的,《尔雅·释训》:"鬼之为言归也。"有用"缓言""急言"为声训的,《方言》卷九:"关之东西曰鞧,南楚曰轪,赵、魏之间曰錬鏞。"缓言之为"錬鏞",急言之为"轪"。有用"读如""读为""读若"的术语为声训的,《北风》"其虚其邪",郑《笺》:"邪读如徐。"《大叔于田》"叔善射忌",郑《笺》:"忌读如'彼己之子'之己。"特别是刘熙的《释名》,全面使用声训方法,内容有所扩大,不仅对各类名物进行推原,而且对各种行为动作和各种性质状态的形容词也给以穷究。如,《释言语》:"仁,忍也。好生恶杀,善含忍也。""通,洞也。无所不贯洞也。""厚,后也。有终后也。故青徐人言厚如后也。""良,量也。量力而动,不敢越限也。""好,巧也。如巧者之造物,无不皆善,人好之也。"可以说,这是一部两汉时期声训的集大成之作。其体例,或者先出声训,然后再用一句话来补充解释其"所以然"的道理。如,《释形体》:"汁,涕也。涕涕而出也。"

《释衣服》:"领,颈也。以壅颈也。亦言总领衣体为端首也。"或者先用"曰"的格式,再用声训,然后补充解释其"所以然"。如,《释水》:"山夹水曰涧。涧,间也。言在两山之间也。"《释船》:"随风张幔曰帆。帆,泛也。使舟疾泛泛然也。"

但是,先秦两汉时期的声训有很大的主观性、随意性,在选择同音字进行声训时各人有各人的说法,似乎很少顾及语言中的客观实际情况,只要被解释词与解释词的语音相同且在同一意念上说得通就行。这样,就难免出现一些脱离当时的语言实际,流于主观猜测的弊病。这本书在第二章里介绍《释名》时,已经有所说明。所以,我们在利用汉世这些训诂材料时,就必须认真加以甄别。如:

《释名·释天》:"天,豫、司、兖、冀以舌腹言之:天,显也,在上高显也。青、徐以舌头言之:天,坦也,坦然高而远也。"按:同是一个"天"竟有两种解释。实际上这两种解释都不正确。因为,"天"字上古属真部,透纽四等;"显""坦"二字上古属元部,"显"为晓纽三等,"坦"为透纽四等。"天"与"显"既非双声又非叠韵,"天"与"坦"虽属双声而非叠韵。更重要的是在古代文献中,无法找到能证明它们是同源的书证。《说文》:"天,颠也。至高无上。"以"颠"释"天",二字既双声叠韵,又意义相通，且有书例可以证明，这就比《释名》可信多了。

《释名·释地》："地，底也。其体底下载万物也。亦言谛也，五土所生莫不审谛也。《易》谓之坤。坤，顺也。上顺乾也。"按：同是一个"地"竟然列出"底""谛""坤""顺"四种不同的解释，这更荒唐了，让人无所适从。如果再加上《淮南子》高诱注："地，丽也"，则就有五种解释了。可是，实际语言的答案只有一个。再从音理上分析，这五个答案无一正确。因为，"地"古属歌部，底、谛、坤、顺、丽均非歌部字，且无书例能证明它们可以相通。这只能当作是五种没有根据的瞎猜。所以，如果我们不加分析地引用它们，作为训诂的书证来应用，那就上当了。

第二节 声训的第二阶段：右文说

魏晋以后，汉代这种形式的声训就很少见到。可是，这不等于说声训自汉代以后就不存在了。魏晋以后的学者更注重从理论上对两汉以前的声训进行总结，于是产生了"右文说"。

"右文说"是两汉以前的声训的发展，标志着声训进入了一个新的历史阶段。

"右文说"的提出者是北宋时期的王圣美。汉字的形声字多为左右结构，左旁为义符，右旁为声符。王氏以为右旁的声符不仅表示字的读音，而且具有表义功能，声旁所表示的意义更具有词源的性质。利用形声字的右声来解释字义的理论和方法，后人就概括为"右文说"。

"右文说"虽是宋人的产物，可是在汉代就已经露出了端倪。许慎在给形声字下定义时，就说过"以事为名，取譬相成"的话，肯定形声字的声中有义，所以，他在《说文》中随字释义时，对右声加以解释。如，析"室"字从宀、至声，解释说："至，所止也。"析"刑"字从刀、井声，解释说："井，法也。"析"媛"字从女、爰声，解释说："爰，引也。"或者用假借义来说明右声的意思。如，析"祠"从示、司声，解释说："春祭曰祠。品物少，多文词也。"借"司"为"词"。析"妁"从女、勺声，解释说："妁，酌也。斟酌二姓也。"借"勺"为"酌"。或者用"读若"法来说明右声的意义。如，"顝"字训"大头"，解释说："从页、骨声。读若魁。"借"骨"为"魁"。"忬"字训"忧"，解释说："从心、于声。读若吁。"借"于"为"吁"。"杝"字训"落"，解释说："从木、也声。读若陁。"借"也"为"陁"。类此例子是很多的。最有趣的是，《说文》有些部首下的字，不是据形系联，而是以声系联。如，《句部》下有"拘""笥""钩"三字，都从"句声"，"拘"训"止"，手曲以止的意思。"笥"训"曲竹捕鱼笥"，"钩"训"曲钩"。三字都有曲折的意思。但许慎没有将"拘""笥""钩"分别编到手部、竹部、金部里面去。这实际上就是"右文说"的标本。

东晋的杨泉就知道用这种方法分析字义，其《物理论》说："在金石曰坚（堅），在草木曰紧（緊），在人曰贤（賢）。千里一贤，谓之比肩。故语曰：'黄金累千，不如一贤。'"① 因为他看到这三个字都从臤声，而共同表示着坚固、优秀的意思，只是在体现金、草、人三种不同性质的事物上，有所区别而已。这与后来王圣美的"右文说"就没有多少区别了。

如果说汉晋时期那些据右文以释字义的书例还处在感性的认识上，那么王圣美提出的"右文说"，已上升到理论总结的高度了。沈括的《梦溪笔谈》卷一四《艺文一》说："王圣美治字学，演其义，以为右文。古之字，书皆从左文，凡字其类在左，其义在右。如木类，其左皆从木。所谓右文者，如戋，小也。水之小者曰浅，金之小者曰钱，歹之小者曰残，贝之小者曰贱。如此之类，皆以戋为义矣。"② 现在看起来，这段话甚是普通，在当时，实际上是一个很了不起的发现。汉语词源学的研究，由此走上了科学化、系统化的道路。

在王圣美的启发下，南宋时期的王观国干脆把"右声"称作"字母"，说是产生汉字之母。《学林》卷五"卢"字条说："观国按字书，鑪从金为锻鑪，炉从火为火炉，甗

---

① 此文已失传，今见《太平御览》卷四百零二《人事部》"叙贤"条引。中华书局1985年版，第1859页。
② 沈括：《梦溪笔谈》，文物出版社1975年影印元刊本。

从瓦为酒甋。《食货志》《相如传》所言卢,皆酒甋也。班固取省文,故用卢字。《赵广汉传》曰'椎破卢罂'之类是也。《史记·司马相如传》曰:'令文君当鑪。'韦昭注曰:'酒肆也。以土为堕,其高似鑪。'然则《史记》用鑪字,可通用也。《汉书》扬雄《甘泉赋》:'玉女欣视其青卢。'注曰:'卢,目童子也。'而《文选·甘泉赋》作青矑。按字书,矑,目童子也。班固亦省文用卢字耳。古之人臣有征伐之功者,君赐之以彤弓矢、旅弓矢。旅音卢,黑色也。而《王莽传》九锡有卢弓矢,卢亦黑色也。故通用之。扬雄《法言》曰:'彤弓黸矢,不为有矣,黸者黑之甚矣,于义无伤焉。'《孟子》有屋庐子,《列子》有长庐子,皆读庐为卢。盖皆汉复姓也。卢者,字母也。加金则为鑪,加火则为炉,加瓦则为甋,加黑则为黸。凡省文者,省其所加之偏旁,但用字母,则众义该矣。亦如田者,字母也,或为畋猎之畋,或为佃田之佃。若用省文,则以田字该之。他皆类此。"①从这个例子中可以看出,将"右文"改为"字母",在认识右声表义的功能上又向前迈了一大步,它深刻地揭示了形声字产生的途径以及汉字发展的规律,极大地丰富了"右文说"的内容。

---

① 王观国:《学林》,中华书局1988年版,第176—177页。

"右文说"如此了不起，按理自应受到当时学者的重视，可是在有宋一代不但没有起到应有的作用，反而经常被当作一种荒谬加以嘲弄。这个责任不在王圣美及其理论的本身，而在王安石的《字说》。

王安石用"右文说"编撰了一部《字说》，作为当时一种儿童习用的启蒙教科书。可王氏不顾语言实际，竟将"右文说"理论在具体运用时极端简单化、庸俗化。如，"波"字从水从皮，就释为"水之皮也"。"滑"字从水从骨，就释为"水之骨也"。这真是牵强附会到了极致。与其政见不同的苏东坡，当时利用《字说》的谬误讥笑他。据《调谑编》载："东坡闻荆公《字说》新成，戏曰：'以竹鞭马为笃，不知以竹鞭犬有何为笑？'公又问曰：'鸠字从九从鸟，亦有证据乎？'坡云：'《诗》曰："鸤鸠在桑，其子七兮。"和爷和娘，恰似九个。'公欣然而听，久之始悟其谑也。"[①]应该说，"右文说"后来之所以一度销声匿迹，不能不说是王安石《字说》的消极影响所致。

使"右文说"在训诂实践中真正发挥其积极作用的，则是在清代。清代学者在训诂理论上和训诂实践中合理地

---

① 苏轼《调谑编》这段文字，又见高中《语文》第六册，1997年版，第25页。

利用了"右文说"的科学成果,取得了巨大的成就。黄生《字诂》"刀"字条说:"小船曰刀,字从舟省,会意,与刀斧之刀不同。此即赵古则所谓'双音并义,不为假借'也,《诗》'谁谓河广,曾不容刀'可证。后人加舟作舠,赘矣。"其裔孙黄承吉则进一步解释说:"古者制字以声为主义之大纲,而偏旁其逐事逐物分别记识之目。如舠字,以刀为声,即以为义。舟之小者如刀,如果上下文之辞义当属于舟,则但举刀字而即见其为小舟,不必舟旁也。"[①]后来,黄承吉著文《字义起于右旁之声说》,从理论上加以澄清和完善,明确指出:"谐声之字,其右旁之声必兼有义,而义皆起于声,凡字之以某为声者,皆原起于右旁之声义以制字,是为诸字所起之纲。其在左之偏旁部分,则即由纲之声义而分为某事某物之目。纲同而目异,目异而纲实同。如右旁为某声义之纲,而其事物若属于水,则其左加以水旁而为目。若属于木火土金,则加以木火土金之旁而为目。若属于天时人事,则加以天时人事之旁而为目。若属于草木禽鱼,则加以草木禽鱼之旁而为目。其大较也。盖古人之制偏旁,原以为一声义中分属之目,而非为此字声义从出之纲。纲为母而目为子,凡制字所以然之

---

① 黄生:《字诂义府合按》,中华书局1984年版,第1—2页。

原义，未有不起于纲者。"他又说："由声而有字，由字而后加以偏旁，偏旁原即是字，然必先取此字而后以偏旁加之，则可见凡制字必以为声之字立义在前，而所加之偏旁在后。"① 清焦循说："肴馔中有以'让'为名者，皆以他物实之于此物之中。如要以肉入海参中则名'让海参'。凡让鸡、让鸭、让藕，无非以物实其中。或笑曰，让当与瓤通，谓以物入其中，如瓜之有瓤也。说者固以为戏名，而不知古声音假借之义正如此也。瓜之内何以称瓤？瓤从襄者也。瓤从襄犹酿。《说文》：'酿，醖也。'醖与缊通。《穀梁传》'缊地于晋'，谓地入于晋也。《论语》'衣敝缊袍'，谓絮入于袍也。醖为包裹于内之义，而酿同之，此所以名瓤名酿也。《说文》：'䕆，作型中肠也。'《释名》云：'中央曰䕆。'皆以在中者为义。囊，裹物者也，从襄省声，即亦与让同声。然则让取、包裹、缊入之义明矣。夫让犹容也，容即包也。争则分，让则合矣，故四马驾车两服在两骖之中而《诗》曰'上襄'。水围于陵，而《书》曰'怀山襄陵'。俱包裹之义也。不争则退逊，退逊则却，故让有却义。能让则附合者众，故穰之训众，瀼之训盛，众

---

① 黄生：《字诂义府合按》，中华书局1984年版，第75—77页。

则盛也。"①焦氏执从"襄"声诸字之根,以会通诸字之义,其启发人思者夥颐。《说文》"襄"字训"解衣耕"。盖北方土地干燥,下种必启表面的泥土,而后覆之,是谓之襄。《左传·定公十五年》:"葬定公,雨,不克襄事。"杜注:"襄,成也。"襄事,指下棺柩反土以葬之事。引申为"入""藏""包""反"。攘从襄声,取入谓之攘。如,《孟子·滕文公下》:"今有人日攘其邻之鸡者。"攘,即取入。包容、包忍亦谓之攘。《离骚》:"忍尤而攘诟。"注释说:"攘,容忍。"②容忍,即包容、包入的意思。

段玉裁是在训诂实践中运用"右文说"理论较有成就的一位,他的《说文解字注》,在许多方面就得力于"右文说"。他以"凡从某声有某义"的"凡语"方式,概括出不少"右文"表义的条例。其结论基本上是正确的。如:

《马部》:"騢,马赤白杂毛。从马、叚声。谓色似虾鱼也。"段玉裁注:"虾,略有红色。凡叚声多有红义,是以瑕为玉小赤色。"《鱼部》:"鰕,鱼也。从鱼、叚声。"段玉裁注:"凡叚声如瑕、鰕、騢等皆有赤色,古亦用为云煆字。"

---

① 焦循:《焦循全集》第十一册,广陵书社2016年版,第5397—5398页。

② 部编:《普通高中教科书语文》选择性必修下册,2020年版,第5页。

《水部》:"浓,露多也。从水、农声。"段玉裁注:"按《酉部》曰:'醲,厚酒也。'《衣部》曰:'襛,衣厚貌。'农声之字皆训厚。"

《女部》:"娠,女妊身动也。从女、辰声。"段玉裁注:"凡从辰之字皆有动意,震、振是也。"

《衣部》:"襟,交衽也。从衣、金声。"段玉裁注:"凡金声、今声之字皆有禁制之义。"

《阜部》:"陘,山绝坎也。从阜、巠声。"段玉裁注:"凡巠声之字皆训直而长者。"

《言部》:"詖,辨论也。从言、皮声。"段玉裁注:"凡从皮之字皆有分析之意,故詖为辨论也。"

《羽部》:"翊,羽曲也。从羽、句声。"段玉裁注:"凡从句者皆训曲。"

《句部》:"句,曲也。从口、丩声。"段玉裁注:"凡地名有句字者,皆谓山川纡曲,如句容、句章、句余、高句骊者,皆是也。"

但是,凡从某声之字不一定是某义。如,从句声之字有"狗",训"小犬";有"驹",训"二岁马"。都无"曲"的意思。从叚声之字有"遐",训"远";有"暇",训"闲暇";有"瘕",是疾病的名称。都无"赤、红"的意思。所以,段玉裁在概括右文之义时,没有将所有的右文综合起来考察，常常只取其需要的数字概而言之，而置它字于不顾，则未免失之偏颇。

王念孙处理右文时就比段玉裁高明。他的主要特点，就是将"右文"纯粹当作是"右声"，据声探求，不再拘泥于"右声"的形体。如：

《广雅》第一《释诂》："裒，大也。"王念孙《疏证》："裒之言浑也。曹大家注《幽通赋》云：'浑，大也。'《后汉书·冯绲传》："冯绲，字鸿卿。"绲与裒通。《说文》：'睴，目大也。'《尔雅》：'百羽谓之緷。'《释文》引《埤仓》云：'緷，大束也。'《玉篇》：'鲧，大鱼也。'睴、緷、鲧并音古本反，义与裒同也。"

第六《释亲》："壻谓之倩。"王念孙《疏证》："《方言》：'东齐之间壻谓之倩。'郭注云：'言可借倩也。今俗呼女壻为卒便是也。'按：壻、倩，皆有才知之称也。壻之言胥也。郑注《周官》云：'胥有才知之称也。'倩之言婧也。《说文》：'婧，有才也。'颜师古注《汉书·朱邑传》云：'倩，士之美称。'义与壻谓之倩相近。《史记·仓公传》云：'黄氏诸倩。'倩者，壻声之转。缓言之则为'卒便'矣。"

由此，我们也可以比较出段、王二人之学的上下了。

第三节 声训的第三阶段：
以声音通训诂

清代乾、嘉时期的训诂学达到了前所未有的水平，究其原因，直接得力于清代古音学的卓越成就，正确地揭示出音与义的内部联系，成功地开辟了一条"因声以求义"的道路。这就是从"右文"转变为"右声"，用双声叠韵的原理追索词义演变的规律，标志着声训又有了长足的进步，进入了第三个新的历史阶段。

首先，清代学者从理论上反复阐明形、音、义三者的联系，有过许多精辟的论述。如，戴震说："故训音声，相为表里。"[①] 又说："疑于义者以声求之，疑于声者以义正

---

① 戴震:《戴震集》卷十《六书音均表序》，上海涵芬楼影印经韵楼本。

之。"① 又说："字书主于故训，韵书主于音声。然二者恒相因，音声有不随故训变者，则一音或数义；音声有随故训而变者，则一字或数音。大致一字既定其本义，则外此音义引申，咸六书之假借。其例或义由声出，如'胡'字，惟《诗》'狼跋其胡'，与《考工记》'戈胡''戟胡'用本义。至于'永受胡福'，义同'降尔遐福'，则因胡、遐一声之转，而胡亦从遐为远。……凡故训之失传者，于此亦可因声而知义矣。"② 段玉裁说："小学有形、有音、有义。三者互相求，举一可得其二。有古形，有今形；有古音，有今音；有古义，有今义。六者互相求，举一可得其五。古今者，不定之名也。三代为古，则汉为今；汉魏晋为古，则唐宋以下为今。圣人之制字，有义而后有音，有音而后有形。学者之考字，因形以得其音，因音以得其义。治经莫重于得义，得义莫切于得音。"③ 王念孙说："窃以诂训之旨，本于声音。故有声同字异，声近义同。虽或类聚群分，实亦同条共贯。譬如振裘必提其领，举网必挈其纲。故本立而道生。知天下之至赜而不可乱也。此之不悟，则有字

---

① 戴震：《戴震集》卷四《转语二十章序》。
② 戴震：《戴震集》卷三《论韵书中字义答秦尚书蕙田》。
③ 段玉裁：《广雅疏证·序》，上海古籍出版社1983年据清嘉庆本影印本。

别为音,音别为义。或望文虚造而违古义,或墨守成训而鲜会通。易简之理既失,而大道多歧矣。"①

清代学者在训诂实践上更是身体力行,摆脱字形的束缚,依据古音以求古义,引申触类,得心应手,从而解决了古书里的许多疑难问题。其中成绩最显著者,自然要推王念孙、王引之父子。如:

《史记·刺客列传》:"臣左手把其袖,而右手揕其胸,然则将军之仇报,而燕国见陵之耻除矣。"这句话也见于新课标高中《语文》课本第二册《荆轲刺秦王》中。《史记集解》:"徐广曰:'揕一作抗。'"《索隐》:"揕,谓以剑刺其胸也。抗,拒也。其义非。"为什么"揕"会别作"抗"的呢?王念孙说:"抗与揕声不相近,揕字无缘通作抗。抗,当为扰,俗书从尤之字作冗,从亢之字作亢。二形相似,故扰讹为抗。《说文》:'扰,深击也。'《广雅》曰:'扰,刺也。'《集韵》扰、揕并陟甚切。揕之为扰,犹湛之为沈也。《燕策》作'右手揕抗其胸',抗,亦扰字之讹。且亦是一本作揕,一本作抗,而后人误合之耳。姚宏桃本云:'一无抗字。'是其证矣。《列子·黄帝篇》'攩挃挨扰',

---

① 王念孙:《广雅疏证·自序》,上海古籍出版社1983年据清嘉庆本影印本。

《释文》云:'抌,《方言》:击背也。一本作抗,违拒也。'亦未知抗即抌之讹耳。"①在这里,王念孙首先指出,一本作"抗",是"抌"字的形讹。然后因声以求之所以然的原因,说"抌"即"揕"字,"揕之为抌,犹湛之为沈",古从甚与从冘声的字可以相通。"揕其胸",等于"抌其胸",因而形近讹作"抗其胸"。虽是认出一个错别字,关键作用还是以声音通训诂。

《史记·淮阴侯列传》:"今韩信兵号数万,其实不过数千。能千里而袭我,亦以罢极。"这句很普通,似乎没有什么可说。王念孙还是发现了问题,说:"此能字,非才能之能。能,犹乃也。言信兵不过数千,乃千里而袭我,亦已疲极也。又,《自序》述《佞幸传》'非独色爱,能亦各有所长'。能,亦乃也。言非独以色见爱,乃亦各有所长也。乃与能,古声相近,故义亦相通。"②按:"能",古属蒸部,泥母;"乃",古属之部,泥母。"能""乃"属之蒸阴阳对转。所以二字音同义通。

清人常称同声母而义相通的字为"一声之转"。如,《广雅》第四《释诂》:"绥,舒也。"王念孙《疏证》:"绥

---

① 王念孙:《读书杂志·读〈史记〉志》"揕其匈"条,第356页。
② 王念孙:《读书杂志·读〈史记〉志》"能"条,第364页。

者，安之舒也。《说文》：'夊，行迟曳夊夊也。'义与绥相近。绥、舒又一声之转。"①又，《释诂》："梗，觉也。"王念孙《疏证》："梗之言刚也。《尔雅》：'楷、梗，直也。'《方言》：'梗，觉也。'《缁衣》引《诗》'有梏德行'，今《诗》作'觉'，毛《传》云：'觉，直也。'觉与梏通，梗、觉一声之转。今俗语犹云'梗直'矣。"②在这里，王念孙使用了两个术语，一是"通"，一是"一声之转"。"通"，就是声、韵俱通。"觉"古属觉部、见母；"梏"属幽部、见母。说明"梏""觉"二字同声母，韵属幽、觉平入对转。所以是"通"，或称"同""相近"等。而"一声之转"就不同了，"梗""觉"虽属同见母双声，而"梗"属阳部，与觉部相去甚远。所以，"一声之转"是指在符合双声的前提下，不必计较叠韵与否，允许"转"的字韵部有所变化，而意义仍然相通。或可以省作"声之转"，或"语之转"。

这种方法只要运用得当，可以将表面看起来毫不相干的字，通过声音把它们一一系联起来，既能疏通其训诂大义，又可以简御繁，举一反三，其作用确是非常突出的。如：

---

① 王念孙：《广雅疏证》上册，上海古籍出版社1983年版，第446页。
② 同上书，第461页。

《诗经·静女》:"静女其姝,俟我于城隅。爱而不见,搔首踟蹰。"毛《传》:"言志往而行正。"郑《笺》:"志往谓踟蹰,行正谓爱之而不往见。"孔颖达《正义》:"有德如是,故我爱之欲为人君之配。心既爱之而不得见,故搔其首而踟蹰然。女德如此,乃可悦爱,故下云爱而不见是也。"汉、唐人都将"爱"解释为"喜爱"的"爱",用在"爱而不见"的语境中是讲不通的。郭在贻先生引段玉裁注《说文》"僾"字说:"郭注《方言》作'薆而','薆而',犹薆然也。"并谓胡承珙《毛诗后笺》、陈奂《诗毛氏传疏》、马瑞辰《毛诗传笺通释》都赞同段说,而且引例甚坚确,可以定论。'爱而不见,搔首踟蹰',是说静女躲藏起来,害得对方搔首踟蹰。"案:"爱",物部,影母。郭氏说影母字多有隐蔽或者茂盛的意思。又说,隐蔽与茂盛,意义是相通的。[①]这是正确的。凡繁茂者必为隐蔽之处,而可隐蔽者必是繁茂之地,清人称之曰"义相贯属"。《离骚》:"何琼佩之偃蹇兮,众薆然而蔽之。"洪兴祖《补注》:"《方言》云:'掩,翳,薆也。'注云:'谓薆蔽也。'"而《文选》张铣注:"薆,亦盛也。"《离骚》:"时暧暧其将罢兮,结幽兰而延伫。"王逸注:"暧暧,昏昧貌。"昏昧与隐蔽,义相贯通。因为,

---

① 郭在贻:《训诂学》,第101页。

第三节 声训的第三阶段：以声音通训诂 205

"曖"是影母字，属"一声之转"。《离骚》："百神翳其备降兮，九疑缤其并迎。"王逸注："翳，蔽也。""翳"，是影母字。《诗经·采薇》："昔我往矣，杨柳依依。今我来思，雨雪霏霏。""依依""霏霏"为互文，"霏霏"，形容雨雪之浓密；"依依"，形容杨柳之茂盛。依，是影母字。高亨《诗经今注》："依借为殷，殷殷，茂盛貌。""殷"，其实也是影母字，其音义相通，不当用假借义来说明。因此，陶渊明《归园田居》："曖曖远人村，依依墟里烟。""曖曖""依依"也都应该解为浓密昏暗的意思，没有理由说，"依依，隐约的样子①。《孔雀东南飞》："晻晻日欲暝，愁思出门啼。"注释说："晻晻，昏暗的样子。"②又："奄奄黄昏后，寂寂人定初。"注释说："奄奄，暗沉沉地。"③"晻""奄"，都是影母字，有昏暗的意思。《广雅·释诂》："蔚、荟、庝、隐，翳也。"④"蔚""荟""庝""隐""翳"等都是影母字，属"一声之转"，所以也都有隐蔽的意思。《说文·日部》："杳，冥也。""杳"，是影母字。《尔雅·释诂》："偃，匿也。""偃"，是影母字。《孟子·梁惠王下》："内无怨女，外无旷

---

① 部编：《普通高中教科书语文》必修上册，2019年版，第59页。
② 部编：《普通高中教科书语文》选择性必修下册，2020年版，第11页。
③ 同上书，第12页。
④ 王念孙：《广雅疏证》上册，上海古籍出版社1983年版，第109页。

夫。"怨女""旷夫"为对文。"怨女",是说幽闭之女、隐藏之女;"怨"是幽藏的意思。"怨",是影母字。或作"蕴女","蕴"训"蕴积",也是幽藏的意思。"蕴",是影母字。陶渊明《和郭主簿》:"蔼蔼堂前林,中夏贮清阴。""蔼蔼",茂盛的意思。"蔼",是影母字。因而,将古读影母的许多字,都可以系联在表示隐蔽、盛茂的意义上,融会贯通,不至于望文生义。如,曾公亮《宿甘露寺僧舍》:"枕中云气千峰近,床底松声万壑哀。"这个"哀"字,是形容松声的殷大,是殷盛宏亮的意思。"哀",是影母字。说床底盛大的松涛声,如从万壑深谷中传来。这首诗选进了中学语文课本,而课文注释说:"躺在床上倾听松涛声阵阵,无数山谷呼啸哀歌。"[①]把"哀"强解为悲哀,这就犯了望文生义的毛病了。"盛密"谓之"爱",亦谓之"哀",犹"爱慕"谓之"爱",亦谓之"哀";"蕴藏"谓之"怨",亦谓之"哀",犹"悲恨"谓之"怨",亦谓之"哀"。它们的意义可以相通,是属"一声之转"。

清代学者因声以求义的方法,已经越出了声训的范畴,它还可以包括文字的通假。通假问题留到下一章去讨论,这里就不说了。

---

① 初中《语文》第二册,人民教育出版社1998年版,第294页。

第四节　探求语源

由于"右文说"与"因声求义"原理的广泛应用，又转而探索汉语词汇的内部联系，梳理其源流的发展变化轨迹，这就是汉语同源字的研究。同源字，准确地说，实系同源词。构成同源的词虽非全是同义词，但都表示着一个共同的意念，或者在某一点的意义上有所联系，它们的语音形式基本相同或相近，至少保持着双声的关系，即可以"一声之转"。清代学者在同源词的研究方面做出了很大的成绩。

首先，王念孙从古书里将表示"大"的意思的字全部汇总起来，得《尔雅》39字，《小尔雅》6字，《广雅》58字，毛亨《诗故训传》50字，《拾雅》90字，凡176字，于是著成《释大》之文。[①]其释义的方式，就是据声系联，展

---

① 罗振玉：《高邮王氏遗集》，江苏古籍出版社2000年影印本，第67页。

转孳乳,梳理其源流变化之迹。如,"冈",是"山脊";"亢",是"人颈";二字都有"大"的意思。所以,"山脊"谓之"冈",亦谓之"岭";"人颈"谓之"领",亦谓之"亢"。"强"谓之"刚","大绳"谓之"纲","特牛"谓之"犅","大贝"谓之"魧","大瓮"谓之"瓨"。其义是相通的。"冈""颈""劲"属一声之转,都是见类牙音字。所以,"强"谓之"刚",亦谓之"劲";"领"谓之"颈",亦谓之"亢"。由"冈"一字,孳生出"亢""纲""刚""犅""魧""劲""颈""瓨"八个牙音字,构成了同源关系。则176字为演变,致使在喉、牙两类八个声母中能表示"大"义的字,全都系联在一起,形成一个语族、一个系统。王念孙的《释大》可以说是同源词研究的先导。其后,程瑶田著《果臝转语记》,凡是草木鸟兽虫鱼之名,绝代别国之异语方言,不论经典所载,还是俚巷歌谣,如果能以双声通转,无不一一采集,以声系联,触类旁通,堪称清代探求同源词的绝作。[①]所以,王念孙推崇备至,称此为"训诂家未尝有之书,亦不可无之书"。[②]

但是,清代的语源研究只能算作是声义相通的同族词

[①] 程瑶田:《程瑶田全集》,第三册,黄山书社2008年版,第491—504页。

[②] 胡朴安:《中国训诂学史》,中国书店1983年版,第148页。

研究，因为他们只是说明词的声同而义必通的关系。至于这些词的源头是什么，其流变的过程又是怎样的，似皆未尝置意。再说，同源词的意义也不一定是相同的，只是在某一点上有联系。音同义通的词未必都是同源词。如果，"一声之转"地转下去，则无所不通，会将那些非同源词也误作同源词。后来，黄侃从语言发生学的角度出发，将汉语的同源词归综为两种类型：一是"由一音屡转而义不甚殊者"；一是"其同一声，而义各有所因者"。前者类似清代学者语源学，旨在说明语词同归一族就行了。后者则是黄氏开创的新途径，即要追究词的源头所在。他在《声韵略说》里举例说："祼、踝、課、敤、髁、夥、稞、窠、裹、顆、猓、鯇、婐，皆从果声也，而义不皆同于果。是故祼之字，由盥来；踝之字，由凸与牛来；課之字，由丂来；敤义亦略同，而又别牵于考敏；髁之字，亦由凸与牛来；夥之字，同于竑，而由牛来；窠同于空，而自丘来；惟裹之字，从本声来，而又别牵于卝；顆之字，由凸来，其训小头也，又牵于卝；猓与鯇，未详其所由来；婐之字，训婐妠，训女侍，则由委来而出于禾；训果敢，则即由果来。此诸文者，论字形，则偏旁皆同；而论声义，乃各有所受。宋人王子韶有右文之说，以为字从某声，即从其义，展转生说，其实难通。如知众水同居一渠，而来源各异，则其缪自解矣。故治音学者，当知声同而义各殊之理。"①显然，黄氏是不满意清人"声同义必通"的理论，他认为声同未必都义通，因为它们的渊源不同。这就要求我们考于义者，须兼之以形与声；审于声者，须兼之以形与义；正其形者，须从声与义中探求，务必使形、音、义三者结合，才能在探求语源中不至于失之偏颇。

黄侃的见识，比清人又高出一筹，不但为同源词下了一个比较确切的定义，而且为后人进行同源研究提供了宝贵的经验。确实如此，声同而义通的字并不一定出自同一语源，必须从形、音、义三方面进行综合辨析。如：

"改""革""更"三字，都属见母，都有表示"更改"的意思。用清人"声同义通"的标准，自然可以当作是同源词了。王力先生就把这三字当作是同源字。②实则不然。"改"，从攵、己声。表示自己所改，所以"改错"则不能用"革"或"更"，因为"改"的源在于己。"革"，本指去毛的兽皮，而后引申为"改"，但所革者必是他物，是施事动词，而非受事动词。所以"革命"就不能用"改"或"更"。"更"，本是接续替代的意思，引申为更改，区

---

① 黄侃：《黄侃论学杂著》，上海古籍出版社1980年版，第97页。
② 王力：《同源字典》，商务印书馆1982年版，第81页。

别开来说，用"更"必是表示二物相互替代，有接续的意味，因为"更"的语源是"庚"。"庚"有接续的意思，所以"更番"不得用"改"或"革"。"改""革"二字同源，本来都表示在一个物体变改。后来才分化为"改己"与"革他"二词。"改"，之部，见母；"革"，职部，也属见母。之、职为平入对转。"更"字虽亦见母，而韵属阳部，与"改""革"相去太远了。没有理由能说明是从"改""革"那里变过来的，就不能当作是同源词，只能说是同义词。如果心中有所改意，则谓之悔。"悔"，之部、匣母。见、匣为邻纽双声。晓之以理，去其所晦暗不明者，则谓之"诲"。"诲"有改意。"诲"，之部、匣母。所以，"悔""诲"是"改""革"的同源词。又，教诲以去晦，所以"晦"与"诲"同源；广袤无际，难以穷通的地方，古谓之海。"海""晦"都是之部、匣母。"海"也与"诲"同源。可是"晦""海"与"改"字较为疏远，只能说是"改"的主源流中的一分支。"起"，是起立的意思。从走、己声。己立则生，倒则死。"起"的语源，也在己。"起"，之部、溪母，与"改"为旁纽双声。"兴"，是起立的意思，"兴"与"起"，犹"改"与"革"，"兴"是施他动词，"起"为施自动词。"兴"，蒸部、溪母。之、蒸为阴阳对转。"兴"也是同源词。由上所述，真正的同源词，不光声相近,而且韵也相近,一般不能出其类。像"己"、"改"、"革"、"悔"、"晦"(包括"晦"与"海")、"起"、"兴"诸字,只能在之职蒸三部之间通转。同源词的意义或同或不同,重要的是必须与语源有相关的联系。

"更""庚"二字同源,属见母、阳部,有接续系联的意思。由此推衍,用以连接水陆的渡水之舟则谓之"杭";用以系缚车轭的木谓之"衡";用以系组的玉佩谓之"珩";阑木谓之"横"。这些字都属阳部,或匣母,或晓母,属喉音,与"更""庚"为邻纽双声。与"庚"为见、疑旁纽双声,则为"迎"。"迎"有"接"义。与"迎"为阳、铎平入对转,则为"逆","逆"也是迎的意思。与"庚"对转为鱼部、邻纽双声读喉音,则为"扈","扈"是随从的意思。况且楚人语系带为"扈"。则与"更""庚"真正的同源词有"杭""衡""珩""横""迎""逆""扈"等。这些字多非同义词,只是在表示"连接"的意义上有相通之处。它们不仅声母相同或相近,而且韵类始终只在鱼、铎、阳这三部之间通转。

语源研究的功效确实非同一般,只要疏清了词汇的源与流,则使得本来无序的如一堆散沙的汉语词汇,会变得有次序、有条理、有系统起来。

第五节　声训在语文教学中的应用

既然训诂实践已经证明,因声求义是前人创造的科学方法,就必须吸收它,利用它,很好地为语文教学服务。那么,在语文教学中,怎样运用因声求义来解决实际问题呢?我以为应从以下三方面考虑。

第一,古文里的某些实词,必须用因声求义的方法来解释。如:

《察传》:"夫传言不可以不察,数传而白为黑,黑为白。故狗似玃,玃似母猴,母猴似人,人之与狗则远矣。"课文注"玃"字说:"玃(jué),大母猴。"又注"母猴"说:"又叫沐猴、猕猴,比玃稍小。"[①]这条注释有些费猜。据其注,大母猴是否属雌性的大猴?母猴又叫沐猴、猕猴,

---

① 高中《语文读本》(第一册),人民教育出版社1997年版,第248页。

那沐猴、猕猴，是不是雌性猴类的别名？"母""猕""沐"究为何意？"母猴"最初见于《说文·爪部》："为，母猴也。其为禽好爪。下腹为母猴形。王育曰，爪，象形也。"许慎把"母猴"当作雌性的猴子。段玉裁以为"母"非雌性的意思，"猴"字下曰："母猴，乃此兽名，非谓牝者。沐猴、猕猴，皆语之转，字之讹也。"①《广雅·释兽》："猱，猕猴也。"王念孙《疏证》："狝、獼并与猕同声，转而为母。《说文》：'为，母猴也。'又转而为沐。《汉书·项籍传》：'人谓楚人沐猴而冠。'张晏注云：'沐猴，猕猴也。'"②说明"母猴""猕猴""沐猴"三种称呼实是一名，就是猴的意思。"母"是之部，"猕"是脂部，"沐"是屋部，三字不同韵，可它们都是明母字，属双声，可为"一声之转"，与其字义没有关系，所以不是"讹字"。必须因声以求其义，既不能释为雌性的"母"，又不可解为"小"。又，《韩非子·外储说左上》："宋人有请为燕王以棘刺之端为母猴者"。《太平御览》卷九百五十九引"母猴"正作"沐猴"。证明段玉裁、王念孙的"声之转"是有根据的。

《江南》："江南可采莲，莲叶何田田，鱼戏莲叶间。"

---

① 段玉裁：《说文解字注》，上海古籍出版社1981年版，第113页。
② 王念孙：《广雅疏证》下册，上海古籍出版社1983年据清嘉庆本影印，第1517页。

注释说:"田田,形容荷叶挺出水面,饱满劲秀的样子。"①
这条注释,根据不足。田田,是说荷叶繁茂的意思。《文选》陆厥《奉答内兄希叔诗》:"虽无田田叶,及尔泛涟漪。"吕延济注:"田田,莲叶貌。"《古文苑》谢玄晖《游后园赋》:"上芃芃兮荫景,下田田兮被谷。""芃芃""田田"为对文,"田田"即枝叶茂密的意思。《唐诗纪事》卷五十八李郢《江亭春霁》:"江篱漠漠荇田田,江上云亭霁景鲜。""漠漠""田田"为互文,"田田"即是茂繁的意思。"田",古通作"陈"。《晏子春秋·内篇·问下》"归于田氏",《左传·昭公三年》作"归于陈氏"。《战国策·齐策》"田单",《贾子·胎教》作"陈单",即其例证。"田田",犹"陈陈",是说重叠不断的样子。《汉书·食货志上》:"太仓之粟,陈陈相因。"是说太仓之粟,历年重叠积压在一起。颜师古注:"陈,谓久旧也。"意思虽然差不多,可终不是"陈陈"的原义。或作"申申",《离骚》"申申其詈予",王逸注:"申申,重也。"说重复不断的意思。"申申""陈陈",音近义通。"申""陈"同真部;"申",审母三等;"陈",定母三等;为准旁纽双声。或作"屯屯"。《盐铁论·国病》:"殷殷屯屯,人衍而家富。""殷殷屯屯"

---

① 初中《语文》第一册,1998年版,第274页。

是复语，是富足的意思，实与茂密、重叠之义相因。"屯屯""田田"同定母字，属一声之转。所以，对"田田"这样的词语，不能从字形来解释，只能用因声以求义的方法。"莲叶何田田"，是说莲叶何其茂密。

《五蠹》："冬日麑裘，夏日葛衣，虽监门之服养不亏于此矣。"注释说："麑，音〔ní〕，小鹿。"①《猎户》："不过，'畋不掩群，不取麛夭；不涸泽而渔，不焚林而猎。'"注释说这引自《淮南子·主术训》："麛〔mí〕，小鹿。"②课本这两条注释，好像"麑""麛"是两个字，两种读音。不确。首先，要弄明白，"麑""麛"为什么都是"小鹿"。"麑"是形声字，从鹿、儿声。"麛"从鹿、从弭，会意字。本是一个字的两种写法，"麑"属本字。"儿"是孺子，引申为"小"义。故从儿声的字多含有"小"的意思。如，"齯"字从齿、儿声。《释名》："或曰，齯齿，大齿落尽更生细者如小儿齿也。""倪"字，从人、儿声。《孟子·梁惠王下》"反其旄倪"，赵岐注："倪，弱小倪倪者也。""霓"字，从雨、儿声。《尔雅·释天》："霓为挈贰。"《文选·西京赋》注："雄曰虹，雌曰霓。"霓比虹小，所以称"挈贰"或

---

① 高中《语文》第三册，1995年版，第339页。
② 高中《语文》第二册，1993年版，第70页。

"雌"。"鲵"字，从鱼、儿声。《尔雅·释鱼》："鲵，大者谓之虾。"《庄子·外物》"守鲵鲋"，李注："鲵，小鱼也。"猊是狮子之子，儿声。不但如此，凡声母读日〔r〕、泥〔n〕的字多有小的意思。如，"栭"，从木、而声，栗属，果实比栗小。"鮞"，从鱼、而声，是鱼子。"鴩"，从隹、奭声，"奭"，从大、而声，即"软"的古字，声母为日〔r〕；"雓"字是小鸡。"毹"，从兔、需声，是小兔。王念孙《广雅·释兽》"麛，麝也"条说："凡字之从而声、奭声、需声者，声皆相近。小栗谓之栭，小鱼谓之鮞，小鸡谓之雓，小兔谓之毹，小鹿谓之麛。其义一也。"[1] "麑"与"麛"同，不应该有两个音。"麛"下从弭。"弭"从弓、从耳。"耳"，声母是日〔r〕，故有"小"义。如，"佴"为次贰，犹霓为虹的副贰，有小的意思。所以，麛是会意字，从鹿、从弭，"弭"实即"耳"，麛为鹿子之称，也应读作〔ní〕，不应别读作〔mí〕。如果因声推求下去，则木之力弱者为"柔"，弓之力小者为"弱"，草之初生者为"茸"。还可以系联出一连串的字来。可谓纲举而目张，挈领而理衣，得其字义的条理、系统，其作用是不言而喻的。

---

[1] 王念孙《广雅疏证》下册，上海古籍出版社1983年据清嘉庆本影印，第1522页。

第二，课文中出现的联绵字，更不可望文生义，据形强解，而要根据双声、叠韵的原理，综合考察、梳理同一联绵字由于音变的原因，而产生出的多个不同书写的形式，再结合具体语境，给予确切解释。如：

《赤壁之战》："今将军外托服从之名，而内怀犹豫之计，事急而不断，祸至无日矣。"①"犹豫"是迟疑不决的意思，一般人都知道。确实没有必要解释。但是，"犹豫"何以作如此解，未必人人都明白。北齐颜之推《颜氏家训·书证篇》曾作考释："《尸子》曰：'五尺犬为犹。'《说文》云：'陇西谓犬子为犹。'吾以为人将犬行，犬好豫在人前，待人不得，又来迎候，如此往还，至于终日，斯乃豫之所以为未定也，故称犹豫。或以《尔雅》曰：'犹如麂，善登木。'犹，兽名也。既闻人声，乃豫缘木，如此上下，故称犹豫。"②《礼记·曲礼上》孔颖达《正义》说："《说文》云：'犹，兽名，玃属。豫亦是兽名，象属。'此二兽皆进退多疑，人多疑惑者似之，故谓之犹豫。"③古人指出，此等训释，均望文生义的典型。"犹豫"释为疑惑不决，与其字义绝不相干。"犹豫"是双声联绵字，声母是喻

---

① 高中《语文》第一册，1995年版，第240页。
② 颜之推《颜氏家训集解》，中华书局1980年版，第387—388页。
③ 孔颖达《礼记正义》，上海古籍出版社2018年版，上册，第124页。

母四等音，一声之转则或作"犹预""犹与""由豫""优与""容与""由夷"等，倒过来又作"夷由"。如，《湘君》"君不行兮夷由"，王逸注："夷由，犹豫也。"长江三峡有个险滩称"淫滪堆"，船行驶到这里，就会打转，上不去，下不来。"淫滪"，实即"犹豫"的转语。喻母四等音上古归入定母，所以一声之转，或作"踌躇"，是迟疑不定的意思。"踌躇"都是澄母字，上古也归定母。或作"踯躅"。《为了周总理的嘱托》："老汉拄着拐棍，背着草筐，整天孤独地踯躅在田野上。"注释说："踯躅，徘徊不前。"①或作"趑趄"，邹韬奋《呆气》："迟疑不前，趑趄不进，永在彷徨歧路间而已。"注释说："趑趄，想前进，又不敢前进。"②或作"次且""首鼠""首施""踟蹰""踔度""跮踱"等，都是与"犹豫"为同一联绵字的转语。然后又引申为滞留的意思。如，《静女》："爱而不见，搔首踟蹰。"注释说："搔首踟蹰（chíchú），以手指挠头，徘徊不前。"③又，《史记·淮阴侯列传》："足下所以得须臾至今者，以项王尚存也。"王念孙说："此'须臾'与《中庸》'道不可须臾离'异义。须臾，犹从容，延年之意也。言足下所以得从

---

① 高中《语文》第一册，第122页。
② 高中《语文》第五册，1990年版，第16页。
③ 部编：《普通高中教科书语文》必修上册，2019年版，第139页。

容至今不死者，以项王尚存也。《汉书·贾山传》：'愿少须臾毋死，思见德化之成也。'少须臾，即少从容，亦延年之意也。故《武五子传》：'奉天期兮不得须臾。'张宴曰：'不得复延年也。'从容、须臾，语之转耳。"①其实，"踟蹰""从容""须臾"，也与"犹豫"为同一个词，属一声之转。"从"是从母，与定母为准旁纽双声；"容"也是喻母四等音。而释"延年"与释"逗留"，其意义本相贯通。"从容"，有悠然自得之义。如，庄子曰："鯈鱼出游从容，是鱼之乐也。"②"从容"，是说悠闲的意思。因而，与其为"声之转"的"踌躇"，也有悠然自得的意思。如，《庖丁解牛》："提刀而立，为之四顾，为之踌躇满志"。注释说："踌躇满志，悠然自得，心满意足。"③所以，对于像"犹豫"之类的联绵字。必须撇开字形，以其声转为枢纽，而求其文辞之义所在。这诚如前人所说，"泥于其形则龃龉不安，通乎其声则会心非远"④。

《答韦中立论师道书》："未尝敢以矜气作之，惧其偃蹇

---

① 王念孙：《读书杂志》第一册，上海古籍出版社2014年版，第365页。
② 部编：《义务教育教科书语文》八年级下册，2017年版，第117页。
③ 部编：《普通高中教科书语文》必修下册，2020年版，第9页。
④ 王筠：《毛诗双声叠韵说》，《说文释例》，武义市古籍书店据世界书局1984年影印本，第533—538页。

而骄也。"注释说:"偃蹇,骄傲的样子。"①注释是正确的。"偃蹇"何以有"骄傲"的意思?从其字形是看不出来的。《离骚》"望瑶台之偃蹇兮",王逸注:"偃蹇,高貌。"于瑶台,"偃蹇"为"高",于德行,"偃蹇"为"骄傲",义实相因。其实,于声音,"高"即是"骄傲"的合音,而"偃蹇"即为骄傲的声转。"偃",是影母字,"蹇""骄"并同见母,"傲"是疑母字。"偃"与"骄"为喉牙邻纽双声,"蹇"与"傲"为见疑旁纽双声,所以义也相通。一声之转,或作"夭矫","夭"也是影母字,与"偃"字属双声。《文选·江赋》"吸翠霞而夭矫",李善注:"夭矫,自得之貌。"义与骄傲同。可见,释骄傲的"偃蹇",源自"高"。可是,"偃蹇"还有委婉柔弱的意思。《东皇太一》"灵偃蹇兮姣服",王逸注:"偃蹇,舞貌。"形容于枝叶,则有交错的意思。如,《招隐士》:"偃蹇连蜷兮枝相缭。""偃蹇"即言"连蜷"。于龙虫则为"蚴虬",《惜誓》"苍龙蚴虬于左骖兮"。或作"蚴纠",也作"窈纠"。《诗经·月出》"舒窈纠兮",毛《传》:"窈纠,舒之姿也。"此即"㫃"字的缓音。《说文》:"㫃,旌旗之游,㫃蹇之貌。"释委婉的"偃蹇",根于"㫃",与释骄傲的"偃蹇"根于"乔",其义源

---

① 高中《语文》(第一册),1988年版,第361页。

各不相因，未可一概而论。这是黄侃在前面所说的，"其同一声，而义各有所因者"，"故治音学者，当知声同而义各殊之理"。

《长歌行》："常恐秋节至，焜黄华叶衰。"注释说："焜，枯。"① "焜"字本是辉煌的意思，把"焜"解为"枯"，训诂上没有根据。"焜黄"，是联绵字，不能分作二字二义来解释。蒋礼鸿先生说："焜黄犹玄黄，谓病悴也。玄黄者，《诗经》'我马玄黄''我马虺隤''何草不黄''何草不玄'；《尔雅·释诂》：'虺隤、玄黄，病也。'王引之谓虺隤、玄黄皆为病貌，是也。鲧字音古本切，而或作鮌，从玄，此玄声、昆声可以相通之证。黄生说《桐柏淮源庙碑》'泫泫淮源'云：'泫泫疑借混混，用《孟子》"原泉混混"意。后又有"□□昼夜"句，必是"不舍昼夜"，益可证泫泫之为混混也。'《战国策·秦策一》：'转毂连骑，炫熿于道。'高诱注：'炫熿，犹焜光也。'据高注与黄说，又益可知焜黄之为玄黄也。"② 蒋先生就是用了因声求义的方法，考定"焜黄"与"玄黄"是一词，属一声之转，而且又引用了那么多的证据，结论是很

---

① 初中《语文》（第三册），1988年版，第325页。
② 蒋礼鸿：《义府续貂》，中华书局1981年版，第1页。

可靠的。

《窦娥冤》〔滚绣球〕:"天地也！只合把清浊分辨，可怎生糊突了盗跖、颜渊？"注释说："糊突，同'糊涂'；这里是'混淆'的意思。"① 注释是正确的。"糊突"为什么有"糊涂"的意思？原来"糊突""糊涂"是同一个联绵字的异体，从字面上是看不出它们的意思来的。最早的形式作"浩荡"，《离骚》"怨灵修之浩荡兮"，王逸注："浩荡，无思虑貌。"实是糊涂不分辨的意思。它的语音结构是，前一个音节的声母为匣母〔ɣ〕，属喉音；后一个音节的声母为定母〔d〕，属舌头音。于是一声之转或作"鹘突"。孟郊诗《边城吟》："何处鹘突梦？归思仰寄眠。""鹘突梦"，是说糊涂梦。一声之转，又作"溷沌""曖曃""恢台""恢胎""贷骇""溷浊""惝怳"等等，都表示不明或不分的意思。②

《庄子·秋水》："于是焉河伯始旋其面目，望洋向若而叹曰：'野语有之曰，"闻道百，以为莫已若"者，我之谓也。'"注释说："望洋向若，迷惘地面对海神若。望洋，仰视的样子。"③ 这条注释似乎单独解释时，"望洋"有"仰

---

① 部编：《普通高中教科书语文》必修下册，2020年版，第23页。
② 黄灵庚：《楚辞章句疏证》，第二册，2020年版，第669—670页。
③ 高中《语文》（第一册），1997年版，第108页。

视"的意思，而在这个语境里又可解为"迷惘"的意思，两歧其义。其实，"望洋"是联绵字，或作"望阳"，或作"盳洋"。按清郭庆藩注："望洋，不分明也。水日相映，故望洋也。"①其说甚是。"望洋"的语音结构，前一音节的声母为〔m〕，属唇音；后一音节的声母古属喻纽四等，归舌头音定母〔d〕。故一声之转，"望洋"或作"蒙懂""酩酊""抹搭""眠娗"等等，谓不精要、不开晓的意思。今俗语骂人不解事为"木头"，即其语之变。所以解"望洋"为"迷惘"是正确的，而解"仰视"虽有旧注可据，则非确诂。

《与吴质书》："少壮真当努力，年一过往，何可攀援，古人思秉烛夜游，良有以也。"注释说："攀援，留住。"②攀援，这里释"留住"，大意近是。"攀援"何以有"留住"的意思？当因声以求义，不可强形索解。"攀援"，是联绵词，其异体或作"盘桓""徘徊""傍徨"等，迟疑不进的意思，故有"逗留"之义，和李白《蜀道难》"猿猱欲度愁攀援"的"攀援"不是一词。

《陈情表》："臣之进退，实为狼狈。"注释说："狼狈，

---

① 郭庆藩：《庄子集释》，中华书局1961年版，第562页。
② 高中《语文读本》（第一册），1997年版，第263页。

形容进退两难的情状。"①何以"狼狈"有此解？苏鹗说："狼狈者，事之乖舛也。狼者，豺也。狈者，狼之类。《神异经》云：'狈无前足。'一云：前足短，不能自行，附狼背而行，如水母之有虾也。若狼为巨兽，或猎人逐之而逸，即狈坠于地，不能取济，遂为众工所获。失狼之背，故谓之狼狈。狈字者，形声也，犬兽也。贝者，背也。以狈附于狼背，遂犬边作贝。贝者，北海之介虫。陆居为猋，在水名蜬。凡货贿之字皆从贝者，盖古之货也、篆文象介虫之形，即玞珸之类也。"②按：苏氏据字释义，留下笑话。世界根本不存在"附狼背而行"的狈这样的动物。狼狈的意义，从字形上是看不出来的。"狼狈"是联绵字，其异体或作"狼贝""踉蹄""剌㢟"等，指行路不稳，所以引申为难堪、困窘。

李白《蜀道难》："问君西游何时还？畏途巉岩不可攀。"课文注："巉（chán）岩：高而险的山岩。"③大概以"巉岩"为偏正结构的短语，巉是"高而险"，岩是"山岩"。按：非是。清王琦引李善《文选》注："巉岩，山石高峻之貌。"至确。巉岩，是叠韵联绵词。《文选·高唐赋》

---

① 部编：《普通高中教科书语文》选择性必修下册，2020年版，第71页。
② 苏鹗《苏氏演义》（外三种），中华书局2012年版，第21—22页。
③ 部编：《普通高中教科书语文》选择性必修下册，2020年版，第14页。

"登巉岩而下望兮",李善注:"巉岩,石势,不生草木。"或作"崭岩"。《文选·西都赋》:"蹶崭岩,巨石隤。"李善注引《毛苌诗传》曰:"崭岩,高峻之貌也。"《楚辞·招隐士》"溪谷崭岩兮",洪兴祖引《文选》五臣注云:"崭岩,险峻貌。"东方朔《七谏·哀命》"何山石之崭岩兮,灵魂屈而偃蹇",王逸注:"言山石高岩,非己所居,灵魂偃蹇难止,欲去之也。"王氏以"山石高岩"释"山石之崭岩",崭岩,也是"峻险"之义。李白之诗意,是说畏路途之险峻,不可攀援。

杜甫《秋兴八首(其一)》:"玉露凋伤枫树林,巫山巫峡气萧森。"课文注:"萧森,萧瑟阴森。"[①] 按:萧森,是双声联绵字,不当解为"萧瑟、阴森"二义。《楚辞·九辩》"菊櫹槮之可哀兮",王逸以"茎独立"释"梢櫹槮",櫹槮,疏朗不密的意思。洪兴祖《补注》:"櫹槮,树长貌。《选》云:'櫹爽''櫹槮'是也。"《文选》本谓槮音森。櫹槮,即萧森,犹草木茂盛之意。吴玉搢《别雅》列其异体字,别有"萧蓡""箾蓡""櫹槮""槊参""萧森"等。则不可拘泥其文字的训诂。《文选·射雉赋》"萧森繁茂,婉转轻利",徐爰注:"翳上加木枝,衣之以叶,上则

---

① 高中《语文》第三册,2006年版,第54页。

萧森，下则繁茂而实。""上则萧森"，说"上则枝条繁茂"的意思。《艺文类聚》卷七《山部上》"庐山"条引宋支昙谛《庐山赋》："嗟四物之萧森，爽独秀于玄冬。"卷三十六《人部二十》"隐逸"条引张协诗："溪壑无人迹，荒楚郁萧森。"又引晋孙绰《聘士徐君墓颂》："松竹萧森，荟丛蔚蔚。"卷八十八《木部上》"槐"条引晋庾儵《大槐赋》："逸叶横被，流枝萧森。"以上"萧森"皆为"繁密"的意思。程瑶田《果蠃转语记》说："（鹡鹉）又转之为櫹爽、櫹森，草木盛貌。"[1]杜诗"气萧森"，说巫峡的秋天，云气浓郁，而非"阴森"。

《武陵春》："只恐双溪舴艋舟，载不动、许多愁。"注释说："一种形似蚱蜢的小船。"[2]按：舴艋舟，是小船，但绝非取名于"两头尖如蚱蜢"者。舴艋，是联绵词，是小的意思，其义存于声。《广雅·释水》："舴艋，舟也。"王念孙云："《玉篇》：'舴艋，小舟也。'小舟谓之舴艋，小蝗谓之蚱蜢，义相近也。《艺文类聚》引《宋元嘉起居注》

---

[1] 程瑶田《程瑶田全集》第三册，黄山书社2008年版，第497页。
[2] 义务教育课程标准实验教科书《语文》九年级上册，2003年版，第208页。

云：'余姚令何玢之造作舴艋一艘，精丽过常。'"①又，《龙龛手鉴·舟部》："舴艋，小鱼舟也。"说明舴艋之功用，本是捕鱼之小舟。张志和《渔父歌》："钓台渔父褐为裘，两两三三舴艋舟，能纵棹，惯乘流，长江白浪不曾忧。霅溪湾里钓渔翁，舴艋为家西复东，江上雪，浦边风，笑著荷衣不叹穷。"《吴郡志》卷二《风俗·鱼具》："所载之舟曰舴艋，所贮之器曰笭箵。"

《离骚》："屈心而抑志兮，忍尤而攘诟。"注释说："攘，容忍。"②至确。但是，"攘"为什么会有"容忍"之义？焦循《易馀籥录》卷四："肴馔中有以'让'为名者，皆以他物实之于此物之中。如要以肉入海参中则名'让海参'。凡让鸡、让鸭、让藕，无非以物实其中。或笑曰：让当与瓤通，谓以物入其中，如瓜之有瓤也。说者固以为戏名，而不知古者声音假借之义正如此也。瓜之内何以称瓤？瓤从襄者也。瓤从襄犹酿。《说文》：'酿，醖也。'醖与缊通。《榖梁传》'缊地于晋'，谓地入于晋也。《论语》'衣敝缊袍'，谓絮入于袍也。醖为包裹于内之义，而酿同之，此所以名瓤名酿也。《说文》：'𩩋，作型中肠也。'《释

---

① 王念孙：《广雅疏证》，中册，上海古籍出版社1983年据清嘉庆本影印，第1205页。
② 普通高中教科书《语文》选择性必修下册，2020年版，第5页。

名》云：'中央曰钀。'皆以在中者为义。囊，裹物者也，从襄省声，即亦与让同声。然则让取、包裹、缊入之义明矣。夫让犹容也，容即包也。争则分，让则合矣，故四马驾车两服在两骖之中而《诗》曰'上襄'。水围于陵，而《书》曰'怀山襄陵'。俱包裹之义也。不争则退逊，退逊则却，故让有却义。能让则附合者众，故穰之训众，瀼之训盛，众则盛也。"①焦氏执从"襄"声诸字之根，以会通诸字之义，其实就是"因声求义"。按《说文》襄字训"解衣耕"。大概北方土地干燥，下种时必启表面的干土，直至潮湿泥巴土，而后下种，再把泥土复盖回去，这叫作"襄"。《左传·定公十五年》："葬定公，雨，不克襄事。"杜预注："襄，成也。"襄事，说放下棺柩，再把土盖回去，以完成埋葬的过程事。所以"襄"字本身包含"进入""包藏""包容""反回"。攘字从襄声，取入谓之攘，包容、包忍也谓之攘。

第三，因声求义的方法，在文言虚字教学中发挥作用。如：

《卖油翁》："见其发矢十中八九，但微颔之。"注释说："但微颔之。只对他微微点头（意思是略微表示赞许）。但，

---

① 焦循：《焦循全集》第十一册，广陵书社2016年版，第5397—5398页。

只。"①但,是定母字。凡定母字用作表示范围副词,都有"只,不过"的意思。

《海瑞传》:"此人可方比干,第朕非纣耳。"注释说:"第,只是。"②《陈涉世家》:"藉第令毋斩,而戍死者固十六七。"注释说:"第,仅。"③"第",定母字。

《孙膑》:"于是孙子谓田忌曰:'君弟重射,臣能令君胜。'"注释说:"弟,通'第',但,只管。"④"弟""第"同为定母字,无须改字。

《廉颇蔺相如列传》:"欲予秦,秦城恐不可得,徒见欺。"注释说:"徒见欺,白白地受欺。"⑤以"徒"为"空空"。非是。"徒",定母字,与"但""第""弟"为一声之转,释"只""仅仅"义。《李寄》:"既不能供养,徒费衣食,生无所益,不如早死。"⑥"徒费",说只是耗费。"徒",也是"只"的意思。《书博鸡者事》:"若素名勇,徒能藉贫孱者耳。"注释说:"只能欺侮贫穷软弱的人罢了。"⑦"徒",

---

① 部编:《义务教育教科书语文》七年级下册,2018年版,第69页。
② 高中《语文》第二册,1988年版,第334页。
③ 初中《语文》第五册,1981年版,第58页。
④ 高中《语文》第四册,2006年版,第224页。
⑤ 同上书,第78页。
⑥ 初中《语文》第五册,1998年版,第182页。
⑦ 高中《语文读本》第一册,1997年版,第379页。

释"只",是正确的。

《毛遂自荐》:"使遂蚤得处囊中,乃颖脱而出,非特其末见而已。"注释说:"就会像禾穗的芒尖那样,整个锥锋都挺露出来,不只是它的尖端露出来就罢了。"①以"特"为"只是"。"特",定母字。

《寡人之于国也》:"曰:'不可,直不满百步耳,是亦走也。'"注释说:"直,只是、不过。"②《晏子使楚二则》:"婴最不肖,故直使楚矣。"注释说:"直,只得、只好。"③《唐雎不辱使命》:"虽千里不敢易也,岂直五百里哉?"注释说:"岂直,哪里只是。"④直,中古是澄母,上古属定母,与"特"字通用,所以也有"只""不过"的意思。

《琵琶行》:"东船西舫悄无人,唯见江心秋月白。"⑤"唯见",是说"只见"。《短歌行》:"何以解忧?唯有杜康。"⑥"唯有",是说"只有"。《子路、曾皙、冉有、公西华侍坐》:"为国以礼,其言不让,是故哂之。唯求则非邦也

---

① 高中《语文》第三册,1998年版,第379页。
② 高中《语文》第三册,2006年版,第62页。
③ 高中《语文》第五册,1990年版,第219页。
④ 部编:《义务教育教科书语文》九年级下册,第49页。
⑤ 部编:《普通高中教科书语文》必修上册,2019年版,第63页。
⑥ 同上书,第58页。

与?"注释说:"唯,语气助词,用于句首,无实义。"[1]非是。唯,范围副词,说只、仅仅。《卖油翁》:"我亦无他,惟手熟尔。"[2]说只手熟练罢了。唯、惟是喻母四等字,上古归定母,所以也有"只""不过"的意思。总之,但、第、弟、徒、特、直、唯、惟,都是定母字,属一声之转,在作范围副词使用时,也不存在本字与借字的差别,故其义相通。

其他,如"乃""而""汝""若"四字上古都属泥母,同作第二人称代词,属一声之转,所以"乃翁""而翁""汝翁"实相同。"与""以""用""由"四字上古都属喻母四等,用作介词,都有"因为"的意思,一声之转。所以《劝学篇》"用心一也""用心躁也"之"用"[3],不能误释为"使用",而应解释作"因为",说因为"心思专一""心思浮躁"的缘故。

《晋公子重耳出亡》:"公子曰:'所不与舅氏同心者,有如白水!'投其璧于河。"注释说:"意思是,我如不和您舅父同心,请白水作证。这是指河水发誓。"[4]"所"义如

---

[1] 部编:《普通高中教科书语文》必修下册,2019年版,第3页。
[2] 部编:《义务教育教科书语文》七年级下册,2016年版,第69页。
[3] 部编:《普通高中教科书语文》必修上册,2019年版,第85页。
[4] 高中《语文读本》第一册,1997年版,第224页。

"倘"。按：所，古为鱼部，心纽；倘，古为阳部，穿纽。鱼、阳为阴阳对转，心、穿为准旁纽双声，属一声之转。故"所"字也有表示假设的意思。

使用因声求义的方法是有原则的。从上面引例也可以看出，运用声转既要符合音理，又必须有一定的书证来证明，切不可滥用。如果不顾语言的社会实际，一味双声通转，那么，"狗""鸡"上古同属见母，双声，能说狗与鸡就是同一种动物吗？"鱼""马"上古同属鱼部，能说鱼就是马吗？《出师表》："故五月渡泸，深入不毛。"注释说："不毛，不生长草木。这里指贫瘠、未开垦的地方。"[①]是正确的。有人运用声转之法，附会"不毛"是缅甸的"八莫"，说诸葛亮当年到过缅甸。是脱离了语言的社会性，凭空想象，毫无根据，只能说是对声训的亵渎。

---

① 部编：《义务教育教科书语文》九年级下册，2018年版，第129页。

第六章 古音通假

第一节　通假字及其识别的方法

文字假借是指利用音同或音近关系以解决字少而词多的矛盾现象的一种权变方法,而使用这种方法又是约定俗成的,如,《鸿门宴》:"项伯许诺,谓沛公曰:'旦日不可不蚤自来谢项王。'"注释说:"蚤,同'早'。"[1]《答李几仲书》:"虽蚤知从先生长者学问,而偏亲白发,不得已而从仕。"注释说:"蚤(zǎo),通'早'。"[2]前者是司马迁的作品,产生于西汉;后者是黄庭坚的作品,产生于宋代。类此书例,还可以从《战国策》《汉书》《论衡》等以及唐宋时期的文献中找到。这说明借"蚤"为"早",不是某个人所为,而是有广泛的社会基础的,不能说是写错别字。因

---

[1] 部编:《普通高中教科书语文》必修下册,2020年版,第14页。
[2] 浙江省编:初中《语文》第一册,浙江教育出版社1997年版,第204页。

为错别字完全是属于个人的偶然性的行为。所谓"音同或音近",自然是指先秦的古音,即借字与本字在语音上要符合双声与叠韵的标准。

　　文字假借有两种情况:一是语言上早有这样的词,而没有给它们造出字体来,不得不采用"借字标音"的方法来解决,这叫"本无其字"的假借,通称"假借字"。如,"又",本是右手,"亦",本是臂腋,都借作表示"又""亦"义,而表示"又""亦"义的字根本就不存在。表示"虽然"义的词,在语言上早就有了,可是没有造出本字来表示它,而借本来表示虫名的"虽"字来替代。假借字多是久借不归,习以为常,反使本字的本义渐渐废弃消失,而其假借义遂通行流传下来。对于这类假借字的分辨,一般人不会感到有太大的困难。二是语言里某个词的字,本来早就造出来了,可是在实际使用时,偏偏用另外一个与它音同或音近的字来替代。这叫"本有其字"的假借,通称"通假字"。如,逃跑的"逃"字,在先秦早就有了,可《汉书·高帝纪》"遂围成皋,汉王跳",偏借"跳"为"逃"。表示层叠的"层"字,也早就产生了,可是杜甫《望岳》"荡胸生曾云",偏借"曾"为"层"。这类通假字给后人阅读古书造成很大的不便,也是我们从事中学古文教学时常遇到的文字障碍。

汉代学者注释古书时，非常注意用正字解释通假字。如，《礼记·儒行》"起居竟信其志"，郑玄注："信，读如屈伸之伸，假借字也。"此外，汉人常用"读曰""读为""读与某同""当作"此类训诂术语来表示通假关系。如，《礼记·曲礼》郑玄注："绥，读曰妥。"《诗经·大田》"俶载南亩"，郑玄笺："俶，读为炽；载，读为灾栗之灾。"《周礼·考工记·轮人》"欲其蚤之正也"，郑玄笺："蚤，当为爪。"《诗经·常棣》郑玄笺："古声填、寘、尘同。"清代的因声以求义，其中部分内容是属于"破其假借之字，而读以本字"，也具有很高的学术价值。我们应该好好总结一下前人的学术遗产，为今天的语文教学服务。

根据前人的经验，通假还是有规律可循的。由于通假字使用"借字标音"的方法而形成同音替代的用字原则，所以用字上的假借与造字上的形声关系甚为密切，这里面就有规律性的条例可以依循。

第一，谐声字与形声字可以构成通假。如：

《河中石兽》："沧州南一寺临河干，山门圮于河，二石兽并沉焉。"注释说："河干，河岸。"[①]《伐檀》："坎坎伐檀

---

① 部编：《义务教育教科书语文》七年级下册，2016年版，第148页。

兮，置之河之干兮。"注释说："干，岸。"①"岸"是形声字，谐声字就是"干"；所以"干""岸"可以通用。

《伐檀》："不稼不穑，胡取禾三百廛兮。"注释说："廛，一亩半地。"②这条注释没有依据。毛亨《诗故训传》："一夫之居曰廛。"孔颖达《正义》："谓一夫田百亩也。"可见"一廛"是一百亩，而不是"一亩半地"。俞樾说："如传义，则三百廛为三百夫之田，其数太多。且一章言廛，二章言亿，三章言囷，义亦不伦。疑传义非也。《广雅·释诂》，稛、縊、缠并训束。然则三百廛者，三百缠也。三百亿者，三百縊也。三百囷者，三百稛也。其实皆三百束也。《说文·又部》：'秉，禾束也。'然则三百束者，三百秉也。郑《笺》于二章曰'三百亿，禾束之数'。不知三百亿之数，亿犹秉也。盖自传失其义，故笺亦不得其解矣。"③俞樾考释是正确的。"廛"是"缠"的谐声字，所以二字可以通用。

《卖炭翁》："半匹红纱一丈绫，系向牛头充炭直。"注释说："直，同'值'，价钱。"④《硕鼠》："乐国乐国，爰得

---

① 高中《语文》第五册，1997年版，第90页。
② 同上书，第91页。
③ 俞樾《群经平议·毛诗二》，《春在堂全书》第一册，凤凰出版社2010年版，第137页。
④ 部编：《义务教育教科书语文》八年级下册，2017年版，第125页。

我直。"注释说:"直,这里指公正的待遇。一说,指处所。"① 此句是说,乐国乐国,在那里我就得到了应当得到的酬劳。"直",读作"值"。"直"是"值"字的谐声,所以二字可以通用。

《论积贮疏》:"卒然边境有急,数千百万之众,国胡以馈之?"② 课本"卒"字无注,似乎"卒然"就是"终然"的意思。实非。"卒",读如"猝"。"猝然",是说突然,表示意料未及。"卒"是"猝"字的谐声,故二字可以通用。

《大道之行也》:"大道之行也,天下为公,选贤与能。"注释说:"与,同'举'。"③ 按:"与"是"举"的谐声字,故可以通假。

《子路、曾皙、冉有、公西华侍坐》:"鼓瑟希。"注释说:"希,同'稀',稀疏。"④ 按:"希"是"稀"的谐声字,故可以通假。

《劝学》:"虽有槁暴,不复挺者,輮使之然也。"注释说:"有,同'又'。"⑤ 按:"又"是"有"的谐声字,故可

---

① 高中《语文》第五册,1997年版,第91页。
② 高中《语文》第四册,1988年版,第310页。
③ 部编:《义务教育教科书语文》八年级,下册,第119页。
④ 部编:《普通高中教科书语文》必修下册,2020年版,第3页。
⑤ 部编:《普通高中教科书语文》必修上册,2019年版,第84页。

以通假。

《劝学》:"君子生非异也,善假于物也。"注释说:"生,同'性',天性。"[1] 按:"生"是"性"的谐声字,故可以通假。

《师说》:"或师焉,或不焉。"注释说:"不,同'否'。"[2] 按:"不"是"否"的谐声字,故可以通假。

《齐桓晋文之事》:"刑于寡妻,至于兄弟,以御于家邦。"注释说:"刑,同'型',典范、榜样。"[3] 按:"刑"是"型"的谐声字,故可以通假。

《齐桓晋文之事》:"盖亦反其本矣。"注释说:"盖,同'盍',何不。"[4] 按:"盍"是"盖"的谐声字,故可以通假。

《齐桓晋文之事》:"是罔民也。"注释说:"罔,同'网'。"[5] 按:"罔"是"网"的谐声字,故可以通假。

《六国论》:"暴霜露,斩荆棘,以有尺寸之地。"注释说:"暴,同'曝'。"[6] 按:"暴"是"曝"的谐声字,故可以通假。

---

[1] 部编:《普通高中教科书语文》必修上册,2019年版,第84页。
[2] 同上书,第86页。
[3] 部编:《普通高中教科书语文》必修下册,2020年版,第5页。
[4] 同上书,第6页。
[5] 同上书,第7页。
[6] 同上书,第150页。

《治安策一》:"陛下之臣虽有悍如冯敬者,适启其口,匕首已陷其匈矣。"注释说:"匈,通胸。"①按:"匈"是"胸"的谐声,二字可以通假。

第二,相同声旁的形声字可以相互通假。如:

《核舟记》:"卧右膝,诎右臂支船。"注释说:"诎(qū),同'屈',弯曲。"②按诎、屈同谐"出"声,故可通假。

《涉江》:"步余马兮山皋,邸余车兮方林。"注释说:"邸,止,到。"③按:"邸"通作"抵",抵,有至的意思。"邸""抵"二字同谐"氐"声,所以通用。

《愚公移山》:"子子孙孙,无穷匮也。"注释说:"穷匮(kuì),穷尽。"④按:"匮",没有"穷尽"的意思。"匮",读如"溃",即溃散的意思。"匮""溃"同谐"贵"声,故可以通用。

《劝学》:"虽有槁暴,不复挺者,輮使之然也。"注释说:"輮,同'揉'。"⑤按:"輮""揉"同以"柔"为谐声,

---

① 吴调侯、吴楚材:《古文观止》上册,中华书局1963年版,第241页。
② 部编:《义务教育教科书语文》八年级下册,2017年版,第61页。
③ 高中《语文》(第五册),1997年版,第96页。
④ 部编:《义务教育教科书语文》八年级上册,2017年版,第130页。
⑤ 部编:《普通高中教科书语文》必修上册,2019年版,第84页。

故可以通假。

《触龙说赵太后》:"太后曰:'老妇恃辇而行。'"①1973年马王堆三号汉墓出土的帛书《战国纵横家书》"恃"作"持"。按:"恃",本字,是依靠的意思;"持",借字。"恃""持"同以"寺"字为谐声,故可以通假。

《谏逐客书》:"河海不择细流,故能就其深。"注释说:"择,同'释',舍弃。"②按:"择""释"同以"睪"字为谐声,故可以通假。

《答司马谏议书》:"不复一一自辨。"注释说:"辨,同'辩',分辩。"③按:"辨""辩"同以"辡"字为谐声,故可以通假。

《货殖列传序》:"必用此为务,輓近世涂民耳目,则几无行矣。"注释说:"輓,同'晚'。"④"輓""晚"同以"免"为声旁,故二字可以通用。

《庖丁解牛》:"技经肯綮之未尝,而况大乎?"注释说:"技,应是'枝'字,指支脉。"⑤按:"技""枝"同以

---

① 高中《语文》(第一册),2004年版,第94页。
② 部编:《普通高中教科书语文》必修下册,2020年版,第87页。
③ 同上书,第146页。
④ 高中《语文》第四册,1988年版,第303页。
⑤ 部编:《普通高中教科书语文》必修下册,2020年版,第8页。

"支"字为谐声，故可以通假。

《荆轲刺秦王》："得赵人徐夫人之匕首，取之百金，使工以药淬之。"注释说："淬，通'焠'，金属器械烧后放入水中一浸叫焠。"[1]按："焠""淬"同谐"卒"声，故可以通假。

《荆轲刺秦王》：："荆轲逐秦王，秦王还柱而走。"注释说："还，通'环'，绕。"[2]按："还""环"同以"睘"为谐声，故可以通假。

《〈黄花岗七十二烈士事略〉序》："吾党菁华，付之一炬，其损失可谓大矣！"注释说："菁，通'精'。"[3]按："菁""精"同以"青"为谐声，故可以通假。

《鸿门宴》："距关，勿内诸侯。"注释说："距，同'拒'。"[4]按："距""拒"同谐"巨"声，例可通假。

第三，音同或音近的字可以通假。这里，需要指出，所谓"音同或音近"，不能包括声训所用的"一声之转"。"一声之转"，多是指音近义通的同源字。通假字的字义是不能相通的，构成通假的二字不但要符合"双声"，而且更

---

[1] 高中《语文》第六册，1997年版，第164页。
[2] 新课标高中《语文》第二册，2006年版，第40页。
[3] 高中《语文》第五册，1990年版，第352页。
[4] 部编：《普通高中教科书语文》必修下册，2020年版，第13页。

要符合"叠韵"。如：

《触龙说赵太后》："左师触龙愿见太后，太后盛气而揖之。"注释说："揖，当作'胥'，等待。"[①]为什么"胥"有等待的意思？因为"胥"通"须"，"胥""须"古并鱼部、心母字，音同可以通用。

《与陈伯之书》："朱鲔涉血于友于，张绣剚刃于爱子，汉主不以为疑，魏君待之若旧。"注释说："涉，同'喋'。"[②]按："涉""喋"古同叶部、端母字，音同可以通假。

《察今》："尝一脟肉，而知一镬之味，一鼎之调。"注释说："脟，同'脔'，切成方块状的肉。"[③]按："脟""脔"古同月部、来母字，音同可以通假。

《生于忧患，死于安乐》："入则无法家拂士，出则无敌国外患者，国恒亡。"注释说："拂，同'弼'，辅佐。"[④]按："拂"，物部、滂母；"弼"，月部、帮母。月、物为旁转，帮、滂为旁纽双声。二字音近可以通假。

《屈原列传》："'离骚'者，犹离忧也。"注释说："离，

---

① 高中《语文》（第一册），2004年版，第94页。
② 高中《语文》（第四册），1988年版，第329页。
③ 高中《语文》（第三册），1997年版，第279页。
④ 部编：《义务教育教科书语文》八年级上册，2017年版，第128页。

同'罹',遭受。"①按:"离""罹"古并歌部、来母字,音同可以通假。

《屈原列传》:"乃令张仪佯去秦,厚币委质事楚。"注释说:"质,同'贽',见面礼。"②按:"质""贽"古并质部,"质"属端母,"贽"属照母三等,二字为准旁纽双声,音近可以通假。

《愚公移山》:"河曲智叟笑而止之曰:'甚矣,汝之不惠。'"注释说:"惠,同'慧',聪明。"③按:"慧",属月部,匣母;"惠",属质部,匣母。月、质旁转叠韵,故二字音近,可以通假。

《公输》:"公输盘之攻械尽,子墨子之守圉有余。"注释说:"圉,同'御'。"④按:"圉""御"古同鱼部、疑母字,故可以通假。

以上诸例均符合双声与叠韵的原则,从音理说是可以构成通假关系的。否则,就不能算是"音近",也不能构成通假的关系。如:

---

① 部编:《普通高中教科书语文》选择性必修中册,2020年版,第82页。
② 同上书,第83页。
③ 部编:《义务教育教科书语文》八年级上册,2017年版,第130页。
④ 初中语文课本《阅读》(第五册),1989年版,第179页。

《三峡》:"自非亭午夜分,不见曦月。"黄岳洲先生说"自"通作"在",因为"自""在"都是从母字。"自",脂部;"在",之部。二部韵相近。故可以通用。[①]按:此说值得商榷。古韵脂、之二部相去甚远,绝无相通之理。而且"自非"在古书里已形成固定词语,表示假设,犹说"若非",也不当释为"在"。

《两小儿辩日》:"孰为汝多知?"注释说:"谁说你多智慧呢!孰,谁。为,以为、认为。"[②]按:译文释"为"为"说",这是正确的。注文释"为"为"以为、认为",则有些勉强。固然,"为"是个意义非常广泛的动词,凡一切行为、动作都可以用"为"。所以,"为"字可以释作"说""谓"。古书里"为"与"谓"常常构成同义异文,不等于说"为""谓"二字可以通假。"为""谓"古虽同匣母字,"为",属歌部;"谓",属物部。古音不同,本非一字。汪维辉先生说,"为乃谓之借字"。[③]则不免有"滥借"之嫌。

---

① 黄岳洲:《文言难句例解补》,《中学语文教学》1980年第10期,第40页。
② 初中《语文》第一册,1998年版,第231页。
③ 汪维辉:《评新版中学语文课本文言文的注释》,《古汉语研究》1990年第2期,第87页。

第二节　古今字不能当作通假字

中学语文课本里没有"古今字"的名称，将许多古今字当作通假字。其实，通假字与古今字是两个不同的概念，不能混为一谈，必须区别开来。

什么是古今字？

古今字是指在产生的时间上有先后的字。古今是一个历史的概念，所以古今字的时间是相对的，不存在固定的界限。段玉裁说："古今无定时，周为古则汉为今，汉为古则晋宋为今。随时异用者谓之古今字。"[①]古今字的产生，可以说是词义发展的结果。由于古代字少，一个字常有多项功能，也就是"一字多义"。如，"辟"字，古有躲藏、开

---

① 段玉裁：《说文解字注·言部》，"谊"字注，上海古籍出版社1981年版，第94页。

启、幽隐、比喻、宠幸等意义,后来为了区别这些义项,在原来已有的字体上添加某个偏旁,则衍生出避、廦、僻、譬、嬖等后起的今字,辟与避、廦、僻、譬、嬖是古今字。这是一种类型。还有一种类型,即废弃原来的字不用,换另外的字来替代。如,《鱼我所欲也》:"乡为身死而不受,今为宫室之美为之;乡为身死而不受,今为妻妾之奉为之;乡为身死而不受,今为所识穷乏者得我而为之。"注释说:"乡,同'向',先前、从前。"①按:表示"先前"的"乡",是原来的古字,为了区别方向与乡党的意义,后来用"向"字来表示方向的意义。"乡""向"也是古今字。

前一种类型是较为常见的,在中学语文课本里也不乏其例。如,《论语十二章》:"学而时习之,不亦说乎?"注释说:"说,同'悦',愉快。"②按:"说"是表示喜悦的古字,先秦时期表示喜悦的字都用"说"。后来,"说"字多用作说话,为了区别说话和喜悦的意义,就别造了一个"悦"字。"说""悦"成了古今字。《说文·心部》已有"悦"字,说明"悦"字在东汉时期就已经有了。曹植《七步诗》:"煮豆然豆萁,萁在釜中泣。"注释说:"然,燃。"③

---

① 部编:《义务教育教科书语文》九年级下册,2018年版,第47页。
② 部编:《义务教育教科书语文》七年级上册,2016年版,第50页。
③ 初中《语文》第二册,1998年版,第286页。

按:"然"是燃烧的古字,"燃"是后来产生的今字。"燃"字未见《说文》,说明在东汉时期尚未产生。《张衡传》:"阴知奸党名姓,一时收禽,上下肃然,称为政理。"注释说:"禽,同'擒'。"[①]《赤壁之战》:"将军禽操,宜在今日。"注释说:"禽,通'擒'。"[②]按:"禽"是擒拿的古字,"擒"字是后来才有的,而且未见《说文》所收,不可能产生在东汉以前。

但是,类此例子,课文注释多是用"同"来表示。"同",表示二字相同,没有区别。这是注明异体字的术语。"通",表示可以通用,这只能是说明通假字的术语了。课文的解释把古今字、通假字一概注用"同"字,是欠妥当的。先秦时期表示喜悦时只用"说"字,而"悦"字还未产生。"说通悦",则就无从说起,怎么可能一个已经出现的字会与另一个还未产生的字发生通假关系呢?古书二字通假,必须是在同时存在的情况下才有可能发生的事情。所以,通假字与古今字应该区别开来。清人很注意古今字与通假字的区别。如,《史记·吴太伯世家》:"见舞象箾南籥者,曰:'美哉,犹有憾。'"王念孙说:"憾,本作感。

[①] 高中《语文》第四册,2006年版,第91页。
[②] 高中《语文》第一册,1997年版,第273页。

后人依今本《左传》改之耳。古无憾字,借感为之。《索隐》本出'有感'二字,注曰:'感,读为憾,字省耳。胡暗反。'今既改正文为憾,又改注文曰:'憾,或为感,字省耳。亦读为憾,又音胡暗反。'其失甚矣。襄二十九年《左传》:'美哉,犹有憾。'《释文》正作感。"①王氏所谓"古无憾字,今借感为之",即是古今字。王力先生《古代汉语》即用"某,后来写作某"这样的方式以说明古今字。这就比清人明确多了,是很好的经验,值得中学语文教学借鉴。笔者参照古人有关涉及考释古今字的成果,并按王力先生的体例重作注释。下面特从课文中选取比较典型的例子加以说明。

《过秦论》:"天下云集响应,赢粮而景从。"注释说:"景,同'影'。"②按:颜之推《颜氏家训·书证篇》就有考释,说:"《尚书》:'唯影响。'《周礼》云:'土圭测影,景朝景夕。'《孟子》曰:'图景失形。'《庄子》云:'罔两问景。'如此等字,皆当为'光景'之景。凡阴景者,因光而生,故即谓为景。《淮南子》呼为'景柱',《广雅》云:

---

① 王念孙:《读书杂志》第一册,上海古籍出版社2014年版,第250页。

② 部编:《普通高中教科书语文》选择性必修中册,2020年版,第94页。

'暑柱挂景。'并是也。至晋世葛洪《字苑》，傍始加彡，音於景反。而世间辄改治《尚书》《周礼》《庄》《孟》，从葛洪字，甚为失矣。"①据此，"景""影"是古今字，"影"字则不可能出现在贾谊写《过秦论》时的西汉初期，故课文注释当作："景，光影之'影'的古字，后来写作影。"

《廉颇蔺相如列传》："唯大王与群臣孰计议之。"注释说："孰，通'熟'，仔细。"②按：《说文》："孰，食饪也。"段玉裁注："饪，大孰也。可食之物大孰，故执持食之。后人乃分别熟为生熟，孰为谁孰矣。曹宪曰：'顾野王《玉篇》始有熟字。'""熟习""熟悉"，是熟食的引申。"熟"字产生在南北朝之际，司马迁作《史记》时不可能有"熟"字。故课文此注当作："孰，熟习之'熟'的古字，后来写作熟。"

《察今》："澭水暴益，荆人弗知。"注释说："益，通'溢'，涨水。"③按：《说文·皿部》："益，饶也。从水、皿。水皿，益之意也。"可见，"益"字的本义就表示溢涨的意思。《说文·水部》有"溢"字，释为"器满"，实即"益"字的本义。"溢"字显系后出的今字，已见《说文》，则当

---

① 王利器：《颜氏家训集解》，上海古籍出版社1980年版，第393页。
② 高中《语文》第六册，2006年版，第98页。
③ 高中《语文》第三册，1997年版，第289页。

产生在汉世。而《吕氏春秋》的时代不可能有"溢"字。如长沙马王堆汉墓帛书，凡涨溢字都作益，也可作证明。故此注当作："益，涨水，后来写作溢。"

《伐檀》："不狩不猎，胡瞻尔庭有县貆兮？"注释说："县，通'悬'。"①按：《说文·県部》："县，系也。从系持県。"段玉裁注："古悬挂字皆如此作。引申之则为所系之称。……自专以县为州县字，乃别制从心之悬挂。别其音，县去悬平。古无二形二音也。"悬字，也不见《说文》所收，至少东汉时期尚未制造出来，更不可能出现在先秦时期的《诗经》里。所以，此注应改为："县，系挂，后来写作悬。"

《师说》："师者，所以传道受业解惑也。"注释说："受，同'授'。"②按："受"字，本来兼有施与和授与的意思。《说文》："受，相付也。""相付"，即兼有付予和授予的意思。后来，为了区别施与和授与，则别制"授"字。《说文》无"授"字，必产生在汉代以后。唐代虽有"授"字，可是韩愈用古字。此注应改为："受，表示施予，后来写作授。"

---

① 高中《语文》第五册，1997年版，第50页。
② 部编：《普通高中教科书语文》必修上册，2019年版，第85页。

《子路、曾皙、冉有、公西华侍坐》:"莫春者,春服既成,冠者五六人,童子六七人,浴乎沂,风乎舞雩,咏而归。"注释说:"莫春,即暮春,农历三月。莫,同'暮'。"①按:《说文》:"莫,日且冥也。"可见,"莫"是晚暮的古字,后来假借为有无之"无",于是在"莫"字下复增日字,以专门表示夜晚的意思。"暮"字也未见《说文》所收。"莫""暮"是古今字,而非通假字。故此注应改为:"莫,晚,后来写作暮。"

《与朱元思书》:"横柯上蔽,在昼犹昏;疏条交映,有时见日。"②"见日"无注。旧课本注释说:"见,通'现'。"③按:表示显现的意义,古书只用"见","现"字未见《说文》,其字产生的时间至少要在汉代以后。考出土的汉代竹简,凡是显现的意义都用"见"字,而未见有"现"字,是其证。"见""现"是古今字,而非通假字。故此注应改为:"见,显现,后来写作现。"

除以上所举例之外,出现在中学语文课本里的常见的古今字还有一些,如:

---

① 部编:《普通高中教科书语文》必修下册,2020年版,第3页。
② 部编:《义务教育教科书语文》八年级上册,2017年版,第57页。
③ 高中《语文》第一册,人民教育出版社1996年版,第285页。

臭与嗅，写与泻，舍与捨，奉与捧，内与纳，要与腰，疾与嫉，天与颠，畜与蓄，责与债，被与披，道与导，与与欤，队与坠，直与值，竟与境，女与汝，错与措，藏与脏，取与娶，属与嘱，贾与价，共与供，陈与阵，弟与悌，反与返，坐与座，知与智，从与纵，等等。

这些字都不能当作通假字来处理。

古今字的后一种类型比较少见，以替换另外一字的方式出现，很容易误作通假字。如：《鸿门宴》："张良出，要项伯。"注释说："要，同'邀'，邀请。"①《桃花源记》："便要还家，设酒杀鸡作食。"注释也说："要（yāo），同'邀'，邀请。"②按：先秦古书表示邀请的意义只作"要"，"邀"字也不见《说文》，其异体字作"徼"，本来解释"循行""巡视"的意思，也不表示邀请。表示"邀请"的"邀"，大概产生于魏晋以后，"要""邀"是古今字。司马迁作《史记》时也不可能借用还未出现的"邀"字。尽管现在可以看到个别先秦古书里，表示邀请的意义，有偶用

---

① 部编：《普通高中教科书语文》必修下册，2020年版，第14页。
② 部编：《义务教育教科书语文》八年级下册，2017年版，第54页。

"邀"字的，如《庄子·寓言》："老聃西游于秦，邀于郊。"《释文》："邀，要也。"是后人改过来的，而且是属孤例，更不能证明《庄子》已用"邀"字。所以，两条注释都应改为："要，邀请，后来写作邀。"

第三节　确立通假字的条件

赵振铎先生提出确立通假字必须具备三个条件,[①]这就是:

第一,两字同时存在。这也是古今字不能当通假字的原因所在:所谓"本字本义"根本不存在,如何通假?

第二,两字音同音近。

第三,要有足够的证据。

确实如此,这三个条件都很重要,缺一不可,但比较而言,第三个条件尤为重要。如果光有前面两个条件,而没有相应的书例来证明,还是不能成立的。所谓"相应的书例",是指与通假字处在同一横面上的例证。就是说,举引书例也要有历史的观念。若用唐代的书例来证明先秦两

---

① 赵振铎:《训诂学纲要》,陕西人民出版社1987年版,第122页。

汉时期的通假字，就没有说服力。清人破假借字固然要以声音为线索，不受字形的束缚，"读以本字"，获弋良多，但是，他们并非简单地以"一声之转"了事，往往从横向的典籍中举引许多的书例来证明，才使自己的结论显得坚实可信。如果符合前面两条，只能是一种揣测，说明二字有通假的可能，若没有相应的书例来证明，不能成为事实，至多只能算作是音讹字。昔人所说的"无征而不信"，就是这个道理。而且，书例至少要在三条以上，因为孤证有偶然性，一般不能成立。这里我们可以就王念孙在"破通假"时所举引的书证情况略作分析，看看清代学者又是如何具体地贯彻这三条原则的。如：

《史记·留侯世家》："良尝间从容步游下邳圯上，有一老父，衣褐，至良所，直堕其履圯下，顾谓良曰：'孺子，下取履！'"《索隐》说："崔浩云'直，犹故也'，亦恐不然。直，言正也。谓至良所正堕其履也。"王念孙首先注意到司马贞解释牵强附会，说："老父堕其履于桥下，而使良取之，欲以观其能忍与否耳。如小司马说，则是堕履出于无意，失其指矣。但崔浩训直为故，望文生义，于古亦无据。"王氏以为"直"是"特"的通假字，"特"是特意、故意的意思。他说："直之言特也。谓特堕其履于桥下，而使良取之也。《韩诗外传》：'客谓匽生曰："臣里母相善妇见疑盗肉，其姑去之，恨而告于里母，里母曰：'安行，今令姑呼女。'即束缊请火去妇之家曰：'吾犬争肉相杀，请火治之。'姑乃直使人追去妇，还之。"'此'直'字与'直堕其履'之'直'同义，亦谓特使人追还之也。《史记·梁孝王世家》：'平王襄直使人开府取罍樽赐任王后。'亦谓特使人取罍樽赐之也。'直'与'特'古同声而通用。"案"直""特"古同职部，定母，确实同音。但王念孙在说明"特""直"二字的"声同"之后，仍列举秦汉时期的书例。说："《祭义》曰：'参直养者也，安能为孝子乎？'文十一年《穀梁传》曰：'不言帅师而言败，何也？直败一人之辞也。'《孟子·梁惠王篇》曰：'直不百步耳，是亦走也。'《庄子·德充符篇》曰：'某也直后而未往耳。'《齐策》曰：'衍非有怨于仪，直所以为国者不同耳。'义并与特同。《吕氏春秋·忠廉篇》：'特王子庆忌为之赐而不杀耳。'高诱注曰：'特，犹直也。'《鄘风·柏舟篇》'实维我特'，《韩诗》特作直。《史记·叔孙通传》'吾直戏耳'，《汉书》直作特。"[①]证明"特""直"二字通假，这些书证是不能少的。

《史记·平原君虞卿列传》："十九人相与目笑之而未发也。"唐司马贞《索隐》本"发"字作"废"，且注引郑

---

① 王念孙：《读书杂志》第一册，上海古籍出版社2014年版，第286页。

玄说："皆目视而轻笑之，未能即废弃之也"。王念孙则认为"废即发之借字。谓目笑之而未发于口也。郑氏不达，故误解为废弃"。"发""废"古同月部、帮母，确实同音。但二字通假，有何根据？王念孙就列举了六条书证。《诗经·召南·驺虞》"壹发五豝"，《诗经·小雅·宾之初筵》"献尔发功"，徐邈并读如"废"。"废""发"古同声，故字亦相通。《墨子·非命（中）》"发而为刑政"，上篇"发"作"废"。《列子·仲尼》"发无知，何能情；发不能，何能为"，《释文》："发，一本作废。"《庄子·列御寇》："先生既来，曾不发药乎"，《释文》："发，司马本作废。"《战国策·齐策》"王何不废将而击之"，"废将"即"发将"。①其所举六条书证都出在汉以前的古典文献中，可以与《史记》互相印证。

《史记·范雎蔡泽列传》："吾闻先生相李兑，曰：'百日之内持国秉政'，有之乎？"王念孙说："政字，后人所加。《索隐》本出'持国秉'三字而释之曰：'按：《左传》云，国子实执齐秉。服虔曰，秉，权柄也。'据此，则秉下无政字。'持国秉'，即'持国柄'也。《绛侯世家》：'许负相条侯曰："君后三岁而侯。侯八岁为将相，持国柄。"'是

---

① 王念孙：《读书杂志》第一册，上海古籍出版社2014年版，第327页。

其明证矣。""秉""柄"古同阳部、帮母,确实同音。但二字通假,还必须拿出根据来。王念孙援引五例书证。《说文》"柄"字或作"棅",书传通作"秉"。这是一。《齐语》"治国家不失其柄",《管子·小匡篇》"柄"作"秉"。这是二。《史记·天官书》"二十八舍主十二州,斗秉兼之","斗秉"即斗柄。这是三。《周官·鼓人》注:"铙加铃,无舌有秉","有秉",即"有柄"。这是四。《史记》"持国秉政"这句话,《太平御览·人事部》引作"持国柄"。这是五。[①]有此五证,"秉""柄"二字通假,自然成立。

《史记·刺客列传》:"臣欲使人刺之,众终莫能就。"王念孙说:"众与终,一字也。《鄘风·载驱篇》'众稚且狂',众即终字。犹言'终温且惠''终窭且贫'也。《史记·五帝纪》'怙终贼刑',徐广曰:'终一作众。'《周颂·振鹭篇》'以永终誉',《后汉书·崔骃传》终作众。是古字多借众为终也。今本作'众终莫能就'者,一本作众,一本作终,而后人误合之耳。《韩策》作'臣使人刺之,终莫能就',是其明证矣。"[②]这虽是一个句子的校勘问题,王氏是通过证明"众""终"二字可以通假的途径来完成的。

---

① 王念孙:《读书杂志》第一册,上海古籍出版社2014年版,第333页。
② 同上书,第353页。

由此可见，说明通假字一定得列举相当的书证。中学语文课本里的通假没有列举书证，那是因为课文注释是给中学生看的，务求简捷明了，不宜引经据典，罗列旁证。而且这些通假字多已定论，都能从古典文献中找出证据来，只是省略罢。但是，作为语文教师备课和研究的要求，特别要确定课文中没有注出来的通假字，非引经据典不可。对一般语文教师来说，找书证，诚非易事。大致可以从以下三方面去考虑。

第一，到唐代以前的古书注释材料中去寻找。

我国历史上全面注释古书是从汉代开始的，至今还保留下了许多珍贵的训诂材料，这里面自然包括有关通假字的材料。如，《周礼·宫伯》"以时颁其衣裘"，郑玄注："颁，读为班。"又，郑玄注《大宗伯》、注《礼记·明堂位》并曰："颁，读为班。"如果我们读古书时碰上需要解决"颁""班"二字通假的问题。就可以把这三条材料引用过来作为旁证。唐代注书专主汉人的成说，不另立新义，所以唐时的"正义""义疏""音义"等都保留了汉世的许多材料，可以供我们引用。如，《屈原列传》："乃令张仪佯去秦，厚币委质事楚。"注释说："质，通'贽'，见面礼。"按："质""贽"通假，即在唐人的注释中找到书证。《荀子·大略》"错质之臣不息鸡豚"，唐杨倞注："质，读为赘，古字通。"是其例。宋人大兴理学，其注书除洪兴祖、朱熹、邢昺等少数人外，多主观臆测，甚者走向"六经注我"的极端，所以就不足为据。我国的古书浩如烟海，碰到此类问题临时到古书里去寻找书证，是很困难的。一方面要求我们读古书时要不断积累材料，供需要时引用（清代的学者都很注意平时积累材料，所以一旦需要时，便随手拈来，无须花费太多的精力）；另一方面，利用辞书，像清阮元编纂的《经籍籑诂》就是一部非常有用的工具书[①]。这部书汇集了唐代以前各种古书的注释材料，按平水韵编排法，分为106卷。每字之下，罗列了唐以前各种古书注释对此字的解释，其中也包括通假字的训诂或异文。王引之说："展一韵而众字毕备，检一字而诸训皆存，寻一训而原书可识，所谓握六艺之钤键，廓九流之潭奥者矣。"[②]可见，此书实用价值确是很大的。如，《愚公移山》"河曲智叟亡以应。"注释说："亡（wú）以应，没有话来回答。"[③]"亡"为"没有"，即是"无"的通假字。"亡""无"通用的书证，在《经籍籑诂》卷二十二下平声第七韵《阳

---

① 阮元：《经籍籑诂》上下册，中华书局1982年影印本。
② 王引之：《经籍籑诂序》，见《经籍籑诂》，中华书局1982年影印本，上册，第2—3页。
③ 部编：《义务教育教科书语文》八年级上册，2017年版，第130页。

部》的"亡"字下，可以找到出现在唐代以前古书注释中的22条，足够使用。今人宗福邦《故训汇纂》①，性质和《经籍纂诂》相同，收罗训诂材料更为丰富。此外，清朱骏声《说文通训定声》在每字下都有"假借"一栏②，其引用的材料多出自唐代以前古书的注释，足供我们参考。今人杨金鼎等编著的《古汉语通用字字典》③、高亨先生的《古今通假会典》④，是专门解释通假字的辞书，不仅收录了先秦两汉时期古书里的通假字，而且对唐宋以后诗词曲中的通用字也加以解释。"近年新出土的竹简、帛书里的材料"，也一一收录进来。如，睡虎地秦墓竹简《法律问答》："广众心，声闻左右者赏。""广"，通作"扩"。⑤。类此材料在古书注释里是看不到的，当可补《经籍纂诂》之不足。

第二，通过分析、归纳古书的文例而找到通假字的本字本义。

所谓"文例"，是指在同一部古书中所出现的具有相同结构的句式。可以根据此类相同结构的句式来推论某个句

---

① 宗福邦：《故训汇纂》，商务印书馆2003年版。
② 朱骏声：《说文通训定声》，武汉古籍书店1983年影印本。
③ 杨金鼎等：《古汉语通用字字典》，福建人民出版社1988年版。
④ 高亨：《古今通假会典》，齐鲁书社1997年版。
⑤ 杨金鼎等：《古汉语通用字字典》，第152页。

子里某字的本字本义。如：

《诗经》里"山有某"的文例，"某"，表示某种草木的名称。《邶风·简兮》："山有榛，隰有苓。"《郑风·山有扶苏》："山有扶苏，隰有荷华。""山有桥松，隰有游龙（龙是草名）。"《唐风·山有枢》："山有枢，隰有榆。""山有栲，隰有杻。""山有漆，隰有栗。"《小雅·南山有台》："南山有台（台是草名），北山有莱。""南山有桑，北山有杨。""南山有杞，北山有李。""南山有栲，北山有杻。""南山有枸，北山有楰。"王引之根据《诗经》的"山有某"文例，断定"凡云山有某物者，皆指山中之草木而言"，所以《秦风·终南》"终南何有，有纪有堂"的"纪"通作"杞"，"堂"通作"棠"，皆是木名。王氏又"考《白帖》'终南山类'引《诗》正作'有杞有棠'"。又谓"柳宗元《终南山祠堂碑》曰：'其物产之厚，器用之出，则璆琳琅玕，《夏书》载焉；纪堂条梅，《秦风》咏焉。'宗元以纪堂为终南之物产，则是读纪为杞、读堂为棠"。①证明"纪"通"杞"、"堂"通"棠"，在训诂上也有根据。

《离骚》"贯薜荔之落蕊"，王逸注："蕊，实也。累香

---

① 王引之《经义述闻》，《高邮王氏四种》之三，江苏古籍出版社2000年影印本，第137页。

草之实，执持忠信貌也。"洪兴祖《补注》："蕊，花须头点也。"但是，"蕊"不训果实，只训花须。然而花须细如针芒，如何可贯？两种解释都不正确。考察《楚辞》文例，有动宾结构后系接以"之"与连语的句式，连语本来是动宾结构中的宾语的修饰词，用一个"之"字倒置在句末。如，"索胡绳之纚纚""驾八龙之婉婉""载云旗之委蛇"，《抽思》"伤余心之忧忧"，《悲回风》"漱凝霜之雰雰""惮涌湍之礚礚""听波声之汹汹""悼来者之惕惕"，《九辩》"袭长夜之悠悠""扈屯骑之容容"等，都属此例。《荀子·劝学》"蚓无爪牙之利，筋骨之强"，也属此例。依据文例，"贯薜荔之落蕊"之"落蕊"，是修饰"薜荔"的连语，不解花须。"落蕊""洒洒"为对文，其义相近，说委垂的样子。因其声推求，其异体字或作"路亶""落单""陇种""东笼""鹿垂""羸垂""落度""落箨""独漉""兰单"等等，解为精神委靡不振，而随文释义，与形容香草委垂之义相通。①

这条途径适用于语文古诗文的教学。如，《无衣》："岂曰无衣？与子同泽。"注释说："泽，同襗（zé），贴身穿

---

① 黄灵庚：《离骚校诂》，中州古籍出版社1996年版，第250页。

的衣服。"①注释是正确的。根据文例,"与子同泽"和上章的"与子同袍"、下章的"与子同裳"是属同一种类型的句式,"同"字下的名词都是指衣服,所以这个"泽"也是衣服。但是,"泽"字本不作衣服解,属通假字。《周礼·玉府》孔颖达疏引《诗》正作"与子同襗"。《释名·释衣服》:"襗,汗衣,近身受垢之衣也。《诗》谓之泽,受汗泽也。"说明"襗"字之义是由泽液分化来的,例可通用。

由此可见,这条途径先是比较文例,然后再找书证,以求其本字本义。

第三,通过异文而推求本字本义。

异文,原是古书校勘学里的一个术语,是指古书在翻刻、抄写、转引、流传过程中造成的歧异现象,即是同一本书中的某一句话或某一个字,在不同的版本或篇目中却换成了另外一句话或另外一个字。这种异文替换的情况虽然比较复杂,但大都没有改变原意,而有些是属于通假字的替换。属于通假字替换的异文,自然可以引用作为考证古书通假的材料了。如:

《荀子·劝学》:"君子生非异也,善假于物也。"注释

---

① 部编:《普通高中教科书语文》选择性必修上册,2020年版,第89页。

说：“生，通'性'，天性。"①注释是正确的，是吸取了清人王念孙的成果。王念孙说："生，读为性，《大戴记》作性。"②王氏所依据的是异文。因为《大戴礼记·劝学》全录荀况的《劝学》，而"君子生非异也"这个句子作"君子性非异也"，汉代戴圣所看到的《荀子》本子"生"作"性"。又，《周礼·大司徒》"辨五地之物生"，郑玄注："杜子春读生为性。"可知"生""性"通假，并非个别情况。

古书里有些异文，并非直接以通假字的面貌出现的，而是以诠释的形式出现。如，《郑伯克段于鄢》："初，郑武公娶于申，曰武姜。生庄公及共叔段。庄公寤生，惊姜氏。故名曰寤（wù）生，遂恶之。"注释说："寤（wù）生，难产的一种，胎儿倒着生出来。寤同'牾'，逆，倒着。"③这个解说正确与否，可以通过异文来验证。《史记·郑世家》全载武姜生庄公的本事，司马迁叙述此事时，文字句子与《左传》不尽相同，说："生太子寤生，生之难，及生，夫人弗爱。后生少子叔段，生易，夫人爱之。""生之难"，是

---

① 部编：《普通高中教科书语文》必修上册，2019年版，第84页。
② 王念孙《读书杂志》第四册，上海古籍出版社2014年版，第1629页。
③ 高中《语文读本》第一册，1997年版，第218页。

对"寤生"的注释。古人著书常有在文中自注的体例。[①]证明"寤"字确乎为"牾"的通假字。"寤""牾"古同鱼部、疑母，二字音同，例可通假。

古书里还有一类通假字的异文，出现在同一篇文章或同一部书中，虽属孤例，仍然有很高的参考价值。如，《孔雀东南飞》："卿但暂还归，吾今且报府。不久当归还，还必相迎取。"注释说："报府，赴府，指到庐江太守府里去办事。报，同'赴'。"[②]报、赴通假，有本诗的异文可以证明，下有"吾今且赴府，不久当归还"二句，易"报"作"赴"，是其通假的内证。又，段玉裁《说文》"报"字注："报，又假借为'赴疾'之赴，见《礼仪·丧服小记》。今俗云急报是也。"证明"报""赴"通假，也非孤证。

---

① 杨树达：《古书疑义举例续补》，见《古书疑义举例五种》，中华书局1983年版，第214页。

② 部编：《普通高中教科书语文》选择性必修下册，2020年版，第8页。

第四节　识别通假字应注意的问题

综观中学语文课本的古文注释，在说明通假字方面大都是正确可靠的，但也有不尽如人意的地方，如上所述，将古今字误为通假字就是其中一例。除此以外，还有如下四方面的问题必须引起注意。

首先，该注明的通假字而未及注明。像在本书第一章中所提到的《信陵君窃符救赵》"举手视公子"，"手"，本应读作"首"。课文注释就遗漏了。出现此类情况，大致是未能认出来，付之阙如，而留给语文教师来解决。或者强以借字的意义解说，似乎也勉强可通，实则非是。如：

《荆轲刺秦王》："是时，侍医夏无且以其所奉药囊提轲。秦王方还柱走，卒惶急不知所为。左右乃曰：'王负剑！王负剑！'遂拔以击荆轲，断其左股。荆轲废，乃引其匕首提秦王，不中，中柱。"这里有两个"提"字，下一个"提"字课文无注,上一个"提"字有注释,说:"提(dǐ),掷击。"①中华书局标点本《史记·刺客列传》上"提"字与课文同,唐张守节《正义》音注"姪帝反";下"提"字作"摘",《索隐》:"摘与'掷'同,古字耳。音持益反。"②按:"姪帝""持益",古音同,定母、锡部。"提""摘",例可通假。《礼记·檀弓》"吉事欲其折折尔",郑玄注;"安舒貌。《诗》云:'妇人提提。'"折、摘古书通用。《管子·地数》:"上有丹沙者,下有黄金;上有慈石者,下有铜金;上有陵石者,下有铅、锡、赤铜;上有赭者,下有铁;君谨封而祭之,然则与折取之矣。""折取之",说摘取黄金、铅、锡、铜、铁。《墨子·耕柱》:"昔者夏后开使蜚廉折金于山川,而陶铸之。""折金",也是"摘金"。比例推之,"摘""提"二字,当可通假。"提"是"摘"的通假字,课文应该注明。是说侍医夏无且用他所奉的药袋子掷击荆轲。"摘""掷"是古今字。古作"摘",今作"掷"。

《屈原列传》:"明道德之广崇,治乱之条贯,靡不毕见。"注释说:"广崇,广大崇高。"③按:注释是错误的,错

---

① 高中《语文》第二册,2006年版,第40页。
② 司马迁:《史记》,中华书局2013年版,第八册,第3059页。
③ 部编:《普通高中教科书语文》选择性必修中册,2020年版,第83页。

在望文生义。"广崇""条贯"属对文，意思也相近，不作"广大崇高"解。"广"，古有"横"的意思。《国语·越语》"广运百里"，韦昭注："东西为广。"《一切经音义》卷二十四引《韩诗》："东西曰广。"又，《周礼·司裘》郑玄注引《考工记》："梓人为侯，广与崇方。"孔颖达疏："崇，高也。上下为崇，横度为广。"上下，即"从"的意思。"崇"，通作"从"。《左传·昭公十三年》有楚观从，字子玉。王引之说："从，读为琮。声相近而假借也。《说文》：'琮，瑞玉，大八寸，似车釭。'"① "琮""崇"皆从宗声；"从"之通"琮"，则也可通"崇"。"广崇"，是《考工记》"梓人为侯，广与崇方"的"广与崇"，即"横"与"纵"，这里也是指"条贯"的意思。

《与元微之书》："青萝为墙援，白石为桥道。"注释说："墙援，篱笆墙。援，用树木围成的园林护卫物。"② 按：其说无据。"援"，读如"垣"，古书通假。《释名·释宫室》："垣，援也。人所依阻以为援卫也。""垣"也是墙。《说文·土部》："垣，墙也。""墙垣"是复语，二字同义，是说以青萝为墙。

---

① 王引之：《经义述闻》，《高邮王氏四种》之三，江苏古籍出版社2000年影印本，第556—557页。
② 高中《语文》第二册，1997年版，第46页。

其次，注明通假字的本字，偶有失当或滥用之处。所谓"失当"，是指找出来的不是通假字的本字，放在语境中仍然讲不通；所谓"滥用"，是指不应该使用通假字而勉强使用。二者均是读古书的大忌，中学语文课的古诗文教学也应避免。如：

《五蠹》："轻辞天子，非高也，势薄也；重争土橐，非下也，权重也。"注释说："土橐（tuó），高职位。另一说，土，应作'士'，同'仕'，作官；橐，通'托'，托身于诸侯。"①按：注释取清人王先慎说，实是误改。"橐"，通作"托"，确有其据。《淮南子·修务篇》"项托"，《汉书·董仲舒传》孟康注作"项橐"。但是，"土托""士托"，都讲不通。这里的"托"，实为"宅"。二字同乇声，例得通假。《说文·宀部》："宅，人所托居也。""托"是动词，"宅"是名词，其义相贯，属同源字。《仪礼·士相见礼》："宅者，在邦则曰市井之臣，在野则曰草茅之臣。"郑玄注："今宅为托。"土宅，是指田宅，是秦王推行法家政治用来奖励有战功的人的东西，也是秦人争着追求的东西。把"橐"的本字当作"托"，显然是"失当"。

《荆轲刺秦王》："嘉为先言于秦王曰：'燕王诚振怖大

---

① 高中《语文》第三册，1988年版，第335页。

王之威,不敢兴兵以拒大王,愿举国为内臣。"注释说:"振怖,惧怕。振,通'震'。"①其实,"振""震"二字都有惧怕的意思。《礼记·丧大记》"振客",疏:"振,动也。"《周礼·大祝》"四曰振动",郑玄注:"振动,战栗变动之拜。"《荀子·正论》"通达之属莫不振动从服以化顺之",注:"振與震同,恐也。"又,《国语·周语》"玩则无震",韦昭注:"震,惧也。"《楚辞·招魂》"宫庭震惊",王逸注:"震,动也。""振""震"同辰声,属同源字,都可以表示惧怕的意思,不存在谁是本字谁是借字的问题。这用清人的话来说,是"音同义通",为"一声之转"。课文说"振通'震'",则属于通假"滥用"。

《察今》:"荆人弗知,循表而夜涉,溺死者千有余人,军惊而坏都舍。"注释说:"军惊而坏都舍,士卒惊骇的声音如同大房屋崩塌一样。这里的'而'作'如'讲。"②按:似乎"而"是"如"的借字。其实,"而""如"的本义都不作"好像""似乎"讲。"而",日母字;"如",泥母字。"而""如"属准旁纽双声,音近义通,不存在本字与借字的区别。一声之转或作"若"、作"乃"。

---

① 高中《语文》第二册,2006年版,第39页。
② 高中《语文》第三册,1995年版,第279页。

训见王引之《经传释词》。[①]正如作第二人称代词时，"女""乃""而""若""尔"都是一样的，属于"音近义通"。在此只需注明"而，好像、似乎"即可。

再次，尽管通假现象是客观存在的，但是，各人认识通假字带有一定的主观性。因各人学养、水平差异，辨认同一个通假字会有不同结果。需要语文教师认真分析、甄别，取其所长，弃其所短。如：

《晏子使楚两则》："王笑曰：'圣人非所与熙也，寡人反取病焉。'"注释说："熙，通'嬉'，戏弄。"[②]或注释说："熙，同'嬉'，开玩笑。"[③]皆以为"熙"是"嬉"的通假字，"嬉"训"戏弄"。徐复先生说："熙戏之训，于此文义不合，楚人自有嘲笑义。屈原《九章·惜诵》：'行不群以颠越兮，又众兆之所咍。'王逸注：'咍，笑也。楚人相啁（嘲）笑曰咍。'楚王、屈原用的都是楚方言。古音熙、咍同为晓母之咍部，故可通假。"[④]按：这里有两种答案可供选择。其实，"嬉"只是表示戏游、开玩笑的意思。柳

---

① 王引之：《经传释词》，《高邮王氏四种》之四，中华书局1958年版，第63页。

② 浙江省编初中《语文》第五册，浙江教育出版社1997年版，第220页。

③ 高中《语文读本》（试验本），1997年版，第一册，第234页。

④ 徐复《后读书杂志》，上海古籍出版社1996年版，第72页。

永《望海潮》："羌管弄晴，菱歌泛夜，嬉嬉钓叟莲娃。"注释说："嬉嬉，戏乐的样子。"①而表示"戏弄"是作"咍"。"嬉""咍"都与"熙"同音，但各有其义，是两个不同的词。《一切经音义》卷十六引《字书》："咍，嗤笑也。楚人谓相调笑为咍。"《文选·吴都赋》"东吴王孙䩺然而咍"，刘渊林注："楚人谓相笑为咍。"徐说是正确的。

最后，通假现象多存在于先秦两汉时期，是客观事实，因为随着文字不断增加，字义相对日趋稳定，通假字也必然日益减少。但是，不能认为魏晋以后就没有通假字存在。选在中学语文课里魏晋以后的古诗文，也有通假字，需要语文教师认真地甄别、考证。如：

《木兰诗》："旦辞爷娘去，暮宿黄河边，不闻爷娘唤女声，但闻黄河流水鸣溅溅。"②按：这个"娘"字本不作母亲讲，是"少女"的称呼。《琵琶行》里的"秋娘"，《西厢记》里的"红娘"，都是少女，保留着"娘"字的古义。作为母亲讲的是"孃"字。但是，借"娘"为"孃"，而且久借不归，积习成俗，"孃"字不用而消失，"娘"字就逐渐成为母亲的专有名称。虽然用不着出注，然则作为

---

① 部编：《普通高中教科书语文》选择性必修下册，2020年版，第17页。
② 部编：《义务教育教科书语文》七年级下册，2016年版，第41页。

一名语文教师,弄清其演变的来龙去脉,是很有必要的,至少遇到旧戏文里称年轻女子为"娘子"的问题,不会感到奇怪。

需要强调的是,考证魏晋以后的通假字象,书例必须出自与其相同时间的典籍。通假字的头一条:通假二字必须同时存在。那么,魏晋以后的书例不能证明先秦的通假字,先秦的书例也不能证明魏晋以后的通假字。同时必须以魏晋以后的声韵系统来判断构成通假二字的同音与否。不然,要犯历史性的错误。如,《琵琶行》:"千呼万唤始出来,犹抱琵琶半遮面。"[1] 课文未注"抱"字。"抱"的常义是怀抱,"抱琵琶",说将琵琶抱在怀里,这样与"半遮面"接不上。因为"抱"在怀里的琵琶无论如何是遮不了脸面的。原来,"抱"是"把"的通假字,唐诗二字多通用。白居易《食笋》:"山夫折盈抱,抱来早市鬻。"《全唐诗》注:上"抱"字一作"把"。[2] 罗邺《镜》:"如今老去愁无限,抱向闲窗却怕明。"《全唐诗》注:"抱"一作"把"。[3] 张籍《筑城词》:"筑城处,千人万人齐把杵。"《全唐诗》注:

---

[1] 部编:《普通高中教科书语文》必修上册,2019年版,第62页。
[2] 《全唐诗》下册,上海古籍出版社1986年印影本,第1058页。
[3] 同上书,第1654页。

"把"一作"抱"。①周贺《寄海宁李明府》:"把疏寻书义,澄心得狱情。"《全唐诗》注:"把疏寻",一作"抱迹穷"。②杜荀鹤《浙中逢诗友》:"冻把城根雪,风开岳面云。"《全唐诗》注:"把"一作"抱"。③吴豸之《阳春歌》:"欲起把箜篌,如凝彩弦涩。"《全唐诗》注:"把"一作"抱"。④有这么多的同一个时期的书证,"抱""把"二字通假,是确信无疑的。"把",是"举"的意思,"把琵琶",说举起琵琶半遮面,文从意顺。但是,"抱""把"二字,在先秦两汉时期是不相通假的。

通假字本是社会现象,约定俗成,有其普遍规律,本身能说通,绝不可滥用。如,《木兰诗》:"愿驰千里足,送儿还故乡。"注释说:"愿驰千里足,希望骑上千里马。驰,赶马快跑。"⑤按:注释把"千里"解为"千里马",训诂上没有根据。古书里没有这种省略的"辞例"。果如其解,则"足"字为何义?这首诗出自《乐府诗集》,"愿驰千里足"下有条校记,云:"段成式《酉阳杂俎》云'愿

---

① 《全唐诗》下册,上海古籍出版社1986年印影本,第948页。
② 同上书,第1274页。
③ 同上书,第1740页。
④ 同上书,第1920页。
⑤ 部编:《义务教育教科书语文》七年级下册,2016年版,第42页。

借明驼千里足'"①。"明驼"为何物？字面上很不好解释。赵振铎说，明，通作"名"，"名驼"是著名的骆驼。"名驼常常与骏马对举，这是写北方民族的生活。骆驼是北方的交通工具，古籍里常常和马对举。"②按：明、名二字，在六朝至唐代确实可通假。但是，古书里头根本没有"名驼"这样的名称，而"明驼"却习见，使人不能不怀疑赵说的可信度。原来，"明驼"是"骆驼"的一种，其奔走能力超过一般的骆驼，是那个历史时期非常重要的交通工具。《韩擒虎话本》："遂拣紬马百疋，明驼千头。"③宋吴曾说："洪驹父《诗话》云：《古乐府》："愿得明驼归故乡。"今本"明"作"鸣"。非是。《酉阳杂俎》："世传明驼千里脚，谓驼卧屈足，腹不着地而漏明，最能远行。"'以上皆洪说。予按：《朝野佥载》云：'后魏文帝定四大姓，李氏恐不入四姓，李氏夜乘明驼至洛，时四姓定讫，故人谓之驼李氏。'明驼事又见此，乃知洪驹父偶忘此事。"④罗愿说："苏秦说楚威王，称'燕、代驼良马，必实

---

① 郭茂倩：《乐府诗集》第二册，中华书局1979年版，第374页。
② 赵振铎：《训诂学纲要》，陕西人民出版社1987年版，第127页。
③ 王重民等：《敦煌变文集》上册，人民文学出版社1957年版，第205页。
④ 吴曾：《能改斋漫录》卷七《事实》"明驼"条，上海古籍出版社1960年版，第181页。

外厩'。是战国时已入中国矣。其卧,腹不帖地,屈足漏明者曰明驼,能行千里。《古乐府》云:'明驼千里足,送儿还故乡。'多误作'鸣'字。唐天宝间,岭南贡荔枝,杨贵妃使明驼使驰赐安禄山,明驼使日驰五百里。取若驰足之捷云。"①杨升菴说:"驼卧,腹不帖地,屈足漏明,则走千里,故曰'明驼'。唐制:驿置有明驼使,非边塞军机,不得擅发。杨妃私发明驼使赐安禄山荔枝,见小说。"②陈子龙说:"策明驼以驰传,晨驰千里。"③皆以骆驼之"卧腹不帖地屈足漏明者曰明驼"。又,曾慥说:"交趾进龙脑香,有蝉蚕之状,波斯言老龙脑树节方有之,禁中呼为瑞龙脑。妃私发明驼使,持三枚遗安禄山。明驼者,眼下有毛,夜明,日行五百里。"④则以"眼下有毛,夜明"者为"明驼"。不论哪种说法,"明驼"是一种奔走能力极强的骆驼,"明"字改"名",不可取,是属妄改。而语文课本所选《木兰诗》没有"明驼"二字,更是莫名其

---

① 罗愿:《尔雅翼》卷二十二《释兽》"驰"条,清文渊阁四库全书本。
② 杨慎:《升菴集》卷五十二《论文》,清文渊阁四库全书补配清文津阁四库全书本。
③ 陈子龙:《拟北虏降附封俺答为顺义王廷臣贺表(隆庆五年)》下册,见《安雅堂稿》卷八,《陈子龙全集》,人民文学出版社2011年版,第1184页。
④ 曾慥:《类说》卷一"明驼使"条,清文渊阁四库全书本。

妙，应该补回。20世纪60年代、"文革"后80年代，《木兰诗》选入初中《语文》课本，都有"明驼"二字，不知何故被删去？"足"，是明驼的脚力，也应该补注。

第七章 义训

第一节　义训的主要方法

义训，作为训诂三大方法之一，与形训、声训有所不同，它主要是运用词义自身的内部规律，即通过词与词之间意义的关系及多义词诸义项的关系的比较，别其异，辨其同，来达到词义训诂的目的。义训，较之形训、声训，更具广泛的应用价值。

义训的主要方法如下：

第一，利用辞书。辞书里汇集了大量的古书注释资料，这是阅读古典文献最重要的工具书。清人读古书，很重视利用辞书，像王念孙这样的大学问家就是如此，他有许多获弋靠的就是辞书的启发和帮助。如：

《出师表》："今南方已定，兵甲已足，当奖率三军，北定中原，庶竭驽钝，攘除奸凶，兴复汉室，还于旧都。此臣所以报先帝而忠陛下之职分也。"①"职分"，无注。很容易理解为"职务上应尽的本分"，似也可通。其实，职分，就是"本分"，无须添加"职务上应尽"以成其义。职，有常的意思。《史记·越王勾践世家》："杀人而死，职也。"王念孙说："《尔雅》：'职，常也。'言杀人而死，固其常也。《伍子胥传》曰：'事成为卿，不成而亨，固其职也。'《季布传》曰：'季布为项籍用，职耳。'定元年《左传》曰：'为宋役，亦其职也。'义并与此同。"②王氏读通类此疑难句子，正是利用了《尔雅》"职，常也"的训释。常，本常，有本来之意。所以"职分"即"本分"，《贞观治要》："若勖之以公忠，期之以远大，各有职分。"③也是说各有本分。

《陈涉世家》："将尉醉，广故数言欲亡，忿恚尉，令辱之，以激怒其众。尉果笞广。尉剑挺，广起，夺而杀尉。"④这个"果"字无注，用常用义"果然"来解释讲不通。王念孙说："果，信也。以为迂远而阔于事情，是不信所言也。《广雅》曰：'果，信也。'《中庸》'果能此道矣'，谓

---

① 部编：《义务教育教科书语文》九年级下册，2018年版，第129页。
② 王念孙：《读书杂志》第一册，上海古籍出版社2014年版，第265页。
③ 谢保成：《贞观治要》，中华书局2003年版，第166页。
④ 义务教育课程标准实验教科书《语文》九年级上册，2003年版，第185页。

信能此道也。《孟子·离娄》篇'果有以异于人乎',谓信有以异于人也。凡书传言果然者,皆谓信然也。"①王念孙根据《广雅》"果,信也"的训释,总算解决了这个难题。"尉果笞广",说尉信广"欲亡"的话,而鞭笞广。所以"尉果"下应断句,加逗号。又,《孔雀东南飞》:"果不如先愿,又非君所详。"②"果"无注,其实也是"信"的意思。此句是说确信不如从前所想象的那样,又不是你所能详知的。

语文教师从事古文教学,更是离不开辞书的帮助。辞书可以帮助我们发现和解决课文注释中的一些问题。如:

《楚人隐形》:"楚人贫居,读《淮南方》,得'螳螂伺蝉自障叶可以隐形',遂于树下仰取叶。"注释说:"贫居,过穷日子。"③初看这条注释,似乎勉强讲得过去。实则不然。《经籍纂诂》卷六《鱼部》"居"字条:"居,闲居也。《孝经》'仲尼居',《释文》引王注。""闲居",等于说平日、平时。所以,"居"字当属下句。其标点应作:"楚人贫,居读《淮南方》,得'螳螂伺蝉自障叶可以隐形',遂于树下仰取叶。"是说楚人贫困,平时读《淮南方》,得到

---

① 王念孙:《读书杂志》第一册,上海古籍出版社2014年版,第322页。
② 部编:《普通高中教科书语文》选择性必修下册,2020年版,第11页。
③ 《文言文选读》第一册,1985年版,第54页。

隐身之术。《子路、曾皙、冉有、公西华侍坐》:"居则曰:'不吾知也。'如或知尔,则何以哉?"注释说:"居,平日,平时。"①也是说平时闲着的时候。

《冯谖客孟尝君》:"齐人有冯谖者,贫乏不能自存。"注释说:"自存,凭自己的力量生活。"②这条注释有两个问题,一是把"自"释为"自己的力量",犯了"增字解经"的忌讳;一是把"存"解为"生活"也不甚确切。查《经籍纂诂》卷十三《元部》"存"字条:《易系辞上传》'成性存存',疏:'存,谓保其终也。'""保其终",是说保养终身的意思。"存",则有保养、养育的意思。又查新《辞源》,"存"字下有"存孤"条,说:"存孤,抚养孤子。《礼记·月令·仲春之月》:'养幼少,存诸孤。'"可见"存"字古确有养育的意思。"不能自存",是说不能养活自己而已。

邹韬奋《呆气》:"昔者曾子谓襄子曰:'子好勇乎?吾尝闻大勇于夫子矣;自反而不缩,虽褐宽博,吾不惴焉;自反而缩,虽千万人,吾往矣。'这就是理直气壮中所产生的勇气。"注释说:"缩,直或理直。"③注释是正确的。"缩"

---

① 部编:《普通高中教科书语文》必修下册,2020年版,第2页。
② 高中《语文》第三册,1988年版,第371页。
③ 高中《语文》第五册,1995年版,第14页。

字的常义为收缩、退缩，解释为"直"的意思，会觉得有些突然。查朱骏声《说文通训定声》第六"孚部"的"缩"字条，说"缩"本义《说文》训"乱"，"乱"有治理的意思，所以"缩"的本义是指把丝绳理直。并指出，"凡纵也，直也，治也，义也，皆绳直之转注"。朱氏所谓"转注"，就是词义的引申。这样，辞书还能帮助我们解决某些之所以然的疑难问题。

第二，是参考旧注、读书笔记等训诂材料。像《经籍纂诂》这样专门辑录唐代以前旧注的大型辞书，虽然可供查阅古代旧注的方便，但它仍有遗漏，有些旧注，特别是宋代以后出现的某些有价值的旧注、读书笔记乃至今人的学术笔记等训诂材料，均未及辑录成书。这些训诂材料要加以搜集、整理，很好地利用起来，使之在阅读古书、从事古文教学中发挥特有的作用。如：

《孔雀东南飞》："说有兰家女，承籍有宦官。"注释说："意思是，有兰家之女，出身于做官人家，可配太守之子，而自己的女儿出身微贱，不能相配。"[1]这"兰家女"的解释总是不能让人满意。后来，徐复先生发现了一条旧注，才总算把这个问题解决了。他说："《列子·说符》中记载：

---

[1] 部编：《普通高中教科书语文》选择性必修下册，2020年版，第10页。

'宋有兰子者，以技干宋元，宋元召而使见其技，以双枝长倍其身，属其胫，并趋并驰，弄七剑，迭而跃之，五剑常在空中。元君大惊，立赐金帛。又有兰子又能为燕戏者，闻之，复以干元君，元君大怒。……'张谌注说：'应劭曰："兰，妄也。"此所为兰子者，以技妄游者也。……凡人物不知生出者谓之"兰"也。'就是说，所谓'兰子'，是一种虚拟的说法，相当于'某家的孩子'。以此释彼，'兰家女'不就是'某人家的女儿'吗？这样，原诗就很好理解了。"①

《捕蛇者说》："孔子曰：'苛政猛于虎也。'吾尝疑乎是，今以蒋氏观之，犹信。"注释说："苛政猛于虎也，苛刻的统治比老虎还要凶啊！"②把"政"解释为"政治"是不正确的。查宋代旧注，发现《新刊增广百家详补注唐柳先生文集》卷十六《捕蛇者说》注引文安礼曰："公此篇仿《檀弓》苛政之说，以刺当时横敛之弊，诚为统治者所宜知也。"可知，"苛政"，即是"苛征"，指横征暴敛。这个解释无论施于《檀弓》还是本篇，都是适当的。

《报任安书》："太史公牛马走司马迁再拜言。"注释说：

---

① 徐复《徐复语言文字学论稿》，上海古籍出籍出版社1996年版，第283页。

② 初中《语文》第五册，1998年版，第160页。

"太史公，汉代史官太史令的通称。牛马走，供驱使的人，如牛马一般。这里是作者的谦称。"①按：《文选》李善注："太史公，迁父谈也。走，犹仆也，言己为太史公掌牛马之仆，自谦之辞也。"②根据旧注，课文的注释有二错：一是将"太史公"当作泛称，而实是指司马迁之父司马谈。《太史公自序》说："太史公既掌天官，不治民，有子曰迁。"足见太史公在《史记》里是个特称，应是司马迁之父司马谈。二是"牛马走"当作"如牛马一般"的人，而实际上是"司掌牛马的人"，类似《西游记》里头的"弼马温"之职。这是司马迁自谦，称自己地位低微。

杜甫《茅屋为秋风所破歌》："布衾多年冷似铁，娇儿恶卧踏里裂。"注释说："娇儿恶卧踏里裂，孩子睡相不好，把被里蹬破了。"③按："恶"字，清人仇兆鳌注有两音两义，一是"如字"，指"睡相不好"；一是引宋人蔡梦弼《草堂诗笺》音"乌卧切"。杨伦《杜诗镜诠》"恶"，也音"乌卧切"。"乌卧切"的"恶"是什么意思？前人无注。徐复先生说："考古籍恶与亚通，字亦作俹。玄应《众经音义》卷十：'倚：倚犹依也；俹，乌讶切。《字书》：俹，倚也。今

---

① 高中《语文》第六册，2004年版，第92页。
② 萧统《文选》，中华书局1997年影印本，第576页之上。
③ 部编：《义务教育教科书语文》八年级下册，2017年版，第124页。

言俋息、俋卧是也。'卧，谓两人相倚而卧。杜诗'恶卧'，疑当用此。蔡音乌卧切，与乌讶切为一声之转。辞书未收'䪼'条，知此义不行于世久矣。"①徐先生正是从发现宋人旧注"恶"字的"或音"入手，然后才找到"恶卧"解释为"卧"的依据的。

《晋公子重耳之亡》："楚子曰：'晋公子广而俭，文而有礼；其从者肃而宽，忠而能力。'"注释说："广而俭，志广而用俭。"②大概有将"俭"释为"节俭"的意思。可是。"广而俭"与"肃而宽"为对文，"宽"是待人宽厚，则"俭"当是指对己的态度说的。《说文·人部》："俭，约也。"《礼记·乐记》"恭俭而好礼"，疏："俭谓以约自处。"知"俭"是约束的意思。此句是说晋公子志广大而能约束自己。诸葛亮《诫子书》："夫君子之行，静以修身，俭以养德。"这个"俭"字也是"约束"的意思。

第三，是排比文例。所谓"文例"，内容比较复杂，既有属于语法范畴的，又有属于修辞范畴的，大致上是指结构类型相同的词汇或句子。将这样的词汇或句子排列在一起，加以比较、辨析，然后根据已知词的词义来推断或归

---

① 徐复：《徐复语言文字学论稿》，上海古籍出版社1996年版，第265页。

② 高中《语文读本》第一册，1997年版，第223页。

纳未知词的词义。这种方法，清人用得相当普遍了，并且多有获弋。如：

《诗经·邶风·终风》："终风且暴。"毛《传》："终日风为终风。"《韩诗》："终风，西风也。"王念孙不满意这样的解释，他说："此皆缘词生训，非经文本义。终，犹既也。言既风且暴也。《燕燕》曰：'终温且惠，淑慎其身。'《北门》曰：'终窭且贫，莫知我艰。'《小雅·伐木》曰：'神之听之，终和且平。'《甫田》曰：'禾易长亩，终善且有。'《正月》曰：'终其永怀，又窘阴雨。'终字皆当训为既。既、终，语之转。既已之既转为终，犹既尽之既转为终耳。"[①] 王念孙就是依据"终……且……"这样类型的句式，归纳出"终"是"既"的意思。"终……且……"，也等于是"既……且……"。

《史记·平原君虞卿列传》："天下将因秦之强怒，乘赵之弊而瓜分之。""强怒"的"怒"字不好理解。王念孙说："此怒字非喜怒之怒。《广雅》：'怒，健也。'健亦强也。（《后汉书·第五伦传》：'鲜卑怒马。'李贤注：'怒马，谓马之肥壮，其气愤盈也。'义与此怒字同。）'强怒'连文，

---

① 王引之：《经义述闻》卷五《诗经上》"终风且暴"条，江苏古籍出版社2000年影印本，第122—123页。

又与下句'弊'字对文。(《赵策》作'因秦之怒，乘赵之敝'。怒与敝对文，亦非喜怒之怒。)是怒即强也。上文曰：'吾且因强而乘弱。'是其证。"[1]王念孙将"怒"训为"强"，虽有《广雅》"怒，健也"的依据，但从"健"到"强"还需要转一次，毕竟不是直接的证据，于是从分析"文例"着手，认为"怒"与"弊"是对文，其义相反，是"强"的意思，而且上文还有"因强而乘弱"这样一句变文，可以作为证明。变文，也是文例。

排比文例的方法，在考证古典诗词的特殊词义中尤为管用。张相的《诗词曲语辞汇释》、王锳的《诗词曲语辞例释》、蒋礼鸿的《敦煌变文字义通释》以及郭在贻的有关辞目考证等，都采用这种方法，即在书中将同处在相同语法结构上的词语一一找出来，然后放在一起加以考察、归纳。这些书的成绩因为在讨论俗语词的一章中还要予以介绍，这里就不再举例了。语文课本里某些字面普通而意义特殊的词语考释，很可以试着用这种方法来解决。如：

《三国志·方技传·华佗传》："彭城夫人夜之厕，蠚螫其手，呻呼无赖。佗令温汤近热，渍手其中，卒可得寐，

---

[1] 王念孙：《读书杂志》第一册，上海古籍出版社2014年版，第329页。

但旁人数为易汤,汤令暖之,其旦即愈。"[1] "无赖"的意义很特殊,《三国志》也没有注释。用辞书里的普通意义是讲不通的。如果从魏晋时期的典籍中,把有"无赖"这个词的句子都摘录出来,再放在一起考察,其意义就很容易看出来了。《全晋文》卷二二王羲之《杂帖》:"贤子动疾,念甚忧虑,悬得后问不?分张何可久?幼小故疾患无赖,野大皆当以至,不得还问,悬心。大得善悉也,野当不能遏。"[2]卷二三王羲之《杂帖》:"得书,知足下患疖,念卿无赖。"[3]又:"雨寒,卿各佳不?诸患无赖,力书不一一。"[4]卷二十五王羲之《杂帖》:"信既乏劣,又头痛甚无赖,力不一一。"[5]又:"吾既不快,弱小疾苦甚无赖。"[6]卷二十六王羲之《杂帖》:"发虐,比日疾患,欲无赖,未面邑邑,反不具。"[7]卷一〇二陆云《与兄平原君书》:"又力作无锡书,极无赖,甚不备具。"[8]又:"行欲遣信已白兄,昨闻有赋消息,

---

[1] 陈寿:《三国志》第三册,中华书局1959年版,第800页。
[2] 严可均:《全上古三代秦汉三国六朝文》,中华书局1981年版,第1584页。
[3] 同上书,第1587页。
[4] 同上书,第1589页。
[5] 同上书,第1599页。
[6] 同上书,第1600页。
[7] 同上书,第1605页。
[8] 同上书,第2041页。

愁愦无赖，既冀又然，又已成书。"①从上述引例可知，"无赖"，多用以形容疾病发作，等于说痛苦、打熬不住。"呻呼无赖"，是说呻吟呼叫，痛苦得熬不住。

辛弃疾《清平乐》："最喜小儿无赖，溪头卧剥莲蓬。"注释说："无赖，这里是顽皮的意思。"②这个意义也很特殊，一般的辞书都未收。这也可以用排比文例的方法来推求。韦应物《逢杨开府》："少事武皇帝，无赖恃私恩。"③杜甫《闻斛斯六官未归》："老罢休无赖，归来省醉眠。"④《奉陪郑驸马韦曲二首》："韦曲花无赖，家家恼杀人。"⑤《送路六侍御入朝》："剑南春色还无赖，触忤愁人到酒边。"⑥《绝句漫兴》："眼见客愁愁不醒，无赖春色到江亭。"⑦杨巨源《与李文仲秀才同赋泛酒花诗》："若道春无赖，飞花合逐风。"⑧徐凝《忆扬州》："天下三分明月夜，二分无赖是扬州。"⑨李商

---

① 严可均：《全上古三代秦汉三国六朝文》，中华书局1981年版，第2045页。
② 浙江省编初中《语文》第二册，浙江教育出版社1995年版，第219页。
③ 《全唐诗》上册，上海古籍出版社1981年缩印本，第446页。
④ 同上书，第553页。
⑤ 同上书，第548页。
⑥ 同上书，第567页。
⑦ 同上书，第555页。
⑧ 同上书，第820页。
⑨ 《全唐诗》下册，上海古籍出版社1981年缩印本，第1199页。

隐《二月二日》:"花须柳眼各无赖,紫蝶黄蜂俱有情。"①《嘲桃》:"无赖夭桃面,平明露井东。"②段成式《折杨柳七首》:"长恨早梅无赖极,先将春色出前林。"③从上述句例归纳,"无赖"又有可爱、可喜的意思。辛词《清平乐》"无赖"二字,实际上也是可爱的意思。

但是,陆游《广都道中呈季长诗》:"江火不胜绿,梅花无赖红。"④"无赖"与"不胜"为对文,不能释为"可爱""可喜"的意思。依据语境,"无赖",是说"非常""很",用作程度副词。《五灯会元》卷十八《天童了朴禅师》:"西园菜蕻,似不堪食。东谷花发,却无赖红。"⑤按:"不堪""无赖"为对文,"无赖"也是"非常"的意思。

由此,依据文例,无赖可以概括出"痛苦不堪""可爱""非常"三个义项来。

第四,参考异文。义训所依据的是指古籍里的同义异文,构成异文二字有同义或近义的关系。利用此类异文进

---

① 《全唐诗》下册,上海古籍出版社1981年缩印本,第1363页。
② 同上书,第1377页。
③ 同上书,第1490页。
④ 钱仲联:《剑南诗稿校注》第二册,上海古籍出版社2005年版,第748页。
⑤ 释普济:《五灯会元》下册,中华书局1984年版,第1224页。

行训释也是义训的一种常见的方法。如:

李商隐《夜雨寄北》:"何当共剪西窗烛,却话巴山夜雨时。"注释说:"何当,何时将要。"① 按:"当"字本身并没有"时"的意思。"何当"这个词,南北朝以后就有"何时"的意思了,所以"时"与"当"在唐诗里常成为异文。李白《蜀道难》:"问君西游何时还,畏途巉岩不可攀。""时",一作"当"。② 杜甫《月夜》:"何时倚虚幌,双照泪痕干。""时"一作"当"。③《送高三十五书记》:"黄尘翳沙漠,念子何当归?""当"一作"时"。④《秦州杂诗二十首》:"何时一茅屋?送老白云边。""时"一作"当"。⑤ 姚合《酬万年张郎中见寄》:"何时得携手?林下静吟诗。""时"一作"当"。⑥ 周贺《宿甄山南溪昼公院》:"何当闲事尽?相伴老溪边。""当"一作"时"。⑦ 依据上述"一作"异文,可以断定"何当"即是"何时"的意思了。注释无端加上"将要"二字,则非其义。

---

① 部编:《义务教育教科书语文》七年级上册,2016年版,第140页。
② 《全唐诗》上册,上海古籍出版社1981年缩印本,第383页。
③ 同上书,第545页。
④ 同上书,第509页。
⑤ 同上书,第549页。
⑥ 《全唐诗》下册,上海古籍出版社1981年缩印本,第1269页。
⑦ 同上书,第1273页。

《琵琶行》:"东船西舫悄无言,唯见江心秋月白。"①两句诗非常明白,不用注释。但是仔细斟酌,"无""见"相对为文,"见",当非看见的"见"。再查《全唐诗》,发现"见"字下注曰:"一作有。"②"见""有"为异文。又,虞世南《从军行二首》:"方知万里相,侯服见光辉。""见"一作"有"。③杜甫《木皮岭》:"始知五岳外,别有他山尊。""有"一作"见"。④《重经昭陵》:"再窥松柏路,还见五云飞。""见"一作"有"。⑤《客至》:"舍南舍北皆春水,但见群鸥日日来。""见"一作"有"。⑥薛逢《邻相反行》:"纵使此身头雪白,又有儿孙还稼穑。""有"一作"见"。⑦薛能《初发嘉州寓题》:"在暗曾无负,含灵合有知。""有"一作"见"。⑧罗虬《比红儿诗》:"争知昼卧纱窗里,不见神人覆玉衣。""见"一作"有"。⑨依据上述异文,知唐诗里的"见"字,确有"有"的意思。这里"惟见",是说

---

① 部编:《普通高中教科书语文》必修上册,2019年版,第63页。
② 《全唐诗》下册,上海古籍出版社1981年缩印本,第1076页。
③ 《全唐诗》上册,上海古籍出版社1981年缩印本,第123页。
④ 同上书,第520页。
⑤ 同上书,第547页。
⑥ 同上书,第553页。
⑦ 《全唐诗》下册,上海古籍出版社1981年缩印本,第1397页。
⑧ 同上书,第1433页。
⑨ 同上书,第1677页。

"只有"的意思,似乎比释为"只看见"来得更贴切些。

凭异文识断词义需要结合不同的语境反复推敲,否则也很容易作出错误的判断。在这里也很能体现出学者的学识和水平。如:

《晏子春秋·内篇·杂下》:"怨利生孽。"孙渊如《音义》说:"《左传》怨作蕴,杜预注:'蕴,畜也。孽,妖害也。'蕴与怨声相近。然据此文,凡有血气者,皆有争心,则怨字直是怨恶之怨,左氏取此书改其文,显然可见。"王念孙则反驳说:"孙说非也。争利而相怨,可谓之'怨人',不可谓之'怨利'。若以怨为怨恶,则'怨利'二字义不可通矣。《左传》作蕴利,本字也;此作怨利,借字也。《大戴记·四代》篇'委利生孽',委亦蕴也。(蕴、怨、委一声之转。)《前谏》上篇:'外无怨治,内无乱行。'言君勤于政,则外无蕴积之治,内无昏乱之行也。是《晏子》书固以怨为蕴矣。《荀子·哀公》篇:'富有天下而无怨财。'杨倞曰:'怨,读为蕴。言虽富有天下,而无蕴畜私财也。'彼言'怨财',犹此言'怨利'。乃渊如皆不之省,而必以怨为怨恶。盖渊如之意,必欲谓《晏子春秋》在《左传》之前,凡《左传》之文与《晏子》不同者,皆是左氏误改晏子,故必训怨为怨恶,以异于左氏,而不知其说之不可通也。其《音义》中多有此论，皆不足深辩。"[①]王念孙将"怨"释为蕴藏，既符合"怨利生孽"具体的语境，且有书例可以证明，当是正确可信的。而孙渊如断定《左传》"怨"作"蕴"，是左丘明的误改，这就不够精审了。

[①] 王念孙：《读书杂志》第三册，上海古籍出版社2014年版，第1405页。

第二节　词义辨析

同义词辨析是义训的一个很重要的内容。

"雅类"的辞书都是以同训的形式出现的，同属一条的词可以称为同义词。如《尔雅·释诂》："怀、惟、虑、愿、念、惄，思也。"即是说，"怀"等六个词与"思"是同义词。但是，在汉语里，真正意义完全相同的词是不存在的，不论在意义上还在语法、修辞等方面都会有差别，这才显示出汉语词汇的多样化和丰富性。训诂的目的，不仅要掌握词义的"同"，更重要的是要辨析"同"中之"异"，特别是要分辨出同义词之间的细微差别。

两汉时期的训诂学家就已经注意到这个问题，并积累了一些很成功的经验。如扬雄就《尔雅》上述六个同义词作了部分辨析，《方言》卷一："惟，凡思也；虑，谋思也；愿，欲思也；念，常思也。"在同训辨析中，汉代学者还用"曰""为""谓之"等专门性的术语，使之条理化。如，《尔雅·释天》："谷不熟为饥，蔬不熟为馑。"是用"为"例。《穀梁传·襄公二十四年》："二谷不升谓之饥，三谷不升谓之馑。"这是用"谓之"例。《诗经·大雅·公刘》毛《传》："直言曰言，论难曰语。"是用"曰"例。

同训辨析，也历来为两汉以后的训诂学家所重视，但并非因循不变，后来又有所发展。唐代出现了"对文则别，散文则通"的同训比较辨析的模式，便是明证。即将同训的词加以比较。认为同训的词在单用时可以通用，这叫"散文则通"；"散文"是指同训的词单用时说的。而两两相对使用时是有区别的，这叫"对文则别"；"对文"是指同训的词同时相对使用说的。提出这主张的是唐人孔颖达。如：

《礼记·曲礼下》："生曰父，曰母，曰妻；死曰考，曰妣，曰嫔。"孔颖达《正义》："此生死异称，出《尔雅》文，言其别于生时耳。若通而言之，亦通也。"即是说，"父"与"考"、"母"与"妣"、"妻"与"嫔"都分别属同训的词，称"考""妣""嫔"是"别于生"的称呼，若笼统地说，是相通的。

《诗大序》："情发于声，声成文谓之音。"孔颖达《正义》："此言'声成文谓之音'，则声与音别。《乐记》注：'杂比曰音，单出曰声。'《记》又云：'审声以知音，审音以知乐。'则声、音、乐三者不同矣。以声变乃成音，音和乃成乐。故别为三名。对文则别，散文则可以通。"即是说，声、音、乐三字单用时是相同的，而相对并用时是有区别的。

清人在训诂实践中也广泛地使用"对文""散文"方法进行同训辨析，并有许多精到的创获。如：

《晏子春秋·外篇·重而异者》："文绣被台榭，菽粟食凫雁。"王引之说："凫，鸭也。雁，鹅也。此云'菽粟食凫雁'，下云'君之凫雁食以菽粟'，则凫雁乃家畜，非野凫也。《尔雅》：'舒凫，鹜。'郭璞曰：'鸭也。'《广雅》曰：'凫、鹜，鸭也。'即此所谓凫也。故对文则凫与鹜异，散文则鹜亦谓之凫。《尔雅》：'舒雁鹅。'郭璞曰：'今江东呼鴚。'《方言》曰：'雁，自关而东谓之鴚鹅，南楚之外谓之鹅。'《说文》曰：'鹅，雁也。''雁。鹅也。'《广雅》曰：'鴚、鹅，雁也。'即此所谓雁也。故对文则鹅与雁异，散文则鹅亦谓之雁。《庄子·山木》篇：'命竖子杀雁而烹之。'谓杀鹅也。《说苑·臣术》篇：'穆公悦百里奚之言，公孙支归取雁以贺。'《汉书·翟方进传》：'有狗从外入，啮其中庭群雁数十。'皆谓鹅为雁也。"[①]

---

① 王念孙：《读书杂志》第三册，上海古籍出版社2014年版，第1414页。

《广雅·释诂》:"伤,创也。"王念孙《疏证》:"伤者,《月令》:'命理瞻伤察创。'郑注曰:'创之浅者曰伤。'此对文也,散文则创亦谓之伤。故《说文》云:'伤,创也。'僖二十二年《左传》:'君子不重伤。'文十一年《穀梁传》作'不重创'。其义一也。"①

《尔雅·释诂一》:"零,落也。"郝懿行《义疏》:"《说文》云:'凡草曰零,木曰落。'按:此亦对文耳,若散文则通。故《夏小正》云'栗零',明零不必草也。《庄子·逍遥游篇》云'瓠落',明落不必木也。所以《离骚》云:'惟草木之零落兮。'王逸注:'零落,皆坠也。'是其义俱通矣。"②

《尔雅·释诂二》:"禄,福也。"郝懿行《义疏》说:"又福禄二字,若散文则禄为福,故《诗》'天被尔禄',《传》:'禄,福也。'若对文则禄、福义别,故《诗》'福禄如茨',《笺》:'爵命为福,赏赐为禄。'"③

《诗经·节南山》:"家父作诵,以究王讻。"郑玄《笺》:"大夫家父作此诗而为王诵之。"马瑞辰《毛诗传笺

---

① 王念孙:《广雅疏证》上册,上海古籍出版社1983年版,第50页。
② 郝懿行:《尔雅义疏》第一册,中国书店1982年影印本,第34页之反。
③ 同上书,第85页之正。

通释》说:"诵与讽,对文则异,散文则通。《周官·大司乐》注:'倍文曰讽,以声节之曰诵。'此对文则异也。《说文》:'讽,诵也。''诵,讽也。'此散文则通也。《周官》:'瞽蒙讽诵诗。'注:'郑司农曰,讽诵诗,主诵诗以刺王过。'《白虎通》谏有五,一曰讽谏。'作诵',盖即作诗以为讽谏也。"①

段玉裁《说文解字注》用"浑言""统言"和"析言"来同训辨析,"浑言""统言"同"散文",是指笼统不加分别地说;"析言"同"对文",是指区别分开来说。如:

《说文·疒部》:"病,疾加也。"又:"疾,病也。"段玉裁在"疾"字下注说:"析言之则病为'疾加',浑言之则疾亦病也。"②

《言部》:"讽,诵也。"段玉裁注:"《大司乐》:'以乐语教国子,兴道讽诵言语。'注:'倍文曰讽,以声节之曰诵。'倍同背,谓不开读也。诵则非直背文,又为吟咏以声节之。《周礼》经注析言之,讽诵是二;许统言之,讽诵是一也。"③

---

① 马瑞辰:《毛诗传笺通释》,中华书局1989年版,中册,第599页。
② 段玉裁:《说文解字注》,上海古籍出版社1981年影印本,第348页之上。
③ 同上书,第90页之下。

同训辨析对于中学语文的同义词教学具有特殊的功用，显得尤为重要。同义词辨析的重点，不是辨明其所以同就够了，而在于辨明其同中之异，特别是不能忽略那些常用的同义词的辨析。如：

《陈情表》："臣少多疾病，九岁不行，零丁孤苦，至于成立。"[1]又说："而刘夙婴疾病，常在床蓐，臣侍汤药，未曾废离。"这里二例"疾病"连用，似乎没有区别。但是，后面又说："臣欲奉诏奔驰，则刘病日笃，欲苟顺私情，则告诉不许。"[2]单用"病"，不是一般的"疾病"了，而且"日笃"，其严重程度可想而知。再如，《扁鹊见蔡桓公》："君之疾在腠理，不治将恐深。"又曰："君之病在肌肤，不治将益深。"注释说："肌肤，肌肉和皮肤。"[3]注释不正确。"肌肤"是偏义复词，只有表示肌肉的意思。又曰："君之病在肠胃，不治将益深。"前一句用"疾"，因为病症仅在"腠理"；后二句用"病"，已经发展到"肌肤"和"肠胃"了。在程度上，"病"要比"疾"严重，所以这里的"疾""病"就是对文，应该区别开来。

《曹刿论战》："下视其辙，登轼而望之，曰：'可矣。'

---

[1] 部编：《普通高中教科书语文》选择性必修下册，2020年版，第70页。
[2] 同上书，第71页。
[3] 初中《语文》第二册，人民教育出版社1998年版，第237页。

遂逐齐师。"① 按"遂逐齐师",可以译为"于是追击齐国的军队"。"逐",是追的意思。过去,语文课本的"单元知识与训练"里引用《孟子》这样一段话:"逢蒙学射于羿,尽羿之道,思天下惟羿为愈己,于是杀羿。孟子曰:'是亦羿有罪焉。'公明仪曰:'宜若无罪焉。'曰:'薄乎云尔,恶得无罪?郑人使子濯孺子侵卫,卫使庾公之斯追之。子濯孺子曰:"……追我者谁也?"其仆曰:"庾公之斯也。"曰:"吾生矣。"其仆曰:"庾公之斯,卫之善射者也。夫子曰'吾生',何谓也?"曰:"庾公之斯学射于尹公之他,尹公之他学射于我。夫尹公之他,端人也,其取友必端矣。"庾公之斯至,曰:"夫子何为不执弓?"曰:"今者我疾作,不可以执弓。"曰:"小人尝学射于尹公之他,尹公之他学射于夫子,我不忍以夫子之道反害夫子。虽然,今日之事,君事也,我不敢废。"抽矢叩轮,去其金,发乘矢而后反。'"②"卫使庾公之斯追之""追我者谁也",这两个"追"就不能简单地释为"逐"了。原来,区别开来说,"追""逐"二字的意义是不同的。《方言》卷十二:"追,末随也。"末随,是说尾随,紧紧地跟在后面跑,所以"追

---

① 部编:《义务教育教科书语文》九年级下册,2018年版,第123页。
② 高中《语文》第六册,1997年版,第191页。

踪""追击""追溯""追忆""萧何追韩信"等,都不能用"逐"字来替代。"逐"的本义是捕兽,引申有驱逐、弃斥的意思。李斯作《谏逐客书》①,"逐客",说驱逐宾客,把宾客赶走,则不能用"追"来代替。庾公之斯是子濯孺子的再传弟子,于卫国,当得用驱逐;而于师生情谊,如果是"逐",则"非礼"。所以用了一个"追"字,表示庾公之斯紧紧地尾随在子濯孺子的后面跑,这样既不"废君事",在卫君面前好交代,又未失为师生情谊。"追",在这里就得析言之,不得浑言"追逐"。

类此情况,语文教师要运用前人同训辨析的方法进行同义词教学。同义词之间微细区别可以归纳为八种类型,这也可供语文教师同训辨析时参考。

第一,事物的状态、出处、质地、用途上的差异。如:

【柴/薪】二词都表示燃烧用的材料,其区别在于形态的不同。《礼记·月令》:"乃令四监,收秩柴薪。"郑玄注:"大者可析谓之薪,小者合束谓之柴。薪试炊爨,柴以给燎。"

【皮/革】二词都指动物的表皮,其区别在于形状的不同。《左传·隐公五年》:"皮、革、齿、牙、骨、角、毛、

---

① 部编:《普通高中教科书语文》必修下册,2020年版,第85页。

羽。"孔颖达《正义》:"有毛为皮,去毛为革。"

【简/牍】二词都指古代书写的书册,其区别在于材料的不同。《翻译名义》卷五引《文选》注:"小竹名简,木板名牍。"段玉裁《说文解字注》:"简,竹为之;牍,木为之。"

【豆/登】二词皆为器名,其区别在于材料。《诗经·生民》:"卬盛于豆,于豆于登。"孔颖达《正义》:"《释器》云:'木豆谓之豆,瓦豆谓之登。'是木曰豆,瓦曰登,对文则瓦、木异名。散则皆名豆。"

【府/库】二词都是收藏物品的库房,其区别在于位置不同。《文选·东京赋》"据其府库",薛综注:"官吏所止为府,车马器械所居曰库。"其实,府是藏文书典籍的地方,所以也是官吏所到的地方。《周礼·宰夫》"府,掌官契以治藏",孔颖达疏:"藏文书及器物者,其名曰府。"《国语·越语下》"府仓实",韦昭注:"货财曰府。"

【库/厩】二词皆为库房,其区别在于用途。《左传·昭公十八年》:"宋、卫、陈、郑,皆火,梓慎登大庭氏之库以望之。"孔颖达《正义》:"对文则藏马曰厩,藏车曰库。"

【类/祃】二词皆为祭名,其区别在于用途。《诗经·皇矣》:"是类是祃。"孔颖达《正义》:"如郑所说类祭在郊，此《传》言于内曰类者，以祃于所征之地，则是国境之外类之，虽在郊，犹是境内。以二祭对文，故云'于内曰类，于外曰祃'。谓境之外内，内非城内也。"

【友／朋】二词都表示交结的伙伴，其区别在于交结的范围大小。《周易·蹇·九五》："大蹇朋友。"孔颖达《正义》："郑注《论语》云：'同门曰朋，同志曰友。'此对文也。通而言之，同志亦是朋党也。"

【畜／兽】二词皆为行走的动物名，其区别在于类属。《周礼·兽医》："兽医，下士四人。"郑注："兽，牛马之类。"贾《疏》："《尔雅》：'在野曰兽，在家曰畜。'畜、兽异矣。而言'兽牛马'者，但此职云主治牛马，未必治其野兽，而以牛马为兽者。对文则畜、兽异，散文通。"

【禽／兽】二词皆为动物通名，其区别在于形状。《周礼·庖人》："庖人掌共六畜六兽六禽，辨其名物。"贾《疏》："凡鸟兽未孕曰禽。郑言此者，见《尔雅》：'四足而毛曰兽，两足而羽曰禽。'是对文例。若散文则通。其兽未孕时虽曰四足亦曰禽。是以名为禽。"

【羔／羊】二词都是羊的称名，其区别在于羊的大小。《诗经·羔羊》："羔羊之皮，素丝五纶。"毛《传》："小曰羔，大曰羊。"

【宫／室】二词皆为人的居室，其区别在于方式。《诗经·鄘风·定之方中》:"定之方中,作于楚宫。"孔颖达《正义》:"《释宫》以宫室为一,谓通而言之。其对文则异。故上《笺》'楚宫谓庙',此'楚室谓居室'。别其文以明二者不同也。"

【脤/膰】二词皆为肉名,其区别在于方式。《周礼·大宗伯》:"以脤膰之礼,亲兄弟之国。"郑注:"脤、膰,社稷、宗庙之肉,以赐同姓之国,同福禄也。"贾《疏》:"《左氏》说脤,社祭之肉盛之以蜃,宗庙之肉名曰膰。以此言之,则宗庙之肉曰膰,社稷之肉曰脤之验也。而《公羊》《穀梁》皆云:'生居俎上曰脤,熟居俎上曰膰。'非郑义耳。对文脤为社稷肉,膰为宗庙肉。其实宗庙社稷器皆饰用蜃蛤。"

【量/衡】二词皆为称量之名,其区别在于用途。《周礼·玉人》:"驵琮五寸宗后以为权。"郑注:"驵读为组,以组系之因名焉。郑司农云:'以为称锤以起量。'"贾《疏》:"先郑云'以为称锤以起量'者,量自是斗斛之名,而云'为量'者,对文量、衡异。散文衡亦得为量,以其量轻重故也。"

【中/骖】二者都是驾车的马,其区别在于所处位置不同。《诗经·郑风·大叔于田》:"两服上襄,两骖雁行。"郑《笺》云:"两服,中央夹辕者。"孔颖达《正义》:"骖、中对文，则骖在外。外者为骖，则知内者为服。故言'两服中央夹辕者也'。"

【路／道】二词皆为路途的通名，其区别在于广狭。《诗经·郑风·遵大路兮》："遵大路兮，掺执子之祛兮。"孔颖达《正义》："《地官·遂人》云：'浍上有道，川上有路。'对文则有广狭之异。散则道路通也。"

【婚／姻】二词皆为男女相合的名称，其区别在于地位。《诗经·郑风·丰·序》："刺乱也。昏姻之道缺，阳倡而阴不和，男行而女不随。"孔颖达《正义》："婚姻其事是一，故云'昏姻之道谓嫁娶之礼也'。若指男女之身则男以昏时娶妇，妇因男而来，昏姻之名本生于此。若以妇党、婿党相对为称，则《释亲》所云：'婿之父为姻，妇之父为昏；妇之党为昏，兄弟之党为姻。'兄弟是妇党称昏，婿党称姻也。对文则有异，散则可以通。"

【雌雄／牝牡】二词皆为动物公母的统名，其区别在于形状。《诗经·齐风·南山》："南山崔崔，雄狐绥绥。"孔颖达《正义》："对文则飞曰雌雄，走曰牝牡，散则可以相通。"

【萑／苇】二词同为一草名，其区别在于形状。《诗经·豳风·七月》："七月流火，八月萑苇。"孔颖达《正义》："初生者为菼，长大为薍，成则名为萑。初生为葭，长大为芦，成则名为苇。小大之异名。故云'薍为萑，葭为苇'。此对文耳，散则通矣。"

【宾／客】二词皆为客名，与主人相对，其区别在于地位。《诗经·小雅·吉日》："以御宾客，且以酌醴。"孔颖达《正义》："其君为大宾，其臣为大客是也，彼对文则君为大宾，故臣为大客。若散则宾亦客也。"

【政／事】二词皆为仕政，其区别在于性质。《左传·昭公二十五年》："为政事庸力行务以从四时。"杜注："在君为政，在臣为事。"孔颖达《正义》："于时冉子仕于季氏，称'季氏有政，孔子谓之为事'，是在君为政，在臣为事也。此对文别耳。《论语》称'孝友是亦为政'，明其政事通言也。"

第二，行为方式和情态的区别。如：

【彫／镂】二词皆为刻划，其区别在于情态。《诗经·大雅·棫朴》："追琢其章，金玉其相。"毛《传》："追，彫也。金曰彫，玉曰琢。"孔颖达《正义》："《释器》上文云：'玉谓之彫，金谓之镂。'刻金不为彫，言金曰彫者，以彼对文为别，散可以相通。"

【负／担】二词都是表示载物，其区别在于载物的方式。《楚辞·哀时命》："负担荷以丈尺兮。"王逸注："背曰负，荷曰担。"

【吹／嘘】二词都表示呼气，其区别也在于方式。《声类》："出气急曰吹，缓曰嘘。"

【骄／傲】二字都表示自我炫耀的样子，其区别在于情态。《离骚》："保厥美以骄傲兮，日康娱以淫游。"王逸注："倨简曰骄，侮慢曰傲。"

【问／聘】二词皆为使者出使，其区别在于性质。《诗经·大雅·绵》："肆不殄厥愠，亦不殒厥问。"孔颖达《正义》："小聘曰问。聘，礼文也。《王制》注云：'小聘，使大夫。大聘，使卿。'彼对文耳，散则聘、问通。"

【利／惠】二词同为舍施于人，其区别在于先后。《周礼·旅师》："施其惠，散其利，而均其政令。"贾《疏》："云'以赒衣食曰惠'，知者以衣食先。当时用不生其利，故云'惠所为事业，后即有利，故云利'。此对文惠、利两有，故为此释。若通而言之，惠、利为一。"

【商／贾】二词同为从事商业活动，其区别在于情态。《左传·昭公十六年》："昔我先君桓公与商人皆出自周。"孔颖达《正义》："贾人，即商人也。行曰商，坐曰贾。对文虽别，散则不殊，故'商贾'并言之。"

第三，词义轻重、程度上的差异。如：

【离／别】二词都表示分离，其区别在于程度。《离骚》："余既不难夫离别兮，伤灵修之数化。"王逸注："近曰离，远曰别。"

【刑／罚】二词同为处罚，其区别在于程度轻重。《左传·昭公六年》："断刑罚以威其淫。"孔颖达《正义》："严断，言其不放舍也。对文则加罪为刑，收赎为罚。散则刑罚通也。"

【伐／侵／袭】三词都表示军事进攻，其区别在于轻重。《左传·襄公二十二年》："齐侯袭莒。"孔颖达《正义》："庄二十九年《传例》曰：凡师有钟鼓曰伐，无曰侵，轻曰袭。"

【险／固】二词皆为险阻，其区别在于性质。《周礼·掌固》郑注："固，国所依阻者也。国曰固，野曰险。"贾《疏》："以其言王公设之，非是在野、自然之险者也。是对文则险、固异，散则险固通名也。"

【祥／妖】二词皆为梦兆，其区别在于吉凶。《周礼·占梦》郑注："梦者事之祥。"贾《疏》："注释曰云'梦者事之祥'者，若对文祯祥是善，妖孽是恶。散文祥中可以兼恶梦者，有吉有恶，故云'梦者事之祥'也。"

第四，词义感情色彩上的差异。如：

【周／比】《论语·为政》："君子周而不比，小人比而不周。"孔安国注："忠信为周，阿党为比。"周是褒义，比是贬义。

第五，词义所指时间上的差异。如：

【田／苗／蒐／狩】四词都是表示狩猎，其区别即在于时间。《穀梁传·桓公四年》："春曰田，夏曰苗，秋曰蒐，冬曰狩。"

【舍／信／次】三词都是表示留宿，其区别也在时间。《左传·庄公三年》："凡师一宿为舍，再宿为信，过信为次。"

第六，语法功能上的差异。如：

【耻／辱】二词都表示羞耻，其区别在于语法功能。耻作意动用法，辱作使动用法。《师说》："不耻相师。"《廉颇蔺相如列传》："使不辱于诸侯。"

第七，方言上的差异。如：

【垅／丘】二词都可以表示坟墓，其区别在于方言。《方言》："秦晋之间谓之垅，自关而东谓之丘。"

【修／融／寻】三词都有长的意思，其区别在于方言。《方言》："修、融、寻，长也。陈楚之间曰修，海岱大野之间曰寻，宋卫荆吴之间曰融。"

第八，部位、位置上的差异。如：

【牙／齿】二词都表示牙齿，其区别即在于位置。段玉裁《说文解字》注："统言之，皆称牙称齿；析言之，则前当唇者称齿，后在辅车者称牙。"

除此以外，当然还有一些常用字词都需要很好辨析，如：言和语，听和闻，语与论，奔、走、趋和行，告和赴，常和旂，朱、赤、丹和红，苍、青、绿和蓝，变和化，依和倚，领、颈与项，盗、贼、窃和偷，执、把、秉、持、操和握，之、适、去、往、如和赴，视、见、观、察、省、览、看和望，哭、泣、号和啼，饿和饥，恐、畏、惧和怕等，都是常用的同义词，可以查看一下有关辞典及唐宋注疏，这里就不再举例分析了。

第三节　词义相反相成现象：反训

反训是义训的一种特殊的表现形式。所谓反训，是指一个词可以兼正反两端的意义。反训材料早在《尔雅》和《方言》里就有了，但最早注意到《尔雅》和《方言》反训材料的则是东晋郭璞，并由此逐步形成了反训的理论体系。

《尔雅·释诂》："治、肆、古，故也。"又："肆、故，今也。"郭璞注："肆既为故，又为今；今亦为故，故亦为今。此义相反而兼通者。"

《释诂》："徂、在，存也。"郭璞注："以徂为存，犹以乱为治，以曩为向，以故为今。此皆诂训义有反覆旁通，美恶不嫌同名。"

《方言》卷二："逞、苦、了，快也。自山而东或曰逞，楚曰苦。"郭璞注："苦而为快者，犹以臭为香，治为乱，徂为存。此训义之反覆用之是也。"

近代也有人注意到这个问题。如：

俞樾说："古者美恶不嫌同辞，如：'退食自公，委蛇委蛇'，诗人之所美也；而《左传》云：'衡而委蛇必折。'则'委蛇'又为不美矣……不知古人美恶不嫌同辞，学者当各依本文体会，未可徒泥其辞也。"①

吴曾祺说："作史之法，有曰美恶不嫌同辞。余谓作文亦然。如'中庸'二字，程明道申以'不偏不易'，为人圣之诣；而贾谊《过秦论》云：'才不及中庸。'则以'中庸'作中才解。《后汉书·胡广传》：'天下中庸有胡公。'则以'中庸'作模棱两可人解，与《礼经》命名之旨大相违戾矣。'荡荡'二字为广大之貌，故《论语》曰：'荡荡乎民无能名焉。'而干令升《晋纪总论》云：'又况惠帝以荡荡之德临之哉。'则指一蠢然无知之人。此殆用反语以相讥刺欤？'因循'二字，为优柔不断之人下一针砭，而魏郑公作《九成宫醴泉铭》云：'事贵因循，何必改作？'则以'因'为与'创'对文，'因循'乃率由旧章之义。且施之奏御之作，而当时亦不以为诟病。'客气'二字乃谢人致敬之语，而《左传》有曰：'尽客气也。'则

---

① 俞樾：《古书疑义举例五种》卷三"美恶同辞例"条，中华书局1956年版，第59页。

谓其辞色加人，强狠不戾之状。……以上所引，皆义之极相反者，而可以通用如此。"①

尽管有人曾对反训表示过怀疑，如宋人贾昌朝就是如此。贾昌朝曰："乱，《古文尚书》治字也。𤔔、𠚕、𩰫，古文乱字也。孔安国训'乱'曰'治'。按许叔重《说文》无乱字，以𤔔为古𢁱字，吕员切，曰：'乱也，一曰治也。'又解'𩰫'曰：'治也。幺子相乱，受治之也。读若乱。'同郎段切。一曰：'理也。'又解'乱'亦曰：'治也，从乙。乙，治之也。从𩰫。'郎段切。经典大抵以乱为不理，亦或为理。夫理乱之义，善恶相反，而以理训乱，可惑焉。若以《古文尚书》考之，似𤔔、乱字别而体近，岂隶古之初，传写讹谬，合为一字，而作治、乱二训。后之诸儒，遂不复辨之与？"②但是，郭璞所举的《尔雅》《方言》的反训例子，在古书里确是客观存在的。如：

《尚书·泰誓》："受有亿兆夷人，离心离德；予有乱臣十人，同心同德。"孔安国注："我治理之臣虽少而心德同。"《左传·襄公二十八年》："武王有乱臣十人。"杜预注："乱，治也。"《论语·泰伯》："武王曰：'予有乱臣十

---

① 吴曾祺：《涵芬楼文谭·杂说》，金城出版社2011年版，第23页。
② 《群经音辨》卷七《辨字得失》"乱"条，《四部丛刊》续编景宋本。

人。'"马融注:"乱,治也。"可知,"乱臣",绝非"乱臣贼子"之"乱臣",而指治理的能臣。《涉江》:"乱曰:鸾鸟凤皇,日以远兮。"注释说:"乐章的尾声叫做乱。辞赋里用在篇末,总括全篇思想内容的文字也叫乱。"① 何以"乱"有"总括全篇思想内容"的意思?因为"乱"字反训有治理的意思。王逸《离骚》注:"乱,理也。所以发理辞旨,总撮其要也。"②

造成反训的原因,完全是词义引申发展的结果。张世禄先生曾从心理规律方面作过精辟的论述,说词义的引申发展,一方面根据社会实际应用的需要,另一方面也根据反映客观事物的人们心理上联想的规律。由"开弓"的"引",引申为引导、引延、牵引等义,这是根据联想的"类似律","采取类似的事物来作比喻";由"劝勉"的"劝",引申为劝教、劝说、劝解等义,这是根据联想的"接近律","应用接近的事物来替代";还有一种是根据联想的"对比律","用正面词语的意义表示反面的意义",这就是"反训"。③ 反映在日常生活中就有不少例子,如"冤家",本来表示"死对头""仇人",而常被女子当作心上人

---

① 高中《语文》第五册,1995年版,第60页。
② 洪兴祖:《楚辞补注》,上海古籍出版社2016年版,第70页。
③ 张世禄:《古代汉语》,上海教育出版社1978年版,第90页。

的爱称。"狗""猫"都是贱物，而常被父母用来称呼爱子的名字。"郎"本来是一个极尊贵的称呼，古代只有达官贵人可以称"郎"，后来成为贱称，如"货郎""花郎""卖油郎"等。"乖"本来是违背的意思，而现在赞扬孩子和顺、不淘气为"乖"，如"乖乖地坐着""乖乖在家玩"等。"鬼"本来是骂人的话，"鬼点子""弄鬼""捣鬼"等，又可以赞美人聪明，如"这小孩可鬼啦"。都是出于人们心理联想的"对比律"，使一词义兼正反。

在中学语文课本里，"相反为训"的词语也并不少见，需要引起我们语文教师的重视。如：

《苏武传》："武既至海上，廪食不至，掘野鼠去草实而食之。"注释说："去同'弆（jǔ），收藏的意思。"[1]这个意义似乎很陌生，其实即是反训。去，古字作"厺"。从大、凵声。凵，《说文》："凵卢，饭器。""大"象饭器（碗罐缶之类）的盖。"凵卢"是"去"字的缓读，缓读为"凵卢"，急读为"去"，所以"去"的本义是饭器。再加上"竹"字头，表示制作饭器所用的材料，于是字又为"筥"。饭食装进"去"里，所以引申为收藏。"弆"，实即"去"的分化字（古今字）。物体收藏起来，看不见了，离开了，即

---

[1] 部编：《普通高中教科书语文》选择性必修中册，2020年版，第89页。

由实体的概念转变为动作的概念，于是"去"又引为"离开""弃去""除去"的意思，词义的演变就向它的对立方向发展了。因而"收藏"和"离开""弃去"，构成了"相反为训"。

《桃花源记》："忽逢桃花林，夹岸数百步，中无杂树，芳草鲜美，落英缤纷。"注释说："落英，落花。一说，初开的花。"①考"落英"一词，出自《离骚》"夕餐秋菊之落英"。汉唐人都解"落"作"坠落"。到宋代，发生了一场的趣的笔墨"官司"。李璧《王荆公诗注》卷四十八《残菊诗》"残菊飘零满地金"注说："欧公笑曰：'百花尽落，独菊枝上枯耳。'戏赋：'秋英不比春花落，为报诗人仔细看。'文公闻之，曰：'是定不知《楚辞》"夕餐秋菊之落英"，欧九不学之过也。'"而后大波轩然，愈争愈烈。洪兴祖《楚辞补注》说："秋花无自落者，当读如我落其实而取其华之落。"②明人汪瑗《楚辞集解》说："夫落者，不必自落而后谓之落，采而取之，脱于其枝即可谓之落；如取露于木兰之上亦可谓之坠也。若果谓坠之于地，则露岂可饮乎？"③但是，"落"字解为采落，古书没有依据。有人认

---

① 部编：《义务教育教科书语文》八年级下册，2017年版，第54页。
② 洪兴祖：《楚辞补注》，上海古籍出版社2016年版，第18页。
③ 汪瑗：《楚辞集解》，上海古籍出版社2017年版，第492页。

为这"落"字是反训,有"开始"的意思。"落英",是指刚开的花。吴曾说:"以予观之,'夕餐秋菊之落英',非零落之落。落者,始也。《尔雅》:'落,权舆,始也。'"①孙奕《示儿编》说:"落与'访落'及'章华台成则落'之落同。盖嗣王谋之于始则曰'访落',宫室始成而祭则曰'落成'也。"②罗大经说:"古人言语多如此。故以乱为治,以臭为香,以扰为驯,以慊为足,以原为再,以特为匹,以落为萌。"③但是也有仍然坚持汉唐人的注释,解"落"为陨落。菊花确是没有陨落的,即使到最后,枯死犹在枝干上。所以"落英"解为陨落的菊花,似乎没有道理。然而,"落英"与"坠露"为对文,如果"落"解为初始,那么"坠"字又该解作何义?好像亦有道理。这些都可置之不论。但是,这"落英缤纷"的"落英"如果解为坠落的花,那已经接近于暮春,那确是衰败景象,只能增人伤感,有何"美景"可言?所以,"落英",此处还是释为"始开的花"比较好。"落"字是反训。

马致远《天净沙》:"枯藤老树昏鸦,小桥流水人家,古道西风瘦马。夕阳西下,断肠人在天涯。"注释说:"断

---

① 吴曾:《能改斋漫录》,上海古籍出版社1960年版,第54页。
② 孙奕:《示儿编》卷十,元刘氏学礼堂刻本。
③ 罗大经:《鹤林玉露编丙》,中华书局1983年版,第242页。

肠，形容悲伤到极点。"[①]"断肠人"，说悲伤的人，大概是指作者自己。按"断肠"，或作"肠断"，确有悲痛、伤心的意思。如，温庭筠《望江南》："斜晖脉脉水悠悠，肠断白蘋洲。"注释说："肠断白蘋洲，（望着）长满草的小洲，（她）忧伤到了极点。"[②]但是，"断肠""伤心"又可以表示可爱、可喜的意思。杜甫《滕王亭子》："清江锦石伤心丽，嫩蕊浓花满目斑。"《阆水歌》："阆中胜事可肠断，阆中城南天下稀。"蒋礼鸿说："伤心、肠断，此愁苦之词，而唐人或以为欢快娱情解，此二篇是也。后篇写貌嘉陵江山之美，前篇以'人来于今歌出牧，来游此地不知还'为结，此岂有愁苦之意哉？张文成《游仙窟》：'一啮一意快，一勒一心伤。……始知难逢难见，可贵可重。'心伤与意快相对，即其义可知。李白《古风》五十九首之十八：'天津三月时，千门桃与李。朝为断肠花，暮逐东流水。'杜牧《遣怀》：'落魄江湖载酒行，楚腰肠断掌中轻。'韦庄《丙辰年鄜州逢寒食城外醉吟》：'雕阴寒食足游人，金凤罗衣湿麝熏。肠断入城芳草路，淡红香白一群群。'所咏固皆欢快娱情之物与事也。昧者不知，则改牧之肠断为纤细，《苕溪

---

① 部编：《义务教育教科书语文》七年级上册，2016年版，第16页。
② 浙江省编初中《语文》第五册，浙江教育出版社1993年版，第130页。

渔隐丛话后集》卷十五所引固不尔也。李商隐《柳》：'曾逐东风拂舞筵，乐游春苑断肠天。如何肯到清秋日，已带斜阳又带蝉！'前两句写春柳之敷荣，后二句写秋柳之凋悴，乐游句与李白'桃李断肠'何异？"①其说甚是。可见"伤心""断肠"可以反训，感情色彩完全相反，古代又称作"美恶同辞"。这里的"断肠人"，是美辞，也可以是指"心上人"、作者所牵挂的人。又，郭沫若《访沈园》引陆游《沈园诗》："城上斜阳画角哀，沈园非复旧池台。伤心桥下碧波绿，疑是惊鸿照影来。"郭氏在文中说："陆游有知，如果他今天再到沈园来，他决不会伤心落泪，而是会引吭高歌的。"②郭氏将"伤心"解为"伤心落泪"，是愁苦之词。实非。此"伤心"形容"碧波"，是反训词，当也是可爱的意思。

《鸿门宴》："沛公则置车骑，脱身独骑。"注释说："置，放弃，丢下。"③《国语·周语》"是以小怨置大德也"，韦昭注："置，废也。"或者"弃置"连言，鲍照《拟行路难》："弃置罢官去，还家自休息。"这都是普通义。但是，《鸿门宴》里的"置"字还有一个相反的意义。"项王则受

---

① 蒋礼鸿：《怀任斋文集》，上海古籍出版社1986年版，第65页。
② 高中《语文读本》第一册，1997年版，第12页。
③ 部编：《普通高中教科书语文》必修下册，2020年版，第16页。

璧，置之坐上。亚父受玉斗，置之地，拔剑撞而破之。"①此二句前一"置"即为"安放"义，与后一"置"的"废弃"义恰相反。《广雅·释诂》："置，立也。"《吕氏春秋·异用》："汤见祝网者置四面。"高诱注："置，设。"徐灏《说文注笺》："置与废，皆兼正反二义。建置谓之置，亦谓之废；弃置谓之废，亦谓之置。"就是相反为训，类此情况前人又叫"施受同辞"。

《离骚》："固时俗之工巧兮，偭规矩而改错。"注释说："偭，违背。"②其实，偭，即是"面"字。面有正面、反面之义。《与陈伯之书》："姚泓之盛，面缚西都。"注释说："面缚西都，被缚于西都。面缚，缚手于前。"③《阎典史传》："面缚两降将，跪城下说降，涕泗交颐。"注释说："面缚，缚手于前。"④这两条注释是错的，古代系缚囚犯绝无"缚手于前"的事情。面，是反训，说背面的意思。古人或称为"正反同辞"。《垓下之围》："顾见汉骑司马吕马童，曰：'若非吾故人乎？'马童面之，指王翳曰：'此项王也。'"注释说："面之，面向项王。一说面之，背之，背对着，即

---

① 部编：《普通高中教科书语文》必修下册，2020年版，第16页。
② 部编：《普通高中教科书语文》选择性必修下册，2020年版，第4页。
③ 高中《语文》第四册，1988年版，第331页。
④ 同上书，第364页。

背着他，因为是故人之故，不敢正视。"①后一说是正确的。《集解》引如淳注："面，不正视也。"即背面的意思，相反为义。《史记·宋微子世家》"肉袒面缚"，《索隐》："面缚者，缚手于背而面向前也。"所以，这二例"面缚"都应解为"反缚"。后来以区别"正面"，则别造"偭"字，以表示"反面"之义。

《廉颇蔺相如列传》："均之二策，宁许以负秦曲。"注释说："宁许以负秦曲，宁可答应（给秦国璧），使它承担理亏（的责任）。负，担负、承担。这里是使动用法。"②注释大致是正确的。"负"，也有正反二义。一是训"留"、训"加"，所以有"得"的意思，如"负盛名"。《汉书·黥布传》"负之以不义之名"，颜师古注："负，加也。"《史记·赵世家》"负遗俗之累"，《正义》："负，留也。"一为亏欠的意思。《后汉书·左雄传》"宽其负算"，李贤注："负，欠也。"《冯衍传》"负义于时"，李贤注："负，犹失也。"此句是说宁许秦而使秦得理亏。这样就简洁明快多了。

《梦游天姥吟留别》："惟觉时之枕席，失向来之烟

---

① 高中《语文读本》第一册，1997年版，第254页。
② 高中《语文》第四册，2006年版，第79页。

霞。"注释说:"向来,原来。"①此注不很准确。向,既有表示过去很久的时间,又有表示不久的意思。《尔雅·释诂》:"曩,久也。"郝懿行《义疏》说:"《释言》云:'向也。'《说文》云:'向,不久也。'今按:对远日言则向为不久,对今日言则向又为久。故《广雅》云:'曩,久也,乡也。'乡与向同。《列子·黄帝篇》云:'曩吾以汝为达。'张湛注:'曩,昔也。'昔亦久也。"②这里"失向来之烟霞",是说失去刚才梦境里的烟霞,是用"不久"的意思。若释"原来",则是误作"久"的意思了。

李清照《醉花阴》:"东篱把酒黄昏后,有暗香盈袖。莫道不消魂,帘卷西风,人比黄花瘦。"注释说:"消魂,形容极度忧愁、悲伤。"③按:消魂,在宋词里,既有"伤感""忧愁"之义,又有"畅快""喜悦"之义,正反同词。如,柳永《木兰花》:"贪为顾盼夸风韵,往往曲中情未尽。坐中少年暗消魂,争问青鸾家远近。"说坐中少年暗喜欢。欧阳修《鼓笛慢》:"暗消魂,但觉鸳衾凤枕,有余

---

① 部编:《普通高中教科书语文》必修上册,第61页。
② 郝懿行:《尔雅义疏》第一册,中国书店1982年影印本,第45之正。
③ 义务教育课程标准实验教科书《语文》九年级上册,2003年版,第224页。

香在。"说暗喜欢，只觉得鸳被凤枕，还有余香也。晏几道《蝶恋花》："梦入江南烟水路，行尽江南，不与离人遇。睡里消魂无说处，觉来惆怅消魂误。"是说梦中与离人相遇所带来的喜悦无处可说，一觉醒来，方知被梦里带来喜悦所误。《浣溪沙》："试将前事倚黄昏，记曾来处易消魂。"说记忆起以前相遇之时易为喜悦也。又，苏轼《行香子》："携手江村，梅雪飘裙，情何限，处处消魂。"晁补之《惜分飞》："山水光中清无暑，是我消魂别处。"王之道《蝶恋花》："美目碧长眉翠浅，消魂正值回头看。"陈亮《丑奴儿》："黄昏山驿消魂处，枝亚疏篱；枝亚疏篱，酝藉香风蜜打围。"吴潜《青玉案》："鹭洲鸥渚，苇汀芦岸，总是消魂处。"张炎《一剪梅》："闷蕊惊寒减艳痕，蜂也消魂，蝶也消魂。"吴儆《浣溪沙》："削约寒枝香未透，细看频嗅独消魂。"黄孝迈《湘春夜月》："近清明，翠禽枝上消魂，可惜一片清歌，都付与黄昏。"以上"消魂"皆为反训词，解作"畅快""喜悦"。此诗是别说不畅快，帘卷秋风，人同黄花一样精神。

反训词又可以表现在词义的褒贬方面上。古书中的"走"字，基本意义是"跑"。如，《木兰诗》："双兔傍地走，安能辨我是雄雌。"《石壕吏》："老翁逾墙走，老妇出门看。"岑参《走马川行奉送封大夫出师西征》："一川碎石大如斗，随风满地石乱走。"则"走"与"狗"结合在一起，仍是保留其"快跑"的基本义。《史记·平准书》："富人或斗鸡走狗马，弋猎博戏，乱齐民。"《袁盎列传》："袁盎病免居家，与闾里沈浮，相随行，斗鸡走狗。"所谓"斗鸡走狗"者，使鸡互斗，使狗赛跑，角其奔跑能力。所以，当"走狗"成为一个词时，是指有极强奔跑能力的狗，称为好狗，属褒义词。《越王勾践世家》："范蠡遂去，自齐遗大夫种书曰：'飞鸟尽，良弓藏；狡兔死，走狗烹。'"走狗即猎狗，跑得快的狗，比范蠡、文种这样的栋梁大臣，是褒义词。及至明代以后，"走狗"之义往相反方向转移，成为"帮凶""贱人"的代名词。如，沈德符《万历野获编》卷十七《兵部》"武臣自称"条："往时浙弁牛姓者，官副总兵，上谒张永嘉相公，自称'走狗爬见'。其甥屠谕德（应峻）耻之，至不与交。然此右列常事耳。江陵当国，文武皆与异礼礼之，边将如戚继光之位三孤，李成梁之封五等，皆自称'门下沐恩小的某万叩头跪禀'，又何怪于副将之'走狗'耶？"黄宗羲《明夷待访录·兵制二》："趋入庭拜，其门状自称走狗，退而与其仆隶齿。"

第八章 方俗语的训诂

第一节 什么是方俗语

传统的训诂学是为解经服务的，它主要研究儒家经典著作以及先秦两汉时期典籍的语言问题，除此以外，就很少顾及。可是自东汉以后汉语言有了很大的变化，产生了一大批先秦两汉时期所未见的新词语，通称为方言俗语或方俗语，并时时出现在魏晋以后的各种文献典籍里。科学地考释这些方俗语，是新时期的训诂学区别于旧式训诂学的显著标志之一。

古代方俗语的特征如下：

首先，是词义的特殊性。方俗语的字虽然很普通，但是它们的意义非常特殊，不能用熟悉的常用意义来解释。如：

《颜氏家训》卷二《风操篇第六》："益知闻名，须有消息，不必期于颠沛而走也。"王利器《集释》说："本书《文章篇》:'当务从容消息之。'《书证篇》:'考校是非，特须消息。'是消息为颜氏习用语。寻汉、魏、六朝人消息都作斟酌义用。古钞本《玉篇·水部》'消'下云:'野王按：消息，犹斟酌也。'《类聚》五十五杜笃《书槴赋》:'承尊者之至意，惟高下而消息。'《古文苑》郦炎《遗命书》:'消息汝躬，调和汝体。'《续汉书·百官志》注引《风俗通》:'啬者，省也；夫者，赋也；言消息百姓，均其赋役。'《后汉书·郑弘传》注引谢承《后汉书》:'消息繇赋，政不繁苛。'《晋书·华峤传》:'帝手诏报曰："辄自消息，无所为虑。"'陆云《与兄平原书》:'兄常欲其作诗文，犹未作此曹语，若消息小往，愿兄可作试之。'又云:'愿当日消息。'《晋书·慕容超载记》:'超下书议复肉刑:"其令博士已上参考旧事，依《吕刑》及汉魏晋律令，消息增损，议成燕律。"'《宋书·王弘传》:'弘上书言:"役召之应，存乎消息。"'《魏书·苏绰传》:'绰奏行六条诏书目:"善为政者，必消息时宜，而适繁简之中。"'又《崔光传》附《鸿传》:'鸿《大考百僚议》:"虽明旨已行，犹宜消息。"'义俱用为斟酌。"[1]

"消息"这个词的字面意思太普通了，古今汉语经常用到。而作为六朝时期的俗语词，它却有表示"斟酌"的意

---

[1] 王利器：《颜氏家训集解》，上海古籍出版社1980年版，第72页。

思。这个意义很特殊，在现在已消失了。所以用普通义来解释上述句子"消息"的意思是讲不通的。

但是，王氏所引书例有三条也不当解为"斟酌"义。

《古文苑》郦炎《遗命书》："消息汝躬，调和汝体。""消息""调和"为对文，"消息"，即与"调和"同义，犹说调养、调理的意思。这也是六朝时期产生的俗语词义。

陆云《与兄平原书》："兄常欲其作诗文，独未作此曹语，若消息小往，愿兄可试作之。""小往"，是说稍后，六朝时期的口语。这里是说若身体稍加调理以后，愿兄可试作诗文。又云："愿当日消息。"查此句，原文本作："且用思困人，亦不事复及以此自劳役，闲居恐复不能不？愿当日消息。"审其意，是说不可用思过度，致身体疲惫。作诗为文，本来就是劳神损体的事情，所以说"愿当日消息"，也是说调养、调和的意思。

"消息"释"调养""调和"很特殊，现在已不用了，一般辞书都未收。但在六朝时期的杂帖中则是很常见的。如，《全晋文》卷二十二王羲之《杂帖》："姊适复二告安和，歆故病笃，无复他治，为消息耳。"[①]"无复"以下二句

---

① 严可均：《全上古三代秦汉三国六朝文》，中华书局1981年版，第1585页。

是说病笃无他方可治，唯有调养罢了。又："吴兴转胜，甚慰。想得此凉日佳。患散乃委顿，耿耿，且以佳兴消息，仆故是常耳。劣劣解日，力不次。""且以"句是说用佳兴来调养自娱。又二十三："卿先羸甚，羸甚好消息。吾比日极不快，不得眠食，殊顿。"①"羸甚好消息"是说羸甚应当好好调理身体。又："昨得还书，知极。不加疾，人甚忧耿耿，消息比佳耳。"又二十四："伤寒可畏，令人忧，当尽消息地。"②又："比各何似，相忧不忘，当深消息，以全勉为大。"③又："昨得二十七日告，知君故乏劣腹痛。甚悬情，灾雨比日复何似？善消息，迟后问复。"④又二十五："知足下安，顷耿耿，愁增患耶？善消息。吾至匆匆，常恐一夏不可过。"⑤又："想散患得差，余当以渐消息耳。"⑥又："胁中云何？一善消息，值周转胜也。"⑦卷二十六王凝之《书》："微冷，产后何似？宜佳消息。"⑧二十七《杂帖》："雨过，

---

① 严可均：《全上古三代秦汉三国六朝文》，中华书局1981年版，第1591页。
② 同上书，第1595页。
③ 同上书，第1597页。
④ 同上书，第1598页。
⑤ 同上书，第1600页。
⑥ 同上书，第1602页。
⑦ 同上书，第1604页。
⑧ 同上书，第1612页。

此复何如？想消息日平复也。"又："惟深保爱，数音问，寻故旨，取君消息。"又："兄静息应佳，何以复小恶耶？伏想比消息，理当转胜耳。"①王献之《杂帖》："适奉永嘉去月十一日动静，故常患不宁，诸女无复消息。"又："卫军犹未平和，而哀劳，殊未得尽消息理，常以不宁。"②又："眠食复多少，愿遣无益，尽消息理。"又："人生禀气，各有攸处，想示消息。"又："消息亦不可不恒精以经心。"③又："敬惟府君此月内得书，来时几得问，希此消息。"又："忧驰可复言，若得消息者。"④卷八三谢玄《疾笃上疏》："听臣所乞，尽医药消息，归诚道门，冀神祇之祐。"⑤以上"消息"都用"调养""调理"解释。

第二，是方俗语的口语性。方俗语虽不见于经传，但是它们都是当时市井流行的口语，有广泛的社会基础，必然在各种典籍里会有所反映。方俗语的口语性则主要体现在语法上，其语法功能相对稳定，而且多虚化为虚词。如：

《齐民要术·养羊》："常以杓扬乳，勿令溢出，时复彻

---

① 严可均：《全上古三代秦汉三国六朝文》，中华书局1981年版，第1613页
② 同上书，第1614页。
③ 同上书，第1615页。
④ 同上书，第1616页。
⑤ 同上书，第1940页。

底纵横直勾,慎勿圆搅,圆搅喜断。"按:"喜",此处不能用"喜欢"的意思来解释,而是"容易"的意思,此乃六朝以后的口语。"圆搅喜断",是说用杓圆搅,杓容易折断。"喜",修饰动词"断",在句子里充当状语。《涂瓮》:"火盛喜破,微则难热,务令调适乃佳。"《笨曲并酒》:"酿此二酝,常宜谨慎。多,喜杀人。"①葛洪《肘后备急方·治卒魇寐不寤方》:"人喜魇及恶梦者,取火死灰,著履中,合枕。"首句是说"凡容易魇和做恶梦的人"。《治卒得惊邪恍惚方》:"若男女喜梦与鬼通致恍惚者,锯截鹿角屑,酒服三指撮,日三。"《治卒胃反呕啘方》:"治食后喜呕吐者,烧鹿角灰二两,人参一两,捣末,方寸匕,日三服。"《脉经·病可下症》:"阳明症,其人喜忘,必有畜血。"《病发汗吐下以后症》:"今热则消谷喜饥。"《平咽中如有灸痛喜悲热入血室腹满症》:"妇人藏燥喜悲伤欲哭。"《针灸甲乙经·十二经脉络脉支别》:"中热嗌干,喜溺,烦心。"又,《太平广记》卷三百八十四《许琛》(出《河东记》):"我误追你来,几不得脱,然君喜当取别路归也。"②以上诸例,"喜"都是"容易"的意思。

---

① 蔡镜浩:《魏晋南北朝词语例释》,江苏古籍出版社1990年版,第349页。

② 李昉:《太平广记》,中华书局1984年版,第3067页。

《赤壁之战》:"卿能办之者诚决,邂逅不如意,便还就孤,孤当与孟德决之。"注释说:"邂逅,不期而遇,这里有万一遇到的意思。"①此注不确。"邂逅",在魏晋以后已经口语化,多表示"假设,等于说"倘若""如果",不可强释为"不期而遇"。《三国志》卷六《魏书·董卓传》注引《九州春秋》:"遂语稠曰:'天地反覆,未可知也。本所争者非私怨,王家事耳。与足下州里人,今虽小违,要当大同,欲相与善语以别。邂逅万一不如意,后可复相见乎!'"②此最后一句是说倘若万一不如意,则以后还能再相见么?"邂逅"如释为"万一遇到",则此句就不成其话了。卷十一《魏书·管宁传》注引《魏略》:"饥则出为人客作,饱食而已,不取其直。又出于道中,邂逅与人相遇,辄下道藏匿。"③"邂逅"以下二句是说如果和人相遇,就下道躲起来。卷十八《魏书·庞清传》注引皇甫谧《列女传》:"赵虽有猛烈之志,而强弱不敌。邂逅不制,则为重受祸于寿,绝灭门户,痛辱不轻也。"④卷二十《魏书·中山恭王衮传》:"王素敬慎,邂逅至此,其以议亲之典议之。"⑤

---

① 高中《语文》第一册,1990年版,第244页。
② 陈寿《三国志》,中华书局1975年版,第183页。
③ 同上书,第364页。
④ 同上书,第548页。
⑤ 同上书,第583页。

卷二十三《魏书·杜袭传》注引《先贤行状》:"周旋人间,非绝迹之处。邂逅发露,祸及亲知,故不为也。"①卷四十七《吴书·吴主传》注引《江表传》:"大王万乘之主,轻于不测之渊,戏于猛浪之中,船楼装高,邂逅颠危,奈社稷何?"②卷六十《吴书·周鲂传》:"鲂建此计,任之于天,若其济也,则有生全之福;邂逅泄漏,则受夷灭之祸。"③卷六十四《吴书·孙𬘩传》注引《江表传》:"卿宣诏语卿父,勿令卿母知之,女人既不晓大事,且同堂姊,邂逅泄漏,误孤非小也。"④《全晋文》卷五十一:"邂逅有急相切逼,窜于针孔以自匿。"⑤《太平广记》卷八《张道陵》(出《神仙传》):"乃手书投水中,与神明共盟约,不得复犯法,当以身死为约,于是百姓计念,邂逅疾病,辄当首过,一则得愈,二使羞惭,不敢重犯。"⑥卷二十五《元柳二公》(出《续仙传》):"回顾二子曰:'子有道骨,归乃不难,然邂逅相遇,合有灵药相贶。'"⑦卷四百八十二《缴濮国》(出《广

---

① 陈寿:《三国志》,中华书局1975年版,第665页。
② 同上书,第1134页。
③ 同上书,第1389页。
④ 同上书,第1448页。
⑤ 严可均:《全上古三代秦汉三国六朝文》,中华书局1981年版,第1750页。
⑥ 李昉:《太平广记》,中华书局1984年版,第56页。
⑦ 同上书,第168页。

州记》)："其人有尾，欲坐，辄先穿地作穴，以安其尾，若邂逅误折其尾，即死也。"[1]（此"若邂逅"连用，是同义复语）。以上"邂逅"都用作假设语词，释"如果""倘若"，是六朝以后的口语，而不可以实词实义为解。

第三，方俗语多有来历。王楙《野客丛书》卷二十九"俗语有所自"条说："吴曾《漫录》：'江西俚俗骂人曰客作儿。'按：陈从易《寄荔枝与盛参政诗》：'橄榄为下辈，枇杷客作儿。'仆谓斥受雇者为客作，已见于南北朝。观袁翻谓人曰：'邢家小儿为人客作章表。'此语自古而然，因知俗语皆有所自。"王氏下举"嚛门""主故""人力""承受""证左"等数十事，说明俗语词都有来历。[2]这是一种情况。还有一种情况，有些方俗语的意义不是空穴来风，与先秦两汉的古义是一脉贯通的。如：

"崎岖"，本是形容道路曲折不平，难以行走，而六朝以后又有千方百计、专一的意思。《全宋文》卷五十八《上彭城王义康罪状》："潜资左右，以要死士之命，崎岖伺觎，不忘窥窬。"[3]这里的"崎岖"作"千方百计"解。《全齐文》

---

[1] 李昉：《太平广记》，中华书局1984年版，第3974页。
[2] 王楙：《野客丛书》，中华书局1987年版，第334页。
[3] 严可均：《全上古三代秦汉三国六朝文》，中华书局1981年版，第2750页。

卷七竟陵王子良《请停台使检课表》:"或贪险崎岖要求此役,朝辞禁门,情态即异。"[1]这里的"崎岖"也作"千方百计"解。《南史》卷七十二《文学传·任孝恭》:"孝恭幼孤,事母以孝闻。精力勤学,家贫无书,常崎岖从人假借,每读一遍,讽诵略无所遗。"[2]这里的"崎岖"同样作"千方百计"解。又,《乐府诗集·清商曲辞六·西乌夜飞五》:"感郎崎岖情,不复自顾虑。"这里的"崎岖"当作"专一"解。沈约《少年新婚为之咏》:"我情已郁纡,何用表崎岖。"这里的"崎岖"也当作"专一"解。其实,崎岖释"千方百计"、释"专一",实与"道路不平"的意思是相通的,是一义引申的关系。

"阡陌",本来是指东西南北的道路,如《桃花源记》:"阡陌道路,鸡犬相闻。"[3]而六朝以后,已转变为表示"梗概"的意思。《全晋文》卷二十四王羲之《杂帖》:"愿因暇日,可垂省试,大期贤达兴废之道,不审谓粗得阡陌不?"[4]黄生《义府》引此例,说"得阡陌""犹言得其梗概

---

[1] 严可均:《全上古三代秦汉三国六朝文》,中华书局1981年版,第2824页。
[2] 李延寿:《南史》,中华书局1975年版,第1784页。
[3] 部编:《义务教育教科书语文》八年级下册,2017年版,第54页。
[4] 严可均:《全上古三代秦汉三国六朝文》,中华书局1981年版,第1594页。

也"。① 又，卷六十二孙绰《道贤论》："法乘安丰，少有机悟之鉴，虽道俗殊操，阡陌可以相推。"②《全宋文》卷十五范泰《与谢侍中书》："东望慨然，便是有不驰处也。见炽公阡陌，如卿问栖僧于山，诚是美事。"③ 卷十九王徽《以书告弟僧慊灵》："明书此数纸，无复词理，略道阡陌，万不写一。"④《颜氏家训》卷二《风操第六》："而家门颇有不同，所见互称长短；然其阡陌，亦自可知。"⑤《宋书·郑鲜之传》："故圣人或就迹以助教，或因迹以成罪，屈申与夺，难可等齐，举其阡陌，皆可略言矣。"《太平广记》卷三十六《李清》（出《集异记》）："开目即青州之南门，其时才申末，城隍阡陌，仿佛如旧，至于屋室树木、人民服用，已尽改变。"⑥ 卷二〇一《李邕》（出《谭宾录》）："人间素有声称，后进不识，京洛阡陌聚看，以为古人。"⑦ 以上"阡陌"都是"梗概"的意思，实是由道路引申而来的。

---

① 黄生：《字诂义府合按》，中华书局1984年版，第218页。
② 严可均：《全上古三代秦汉三国六朝文》，第1813页。
③ 同上书，第2517页。
④ 同上书，第2539页。
⑤ 王利器：《颜氏家训集解》，第69页。
⑥ 李昉：《太平广记》，第232页。
⑦ 同上书，第1510页。

第二节　介绍三种方俗语的辞典

虽然在古典文献中可以看到有关讨论方俗语的材料，但多是零星的札记、随笔，有些连必要的考证都没有。严格地说，真正的方俗语研究是20世纪40年代以后才开始走向成熟的，而成熟的标志则是张相《诗词曲语辞汇释》的出版。这就是本书要介绍的第一种方俗语的辞典。

《诗词曲语辞汇释》首版于1953年，至今已经重印了20多次，约20余万册。此书汇集了唐宋元明以来出现于唐诗、宋词、元曲中的特殊语辞，凡537个。这些被释的语词的词义多比较特殊，一般辞书大多未收，利用它，对选入中学语文课本的诗词的词义的理解也大有帮助。如，《孔雀东南飞》："年始十八九，便言多令才。"[①]课本"始"字无

---

① 部编：《普通高中教科书语文》选择性必修下册，2020年版，第10页。

注,很容易解为"开始""初始"。查此书,才知"始"字有"正当""正好"的意思,是六朝以后的俗语词。[①]"年始十八九",是说年龄正当十八九岁。《琵琶行》:"冰泉冷涩弦凝绝,凝绝不通声暂歇。"[②]此"暂"字无注,而下文"今夜闻君琵琶语,如听仙乐耳暂明",注释说:"暂,忽然,一下子。"[③]大约认为前一"暂"为通常"暂时"或"渐渐"的意思,故无需作注。实非。查此书,知前一"暂"字也不能解作"暂时"。"暂",是六朝以后的俗语词,有"忽然""突然"的意思。[④]柳永《雨霖铃》:"多情自古伤离别,更那堪冷落清秋节!"[⑤]"那堪"是什么意思?课文无注,这容易解为"不堪"。查此书,知"那堪"有"兼之"的意思,"与本义之解作'不堪'者异"。[⑥]把此句理解为"更兼在冷落清秋节",则豁然理顺了。《兵车行》:"况复秦兵耐苦战,被驱不异犬与羊。"[⑦]"耐"字无注,又不能解释为"能耐"的"耐",那到底为何义?查此书,知"耐"字

---

① 张相:《诗词曲语辞汇释》,上海古籍出版社1985年版,第193页。
② 部编:《普通高中教科书语文》必修上册,2019年版,第63页。
③ 同上书,第64页。
④ 张相:《诗词曲语辞汇释》,上海古籍出版社1985年版,第187页。
⑤ 普通高中教科书《语文》第四册,2006年版,第47页。
⑥ 张相:《诗词曲语辞汇释》,上海古籍出版社1985年版,第277页。
⑦ 普通高中教科书《语文》第五册,2006年版,第76页。

在唐宋诗词里有"奈何"的意思。①"耐苦战",是说奈何苦战。

此书考释词义的方法很值得借鉴。张氏《叙言》称,其考释词义的方法表现为五个方面:一是"体会声韵",二是"辨认字形",三是"玩绎章法",四是"揣摩情节",五是"比照意义"。其中"比照意义"一条,最可称道,这也是张氏祛疑解惑、发明新义的主要途径,多为今人首肯。张氏从六方面加以总结,一是"有异义相对者,取相对之字以定其义"。如,骆宾王《乐大夫挽词》:"城郭犹疑是,原陵稍觉非。"李峤《早发苦竹馆》:"早霞稍霏霏,残月亦皎皎。"张氏曰:"两诗之'稍'字均与'犹'字相对,因假定'稍'犹'已'也。再证之韦应物《休沐东还胄贵里》诗:'竹木稍摧翳,围场亦芜芜。'韩愈《秋雨联句》:'氛漓稍疏映,雾乱还拥荟。''一'与'亦'字相对,'一'与'还'字相对,'稍'字之'已'义益明。"二是"有同义互文者,从互文之字以定其义"。如,李商隐《昨日》诗:"昨日紫姑神去也,今朝青鸟使来赊。""赊"字费解。张氏曰:"然此为七律诗体,对仗工整,'赊'字当与'也'字同为语助词而互文,因假定'来赊'犹之'来兮',亦犹之

---

① 张相:《诗词曲语辞汇释》,上海古籍出版社1985年版,第237页。

'来也'。然后韦应物《池上》诗所云'池上一来赊',及杨万里《多稼亭看梅花》诗所云'更上城头一望赊'者,迎刃而解,知其为语助词也。"三是"有前后相应者,就相应之字以定其义"。如,邵雍《答安之少卿》诗:"轻风早是得人喜,更向芰荷深处来。"孙光宪《浣溪沙》词:"早是销魂残烛影,更愁闻着品弦声。"张氏曰:"两'早是'字均与下句'更'字相应,因假定'早是'之义,犹云'本是'或'已是'也。"四是"有文从省略者,玩全段之文以定其义"。如,"'早是'字与'更'字相应,然冯延巳《捣练子》词云:'早是夜长人不寝,数声和月到帘栊。'又《董西厢》四云:'早是离情悋苦,病体儿不能痊愈。'两上句均有'早是'字,知其下句均省去'更'字也"。五是"有以异文印证者。同是一书,版本不同,某字一作某,往往可得佳证"。如,王维《燕支行》诗云:"教战须令赴汤火,终知上将先伐谋。"赵殿臣注本云:"须,顾元纬本、凌本俱作虽。"李商隐《中元作》诗云:"羊权须得金条脱,温峤终虚玉镜台。"朱鹤龄注本云:"须,一作虽。"张氏曰:"两诗之'须'字作'虽'字解,方与下句之'终'字相应。又巾箱本《琵琶记》三十云:'他媳妇须有之。'凌刻朧仙本及陈眉公本俱作'虽有之'。据此三证,则知须犹虽也。"六是"有以同义异文印证者。类似之文句,甲文某字作某,乙文作某,比照之而其义可见"。如,陈师道《寄泰州曾侍郎肇》诗云:"是处逢人说项斯。"实脱胎于杨敬之《赠项斯》诗之"到处逢人说项斯"。张氏曰:"则知'是处'即'到处'也。"陈与义《雨中再赋海山楼》诗云:"一生襟袍与山开。"实脱胎于杜甫《奉待严大夫》诗之"一生襟袍向谁开"。张氏曰:"则知'与'犹'向'也。"①这些方法虽已见诸清代刘淇《助字辨略》和王引之《经传释词》,但是,用于考释方俗语词则确系张相独创,同样也适用中学语文的古诗文的词义教学,是中学语文教师案头必备的工具书。

王锳《诗词曲语辞例释》是继张相之后又一部考释方俗语的重要著作。此书于1980年由中华书局出版,以后多次再版,是在张氏《汇释》基础上加以"补阙拾遗",所收语词,计标目317,附目246,分为412条,按汉语拼音字母顺序排列。据王氏自序,此书在"补阙拾遗"上主要体现在三方面:一是补《汇释》"挂万漏一的情况"。如,"'处'一般指处所,这在先秦两汉或在现代其用法都没有什么两样,但诗词中却往往用以指示时间。岳飞《满江红》词:'怒发冲冠,凭栏处,潇潇雨歇。'这里的'处'就等

---

① 张相:《诗词曲语辞汇释》,上海古籍出版社1985年版,第287页。

于'时'或'际',意云凭栏远眺之时,已是雨后天晴。'空'一般表示'徒然、枉然'义,但诗词中又往往用为范围副词,作'只、仅'解。李白诗'屈平词赋悬日月,楚王台榭空山丘',便是只余山丘的意思"。① 二是补《汇释》某些条目的义例"不够完备"之处。如,"在"字除用作"得""着"者外,又可表示"本""此"的意思,"用如指示代词"。孙光宪《竹枝词》"杨柳在身垂意绪"一句中的"在身","即是指本身或自身"。"还"字除表示假设、相当于"如其"用法外,又可以用作语气副词,"表示转折而相当于'却'"。白居易诗"不得人间寿,还留身后名","还留"即等于说"却留"。三是补《汇释》"极少数条目在举例释义方面值得商榷"之处。"如卷六'正本'条将'折证'一词作为附目,解云'折者折本,证者证本','亦清算义'。其实'折证'应是'质证',乃当面分辨或对质之意,'折本''证本'的说法似属牵强。'当行'一词,既有内行的意思,也有本行的意思;但卷六'当行家'条云:'凡云当行或行家,均为内行之义。'其所引《盆儿鬼》剧二之例,却恰恰只能解作本行"。② 这正是说明了"前修未

---

① 王锳:《诗词曲语辞例释》,中华书局1980年版,第4页。
② 同上书,第3页。

密，后出转精"的道理，同样是中学语文教师案头必备的工具书。

此书所用的方法与张相的《汇释》大致相同，对正确解释中学语文诗词中的某些语词也极有参考价值。如，杜甫《茅屋为秋风所破歌》："自经丧乱少睡眠，长夜沾湿何由彻。"注释说："何由彻，如何挨到天亮。彻，到，这里是'彻晓'（到天亮）的意思。"[①]几乎是沿袭旧课本注释，一字没改。实误。查《例释》"彻"字条，便知"彻"有"'毕''尽''停歇'的意思，和常见的'通''透'义有所不同，动词"。[②] "何由彻"，是说雨何由停歇的意思，用不着绕来绕去，添括号中文字来补充。又如，李白《梦游天姥吟留别》："天姥连天向天横，势拔五岳掩赤城。"注释说："向天横，遮住天空。横，遮住。"[③]那么"连天"是何意呢？没有注释，是否能解作"与天相连"的意思？查《例释》，"连"有"满"或"遍"的意思，"与通常'接连''牵连'义有所不同，动词"。[④] "连天向天横"，是说天姥山满天遍地而向着天空横亘。刘禹锡《酬乐天扬州初逢

---

① 部编：《义务教育教科书语文》八年级下册，2017年版，第124页。
② 王锳：《诗词曲语辞例释》，中华书局1980年版，第41页。
③ 部编：《普通高中教科书语文》必修上册，2019年版，第60页。
④ 王锳：《诗词曲语辞例释》，中华书局1980年版，第147页。

席上见赠》:"怀旧空吟闻笛赋,到乡翻似烂柯人。"①"翻"字无注。查《例释》,"翻"有"反""却"的意思,"表示转折语气的副词;语气转折较重时相当于'反',较轻时相当于'却'"。②"翻似"是说"却似"。刘禹锡《乌衣巷》:"朱雀桥边野草花,乌衣巷口夕阳斜。""边"字很容易理解为是桥的旁边。查《例释》,"边"字用作方位名词,常表示"中""上""下""前""后""处"等义,"不是'旁边'的意思"。③这里的"桥边",与"巷口"是对文,边是说指朱雀桥的前头。总之,中学语文教师碰到类此词语,可以向《例释》请教。

《敦煌变文字义通释》,蒋礼鸿先生撰。此书1959年首版于上海古籍出版社,至1962年印了3次。后来蒋先生又加以扩充增补,1981年重版于上海古籍出版社,即新一版,1988年以后印新三版,凡117万册。后来又有增订再版。由此足见此书深受读者欢迎。此书虽是专门考释敦煌变文里的俗语词,但是所取的语言材料极为广泛。诚如郭在贻先生所说:"就时间断限而言,上起先秦,下迄现代(书中曾引及柳青、梁斌、浩然的小说);就内容而言,举凡诗、

---

① 部编:《义务教育教科书语文》九年级上册,2018年版,第54页。
② 王锳:《诗词曲语辞例释》,中华书局1980年版,第78页。
③ 同上书,第8页。

词、曲、赋、笔记、小说、随笔、杂著、语录、民谣、佛经、诏令、奏状、碑文、字书、韵书、音义、史书、文集等，无不在采撷之列。"①这是因为著者力图"从纵横两方面"入手，考释敦煌俗语词的源与流。"所谓横的方面是研究一代的语言"，而"所谓纵的方面，就是联系起各个时代的语言来看它们的继承、发展和异同"。所以，此书所考释的词义常带有语义史的性质，分别将各个词条的语言材料作"纵的横的串连"，因而取此书名为"通释"。如，"取"字，此书释为"听从"之义。开始依据《舜子变》"舜取母语，相别行至山中"等出自敦煌变文里的七条书例加以归纳，"取"就是"听从"的意思。其次引《敦煌曲校录》《法苑珠林》《全唐诗》《剧谈录》《太平广记》《酉阳杂俎》《旧五代史》《旧唐书》等书例以与敦煌变文相互印证，这就是所谓"横的串连"，说明"取"字释"听从"具有普遍的社会性。最后引《史记·匈奴列传》"亦取阏氏之言"一例，说明"取"训"听从"，在西汉时期就已经存在了。这就是所谓"纵的串连"。②在"纵的串连"中，著者还出色地利用近代和现代方言。如，"般当、般比"条，书中举敦煌

---

① 郭在贻：《训诂学》，第161页。
② 蒋礼鸿：《敦煌变文字义通释》，上海古籍出版社1988年版，第211页。

材料，释为"比并"，上推先秦文献，认为"般"即《孟子·公孙丑上》"若是班乎"的"班"，并引赵岐注"班，齐等之貌也"作证。然后因声以下求，说：《红楼梦》第十九回：'宝玉听了，忙笑道："你又多心了！我说往咱们家来，必定是奴才不成？说亲戚就使不得？"袭人道："那也搬配不上。"'浩然《金光大道》第九章：'常言道："不是一家人，不入一家门。"这女人在很多方面跟张金发都是十分般配的。'又，第二十四章：'得定准。我看你俩年貌相当，很般配，可不能挑肥拣瘦地把自己耽误了。''搬配''般配'义同'般比'，以'般'为比，还存在于现代北方方言。《金光大道》反映的是河北方言；山东也有'般配'一词，谓夫妻配得上。刘宾雁《人妖之间·时代病——软骨症》(《人民文学》1979年第2期)：'魏高干么非和老王家结亲呢？这也不大班配嘛。'谢鲁渤、胡晓《烛光》(《安徽文学》1980年第6期)：'这是我们结婚那时拍的。……当然，她比我要年轻多了，乍一看好像并不般配。'"[1]于此可见其一斑。总之，"纵的横的串连"，正是此书一个非常显著的特色，也是蒋先生所以能发明新义、超

---

[1] 蒋礼鸿：《敦煌变文字义通释》，上海古籍出版社1988年版，第215页。

越前人的根本原因。

利用此书的学术成果，可以帮助我们解决中学语文课中的疑难问题。如，《琵琶行》："间关莺语花底滑，幽咽泉流冰下难。"注释说："像幽咽的泉水在冰下艰难流过。难，艰难，形容乐声滞塞难通。"[1]旧课本也选收此诗，句下注："冰下难，一作'冰下滩'。"[2]似乎在"难""滩"之间，难于决断，故采取谨慎态度。"于其所不知盖阙如也"，旧课本的态度是正确的。蒋先生以为"难"字当作"滩"，"滩"是"完""尽"的意思。他首先从敦煌变文中找到书例，说："《破魔变文》：'鬼神类，万千般，变化如来气力滩。任你前头多变化，如来不动一毛端。''气力滩'就是气力尽。这是说鬼神向如来施展变化，不能动如来一毛，而自己气力已尽。按：玄应《一切经音义》卷一七，《俱舍论》第一卷音义引《尔雅·释天》'涒滩'的李巡注道：'滩、单，尽也。''单'通作'殚'，'殚'也是尽。《说文》'滩'是'灘'的俗体，'灘，水濡而干也。'又引《诗》'灘其干矣'。水干就是水尽，水尽叫做滩，力尽也叫作滩。"蒋先生又说这里"幽咽泉流冰下滩"的"滩"是"承幽咽，当

---

[1] 部编：《普通高中教科书语文》必修上册，2019年版，第63页。
[2] 高中《语文》第三册，2006年版，第26页。

亦气力尽之意"。[①]其说极是。这个一直困扰着中学语文教师的难题，至此总算有了明确的答案。这句是说，泉流之小，如幽微的咽泣声，在冰下完全消失了。滩，是个俗语词，所谓"俚语"，正体现了白居易诗歌创作好用"俚语"的特色。而新课本注释偏选用了"难"，恰恰是比旧课本上退了大一步。

诚然，除上述三种辞典外，像朱居易《元剧俗语方言例释》，陆澹安《小说语词汇释》《戏曲语词汇释》，徐仁甫《广释词》，顾学颉、王学奇《元曲释词》，蔡镜浩《魏晋南北朝词语例释》等，也都很值得一读，它们对中学语文课的俗语词解释，都有一定的参考价值。

[①] 蒋礼鸿：《敦煌变文字义通释》，上海古籍出版社1988年版，第286页。

第三节　训释语文教材中的方俗语

在中学语文教学中，遇到方俗语，首先应该避免那种"想当然"的错误，尤其对那些字面极为普通而意义相当特殊的方俗语，更应谨慎从事。如，《屈原列传》："人穷则反本，故劳苦倦极，未尝不呼天也；疾痛惨怛，未尝不呼父母也。"注释说："倦极，疲倦忧患。极，疲困。"[①]倦极即"疲倦"，解"极"为"疲困"，是正确的，是当年笔者审订课本时才补充的，2000年前的课本没有这样的注释。如，《后汉书·华佗传》："佗语普曰：'人体欲得劳动，但不当使极耳。'"[②]这个"极"字也是"疲困"的意思，就无注。原来，"极"字是汉代以后出现的俗语词，有

---

① 部编：《普通高中教科书语文》选择性必修中册，2020年版，第82页。
② 高中《语文》第三册，1998年版，第352页。

疲惫的意思。《屈原列传》"劳苦"和"倦极"各是同义复语，所以，"极"即是疲倦的意思，不能释为"疲惫到了极点"，更没有必要添加"忧患"的意思。从"纵的串连"看，这个意义魏晋以后的典籍里也极为常见。《全晋文》卷二十三王羲之《杂帖》："昨得还书，知极，不加疾，人甚忧，耿耿。消息比佳耳。"[①]"知极"，说知疲惫。《太平广记》卷十《赵瞿》（出《神仙传》）："能负重，更不疲极，年百七十。"[②]"疲极"连用，是并列复语。卷三十五《韦丹》（出《会昌解颐录》）："韦公兢兢床前而立，久因困极，不觉兼公服亦倒卧在床前地上睡。"[③]卷三百五十九《张聘》（出《搜神记》）："晋太安中，江夏功曹张聘乘车周旋，牛言曰：'天下方乱，吾甚极焉，乘我何之？'"[④]在现在的金华方言里，称疲劳过度为"极"，说明这个意义至今存在。"极"字非常普通，但是不能"想当然"地用它的普通意义来解释上述的句子。语文教材中类此的情况不少，需要教师引起足够的重视。

那么，怎样解释中学语文教材里的方俗语呢？

---

① 严可均：《全上古三代秦汉三国六朝文》，中华书局1981年版，第1585页。
② 李昉：《太平广记》，中华书局1984年版，第71页。
③ 同上书，第225页。
④ 同上书，第2845页。

第一，勤查方俗语的辞典和有关考释方俗语的论著。诚如上述，《诗词曲语辞汇释》《诗词曲语辞例释》《敦煌变文字义通释》等专门性的辞书确是解决语文教材里的方俗语的重要参考书，应该成为语文教师经常翻检的必备的工具书。这一点就不再重复了。此外，还有一些涉及方俗语的杂著、笔记及单篇论文等训诂材料，也很值得我们借鉴。像蒋礼鸿《义府续貂》《蒋礼鸿语言文字学论丛》，徐复《后读书杂志》《徐复语言文字论稿》，郭在贻《训诂丛稿》等，均有许多考释方俗语的精义，有些直接涉及中学语文教材中的词语解释。如：

皮日休《汴河怀古》："若无水殿龙舟事，共禹论功不较多。"注释说："不较多，差不多。"① "较"不是"比较"，而是"相差""差别"的意思。所以，这条注释是正确的。"较"解为"差别""相差"，从字面上是找不出答案来的。原来，"较"是俗语词，或作"觉""校"，与它们的字面意义无关。蒋礼鸿《义府续貂》说："《荀子·王霸篇》：'此夫过举蹞步而觉跌千里者夫！"哀哭之。'杨倞注：'半步曰蹞。跌，差也。此言歧路第过举半步，则知差而哭，况

---

① 浙江省编初中《语文》第五册，浙江教育出版社1995年版，第160页。

跌千里者乎？故甚哀而哭之。'俞樾曰：'如注义。则以衅跌千里者夫为句，不辞甚矣。觉当为衅。《玉篇》引《声类》曰："衅，误也。"《广雅·释诂》同。衅训误，正与杨注跌训差义相近。言此歧路第过举跬步而衅跌乃至千里，故可悲也。自衅误为觉，而义不可明矣。'按：俞氏以觉跌连读，是也。觉跌之义必为失误。俞氏以觉为衅之误，说甚近理。《广雅·释诂三下》：'衅、诀，误也。'王氏《疏证》亦引《玉篇》所引《声类》证衅义。……至如觉者，愚窃以为无须改字。盖觉有去声读。《广韵》去声三十效韵，觉与校、较皆音古孝切。入声四觉韵，觉、较、斠皆古岳切，又古孝切。而《孟子·尽心上篇》：'彼善于此，则有之矣。'赵岐注曰：'彼此相觉，有善恶耳。'《离娄下篇》：'则贤不肖之相去，其间不能以寸。'赵注：'如此贤不肖相觉，何能分寸？'《告子上篇》：'圣人与我同类者。'赵注：'圣人亦人也，其相觉者，以心知耳。'赵注三言相觉，觉义训为校，孙奭《音义》具言之。《尽心》注之'相觉'，谓'相校量'，《离娄》《告子》二注之相觉，谓相差异。……盖差异形于校量。由校量而引申，则有差异之义。差异义为不相值。又引申之，则为误差。杜甫《狂歌行赠四兄》：'与兄行年校一岁。'谓差一岁也。《三国志·魏书·邓艾传》：'绪趣截维，较一日不及。维遂东引还。'较即校，谓差一日也。校一岁之校为差异，较一日之较为误差。赵注相觉，觉以校、较盖以音同义通而为校量差异。《荀子》觉跌，则亦以音同于校、较而其义通为误差。斯则觉跌二字同义连文，虽不改字可也。"①其说甚确，为"不较多"解为"差不多"提供了坚实可信的证据。

《桃花源记》："既出，得其船，便扶向路，处处志之。"注释说："扶，沿着、顺着。"②扶，释为沿、顺的意思比较特殊。扶，是俗语词。徐复在《后读书杂志》中考释说："《晋书·谢安传》：'羊昙为安所爱重，安薨后，辍乐弥年。尝因石头大醉，扶路唱乐，不觉至州门。'陶氏用当时口语入文。"③徐氏的结论是正确的，对于准确理解《桃花源记》"扶"字的意义很有参考价值。

杜甫《羌村三首》："请为父老歌，艰难愧深怀。"注释说："愧，感谢。"④按：这条注释原来释作"惭愧"，为笔者2003年审稿时所改。愧，是六朝以后的口语词，除了表

---

① 蒋礼鸿：《义府续貂》，中华书局1981年版，第43页。
② 部编：《义务教育教科书语文》八年级下册，2017年版，第56页。
③ 徐复：《后读书杂志》，上海古籍出版社1996年版，第184页。
④ 义务教育课程标准实验教科书《语文》九年级下册，2006年版，第192页。

示"惭愧"外,别有"感谢""感恩"的意思。[①]蒋礼鸿先生《敦煌变文字义通释》有详考,可参。即在杜诗中,也能找到"愧"解"感谢"之义的诸多证据。如,《奉赠韦左丞二十二韵》:"甚愧丈人厚,甚知丈人真。"《送高三十五书记》:"答云一书记,所愧国士知。"《渼陂西南台》:"劳生愧严郑,外物慕张郦。"《阌乡姜七少府设脍戏赠长歌》:"偏劝腹腴愧年少,软炊香饭缘老翁。"《立秋雨院中有作》:"穷途愧知己,暮齿借前筹。"《晚晴吴郎见过北舍》:"圃畦新雨润,愧子废锄来。"《别苏徯赴湖南幕》:"消渴如今在,提携愧老夫。"《长沙送李十一》:"远愧尚方曾赐履,竟非吾土倦登台。"

第二,比类文例。即上述所说的"排比文例",将出现同一词语的句子一一找出来,然后排列在一起,反复斟酌,加以归纳。如:

王湾《次北固山下》:"乡书何处达?归雁洛阳边。"[②]"何处"未注,但并非说是"什么地方"的意思。根据诗意,"何处"是"何时"。此句是说,家乡的书信何时能送到。不是问什么地方。"何处",是唐代的俗语词,其

---

① 蒋礼鸿:《敦煌变文字义通释》,见《蒋礼鸿集》第一卷,浙江教育出版社2000年版,第165—168页。
② 部编:《义务教育教科书语文》七年级上册,2016年版,第15页。

释"何时",可以通过"比类文例"的方法来解决。宜芬公主《虚池驿题屏风》:"妾心何处断?他日望长安。"杜甫《诸将》:"沧海未全归禹贡,蓟门何处尽尧封?"这是说蓟门何时归于朝廷。长孙辅佐《杭州秋日别故友》:"独随孤棹去,何处更同衾?"晏几道《醉落魄》词:"若问相思何处歇?相逢便是相思彻。"柳永《少年游》词:"归云一去无踪迹。何处是前期?"张抡《菩萨蛮》词:"人间何处难忘酒?迟迟暖日群花秀。"比类以上文例,"何处"在上述语境里只能释"何时"的意思。

杨巨源《城东早春》:"诗家清景在新春,绿柳才黄半未匀。"注释说:"绿柳才黄半未匀,绿柳刚刚透出嫩黄,色彩大半还未均匀。"①把"半"解释为"大半",没有根据。其实,唐代的俗语词,半,经常和"全"构成对文,在许多诗歌的语境中是表示"全部""都"的意思,而不能解作"一半"或"大半"。可以通过"比类文例"的方法来考释。宋之问《奉和幸神皋亭应制》:"台古全疑汉,林余半识秦。"李适《奉和春日幸望春宫应制》:"轻丝半拂朱门柳,细缬全被画阁梅。"张说《扈从南出雀鼠谷》:"山南柳半密,谷北草全稀。"秦系《山中崔大夫有书相问》:"终年常

---

① 初中《语文》第一册,人民教育出版社1998年版,第279页。

裸足,连日半蓬头。"郎余令《晦日宴高氏林亭》:"半骑余细雨,全晚澹残霞。"刘希夷《代悲白头翁》:"寄言全盛红颜子,应怜半死白头翁。"王翰《古娥眉怨》:"白日全含朱鸟窗,流云半入苍龙阙。"杜甫《朝二首》:"础润休全湿,云晴欲半回。"皇甫冉《送顾苌往新安》:"半是乘潮便,全非行路难。"朱湾《长安喜雪》:"全似玉尘消更积,半成冰片结还流。"柳宗元《同刘二十八院长述旧》:"沈埋全死地,流落半生涯。"张籍《赠阎少保》:"半俸归烧伏火药,全家解说养身方。"元稹《度门寺》:"影帐纱全落,绳床土半壅。"白居易《寒食卧病》:"赢坐全非旧日客,扶行半是他人力。"以上"半""全"相对为文,"半"即是"全"的意思。"绿柳才黄半未匀",是说绿柳刚出黄芽儿,都未匀齐,不是专指"色彩"而言的。

岑参《逢入京使》:"故园东望路漫漫,双袖龙钟泪不干。"注释说:"龙钟,沾湿的样子。"① 把"龙钟"释为"沾湿",是根据语境来推断的。其实,"龙钟"释为"沾湿",用以修饰"泪不干",则就把节拍分为"双袖""龙钟泪不干"两节,与上句"故园东望路漫漫"不对称了。这两句节拍应该是:故园东望／路漫漫,双袖龙钟／泪不干。龙

---

① 部编:《义务教育教科书语文》七年级下册,2016年版,第80页。

钟是双袖的述语。再说，"龙钟"释为"沾湿"，在训诂上没有根据。龙钟，在唐诗里出现的频率是比较高的，"比类文例"，也都只表示精神委靡不振或潦倒困迫的意思。如，苏颋《晓发方骞驿》："传置远山蹊，龙钟蹴涧泥。"是说疲惫地在涧泥的道路上行走。沈佺期《答魑魅代书寄家人》："龙钟辞北阙，蹭蹬守南荒。"龙钟、蹭蹬为对文，说落拓困蹙的意思。元载《别妻王韫秀》："年来谁不厌龙钟，虽在侯门似不容。"王维《夏日过青龙寺谒操禅师》："龙钟一老翁，余步谒禅宫。"刘长卿《江州重别薛六柳八二员外》："今日龙钟人共弃，愧君犹遣慎风波。"刘湾《对雨愁闷寄钱大郎中》："龙钟驱款段，到处倍思君。"高适《人日寄杜二拾遗》："龙钟还忝二千石，愧尔东西南北人。"杜甫《寄彭州高三十五使君适虢州岑二十七长史参三十韵》："何太龙钟极，于今出处乖。"袁邕《东峰亭各赋一物得阴崖竹》："龙钟负烟雪，自有凌云心。"戎昱《宿桂州江亭呈康端公》："龙钟万里客，正合故人哀。"戴叔伦《临川从事还别崔法曹》："远与故人别，龙钟望所言。"卢纶《途中遇雨马上口号留别张刘二端公》："应念龙钟在泥滓，欲摧肝胆事王章。"又，《郊居对雨寄赵涓给事包佶郎中》："萧飒宜新竹，龙钟拾野蔬。"李端《赠薛戴》："交结惭时辈，龙钟似老翁。"又，《赠康洽》："华堂举杯白日晚，龙钟相见谁能免。"又,《荆门歌送兄赴夔州》:"船门相对多商估,葛服龙钟篷下语。"又,《山中期吉中孚》:"何必龙钟后,方期事远公。"又,《酬丘拱外甥览余旧文见寄》:"鄙俗那劳似,龙钟却要怜。"司空曙《送王使君小子孝廉登科归省》:"鞍马临歧路,龙钟对别离。"杨巨源《辞魏博田尚书出境后感恩恋德因登丛台》:"荐书及龙钟,此事镂心骨。"以上"龙钟"都表示委靡不振或穷困潦倒的意思。"双袖龙钟",是形容双袖委垂的样子;"泪不干",才是说眼里贮满了泪水。

赵师秀《约客》:"黄梅时节家家雨,青草池塘处处蛙。"①课文"家家"未注,大概以普通义对待。实误。按:家家,犹处处、到处,非说每家。家家,唐宋俗语。王禹偁《忆旧游寄致仕了倩寺丞》:"桥映家家柳,泾通处处莲。"薛田《成都书事百韵》:"酴醾引架家家郁,踯躅攀条处处妍。"吴济《鲍家田》:"摇舾家家酒,收犁处处村。"蒋堂《寄题望湖楼》:"家家画舫日斜归,处处菱歌烟际起。"解旦《富顺》:"亭台处处垂杨影,街巷家家小酒旗。"欧阳修《春晴书事》:"晴明风日家家柳,高下楼台处处山。"司马光《三月三十日微雨偶成诗二十四韵书怀献留守开府太尉兼呈真率诸公》:"家家花启户,处处酒飘帘。"郭

---

① 部编:《义务教育教科书语文》七年级下册,2016年版,第163页。

祥正《稍霁二首》:"小艇家家有,危橡处处扶。"苏轼《残腊独出二首》:"处处野梅开,家家腊酒香。"张舜民《秋晚三首》:"家家白酒连宵醉,处处新禾彻夜春。"苏辙《僧伽塔》:"处处金钱追晚供,家家蚕麦保新春。"范祖禹《和张二十五春日见寄五首》:"流水家家入,修篁处处同。"彭汝励《武阳寨闻峒中作乐》:"夷俗家家曲,蛮歌处处声。"释道潜《庐山道中怀子瞻》:"处处丛祠起箫鼓,家家篱落动耕桑。"李之仪《书长干僧房》:"雨洒家家润,灯传处处光。"张耒《暮春游柯市人家有作》:"草木家家秀,沟壑处处通。"赵鼎臣《春日燕百花堂有怀前太守许子大以诗戏之》:"召公棠荫家家满,潘令桃蹊处处芳。"唐庚《骤雨》:"声入家家树,凉传处处窗。"张扩《舟行江阴道中》:"处处鱼盐成市井,家家罾筍长儿孙。"李光《琼惟水东林木幽茂予爱此三士所居虽无亭馆之胜而气象清远连日水涨隔绝悠然遐想各成一诗目为城东三咏》:"家家社酒香,处处烹鸡豚。"《连日以目疾不能躬课子侄辈枕上成四十言粗明汲古之意以勉之》:"古井家家有,灵泉处处通。"薛道光《五言十六首》:"云散家家月,花开处处春。"吕本中《春晚郊居》:"低迷帘幕家家雨,淡荡园林处处花。"王洋《无尽藏斋诗》:"水底家家月,窗间处处风。"胡寅《游淡竹岩》:"桑密家家茧,秧稠处处犁。"释玿《偈颂九首》:"春来花处处，云散月家家。"陆游《春夏雨旸调适颇有丰岁之望喜而有作》："陂塘处处分秧遍，村落家家煮茧忙。"《闲游》："麦经小雨家家下，菊着新霜处处开。"《步至湖上寓小舟还舍五首》："赊酒家家许，看花处处留。"《秋思四首》："村醅似粥家家醉，社肉如林处处留。"《新晴》："社酒家家醉，春芜处处耕。"《平水道中》："处处陂水满，家家巢燕忙。"《五月一日作》："处处稻分秧，家家麦上场。"《时雨》："家家麦饭美，处处菱歌长。"《丰岁》："处处喜晴过甲子，家家筑屋趁庚申。"《会稽行》："家家富水竹，处处生兰杜。"《春晴二首》："水阁家家横小舫，园亭处处听新莺。"《春晴登小台》："河岸家家装彩舫，儿曹处处唱青梅。"范成大《浙东舟中》："处处槿樊圃，家家桃庑门。"项安世《次东坡雪诗十六韵三首》："处处作花衢，家家产盐课。"虞俦《雨过》："处处村舂急，家家晚爨烟。"王质《青阳道中二首》："处处山都好，家家酒不酸。"楼钥《过苏溪》："处处溪环舍，家家石累墙。"《从子澡涤筑屋荷池上》："楼台墙宇家家月，杨柳荷花处处风。"韩淲《自永丰玉山回宿南罐》："周游放浪家家酒，展转流连处处诗。"释居简《送钱竹岩宰常熟》："琴响家家月，春酣处处花。"《化阄拈千手大悲像》："秋澄万水家家月，春入千林处处花。"李洪《会稽偶作二首》："鹧鸪处处啼篁竹，舴艋家家泛钓船。"赵蕃

《郊居书事》："家家缲茧火，处处插秧歌。"《同谢丈签判送赵台州至灵鹫签判丈道中有诗蕃同赋》："欲知风俗家家厚，看取耕桑处处同。"汪莘《访孟守》："处处春风村，家家秋月湾。"释绍嵩《舟发清江》："浦树家家异，风光处处同。"释道璨《偈颂二十五首》："青草池头处处蛙，黄梅时节家家雨。"方回《题苦竹港寓壁》："旗亭沽酒家家好，驿舍开花处处明。"王镃《山居即事》："家家云气山藏雨，处处蛙啼水满田。"按：以上"家家""处处"皆相对为文，家家犹处处也。又，赵湘《赠兰江鞠明府》："兰舟有客题诗望，溪上家家晚唱阑。"说溪上处处晚唱阑也。司马光《晚春病起呈择之治臣》："家家好春色，何处可同游。"说处处好春色也。晁补之《谢王立之送腊梅五首》："水村映竹家家有，天汉桥边绝可怜。"说水村映竹处处见也。

第三，参考异文。这里主要是指同义或反义的异文，利用这样的异文材料来推断词义。如：

刘方平《夜月》："今夜偏知春气暖，虫声新透绿窗纱。"注释说："偏知，才知。"[①]这条注释不准确。查考唐诗，发现"偏"字有同义异文。杜淹《咏寒食斗鸡应秦

---

① 义务教育课程标准实验教科书《语文》九年级上册，2003年版，第217页。

王教》:"花冠初照日,芥羽正生风。""初"一作"偏"。① 于鹄《惜花》:"夜来花欲尽,始惜两三枝。""始"一作"偏"。②据此推断,"偏"在唐诗中有初始的意思。所以,"偏知"是说始知,而非"才知"。"虫声"的"声"字课本无注,可能解作"声音"的,非是。"声"读作"馨"。唐诗通用。这也可以通过异文来证明。如,李群玉《广州重别方处士之封川》:"楚国傲名客,九州遍芳声。""声"一作"馨"。③是其证。馨,六朝以后产生的语助词,犹说"样子"。"虫馨",说虫的样子。馨,唐诗多作"生"。如李白《戏赠杜甫》:"借问别来太瘦生,总为从前作诗苦。""虫声新透"的"透"字,课本也无注,用普通义来解释也不通。其实,"透",是跳掷的意思,是六朝俗语。《南史》卷十二《后妃·元帝徐妃》:"太清三年,遂逼令自杀。妃知不免,乃透井死。"卷十八《赵伯符传》:"后为丹阳尹,在郡严酷,曹局不复堪命,或委叛被戮,透水而死。"卷六十三《羊侃传》:"三人谓景曰:'我等为王百战百胜,自谓无敌,卒至于此,岂非天乎?今就王乞头以取富贵。'景欲透水,鹍抽刀斫之。"卷六十四《王琳传》:

---

① 《全唐诗》,上海古籍出版社1986年印影本,第116页。
② 同上书,第775页。
③ 同上书,第1451页。

"琳船舰溃乱,兵士透水死者十二三。"《北史》卷六《齐纪》:"神武弯将射之以决去,后呼荣求救,赖荣透下取之以免。"卷六十二《王思政传》:"绍宗穷急,透水而死。"卷七十八《麦铁杖传》:"系绳毕,手足皆放,透空而下,以掌拓地。倒行十余步。"《太平广记》卷三百六十三《高邮寺》(出《酉阳杂俎》):"每日晚,人马车舆影悉透壁上,衣红紫者,影中卤莽可辨。""新透",说刚跳掷。此两句诗是说,今夜始知春气暖,虫儿刚在绿窗纱上跳掷。

王维《山中与裴秀才迪书》:"然是中有深趣矣!无忽。因驮黄檗人往,不一。山中人王维白。"注解说:"无忽,不要忽略,不要轻视。"①此注非是。"无忽",是"无忽忽"。"忽忽",也作"勿勿",六朝以后的俗语,表示烦扰、困顿的意思。所以,"无忽"下应用逗号,与下句相连,是说写此信没有麻烦的事情,可以借驮黄檗的人带过去。

第四,因声索义。这虽是传统习见的训诂方法,对考释俗语词也同样适用。如:

杜甫《江畔独步寻花》:"留恋戏蝶时时舞,自在娇莺恰恰啼。"注释说:"恰恰,非常和谐,形容莺啼的声音。"②

---

① 高中《语文》第一册,2006年版,第25页。
② 初中《语文》第一册,1988年版,第277页。

郭在贻说:"恰恰与上句的时时相对成文,则应当也是一个表时态或表情状的副词。实则'恰恰'在这里乃是频繁不断之意。恰恰作频频、时时解,盖唐人俗语,从唐诗中不难找到例证。白居易《游悟真寺》诗:'栾栌与户牖,恰恰金碧繁。'以恰恰状繁字,即是恰恰训为频繁之意的确证。明人胡震亨《唐音癸签》卷二十四引王绩诗'年光恰恰来',恰恰来,即时时来、频频来也。"恰恰何以有频繁、时时的意思?郭氏用"因声求义"的方法,以为"恰与咠音相近(古韵属同一韵部),而凡从咠声之字,多有积聚、密集、繁碎、频繁之义",如"聂"为"附耳密语","茸"为"积聚"之意,"揖"为"集"义,"辑、楫、戢"同为"聚"义。"戢"字重言之为"戢戢",杜甫《又观打鱼》:"小鱼脱漏不可纪,半死半生犹戢戢。"韩愈《和侯协律咏笋》:"戈矛头戢戢,蛇虺首掀掀。"张籍《采莲曲》:"青房圆实齐戢戢,争前竞折漾微波。"三例戢戢皆为密集之意。"戢戢声转则为恰恰,又写做洽洽,如白居易《吴樱桃》诗:'洽洽举头千万颗,婆娑拂面两三株。'以洽洽状樱桃之果实累累。"[①]这样,郭氏既梳理出俗语"恰恰"训"时时"的演变系统,又找到了它们的词根,使其结论更加坚实可信。

---

① 郭在贻:《训诂丛稿》,上海古籍出版社1985年版,第74页。

《智取生辰纲》:"巴到东京时,我自赏你。"注释说:"巴,盼望,等待。"①非是。旧版课文注释说:"巴,奔,赶。"②是正确的。巴,是个口语词。这个注释也是笔者审定课本补正的,现在又被改了回去,真可笑也。下文又说"只见两个虞候和老都管气喘喘急急,也巴到冈子上松树下坐了喘气"。这个"巴"字能说是"盼望"吗?"巴到",说赶到,也不是盼望的意思。巴,或作"巴巴",多和"急急"同义连用,赶忙的意思。如,《古今小说》卷二十六:"父子三人,正是衣不遮身,食不充口,巴巴急急,口食不敷。"或作"巴巴结结"。京本通俗小说《错斩崔宁》:"光阴迅速,大娘子在家巴巴结结,将近一年。"巴巴急急,急遽的样子。结结,或作"挈挈"。柳宗元《答韦中立论师道书》:"愈以是得狂名,居长安,炊不暇熟,又挈挈而东。如是者数矣。"注释说:"挈挈(qiè qiè)而东,孤独地离开长安东归。"③"挈挈"训"孤独",于训诂无据。"挈挈",汉以后的俗语词。说急遽匆忙的意思。扬雄《太玄经·乾》司马光《集注》:"挈挈,急切貌。"至唐宋以后,"挈挈"

---

① 义务教育课程标准实验教科书《语文》九年级上册,2003年版,第112页。
② 同上书,第137页。
③ 高中《语文》第一册,1988年版,第359页。

多与"跋跋"连用。《五灯会元》卷五《百岩明哲禅师》:"跋跋挈挈,百丑千拙,且恁么过。"卷十八《景福省悦禅师》:"十二时中,'跋跋挈挈',且与么过,大众利害在甚么处?""跋跋",即"波波",是俗语词,匆遽奔走的意思。"波波挈挈",声转为"波波劫劫""劫劫波波"。刘学箕《虞美人》词:"寒来暑往何时了?世故催人老。一人口插几张匙,何用波波劫劫没休时。"王喆《红窗迥》词:"到明年,大丰熟。这险巇心中,全然不烛。越越底,劫劫波波,贪名利逯逯。"马钰《万年春》词:"堪叹人人,波波劫劫贪名利。"又,《满庭芳》词:"波波劫劫,劫劫波波,殷勤葺垒燕窝。"《全元散曲》录《自然集》道词无名氏《端正好》套:"没来由为儿女劫劫波波,便攒下不义财,积下些无用货,死临头怎生逃躲?"或有作"劫劫忙忙",刘学箕《沁园春》词:"有限精神,无穷世路,劫劫忙忙谁肯休。"其义存于声,皆不可据形强解。

杜甫《蜀相》:"三顾频烦天下计,两朝开济老臣心。"注释说:"频烦,即频繁。一说多次烦劳咨询。"①二解均以"频烦"为"次数多"之意。据蒋礼鸿先生所考,"频烦",除表示繁多义外,还有表示殷勤的意思:"杜甫《蜀

---

① 部编:《普通高中教科书语文》选择性必修下册,2020年版,第16页。

相》诗云:'三顾频烦天下计,两朝开济老臣心。'既云'三顾',不必又云繁数,即此频烦义亦为殷勤也。其异文为便蕃,唐宋文辞多用之。《旧唐书·裴度传·辞备礼册命司徒平章军国重事表》云:'公台重礼,典册盛仪,庸臣当之,实为忝越。况累承宠命,亦为便蕃。前后三度,已行此礼。'前云累承,继云便蕃,属辞之意与杜诗正同。又,《温造传》:'帝召而谓之曰:"朕以刘总输忠,虽书诏便蕃,未尽朕之深意。"'此即殷勤深厚之意,灼然可知。他如欧阳修《谢赐飞白并赐宴诗状》:'臣于此际,既得以素尸偷安,而又获侍清光,便蕃恩赐。'《王文公集》卷一九《谢赐生日礼物表》:'叨逾以极,赐与更蕃。'更蕃当作便蕃,同卷《谢中使传宣抚问并赐汤药及抚慰安国亡弟表》:'便蕃曲泽,虽远不忘。'可证也。吕祖谦《文鉴成除直秘阁暨赐御府金帛谢老》:'既叨中秘清切之除,复拜御府便蕃之赐。'凡此之类,皆殷勤之意也。"①其说极是。其实,这个解释,清代惠栋《九曜斋笔记》已见考释,说:"《汉书》曰:'非皇天所以郑重降符瑞之意。'师古曰:'郑重谓频烦也。'杜诗云:'三顾频烦天下计。'亦谓郑重之意。

---

① 蒋礼鸿:《义府续貂》,中华书局1981年版,第32页。

或以'频烦'为频数之'频',古无是训,近俗有之。"①类此"频烦""便蕃"等语词,不能从字面上去理解,而必须因声以求义。其异体虽有"蘋蘩",而仍解殷勤义。《太平广记》卷三百四十四《呼延冀》(出《潇湘录》):"妾既不拘,君亦放荡,君不以妾不可以奉蘋蘩,遽以礼娶妾。"卷四百五十五《张直方》:"儿自移天崔门,实秉懿范,奉蘋蘩之敬,知琴瑟之和。"或有作翩翻。王昌龄《谒焦炼师》:"拜受长年药,翩翻西海期。"以上也都是说殷勤恳切的意思。这就是前人所说,"求诸其声则得,求诸其文则惑矣"。杜甫"三顾频烦",明明说是"三次",没有"第四次",而又以"频烦"为"多次",不是重复了吗?"三顾频烦",说刘备三次至草庐表达殷勤之意,以讨教平定天下的计谋。

白居易《琵琶行》:"自言本是京城女,家在虾蟆陵下住。"注释说:"虾(há)蟆陵,在长安城东南。"②陵,墓地,何以"虾蟆"为名?唐李肇《国史补》据声求义,以为"虾蟆"即"下马"的音讹。下马陵原是西汉名儒董仲舒的墓地,其门人路过此地,都要下马致敬,故称"下马陵",而后音变为"虾蟆陵"。其《国史补》卷下说:"旧说

---

① 惠栋:《九曜斋笔记》卷三,见《聚学轩丛书》(第三集)第十四。
② 部编:《普通高中教科书语文》必修上册,2019年版,第63页。

董仲舒陵墓,门人过皆下马,故谓之下马陵,后人语讹为虾蟆陵。"原来"虾蟆"这个俗语,是由"下马"音变来的,问题也就得以解决。

第五,审辨字形。审辨字形,就是通过对方俗语的字形的辨析,正其讹误,然后求其确切意义。如:

《触龙说赵太后》:"老臣今者殊不欲食,乃自强步,日三四里,少益耆食,和于身也。"注释说:"和,舒适。"① 长沙马王堆帛书本《战国纵横家书》"和于身"作"知于身"。按:"和"当"知"字的形讹,二字属形似。《方言》卷三:"知,愈也。南楚病愈者谓之知。""知"是南楚方俗语,是病愈的意思。"知于身",是说身体好了起来。

① 普通高中教科书《语文》第三册,2004年版,第94页。

第九章 古书辞例在语文教学中的应用

古书里常有某些较为固定且特殊的表达形式，这些形式的结构比较复杂，既有属于语法方面的，又有属于修辞方面的，可是又无法用现代汉语的语法、修辞规律和行文习惯来解释。传统的训诂学家都非常重视这些固定且特殊的形式，研究、分析它们的结构特征，分别给以归类和条例化，称之为"辞例"；然后利用这些"辞例"的结构特征来考释古书词语的意义。

但是前人的研究、分析不成系统，多是随文而释、掺杂在注疏或笔记中的零言碎语。直至清末俞樾撰《古书疑义举例》七卷，概括古书辞例凡88例，使之趋于系统化。此后有刘师培作《古书疑义举例补》，杨树达作《古书疑义举例续补》，马叙伦作《古书疑义举例校录》，姚维锐作《古书疑义举例增补》，皆在俞氏的基础上加以增益修补。中华书局合此五种书为一编，于1956年出版，题为《古书疑义举例五种》。关于古书辞例的研究成果，于此始得集其大成。

本章就依据《古书疑义举例五种》，从中选择以下八类辞例，加以分别介绍，并结合中学语文教材里的例子略作分析，重在关于辞例知识的实际应用，以解决语文教材中某些具体的疑难问题。

第一节 对文例

先说对文。对文是指句与句之间或词语与词语之间字数相等，结构相同，其相对应的语词语法功能相同，而词汇意义基本相同或相反的语言现象。利用对文的辞例结构，可以根据已知的词义来推断未知的词义。如，《愚公移山》："遂率子孙荷担者三夫，叩石垦壤，箕畚运于渤海之尾。""叩石垦壤"这个结构即是对文，叩、垦相对，都是动词，其义相同；石、壤相对，都是名词，意义也相近。若不知"叩"字为何义，即可根据"垦"字的意义去推断。利用这种方法，也可以帮助我们正确解决语文教材里的一些疑难问题。如：

《曹刿论战》："公曰：'牺牲玉帛，弗敢加也，必以信。'对曰：'小信未孚，神弗福也。'公曰：'小大之狱，虽不能察，必以情。'对曰：'忠之属也。可以一战，战则请从。'"注释说:"信,实情。情,诚,诚实。这里指诚心。"①这条注释如果用对文的条理来检查,会发现问题。"必以信""必以情"是对文,信、情二字不仅所处的语法功能相同,其意义也相同。但是,"信"的意义不是"实情",古书里也没有这种解释。"信",是信用,说必定守信用。"情",当释为"诚信"。《淮南子·谬称训》"不戴其情",高诱注:"情,诚也。"《荀子·礼论》"情,貌之尽也",注:"情,忠诚也。"在训诂上也有依据。"必以情",是说察狱必定要诚信。

《迢迢牵牛星》:"盈盈一水间,脉脉不得语。"注释说:"盈盈,清澈的样子。脉脉,相视含情不语的样子。"②在这里,"盈盈""脉脉"是对文,其词性、意义相同,所以"盈盈"不能释为"清澈"的意思。"盈盈",犹说"脉脉",也是含情相视的意思。说含情相视在一水之间,不能相语。又,王观《卜算子·送鲍浩然之浙东》:"欲问行人去哪边?眉眼盈盈处。"注释说:"盈盈,美好的样子。"③"盈盈"训"美好",于训诂未密。"盈盈",即

---

① 部编:《义务教育教科书语文》九年级下册,2018年版,第122页。
② 高中《语文》第三册,2006年版,第15页。
③ 初中《语文》第六册,1998年版,第306页。又见浙江省编初中《语文》第五册,浙江教育出版社1996年版,第73页。

是眉眼含情的样子。《陌上桑》:"盈盈公府步,冉冉府中趋。"注释说:"盈盈同下面的'冉冉'都是形容举步缓慢,从容大方。"① "盈盈""冉冉"是对文,释为"缓慢"是正确的。训"缓慢"与训"含情注视",其意义也是相通的。但是,"盈"字的本义是"满",与训"缓慢"义者无涉。《说文·系部》有"䋵"字,训"缓"。这是本字,而"盈"是假借字。

《察今》:"尝一脔之肉,而知一镬之味,一鼎之调。"注释说:"调,调和,指味道调和得好不好。"② 按"一镬之味"和"一鼎之调"是对文,"调"即是"味"的意思,而不能释为"调和"。

《行路难》:"欲渡黄河冰塞川,将登太行雪满山。"③ 按"欲"与"将"为对文,意义相同。"欲"即"将"的意思,不能释为"想"或"要"等。"欲",释为"将",在唐诗里书证丰富。如,杜甫《草堂》诗:"一国实三公,万人欲为鱼。""欲为鱼",说"将为鱼"。欧阳詹《小苑春望宫池柳色》:"王孙初命赏,佳客欲伤神。""初""欲"对文,"欲"

---

① 浙江省编初中《语文》第四册,浙江教育出版社1996年版,第58页。
② 高中《语文》第三册,1995年版,第279页。
③ 部编:《义务教育教科书语文》九年级上册,2018年版,第53页。又见义务教育课程标准实验教科书《语文》八年级下册,2008年版,第208页。

即"将"的意思。

《桃花源记》:"阡陌交通,鸡犬相闻。"[1]按:"交通""相闻"是对文,属偏正结构的短语。"相闻"的"相",是修饰"闻"的状语,依例可推,"交通"的"交",也应该是修饰"通"的状语,所以只能解释为"交相"的意思。

《五蠹》:"献图则地削,效玺则名卑。"[2]按:"献图""效玺"是对文,属动宾结构,"献""效"其义也同,"效"是"献"的意思。"效"训"献",在古书中也是常见的。如,《汉书·元后传》:"天下辐凑自效。"师古注:"效,献也。"是其证。

对文也可以是反义的,由具体语境来断定。如:

《伶官传序》:"忧劳可以兴国,逸豫可以亡身。"注释说:"逸豫,安乐。"[3]按:"忧劳"与"逸豫"是对文,都是复语,而其义相反。据此可断,"忧劳"是"忧患","劳"也是"忧愁"的意思,不能分释为"劳苦"。劳,忧愁。《诗经·邶风·燕燕》:"瞻望弗及,实劳我心。"高亨注:"劳,愁苦。"《礼记·孔子闲居》:"微谏不倦,劳而不怨。"

---

[1] 义务教育教科书《语文》八年级下册,2017年版,第54页。
[2] 高中《语文》第三册,1988年版,第337页。
[3] 高中《语文》第三册,2004年版,第90页。

王引之说:"劳而不怨,即承上'微谏不倦'而言,言谏而不入,恐其得罪于乡党州闾,孝子但心忧之而不怨其亲也。"①皆其证。

《谏太宗十思疏》:"夫在殷忧,必竭诚以待下,既得志,则纵情以傲物;竭诚则吴(胡)越为一体,傲物则骨肉为行路。"注释说:"物,人。行路,路人。"②按:是正确的。"下"与"物","一体"与"行路"各属对文。而前者属同义对文,而后者意义相反。"下"是"属下","物"当也是指"属下"。而"一体"是说"一人",则推断"行路"是"路人"。况且"行路"训"路人"是六朝以后的俗语,古书不乏其例。又说:"诚能见可欲,则思知足以自戒;将有作,则思知止以安人;念高危,则思谦冲而自牧;想满溢,则思江海下百川;乐盘游,则思三驱以为度;忧懈怠,则思慎始而敬终;虑壅蔽,则思虚心以纳下;惧谗邪,则思正身以黜恶;恩所加,则思无因喜以谬赏;罚所及,则思无因怒而滥刑。"注释说:"谦冲,谦虚。"③按:这段话通体为对文,构成对文的词语意义相反。如"欲"对"足","作"对"止","高危"对"谦

---

① 王引之《经义述闻》"劳而不怨"条,第385页之上。
② 部编:《普通高中教科书语文》必修下册,2020年版,第144页。
③ 同上书,第145页。

冲","满溢"对"江海下百川","懈怠"对"慎始而敬终","壅蔽"对"虚心以纳下","逸邪"对"正身以黜恶"等。明白此理,对考释这些词的意义都将有一定的参考价值。

第二节 互文例

互文，是指古书里所述的两种事物，在意境上或上下文中互相体现，互相渗透，互相补充。前人或称为"通异语""互相备""互言"等。如，《诗经·卫风·硕人》："齐侯之子，卫侯之妻，东宫之妹，邢侯之姨，谭公维私。"毛《传》："东宫，齐太子也。女子后生曰妹，妻之姊妹曰姨，姊妹之夫曰私。"孔颖达《正义》说："邢侯、谭公皆姜庄姊妹之夫，互言之耳。"即是说，"邢侯之姨，谭公维私"二句是互文，是说齐侯之子是邢侯、谭公之姨，邢侯、谭公也是齐侯之私。二句诗的意思相互补充，才能完整起来。这便是互文。

互文的辞例，在古诗词中比较突出、普遍。如：

《孔雀东南飞》:"东西植松柏,左右种梧桐。"[①]按:"东西""左右"与"松柏""梧桐"分别是互文,是说东西左右皆种有松柏梧桐。又:"枝枝相覆盖,叶叶相交通。"[②]按:"枝枝""叶叶"与"覆盖""交通"是互文,是说枝叶皆相互覆盖交通。

《泊秦淮》:"烟笼寒水月笼沙,夜泊秦淮近酒家。"[③]按:"烟""月"是互文,是说烟气和月光都笼罩着江水和沙地。

《木兰诗》:"将军百战死,壮士十年归。"[④]按:"将军"与"壮士"、"百战"与"十年"分别为互文,说将军、壮士在十年鏖战中,都身经百战,死的死,没死的终于归来了。绝不可误解为将军身经百战都死了,壮士十年以后才归来。又:"当窗理云鬓,对镜帖花黄。"[⑤]"当窗""对镜"为互文,是说临窗对着镜子理云鬓,帖花黄。又:"雄兔脚扑朔,雌兔眼迷离"。按:"雄兔""雌兔"为互文,说雄雌二兔都脚扑朔、眼迷离。近见香港吴宏一先生也有此说,

---

① 部编:《普通高中教科书语文》选择性必修下册,2020年版,第12页。
② 同上书。
③ 部编:《义务教育教科书语文》七年级下册,2016年版,第162页。
④ 同上书,第42页。
⑤ 同上。

与余不谋而合。① 有些教材的辅导资料说"脚扑朔"是雄兔求偶的特征,而"眼迷离"是雌兔发情期的症状,实在是不懂互文例而作的牵强附会的解释。

《出塞》:"秦时明月汉时关,万里长征人未还。"② 按:"明月""关"是互文,说秦汉时的明月秦汉时的关,不能分开来解释。

《琵琶行》:"主人下马客在船,举酒欲饮无管弦。"③ 按:"主人""客"是互文,是说主人和客同时下马又同时上船。

《白雪歌送武判官归京》:"将军角弓不得控,都护铁衣冷难着。"④ 按:"将军""都护"是互文,说将军和都护的角弓都拉不开,他们的铠甲都难以御寒。

《春望》:"感时花溅泪,恨别鸟惊心。"⑤ 按:"感时""恨别"是互文,说伤感和离别时都觉得花在溅泪,都使得鸟儿惊心。

在古代散文中也可以经常看到互文的辞例。如:

---

① 详参吴宏一:《留些好的给别人》,香港明报出版社2004年版,第223页。
② 浙江省编初中《语文》第一册,浙江教育出版社1996年版,第37页。
③ 部编:《普通高中教科书语文》必修上册,2019年版,第62页。
④ 部编:《义务教育教科书语文》九年级下册,2018年版,第132页。
⑤ 部编:《义务教育教科书语文》八年级上册,2017年版,第136页。

《答李几仲书》:"又以平生得意之文章,倾困倒廪,见畀而不吝。"①按:"倾""倒"是互文,说倾倒困廪(心中积蓄)。

《陋室铭》:"谈笑有鸿儒,往来无白丁。"②按:"谈笑""往来"是互文,说在陋室中谈笑往来的都是学识渊博的大知识分子,没有一个无知识的俗人。

《岳阳楼记》:"衔远山,吞长江,浩浩汤汤,横无际涯,朝晖夕阴,气象万千,此则岳阳楼之大观也。"③按:"衔""吞"是互文,说衔吞远山和长江。又:"不以物喜,不以己悲。"④按:"物喜""己悲"是互文,说不因外物环境的好坏和个人的得失而或悲或喜。

《阿房宫赋》:"燕赵之收藏,韩魏之经营,齐楚之精英。"⑤按:"燕赵""韩魏""齐楚"是互文,此句是指燕赵韩魏齐楚六国的奇珍异宝。"收藏""经营"和"精英"在此句中均作名词,意思相同,都是指金玉珍宝等物。又:

---

① 浙江省编初中《语文》第一册,浙江教育出版社1997年版,第204页。
② 义务教育课程标准实验教科书《语文》八年级上册,2007年版,第169页。
③ 部编:《义务教育教科书语文》九年级上册,2018年版,第44页。
④ 同上书,第46页。
⑤ 部编:《普通高中教科书语文》必修下册,2020年版,第149页。

"朝歌夜弦，为秦宫人。……烟斜雾横，焚椒兰也。"①按："朝""夜"是互文，说朝夜歌声弦乐声不绝；"烟""雾"是互文，是说烟雾飘绕横斜。这些都不能分开来解释。

《捕蛇者说》："殚其地之出，竭其庐之入，号呼而转徙，饥渴而顿踣，触风雨，犯寒暑……悍吏之来吾乡，叫嚣乎东西，隳突乎南北。"②按："殚""竭"是互文，是说其地出产的粮食和其家收入的财物全都耗尽了。"号呼""饥渴"是互文，说在转徙途中呼天喊地、饥渴相加，最后都倒下了。"触""犯"是对文，但也是互文，都表示顶冒的意思，说冒着风雨、寒暑，而不能分开来解释。"叫嚣""隳突"是互文，说在东西南北，到处叫嚣、隳突，也不能分开来解释。

《出师表》："受任于败军之际，奉命于危难之间"。③按："受任""奉命"是互文，说在败军危难的时刻接受了先帝的任命。

《隆中对》："西和诸戎，南抚夷越。"④按："和""抚"

---

① 部编：《普通高中教科书语文》必修下册，2020年版，第149页。
② 初中《语文》第五册，人民教育出版社1987年版，第159—160页。
③ 部编：《义务教育教科书语文》九年级下册，2018年版，第128页。
④ 义务教育课程标准实验教科书《语文》九年级上册，2003年版，第197页。

是互文，说在西和、抚诸戎，在南和、抚夷越。

《三峡》："每至晴初霜旦，林寒涧肃"。[①] 按："林""涧"与"寒""肃"分别是互文，是说山林、涧谷都寒冷肃杀。

---

① 部编：《义务教育教科书语文》八年级上册，2017年版，第55页。

第三节 变文例

古人行文忌用语重出,在遇到上下文有重复的语词出现时,往往用近义词或同义词来替换。这就是古书辞例里所说的变文例,古人或称作"错综为文"。利用变文形式同义词替换的特点,可以据已知的词义来推断未知的词义,有时虽不能确诂,但至少可以弄清待释的词义的大致范围。这对训诂是有很大帮助的。前人也常利用变文例有效地校勘古书和考释词义。如:

《史记·留侯世家》:"武王入殷,表商容之闾,释箕子之拘,封比干之墓。"王念孙认为"释箕子之拘"当作"式箕子之门"。因为下文复有"今陛下能封圣人之墓,表贤者之闾,式智者之门"同样内容的句子,相互构成变文,所以"释箕子之拘",当作"式箕子之门"。再说"表商容之闾,式箕子之门"也是变文,"表"与"式"、"闾"与

"门"分别是同义词,更加说明不是"释箕子之拘"。王氏又引《汉书·张良传》、刘向《新序·善谋篇》并作"式箕子之门"为证,就使其结论确切不移。①

《史记·平原君虞卿列传》:"危哉,楼子之所以为秦者。"王念孙说:"此危字,非安危之危。危,读为诡,诡,诈也。言其为秦之计甚诈也。楼缓使赵王割地为和,以疑天下而慰秦心,实则示天下以弱而益秦之强,名以为赵而实以为秦,故曰'诡哉,楼子之所以为秦者'。又,《李斯传》:'今高有淫佚之志,危反之行。'危亦读为诡,诡亦反也。……《吕氏春秋·淫辞》篇曰:'言行相诡,不祥莫大焉。'《贾子·傅职》篇曰:'天子燕业反其学,左右之习诡其师。'《淮南·齐俗》篇曰:'礼乐相诡,服制相反。'是诡与反同义。"②王说甚确。王氏"诡"训"反",援引四例都是两两相对的变文,说明"诡"与"反"是同义词,由此推断"危"通"诡",亦有"反"的意思。

我们阅读古书或者从事中学古诗文教学,利用"变文例"的特征以解释词义,是解决一些疑难问题的有效途径。如:

---

① 王念孙:《读书杂志》第一册,上海古籍出版社2014年版,第288页。
② 同上书,第329页。

《尚书·舜典》:"流共工于幽州,放欢兜于崇山,窜三苗于三危,殛鲧于羽山。"《孔传》曰:"殛、窜、放、流,皆诛也。异其文,述作之体。"可见,流、放、窜、殛四字是变文,是同义词。所谓"异其文"者,也是说避免用词重复,即用同义词来替换。而《国语·晋语》八《平公》"违帝命,殛之于羽山",韦昭注:"殛,放而杀也",把"殛"训为"放而杀",这是韦昭不明变文例而发生的误解了。现在有人反过来据韦昭此注说《尚书》的"殛"是杀头的意思,那是以讹传讹。孔颖达疏说:"流者,移其居处若水流然,罪之正名,故先言也。放者,使之自活。窜者,投弃之名。殛者,诛责之称。"孔颖达并没有误解。

变文例在《诗经》里用得比较多,入选在中学语文课本中的几篇《诗经》作品有些诗句都可以据变文例来解释词义。如:

《关雎》第二章:"参差荇菜,左右流之。窈窕淑女,寤寐求之。"第四章:"参差荇菜,左右采之。窈窕淑女,琴瑟友之。"第五章:"参差荇菜,左右芼之。窈窕淑女,钟鼓乐之。"[①]按毛亨《诗故训传》"流"训"求"。但是,"流"字本训"流水",不训"求"。因为"流""采""芼"

---

① 部编:《义务教育教科书语文》八年级下册,2017年版,第63页。

三字是变文，其义相近。"采"是采取，"流""芼"当也应是"采"的意思。"芼"训"择取"，而"流"通"擢"，今作"抽"，是拔取。说详本书第一章第四节《训诂对中学古诗文教学的作用》之"例之二十四"。又，"友""乐"是变文，用作动词。所以，"友"，也不是"朋友"的意思，而是"欢娱"，与"乐"同义。

《伐檀》第一章："坎坎伐檀兮，置之河之干兮，河水清且涟猗。不稼不穑，胡取禾三百廛兮？不狩不猎，胡瞻尔庭有县貆兮？彼君子兮，不素餐兮！"第二章："坎坎伐辐兮，置之河之侧兮，河水清且直猗。不稼不穑，胡取禾三百亿兮？不狩不猎，胡瞻尔庭有县特兮？彼君子兮，不素食兮！"第三章："坎坎伐轮兮，置之河之漘兮，河水清且沦猗。不稼不穑，胡取禾三百囷兮？不狩不猎，胡瞻尔庭有县鹑兮？彼君子兮，不素飧兮！"①按："干""侧""漘"是变文，都表示河的岸边。据此推断，"干"是"岸"的假借字。又，"涟""直""沦"是变文，都形容水波荡漾。据此推断，"直"就是波纹径直荡开的意思。另外，廛、亿、囷，貆、特、鹑，餐、食、飧也分别是变文，都可以用同样的方法来训诂。

---

① 高中《语文》第三册，2004年版，第5页。

《无衣》第一章："岂曰无衣？与子同袍。"第二章："岂曰无衣？与子同泽。"第三章："岂曰无衣？与子同裳。"注释说："泽，汗衣。"①按："泽"训"汗衣"是正确的。因为"泽"与"袍""裳"属变文，三字同义。但需要说明的是，训"汗衣"的"泽（澤）"的本字作"襗"，"泽"在此乃是"襗"的假借字。

《容斋随笔·五笔》录白居易寄元稹诗："攻文朝矻矻，讲学夜孜孜。"②按："孜孜"与"矻矻"是同义变文，"矻矻"即也是孜孜用力的意思。

《窦娥冤》第三折："地也，你不分好歹何为地！天也，你错勘贤愚枉做天！"③按："不分好歹""错勘贤愚"是变文，属同义短语。

利用变文例来训诂，同样适用散文。如：

《荆轲刺秦王》："燕王诚振怖大王之威，不敢兴兵以拒大王。"又："秦武阳色变振恐，群臣怪之。"又："北蛮夷之鄙人，未尝见天子，故振慑。"④按："振怖""振恐""振慑"三个复合词，虽不以对文形式出现，而分别错落在三

---

① 初中《语文》第三册，1998年版，第324页。
② 高中《语文》第二册，1997年版，第98页。
③ 部编：《普通高中教科书语文》必修下册，2020年版，第23页。
④ 普通高中教科书《语文》第二册，2006年版，第39—40页。

个大段中，实质上是变文，属同义词。"慑"与"恐""怖"在文中都表示害怕的意思。

《五蠹》："上古竞于道德，中世逐于智谋，当今争于气力。"①按："竞""逐""争"三词是同义变文，都是"争逐"的意思。

《张衡传》："遂通五经，贯六艺。"②按："通""贯"是变文，二字同义，表示"读通"的意思。

《出师表》："然侍卫之臣不懈于内，忠志之士忘身于外者，盖追先帝之殊遇，欲报之于陛下也。"③按："臣""士"是同义变文，不可强加分别。

《中山狼传》："前虞跋胡，后恐疐尾。"④按："虞""恐"是变文，同义，都表示"害怕"的意思。

《过秦论》："于是六国之士，有宁越、徐尚……之属为之谋；齐明、周最……之徒通其意；吴起、孙膑……之伦制其兵。"⑤按："属""徒""伦"三字是变文，同义，都是表示"属类"的意思。

---

① 高中《语文》第三册，1997年版，第328页。
② 普通高中教科书《语文》第四册，2006年版，第90页。
③ 部编：《义务教育教科书语文》九年级下册，第127页。
④ 高中《语文》第三册，1997年版，第193页。
⑤ 部编：《普通高中教科书语文》选择性必修中册，2020年版，第93页。

利用变文例解释文言虚字的语法意义,更是传统训诂学家惯用的方法之一,也适用于中学语文课的文言虚字的教学。如:

《札记·檀弓下》:"昔者吾舅死于虎,吾夫又死焉,今吾子又死焉。"[1]按:"死于虎""死焉"是变文,"焉"是代词,指虎。

《六国论》:"奉之弥繁,侵之愈急。"[2]按:"弥""愈"是变文,都表示"更加"的意思。

《师说》:"彼与彼年相若也,道相似也。"[3]按:"相若""相似"是变文,"相若",即是"相似"之意。

---

[1] 白化文等:《短篇文言文译注》,北京出版社1981年版,第149页。
[2] 部编:《普通高中教科书语文》必修下册,2020年版,第150页。
[3] 部编:《普通高中教科书语文》必修上册,2019年版,第86页。

第四节 省文例

省文是"省略"的换一种说法，古书里常见省文的辞例。省文辞例与词义训诂关系虽然不大，但是在进行古文教学中，如果对省文现象不加以具体分析，则省略的内容无法掌握，也不利于理解原文。省文通常是指省去句子中某个成分，既可以省主语、谓语、宾语，也可以省虚字。在一个句子中，究竟省去何种成分，必须通过具体语境的分析才能确定。

第一，省略主语成分。如：

《捕蛇者说》："永州之野产异蛇，黑质而白章；触草木，尽死；以啮人，无御之者。"[①]按："黑质而白章"前省略了主语"异蛇"，"尽死"前省略了主语"草木"，"无御

---

① 初中《语文》第五册，1987年版，第159页。

之者"前略了主语"人"。

《鸿门宴》:"沛公谓张良曰:'……度我至军中,公乃入。'"① 按:"度我至军中"前省略了主语"尔(你)"。

《送东阳马生序》:"每假借于藏书之家,手自笔录,计日以还。……录毕,走送之,不敢稍逾约。"② 按:"每假借于藏书之家"和"录毕"二句前,皆省略了主语"余(我)"。

第二,省略谓语成分。如:

《曹刿论战》:"一鼓作气,再而衰,三而竭。"③ 按:据文例,"再"字之后和"三"字之后皆当有"鼓"字,意谓击鼓,这里都省略了。

《论语·述而》:"举一隅不以三隅反,则不复也。"按:"不复"是副词,是说"不再"。用作状语。"复"字后面省略了谓语"举"。

《歧路亡羊》:"李子之邻人亡羊,既率其党,又请李子之竖子追之。"(《列子·追符》) 按:"其党"之后当有谓语成分"追之",这里被省略了。

第三,省略宾语成分。如:

---

① 部编:《普通高中教科书语文》必修下册,2020年版,第16页。
② 部编:《义务教育教科书语文》九年级下册,2018年版,第52页。
③ 同上书,第123页。

《陈涉世家》:"尉剑挺,广起,夺而杀尉。"[1]按:"夺而杀尉",说夺尉之剑而杀尉。"夺"字后面省略了宾语"剑"。

《活版》:"每字为一印,火烧,令坚。"[2]按:"火烧,令坚",说火烧印,令印坚。"烧"字后面省略了宾语"印"。

《廉颇蔺相如列传》:"均之二策,宁许以负秦曲。"按:"许"是答应,后面宾语省略了。所以注释说:"宁可答应(给秦国璧),使它承担理亏(的责任)。"[3]括号内的文字即是省略的宾语成分的内容。

或者省略介宾短语的宾语。如:

《荆轲刺秦王》:"荆轲有所待,欲与俱,其人居远未来,而为留待。"[4]按:"与""为"是介词,省略了后面的宾语"之"。"之",代词,指那个"居远未来"的人。

《鸿门宴》:"项王曰:'壮士!赐之卮酒。'则与斗卮酒。"[5]按:介词"与"字后面省略了宾语"之",指代樊哙。

---

[1] 义务教育课程标准实验教科书《语文》九年级上册,2003年版,第185页。
[2] 初中《语文》第五册,1987年版,第164页。
[3] 普通高中教科书《语文》第四册,2006年版,第79页。
[4] 普通高中教科书《语文》第二册,2006年版,第39页。
[5] 部编:《普通高中教科书语文》必修下册,2020年版,第15页。

《桃花源记》:"此人一一为具言所闻,皆叹惋。"① 按:介词"为"字后面省略了宾语"之",指代桃花源中的人。

第四,省略"曰"字。在古书中,凡人物对答之语,往往用"曰"表示区别,可有时省略了"曰"字,这给阅读古书增加了难度。如,《论语·阳货》:"谓孔子曰:'来,予与尔言。'曰:'怀其宝而迷其邦,可谓仁乎?'曰:'不可。''好从事而亟失时,可谓知乎?'曰:'不可。''日月逝矣,岁不我与。'孔子曰:'诺!吾将仕矣。'"其实,"好从事而亟失时"和"日月逝矣……",也是阳货的话,只是省略了两个"曰"字,分辨起来就不太容易。这就是古书的省"曰"例。类此情况在中学语文课本里也有出现。如:

《左传·殽之战》:"秦伯素服郊次,乡师而哭,曰:'孤违蹇叔,以辱二三子,孤之罪也。不替孟明,孤之过也,大夫何罪?且吾不以一眚掩大德。'"② 按:这段话出于《左传·僖公三十三年》。俞樾《古书疑义举例》卷三转述王念孙曰:"上文穆公乡师而哭,既罪己而不罪人矣,于是'不废孟明'而复用之,且谓之曰:'孤之过也,大夫何罪?'若如今本,穆公既以'不替孟明'为己过,则孟明

---

① 部编:《义务教育教科书语文》八年级下册,2017年版,第56页。
② 高中《语文》第五册,1987年版,第336页。

不可用矣；何以言'大夫何罪'？又言'不以一眚掩大德'乎？"其说甚是。可见，"不替孟明"是叙事之语，说的是事实。孟明既然打了败仗，为何不废替他？秦穆公作了解释。"孤之罪也，大夫何罪？且吾不以一眚掩大德"这结尾三句就是秦穆公解释的话，可是此三句前面省略了一"曰"字，就很容易误将"不替孟明"一句也当作秦穆公说的话了。所以此句标点当为："秦伯素服郊次，乡师而哭，曰：'孤违蹇叔，以辱二三子，孤之罪也。'不替孟明。'孤之罪也，大夫何罪？且吾不以一眚掩大德。'"按：人民教育出版社1990年版的高中《语文》（第五册）已同此标点，改正了前版本的标点失误。

省略成分的内容，是根据不同语境来确定的。其省略的方式归纳起来也只有两条，一是承上省，如：

《过秦论》："秦无亡矢遗镞之费，而天下诸侯已困矣。于是从散约败，争割地而赂秦。秦有余力而制其弊，追亡逐北，伏尸百万，流血漂橹；因利乘便，宰割天下，分裂山河。"[①]按："于是从散约败"和"伏尸百万"，指诸侯"从散约败"，"伏尸百万"，在二句前承上"而天下之诸侯已困矣"，省略了主语"诸侯"。"因利乘便"，所指的是"秦"，

---

① 部编：《普通高中教科书语文》选择性必修中册，2020年版，第93页。

承上"秦无亡矢遗镞之费"而省略了主语"秦"。所以此语段中"追亡逐北"下的逗号和"流血漂橹"下的分号都应该改为句号。

《六国论》:"或曰:六国互丧,率赂秦耶?曰:不赂者以赂者丧。盖失强援,不能独完。故曰:弊在赂秦也。"①按:"盖失强援,不能独完"无主语,其主语即"不赂者",是承上文而省略。

《触龙说赵太后》:"今媪尊长安君之位,而封之以膏腴之地,多予之重器,而不及今令有功于国。"②按:"令有功于国",说令长安君有功于国。兼语"长安君"承上"今媪尊长安君之位"而省略。

《赤壁之战》:"权起更衣,肃追于宇下。"③按:此句是说鲁肃追孙权于宇下,"追"之后承上句省宾语"之(权)"。

二是蒙下省,如:

《廉颇蔺相如列传》:"廉颇送至境,与王诀曰:'王行,度道里会遇之礼毕,还,不过三十日。'"④按:"送至境",

---

① 部编:《普通高中教科书语文》必修下册,2020年版,第150页。
② 高中《语文》第一册,2004年版,第95页。
③ 高中《语文》第一册,1995年版,第242页。
④ 普通高中教科书《语文》第四册,2006年版,第81页。

是说送王至境。兼语"王"蒙下文"与王诀"而省略。

《鸿门宴》:"张良曰:'秦时与臣游,项伯杀人,臣活之。'"[1]按:"秦时与臣游",是说"项伯与臣游"。主语"项伯"蒙下句"项伯杀人"而省略。

《诗经·豳风·七月》:"五月斯螽动股,六月莎鸡振羽,七月在野,八月在宇,九月在户,十月蟋蟀入我床下。"[2]按:"在野""在宇""在户"的主语都是"蟋蟀",蒙下句"十月蟋蟀入我床下"而省略。

---

[1] 部编:《普通高中教科书语文》必修下册,2020年版,第14页。
[2] 王力主编:《古代汉语》第二册,中华书局2004年版,第493页。

第五节　倒文例

辞例的倒文与语法的倒装有着本质的区别。语法的倒装是语言现象，而辞例的倒文则是临时性质的修辞现象。语法的倒装是有条件的，如否定句使用"不""勿""未""莫"否定词时，宾语倒置于动词谓语前。不然，否定句就不能倒装。这种倒装句就现代汉语来看似乎不合语言规则，可是在先秦两汉时期却是"合法"的语法现象。故从严格意义上说，是不能称作"倒装句"的。辞例的倒文则不然，它是出乎某种修辞的需要，可以超越语法规律的限制，所以在语法上说是无条件的，同时也是临时性的，离开具体的语境也就构不成倒文。古人或称此种辞例为"倒语""倒句"。

古书中的倒文形式，虽然错综复杂，千变万化，但是归纳起来，无非是两种类型：一是出于修辞效果的需要，一是出于韵文音律的需要。

先说因加强修辞效果而临时变动句式的倒文。如：

《左传·殽之战》："君之惠，不以累臣衅鼓，使归就戮于秦。"这句话用正常的表述方式，即是："不以累臣衅鼓，使归就戮于秦，乃君之惠也"。"君之惠"，是"不以累臣衅鼓，使归就戮于秦"的谓语成分，倒置在主语之前，实际上起到了突出言者那种立志报仇，绵里藏针，对晋侯将其放归于秦的所谓"恩惠"的"念念不忘"之情，语气既委婉而又坚定。

《列子·愚公移山》："甚矣，汝之不惠！"[①]此句的感叹词和谓语一起，倒置在主语成分"汝之不惠"的前面，加重了句子的感情色彩，比起"汝之不惠，甚矣"这样的句式，其感叹的力量要强烈得多。

《齐桓晋文之事》："宜乎百姓之谓我爱也。"[②]此句用正常的表述方式应是："百姓之宜谓我爱也。""宜"本是状语，以修饰动词"谓"，是说百姓理当以为我是吝啬的人。这里与语气词"乎"结合在一起，并倒置在主语前，亦成了一倒置在句首的谓语成分，其意思是说，百姓以为我是吝啬的人是理所当然的啊！其惊叹的语气自然大不一样了。

---

① 部编：《义务教育教科书语文》八年级上册，2017年版，第133页。
② 部编：《普通高中教科书语文》必修下册，2020年版，第5页。

《醉翁亭记》:"酿泉为酒,泉香而酒洌"。[1]这是谓语错位倒文。本应作"酒香而泉洌",而作者故意错位倒文,意在追求用语之新奇。类此例子的还有江淹《别赋》"意夺神骇,心折骨惊"[2],本应作"夺神骇意,折骨惊心",也是用语错位,以追求翻新造奇的修辞效果。

在这方面,杜甫运用得炉火纯青,达到了极致。如其《秋兴八首》之诗句:"香稻啄余鹦鹉粒,碧梧栖老凤凰枝。"[3]"鹦鹉""凤凰"分别是前后两句的主语,而"香稻""碧梧"分别是两个宾语成分的修饰语,二者相互交错倒置,初看令人费解。但此诗之妙,也就在于此。读此两句诗,给人的感觉似乎这"香稻"已非普通之物,而"碧梧"也非寻常之木,给人一种新奇的感受,创造出一个全新的诗的意境。如果此诗作"鹦鹉啄余香稻粒,凤凰栖老碧梧枝",则就流于一般化了。

其次,倒文是因诗歌平仄押韵的需要。倒文以押韵,最早见于《诗经》。如:

《邶风·日月》第三章:"日居月诸,出自东方。乃如之人兮,德音无良。胡能有定?俾也可忘。"第四章:"日

---

[1] 部编:《义务教育教科书语文》九年级上册,2018年版,第49页。
[2] 胡之骥:《江文通集汇注》,中华书局1984年版,第40页。
[3] 仇兆鳌:《杜诗详注》第四册,中华书局1979年版,第1497页。

居月诸，东方自出。父兮母兮，畜不我卒！胡能有定？报我不述。""出自东方""东方自出"，二句意义完全相同。作"出自东方"者，是因与"良""忘"押韵的需要，而倒作"东方自出"，是因与"卒""述"押韵的需要。

《周南·桃夭》第一章："桃之夭夭，灼灼其华。之子于归，宜其室家。"第二章："桃之夭夭，有蕡其实。之子于归，宜其家室。"后一章将"室家"倒作"家室"，也是押韵的需要，"实""室"二字押韵。

《楚辞》也有类此的倒文。如：

《九歌·东皇太一》："吉日兮辰良，穆将愉兮上皇。""辰良"是"良辰"的倒文，出于押韵的需要，"良"与"皇"押韵。

倒文虽与训诂无直接的关系，但有时也会影响到对古文中某个词语的理解。如：

《孔雀东南飞》："十三教汝织，十四能裁衣，十五弹箜篌，十六知礼仪，十七遣汝嫁，谓言无誓违。汝今何罪过，不迎而自归？"注释说："誓违，过失，过错。誓，一般认为应作'愆'（qiān）。愆，同'愆'，过失。违，过失。"[①]按：任意改动原文来迁就己意，是不可取的。再说

---

① 部编：《普通高中教科书语文》选择性必修下册，2020年版，第10页。

"誓"讹作"愬",古书里难以找到一条证据,终归是一种猜测。其实,"誓违",即"违誓",倒文以求押韵。这里"衣""仪""违""归"押韵。"誓",古有"约束"的意思。王念孙说:"《文王世子》曰:'曲艺皆誓之。'郑注:'誓,谨也。'《说文》曰:'誓,约束也。'《周官·大宰》曰:'掌百官之誓戒。'《士师》曰:'以五戒,先后刑罚,一曰誓,二曰诰。'或言谨,或言戒,或言约束,其义一也。"[①]

近体诗和词讲究平仄、格律、对仗,有时也要运用倒文的辞例。如:

王维《山居秋暝》:"竹喧归浣女,莲动下渔舟。"此诗是说竹林喧哗作响,是洗濯的女子起身回家了;荷莲飘浮闪动,是捕鱼的船儿下水了。其词序应作"浣女归""渔舟下",倒作"归浣女""下渔舟",既出于押韵的需要,又是平仄格律的需要。如果前一句第三字也是仄声的话,则只有"喧"字是平声了,这就要犯孤平。

杜牧《清明》:"借问酒家何处有?牧童遥指杏花村。"从意思上说,前一句应作"借问何处有酒家",问的是什么地方有酒家。此诗倒作"酒家何处有",因为此句第四字必

---

① 王引之:《经义述闻》,江苏古籍出版社2000年影印本,第636页之下至637页之上。

须是平声，第六、七字必须是仄声，而"何处"的"处"字是仄声，"酒家"的"家"字是平声。若此句顺写作"借问何处有酒家"，就不合诗的平仄要求了。

温庭筠《望江南》："梳洗罢，独倚望江楼。过尽千帆皆不是，斜晖脉脉水悠悠，肠断白蘋洲。""过尽千帆"可作"千帆过尽"，"肠断"可作"断肠"，意思都一样。但是，"过尽千帆皆不是"这一句，词律第三、第四字必须是平声，而按通常的说法，写成"千帆过尽"，第三、四字就变成仄声了，自然不合格律要求。

王建《雨过山村》："妇姑相唤浴蚕去，闲看中庭栀子花。"注释说："妇姑，婆媳。妇，这里指儿媳。姑，婆婆。"[①]此注是正确的。"妇姑"的构词方式，本当作"姑妇"，无论从贵贱次序，还是从四声次序，都不能倒作"妇姑"。但是，这句诗第二字必须是平声，"姑"是平声，"妇"是仄声，所以只能倒作"妇姑"。

---

① 初中《语文》第二册，1989年版，第329页。

第六节　复语例

复语的辞例，实指近义词或同义词的连用。构成复语的词是并列的，其意义也相同。古人又称为"复文""复用""连文""连语"等。对"复语"的训释，不可分拆为二义。王引之曰："如其类以解之，则较若画一，否则上下参差而失其本指矣。"[1]如：

《马说》："故虽有名马，祇辱于奴隶人之手，骈死于槽枥之间，不以千里称也。"注释说："槽枥（lì），马槽。"[2]曹操《龟虽寿》："老骥伏枥，志在千里。"注释说："枥（lì），马槽。"[3]其实"槽枥"是复语，二字同义，都是指"喂牲口用的食器"。"枥"，故也有马槽的意思。所以，"槽枥"即

---

[1] 《经义述闻》卷三二《通说》下"经文数句平列上下不当歧异"条。
[2] 部编：《义务教育教科书语文》八年级下册，2017年版，第122页。
[3] 部编：《义务教育教科书语文》八年级上册，2017年版，第69页。

是指马槽，不能分拆为"马槽""马棚"二义。

《屈原列传》："人穷则反本，故劳苦倦极，未尝不呼天也；疾痛惨怛，未尝不呼父母也。"①按："倦极"是复语，二字同义，不可分训为二义。"极"，古书中确有用作疲倦的意义。如，《战国策·齐策》："韩子卢逐东郭逡，环山者三，腾山者五，兔极于前，犬废于后，犬兔俱罢，各死其处，田父见之，无劳倦之苦，而擅其功。""疲""极"二字为对文，"极"即"疲"的意思。司马相如《上林赋》："与其穷极倦䅐。"郭璞注："穷极倦䅐，疲惫者也。""䅐"即"极"，"穷极倦䅐"四字为复语，皆有"疲"义。《史记·淮阴侯列传》："能千里而袭我，亦以罢极。""罢极"即"疲极"，也是复语。"极"即是"疲"。

《屈原列传》："是时屈平既疏，不复在位，使于齐，顾反，谏怀王曰：'何不杀张仪？'"注释说："顾反，回来。"②注释是正确的。"顾反"是复语，二字并列同义，"顾"也是"反"的意思，不能别训为顾念、顾怀。《史记·乐毅列传》："具符节，南使臣于赵，顾反，命起兵击齐。"王念孙说："顾反者，还反也。《文选》沈约《钟山

---

① 部编：《普通高中教科书语文》选择性必修中册，2020年版，第82页。
② 同上书，第84页。

诗》注引《仓颉篇》曰：'顾，旋也。'《穆天子传》：'吾顾见女。'郭璞曰：'顾，还也。'故还反谓之顾反。……《吕氏春秋·观表》篇曰：'郄成子为鲁聘于晋，过卫，右宰谷臣止而觞之。顾反，过而不辞。'《韩子·外储说左》篇曰：'曾子之妻之市，其子随之而泣。其母曰："汝还，顾反，为汝杀彘。"'《赵策》曰：'公子魏牟过赵，赵王迎之。顾反，至坐前。'《淮南·人间》篇曰：'阳虎赴围而走，顾反，取其出之者，以戈推之。'皆谓还反也。"[1]其说甚是，当可引为旁证。

《鸿门宴》："良曰：'闻大王有意督过之，脱身独去，已至军矣。'"注释说："督过，责备，责罚。"[2]按：此注甚是。督过，并列同义，是复语。过，也有"责备"之义，非谓"过失"。《广雅·释诂》："过，责也。"即其证。又，《史记·张仪列传》："张仪去，西说赵王曰：'敝邑秦王使使臣效愚计于大王，大王收率天下以宾秦，秦兵不敢出函谷关十五年。大王之威行于山东，敝邑恐惧慑伏，缮甲厉兵，饰车骑，习驰射，力田积粟，守四封之内，愁居慑处，不敢动摇，唯大王有意督过之也。'"《新唐书·王君㚟

---

[1] 王念孙：《读书杂志》第一册，上海古籍出版社2014年版，第338页。
[2] 部编：《普通高中教科书语文》必修下册，2020年版，第16页。

传》:"君臭微时,数往来,为所轻,及节度河西,回纥等颇鞅鞅耻为下。君臭怒,数督过之。既怨望,潜遣人至东都言状。"

《训俭示康》:"长者加以金银华美之服,辄羞赧弃去之。"① 按:课文"弃去"二字无注,有的古文选本将"弃去"释为"废弃",误。"弃",或作"弅",藏匿的意思。《一切经音义》卷一三引《通俗文》:"密藏曰弅。""去"也有藏匿的意思。《汉书·苏武传》:"掘野鼠去草实而食之。"颜师古注:"去,谓藏之也。"故"弃去"连用,是复语,意为藏匿。此句是说长者加以金银华美服饰,感到羞赧而将它们藏匿起来。

《谏太宗十思疏》:"求木之长者,必固其根本;欲流之远者,必浚其泉源。"② 按:课文"泉源"之"泉"字无注。容易误解为"泉水的源头"。其实,"泉源""根本"属对文,都是复语。"泉"也是"源"的意思,本当作"渊",因避高祖李渊的讳而改。"泉源",即"渊源",二字并列同义。

又说:"乐盘游,则思三驱以为度;忧懈怠,则思慎

---

① 高中《语文》第三册,1995年版,第285页。
② 部编:《普通高中教科书语文》必修下册,2020年版,第144页。

始而敬终。"注释说:"盘游,游乐。这里指田猎。盘,快乐。"[1]按:"盘游"是复语,都有耽乐的意思。《尚书·五子之歌》"乃盘游无度",伪《孔传》:"盘,乐也。"《文选·西京赋》"盘于游畋",薛综注:"盘,乐也。""游"是游佚,也有耽乐的意思。《吕览·贵直》"在人之游",注:"游。乐也。"故"盘游"二字同义,不可分训。

《与吴质书》:"追思昔游,犹在心目,而此诸子,化为粪壤,可复道哉?"注释说:"粪壤,粪土。指死后朽烂。"[2]按:"粪"是秽土,"粪壤"属复语,是指土壤。不必分训为二义。

《陈情表》:"臣侍汤药,未曾废离。"注释说:"废离,停止侍奉而离开(祖母)。"[3]按:此注大误。"废",古有去离的意思。《诗经·小雅·楚茨》:"废撤不迟。"郑笺:"废,去也。"《周礼·大宰》"三曰废置以驭其吏",注:"废,犹退也。"故"废离"连用,属复语,说离去,无须分训为二字二义。此句是说奉侍汤药,未曾片刻离去。又,同篇:"母孙二人,更相为命,是以区区不敢废远。"注释

---

[1] 部编:《普通高中教科书语文》必修下册,2020年版,第145页。
[2] 高中《语文读本》第一册(试验本),1997年版,第262页。
[3] 部编:《普通高中教科书语文》选择性必修下册,2020年版,第70页。

说：“停止侍养而远离（祖母）。”①此注也误。"废"，即去离的意思。"废远"，即远离，不必增"侍养祖母"数字来足其意。

以上所举的复语都属实词。其实，虚词也有复语。如：
《羌村三首》："娇儿不离膝，畏我复却去。"蒋礼鸿先生说："自来有二说聚讼。一曰：畏之而又离膝而去；一曰：畏已复去家也。愚谓却有复义，张相氏已有定说。复却连文，即是共为复义，非谓又退去也。陈师道《别三子》：'有女初束发，已知生离悲。枕我不肯起，畏我从此辞。'任渊引杜此诗注之，可谓得后山之意矣。后山之解杜，固亦谓畏已之复去也。"②按：其说甚确。"复却"二字是虚词，属复语，二字并列同义，不可析为二字二义。

《察今》："向其先表之时可导也，今水已变而益多矣，荆人尚犹循表而导之，此其所以败也。"③按："尚犹"二字是虚词，属复语，都是"还""又"的意思。或作"犹尚"，归有光《祭妹文》："后虽小差，犹尚殰殈。"④按："犹尚"，也是复语。

---

① 部编：《普通高中教科书语文》选择性必修下册，2020年版，第71页。
② 蒋礼鸿：《怀任斋文集》，上海古籍出版社1986年版，第81页。
③ 高中《语文》第三册，1995年版，第279页。
④ 高中《语文》第六册，1988年版，第233页。

《滕王阁序》:"控蛮荆而引瓯越。"注释说:"控制楚地,连接瓯越。"[①]按:控、引对举为文,二字同义。《说文》:"控,引也。"《文选·吴都赋》:"控清引浊。"李周翰注:"控,引也。"《文选·鹏鸟赋》:"忽然为人兮,何足控抟?"李善注引孟康:"控,引也。"又《慧琳音义》卷六三"控御"条引《考声》:"控,接也。"古书或"控引"连用,平列为词,是复语,多为"连接"之义。如,《后汉书·班固传》:"东郊则有通沟大漕,溃渭洞河,泛舟山东,控引淮湖,与海通波。"《晋书·郗超传》:"若此计不从,便当顿兵河济,控引粮运,令资储充备足。"《宋书·符瑞志》:"所领舆县,前有大浦,控引潮流,水常淤浊。"《水经注·河水》:"东安夷川水注之,水发远山,西北流,控引众川。"《水经注·漯水》:"其水控引众泉,以成一川。"《水经注·榖水》:"少水出于其阴,控引众溪,积以成川。"控蛮荆而引瓯越,说西连蛮荆,东接瓯越。

《陈情表》:"诏书切峻,责臣逋慢。"注释说:"逋慢,有意拖延,怠慢上命。逋,逃避。慢,怠慢、轻慢。"[②]按:逋,确有"逃亡"之义。但是,这个意义放在此语境

---

① 高中《语文》第五册,2006年版,第46页。
② 部编:《普通高中教科书语文》选择性必修下册,2020年版,第71页。

中不契合。事实上，李密并无"逃亡"之事，诏书只是责其"迟延"不应命。逋，有"迟延""拖拉"之义。《广雅·释诂》："逋，迟也。"此"逋"字，是"迟延"的意思。此文已入《文选》，唐李周翰注："逋，缓。"说明唐人固以"逋"为"迟缓"之义。《晋书·蔡谟传》："顷以常疾，久逋王命。"其义与此同。又，《后汉书·光武帝纪》下"其口赋逋税"，李贤注："逋税，谓欠田租也。"即表示未及时缴租而"拖欠""拖延"的意思。《资治通鉴·唐纪》五十二"自理逋债"，胡三省注："逋，欠也。"苏轼《送毛君致仕还乡》："晚为二千石，得不偿所逋。"金甕《送职方郎中埒赴任序》："首奏免逋租数十万"，逋租，即是"拖延下来的租税"。以上都不得解"逃债""逃租"。此"逋""慢"连用，平列同义，是复语，说"迟缓""怠慢"。如，《晋书·齐献王攸传》："夫先王驭世，明罚敕法，鞭扑作教，以正逋慢。"《太平御览》卷二百一十三《官职部》十一引卞壸《弹尚书丞郎事》："二丞顿行无印，可以封符疏，此之逋慢，莫斯之甚。"《魏书·太宗纪》："刺史守宰率多逋慢，前后怠惰，数加督罚，犹不悛改。"《历代名臣奏议》秦观《治势》下："臣愿陛下遏逋慢之原，杜解弛之渐。"王质《理财》："一州之中，奸欺逋慢，渔取有司之利，蚁漏公上之财者，不知其几。"

第七节　连类而及例

连类而及的辞例,前人或称"兼言""并及""并言"等,甚者或称"复语""连语""复用"等。据今人李运富说,连类而及的辞例有两种情况,一种是由于某种修辞的需要,在表达时只出现其中一项内容,而另一项内容被省略,必须据已知的内容来补充另一项被省略的内容;另一种是复词偏义。① 如:

《易·系辞》"润之以风雨",《说卦》作"风以散之,雨以润之"。则"润之以风雨"就可以看作"润之以雨而散之以风"的省并,也就是偏举了"润"项而省略了"散"项,或者说"润"项本身就包含着"散"项,在意义上是

---

① 李运富:《论意域项的赘举、偏举与复举》,《中国语文》1998年第2期。

互相补充的。

《论语·乡党》:"沽酒市脯不食。"此句应该说沽酒不饮,市脯不食。

《礼记·玉藻》:"大夫不得造车马。"此句应该说大夫不得造车,不得畜马。

在中学语文课本里,类此例子也偶有所见,如:

《墨子·非攻》:"今有一人,入人园圃,窃其桃李。"注释说:"种果树的地方称为园,种蔬菜的地方称为圃。"[1]此句实际是说入人园,窃其桃李;入人圃,窃其瓜菜。

但是,在中学语文课本里所出现的,更多的是属于复词偏义,即两项并举,而实际只有其中的一项表示意义,另一项作为衬词出现,并不表义。如:

《张衡传》:"衡下车,治威严,整法度,阴知奸党名姓,一时收禽,上下肃然。"注释说:"治威严,治理严厉。"[2]这条注释是正确的。因为这里的"威严"是复词偏义,实际上只有"严"的意思,"威"是衬词,不表义。

《扁鹊见蔡桓公》:"君之病在肌肤,不治将益深。"注

---

[1] 苏教版高中《语文读本》第三册必修本,江苏教育出版社2006年,第110页。

[2] 高中《语文》第四册,2006年版,第91页。

释说:"肌肤,肌肉和皮肤。"①这条注释不正确。这里的"肌肤"是复词偏义,只有"肌"的意思,而"肤"字是衬词。因为上面已有"君之疾在凑理",下文又有"君之病在肠胃",所以这里"肌肤"只能指肌肉。

《陌上桑》:"日出东南隅,照我秦氏楼。"注释说:"东南,是偏义复词,即东。"②这是正确的。因为日出东方,不是南方。

《孔雀东南飞》:"便可白公姥,及时相遣归。"注释说:"公姥,公公和婆婆。这里是偏义复词,单指婆婆。"③按:至确。"公姥"是复词偏义,"公"是衬词。又,同篇:"奉事循公姥,进止敢自专?""勤心养公姥,好自相扶将。"二"公姥"并同此例,只有"姥"的意思。

又说:"昼夜勤作息,伶俜萦苦辛。"注释说:"作息,劳作和休息,这里是偏义复词,单指劳作。"④按:至确。"作息",在这里只有"作"的意思,"息"是衬字。

《茅屋为秋风所破歌》:"南村群童欺我老无力,忍能对

---

① 初中《语文》第二册,1998年版,第237页。
② 初中《语文》第六册,1998年版,第320页。
③ 部编:《普通高中教科书语文》选择性必修下册,2020年版,第7页。
④ 同上书,第8页。

面为盗贼。"注释说："竟然狠心这样当面做偷窃的事。"①按：在古代"盗"是偷，就是现代所指的"贼"。"贼"古代指强盗，不是偷。所以"盗贼"是复词偏义，只有"盗"的意思，而"贼"字是衬词。

《出师表》："先帝创业未半而中道崩殂，今天下三分，益州疲弊，此诚危急存亡之秋也。"②按："存亡"是复词偏义，只有"亡"的意思，而"存"字无义。

《谭嗣同》："君密奏请皇上结以恩遇，冀缓急或可救助，词极激切。"注释说："缓急，实指危急。"③按：是正确的。"缓急"是复词偏义，只有"急"的意思。

《〈指南录〉后序》："但欲求死，不复顾利害。"注释说："利害，指个人安危。"④按："利害""安危"都是复词偏义，只有"害"和"危"的意思。

《琵琶行》："商人重利轻别离，前月浮梁买茶去。去来江口守空船，绕船月明江水寒。"注释说："去来，走了以后。来，语气助词。"⑤按："去来"是复词偏义，只有"去"

---

① 部编：《义务教育教科书语文》八年级下册，2017年版，第124页。
② 部编：《义务教育教科书语文》九年级下册，2018年版，第127页。
③ 高中《语文》第二册，1991年版，第322页。
④ 苏教版高中《语文》第三册，江苏教育出版社2006年版，第36页。
⑤ 部编：《普通高中教科书语文》必修上册，2019年版，第63页。

的意思，而"来"字是衬词。此句是说琵琶女的丈夫"买茶去"后，她乘船离开江口来到江心，而独自守着空船，故才有下句"绕船月明江水寒"的感叹，也与开头"忽闻江上琵琶声"相呼应。

《唐雎不辱使命》："此三子者，皆布衣之士也，怀怒未发，休祲降于天，与臣而将四矣。"注释说："休祲，吉凶的征兆。这里偏指凶兆。休，吉祥。祲，不祥。"[①] 按："休祲"是指"彗星袭月"等三件灾异之变，只有"祲"的意思，"休"字不表义。

《桃花源记》："缘溪行，忘路之远近。"[②] 按："远近"是复词偏义，只有"远"的意思，"近"是衬字。

《木兰诗》："双兔傍地走，安能辨我是雄雌？"注释说："雄雌两兔贴近地面跑，怎能辨别哪只是雄兔，哪只是雌兔呢？"[③] 按：注释欠妥。"雄雌"是复词偏义，只有"雌"的意思，"雄"字是衬词，不表义。

《鸿门宴》："沛公曰：'孰与君少长？'良曰：'长于臣。'"注释说："孰与君少长，即'与君孰少孰长'。"[④] 按：

---

① 部编：《义务教育教科书语文》九年级下册，2018年版，第50页。
② 部编：《义务教育教科书语文》八年级下册，2017年版，第54页。
③ 部编：《义务教育教科书语文》七年级下册，2018年版，第42页。
④ 部编：《普通高中教科书语文》必修下册，2020年版，第14页。

注释不正确。"少长"，复词偏义，只有"长"的意思，而"少"是衬词，不表义。此句是刘邦问张良，项伯与君谁大。故张良答以"长于臣"。

《论积贮疏》："世之有饥穰，天之行也，禹汤被之矣。"注释说："饥，荒年；穰，丰年。"① 其实，"饥穰"，复词偏义，只有"饥"的意思，而"穰"字是衬词，不表义。

《邹忌讽齐王纳谏》："能谤讥于市朝，闻寡人之耳者，受下赏。"注释说："市朝，指集市、市场等公共场合。"② 按："市朝"，复词偏义，只有"市"的意思。"市"，是指公共场所。课文原来注释"市朝"是"集市和朝廷"。不确。后来笔者审订课文注释时作了改正，这条注解即是当年留下的。

《五柳先生传》："既醉而退，曾不吝情去留。"注释说："意思是五柳先生做客的态度率真，并不装模作样，说来就来，说走就走。"③ 按：此说不确。此句意思是说，五柳先生未计较主人是否挽留他。"去留"，复词偏义，只有"留"的意思。

---

① 高中《语文》第四册，1996年版，第324页。
② 部编：《义务教育教科书语文》九年级下册，2018年版，第126页。
③ 高中《语文》第二册，2006年版，第126页。

第八节　虚字误释实义例

王引之说:"经典之文,字各有义。而字之为语词者,则无义之可言,但以足句耳。语词而以实义解之,则扞格难通。"①这是我们平常所说的,文言虚字误解为实义的情况。在中学语文课本的注释里,类此的错误也时有发现。如:

《谋攻》:"故用兵之法,十则围之,五则攻之,倍则分之,敌则能战之,少则能逃之,不若则能避之,故小敌之坚,大敌之擒也。"注释说:"十则围之,(我军)十倍于敌人就包围他们。下文几个句子,结构相同。"②课文"则能"无注,大概是将"能"字用作能愿动词,释为"能够"的

---

① 王引之:《经义述闻》卷三十二《通说》下"语词误解以实义"条,第716页至770页。

② 高中《语文读本》第一册,1997年版,第247页。

意思，以其字义普通，故不注。实则非是。此处"能"是虚字，通作"乃"。《淮南子·人间训》"此何遽不能为祸乎"，《艺文类聚·礼部》下引"能"作"乃"。是其证。"则能"，即"则乃"，复语，即是"乃"的意思。王引之说："言敌则乃战，少则乃守，不若则乃避之也。"①按：其说甚是。此"则能"是不可误释为"能够"的。《茅屋为秋风所破歌》"忍能对面为盗贼"，注释说："能，如此，这样。"②按："能"释"这样"，失之无据。"能"，即"而"。"忍能"，即"忍而"。"而"是连词，无义可求。

《谋攻》："不知彼而知己，一胜一负。"注释说："一胜一负，意思是胜负各半。"③唐杜佑注："虽不知敌之形势，恃己能克之者，胜负各半。"④课文的注释显然是承袭了杜佑的说法。又，唐李筌注："自以己强，而不料敌，则胜负未定。"王晳注："但能计己，不知敌之强弱，则或胜或负。"都以"一胜一负"为"胜负未定"的意思。比较两种解释，后一说是正确的。而前一说的错误，就在于将"一"字作实词解了。"一"，是虚词，说"或者"，表示选择复句的关

---

① 王引之：《经传释词》，中华书局1958年版，第133页。
② 部编：《义务教育教科书语文》八年级下册，2017年版，第124页。
③ 高中《语文读本》第一册，1997年版，第247页。
④ 曹操等：《十一家注孙子》，中华书局1962年版，第52页。

联词，无实义可解。古书不乏其例。《穀梁传·庄公二年》："其一曰，君在而重之也。"《文公十八年》："一曰就贤也。""一曰"，皆释"或曰"。《大戴礼记·夏小正传》："一则在本，一则在末。"《礼记·乐记》："一动一静者，天地之间也。"《左传·昭公元年》："疆场之邑，一彼一此。何常之有？"《穀梁传·僖公八年》："一则以宗庙临之而后贬焉，一则以外之弗夫人而见正焉。"《论语·里仁》："一则以喜，一则以惧。"以上"一"字都表示不定的选择之词，不可以实义强解。

《塞翁失马》："人皆贺之，其父曰：'此何遽不能为祸乎？'"注释说："遽，就。"[①]《察今》："其父虽善游，其子岂遽善游哉？"注释说："岂遽，难道就……遽，就。"[②]此二例的"遽"都解为"就"，是没有根据的。因为"遽"字在古书里绝无表示"就"的意思。"何遽""岂遽"都是复语，"遽"即"何""岂"的意思，用作反问语气词。《墨子·公孟》篇："虽子不得福，吾言何遽不善？而鬼神何遽不明？"《淮南子·人间训》："此何遽不能为福乎？"《史记·郑世家》："往何遽必辱？""遽"，或作"巨"，或作

---

① 初中《语文》第四册，1990年版，第167页。
② 高中《语文》第三册，1995年版，第281页。

"讵",或作"钜",或作"渠",或作"距",都是"岂"的意思,当因声以求义,不可据形强解。或言"奚遽""庸讵"。韩愈《应科目时与人书》:"今又有有力者当其前矣,聊试仰首一鸣号焉,庸讵知有力者不哀其穷,而忘一举手一投足之劳也,而转之清波乎?"注释说:"庸讵(jù),何以,怎么。"[1]是正确的。

《劝学》:"蚓无爪牙之利,筋骨之强,上食埃土,下饮黄泉,用心一也。蟹六跪而二螯,非蛇鳝之穴无可寄托者,用心躁也。"注释说:"一,专一。"[2]而"用"字未解其意。旧版课文注释说:"用心一也,(这是)用心专一(的缘故)。"[3]显然将"用"字解作"使用"的意思。按:非是。"用",虚字,无实义可求。"用",古书通"以"。《一切经音义》卷七引《仓颉篇》说:"用,以也。"王引之说:"'以''用'一声之转。凡《春秋·公羊传》之释经,皆言'何以';《榖梁》则或言'何用'。其实一也。《书·皋陶谟》曰:'侯以明之,挞以记之,书用识哉。'用,亦'以'

---

[1] 浙江省编初中《语文》第五册,浙江教育出版社1996年版,第123页。
[2] 普通高中教科书《语文》必修上册,2019年版,第85页。
[3] 普通高中教科书《语文》第三册,2006年版,第65页。

也，互文耳。"① 按：其说甚是。"用心一也"，等于"以心一也"，是说因为思想专一的缘故。"用"，释为实词"使用"是不正确的。又，《勾践灭吴》："进不用命，退则无耻。"课文注："用命，服从命令。"② 按：以"用"为"服从"，作实词解，非是。韦昭注："离伍独进也。"虽亦无解释"用"字，且"用"无"服从"义。此为"增字解经"。此处"用"字，介词，犹"由""因""以"。例同《劝学》"用心一也"之"用"。是说进攻不依从命令，退则不感到羞耻。

---

① 王引之：《经传释词》，中华书局1958年版，第30页。
② 高中《语文》第一册，2006年版，第90页。

第十章　古诗文备课与教学

第一节　古诗文教学重点：
疏通"浅易"词义

　　古诗文教学怎样定位？尽管有课程标准所定的培养目标——培养学生"阅读浅易文言文的能力"。但是，这毕竟是一条笼统、抽象的原则，落实到具体问题上，由于所持立场或所处视角的不同，则人言各殊。

　　学生阅读古诗文最大的障碍，就是对古代的语言比较生疏。在古代语言三大要素中，学生对词汇的意义，特别是对古代常用词汇的常用意义了解甚少。正是此类常用词汇的常用意义阻碍了学生对古诗文内容的正确把握。语文教师讲授古诗文的侧重点应该放在古代常用词汇的常用意义上。学生只有正确地理解和掌握课文中的常用词汇的常用意义，才能读懂、读通课文的内容。至于课文内容为什么是这样布局，好在何处，学生在读懂、读通的基础上自然会慢慢领会,无需教师在课堂上不厌其烦地讲解、分析。

《鸿门宴》末后有这样一段话:

> 乃令张良留谢,良问曰:"大王来何操?"曰:"我持白璧一双,欲献项王,玉斗一双,欲与亚父。会其怒,不敢献,公为我献之。"

这段古文确实"浅易",学生似乎都能读懂,教师无需多讲。但是,仔细一推敲就觉得不那么简单。这里有两个表示手的动作的词语"操"和"持",也是在文言文中经常出现的"浅易"的常用词。对"操"字,课文注释说:"操,拿。"①据此注解,说"操"字是"拿"的意思。而"持"字未作解释,大概也是"拿"的意思,和"操"没有区别。照此释义,则翻译:"张良问:'大王拿了什么来?'(沛公)答:'我拿了白璧一对,打算献给项王;玉斗一对,打算献给亚父。'"既然二者都是"拿"的意思,司马迁为何两用其词?能不能互易位置,说成"大王来何持""我操白璧一双"?当然不能。这很需要语文教师对此类貌似

---

① 部编:《普通高中教科书语文》必修下册,2020年版,第16页。

"浅易"而实际并非"浅易"的语词,在课堂上给学生予以辨析。

"操"字的常用义,表示手的动作"熟习""娴熟"。古文里的"操刀",说刀的技艺很熟练,所以庖丁解牛是"操刀",而不能是"执刀""持刀"了。成语"同室操戈,相煎何急",比喻兄弟吵架成为惯常,操,是用"习惯"的意思,与表示"惯常"之义相通。《左传·成公九年》:"乐操土风,不忘旧也。"操,是熟习的意思。以后引申为"操常""操守""节操"等,含有稳固不变的意思,都不能用"执""持"字来替换。古代诸侯之间往来,要捎带礼物,这是惯常的做法,所以张良问刘邦:"大王来何操?"是说"大王您捎带什么来"。说"拿",太宽泛了,类似这样的注释,不如不注。

在"稳定不变"这个意义上,"操""执"比较相近,古书可以互训。《史记·酷吏列传》"操下如束湿薪",《索隐》:"操,执也。"其实二字差别甚殊。"执"字的常用义,表示"手抓得紧,拿得牢,握得住"。古书常有"执戈""执锐""执钺""执戚""执殳""执斧""执龠""执鞭朴""执弓""执辔"等,多是武器。如果连手中的武器都抓不住、拿不牢,是打不了仗的,故非用此词不可。这个意义是由"执"的拘执囚俘义引申来的,一般不用"操"。

然后又引申为表示"固守""分不开""稳固"等意思，文言词语有"执手""执事""执言"等。而古书里头的"操兵"是操练军队，"执兵"是握紧兵器，说的是两码事。

"持"字的常用义，表示手向上托、往上提。《尔雅·释诂》："秉、拱，执也。"郭璞注："两手持为拱。"则"持"字可释为"端""捧"等，视其不同语境而定。《诗经·魏风·氓》："淇则有岸，隰则有泮。"郑玄《笺》："言淇与隰皆有涯岸以自拱持。"《诗经·小雅·楚茨》："或剥或亨，或肆或将。"郑《笺》："有解剥其皮者，有煮熟之者，有肆其骨体于俎者，或奉持而进之者。"拱持、奉持，皆并列复合词语，持，即拱奉之义。《论语·季氏》："危而不持，颠而不扶，则将焉用彼相矣。"不持，即不扶，用手从下往上托扶的意思。由此引申，又有"端守"之意。《凫鹥序》："《凫鹥》，守成也。大平之君子，能持盈守成，神祇祖考安乐之也。"《孟子·公孙丑上》："故曰持其志，无暴其气。"这个意义"奉""扶"都是没有的。《鸿门宴》"我持白璧一双"之"持"，是"奉"的意思。刘邦虽存灭项羽之心，但是自知其时不是项羽的对手，故表面上还是装出臣服恭敬的样子，哪怕在心腹臣子张良等面前，也不敢表暴。故回答张良说："我奉着玉璧一对打算献给项王。"一个"持"字，将其虚伪狡诈的性格表现得淋漓尽致。如此形象生动、富有文学特征的词语,岂可因其"浅易"而轻易放过?"操""持"二字貌似"浅易",实则并不"浅易"。这些知识教师如果不点拨一下,学生恐怕永远明白不了。

当然,"持"和"奉"是有区别的。如,《廉颇蔺相如列传》:"相如奉璧奏秦王。秦王大喜,传以示美人及左右,左右皆呼万岁。相如视秦王无意偿赵城,乃前曰:'璧有瑕,请指示王。'王授璧。相如因持璧却立,倚柱,怒发上冲冠。"奉,是双手高举。持,仅是上托,端在怀里也可以是"持",就不一定是高举了。"持璧却立",说端着玉璧退立。显示在不同语境中的词义的灵活性,而其基本意义还是没有变。

古文里头又有"持剑""持刀""持盾"的说法,和"操""执"也是有区别的。《鸿门宴》:"沛公则置车骑,脱身独骑,与樊哙、夏侯婴、靳强、纪信等四人持剑盾步走,从郦山下,道芷阳间行。"[①]这个"持"字不能简单地释为"拿""带""执"等。持剑,是说手举起来,剑鞘朝上。持盾,是说手托举起盾。可以看出其一路警戒的程度,表现出随时准备格斗的样子。这样解释,还是没有超越出"手

[①] 部编:《普通高中教科书语文》必修下册,2020年版,第16页。

向上托"的基本意义。但是,这个"持"字实在需要注释一下。当注而不注,不当注而不厌其烦地注,作为教科书,这样做不利于教好古诗文。

与"持"的动作相反的词是"握",其常用义是手由上向下,攥在手里。《廉颇蔺相如列传》:"臣尝从大王与燕王会境上,燕王私握臣手,曰'愿结友。'"握手,说把他人之手攥在自己手里,与今天"握手"不完全一样。握,自上向下的动作。《小宛》:"握粟出卜,自何能谷?"握粟,向下攥一把粟在手内。《礼记·王制》:"宗庙之牛角握,宾客之牛角尺。"注:"握,谓长不出肤。"说攥在手中没露出来。"握"字从手、屋声,屋是屋顶部分。杜甫《茅屋为秋风所破歌》"卷我屋上三重茅"[①],即用"屋顶"本义,不是指整座房屋。手像屋顶自上而下,故曰"握"。引申为"怀藏""控制"。《屈原列传》:"何故怀瑾握瑜而自令见放为?"怀、握对文,握是"怀藏"的意思。《淮阴侯列传》:"且汉王不可必,身居项王掌握中数矣。"掌握,即控制。这个意义"持"字是没有的。虽然古书"握持"连用,但多数情况下是有区别的。

再说"把"和"秉"。"把""秉"的常用义,都表示用

---

① 部编:《义务教育教科书语文》八年级下册,2017年版,第124页。

一手从旁握住。《荆轲刺秦王》:"秦王必喜而见臣,臣左手把其袖,右手揕其胸。"《周本纪》:"武王左杖黄钺,右秉白旄以麾。"《孟子·告子上》:"拱把之桐、梓,人苟欲生之,皆知所以养之者。"赵岐注:"拱,合两手也。把,以一手把之也。"其实"把""秉"是有所区别的:"把"所系带的宾语多是实物名词,"秉"所系带的宾语多是抽象名词。所以,"把酒""把臂""把剑""把刀"等皆不得换作"秉",而"秉权""秉心""秉道""秉政"等也皆不得换作"把"。

"操""持"二字在古文中使用频率甚高,貌似"浅易",实则并不浅易。类此手的动作的常用字还有"握"(手往下攥)、"把"(从旁握住)等,都不能随意用一个"拿"字简单了事。

照此类推,课文中表示目视的常用字有:"视"(看)、"见"(看见)、"察"(近距离仔细看)、"观"(远距离仔细看)、"览"(上下周围看)、"省"(仔细看且有心理判断)、"看"(探望)、"望"(远看)等,能用今天的一个"看"字了结?①

---

① 《论语·为政》:"子曰:视其所以,观其所由,察其所安,人焉廋哉,人焉廋哉!"皇侃《义疏》:"视,直视也。观,广瞻也。察,沈吟用心忖度之也。即日所用易见,故云视。而从来经历处,此即为难,故言观。情性所安,最为深隐,故云察也。"(《论语义疏》上册,北京大学出版社2019年版,第76页)其区分"视""观""察"三字意义,非常精到,绝不可以一"看"字去理解。

表示心理活动的常用字有"畏"（一般害怕）、"惧"（惊怕）、"恐"（非常害怕）等，能用今天的一个"怕"字了结？

就看执教者和注释者的学养和水平了。如果教师有意识地将这些"浅易"的词语贯通起来，结合课文出现的词例，给学生讲解分析，会起到事半功倍的教学效果。切忌因其"浅易"而不作深入思考、研究，否则再"浅易"的文言文，还是"阅读"不了。文言文的教学侧重点是常用词、常用意义，这是阅读文言文的基础。离开这个基础，只能是胡说一气，误人子弟了。类此貌似"浅易"的常用词、常用义，而实际上在不同语境中，并不那么"浅易"，很需要研究、辨析。

第二节 古诗文的备课：
对勘所选课文的版本

虽然，收入中学语文课本的每篇古文都有详尽注释，应该说这些注释大多是可靠的，语文教师在教学过程中，可以参照课文的注释讲课。但是，语文教科书毕竟不是普通读物，直接关系到千千万万学子的语文素养，是民族文化之本，不允许有丝毫差错。

中学教师手头上还备有一本与教材相配套的《语文教学参考资料》。如，收进课文的每篇古文，在教学参考资料里头有全文翻译，还有几条课本里没有的注释，等等，这都是提供教师备课用的。问题在于，教师光靠这样两种书，是否真的能够教好古诗文？其实并非如此。我们并不否认其具有一定的参考价值，但是这些远远不能满足语文教师进行备课和教学的需要。而且，教科书和参考资料，多是床上架床、屋上架屋，并无新意。尤其是那本教学参考书，对课文个别注释的疏误既没有有效纠正，又无端增加一些新的错误。以讹传讹，贻误子弟，为害不小。

那么，古诗文备课和教学到底要参考什么资料，阅读哪些书？本章第二节至第六节将详细论述。

备课的第一步，是对勘所选课文的版本。这本来不应该是执教的语文教师的事，但笔者现在发觉通行的教材在选文版本方面出现了问题。如果选文的版本错了，教师必然跟着教材传递错误，所以对勘版本需要在备教中解决。

语文课本中所选的每篇古文，首条注释均注明其出处。如《兼爱》，首条注释："选自《墨子校注》（中华书局2006年版）。"[1] 目的是告诉语文教师选文出处，提供教学参考的依据。因为这篇选文是节选，内容不是很完整。若要全面了解墨翟《兼爱》整体内容，很有必要参考一下《墨子校注》。同时，语文教师透过首条注释，可以阅读《墨子校注》这本书里面《墨子》版本情况，然后判断教材所选版本适当与否。所以，据其提供信息，教师备课时必须将《墨子校注》找来对照和参考。需要语文教师具备一丝不苟的态度，认真对勘。这样做既有必要，又有好处。如陶渊

---

[1] 部编：《普通高中教科书语文》选择性必修上册，2020年版，第39页。

明《归园田居》初次选入中学《语文》课本，大约在1999年。其中"草屋八九间"，竟然出现过"草屋七八间"此类不应发生的错误，[1]若不与原书对勘，则不易发现。对勘出处版本，也是教师负责任态度的一种表现。

语文教师必须具备古籍的基本版本知识。版本的选择是读古书的第一步，这一步没有走对，往后会出现一系列麻烦，甚至前功尽弃。选文的原则是：选择比较早、内容相对完整可靠、讹误较少、没有经后人删改的版本。应该承认，课文所选的版本多数是可靠的，但是确有不到位的地方。笔者粗略核对出处，感觉处理方式比较随意、粗糙。如：

张若虚《春江花月夜》，首条注释说："选自《全唐诗》卷二十一（中华书局1999年版）。"[2]其中"江月年年望相似"，查《全唐诗》"望"字作"只"。从诗意上看，作"只"为胜，不知何以改"望"。

李白《将进酒》，首条注释说："选自《李白集校注》卷三（上海古籍出版社1980年版）。"[3]其中"但愿长醉不愿醒"，《李白集校注》后一"愿"字作"用"。

《孔雀东南飞》，首条注释说："选自《玉台新咏笺注》

---

[1] 高中《语文》第三册，人民教育出版社2000年至2002年间版。
[2] 部编：《普通高中教科书语文》选择性必修上册，2020年版，第90页。
[3] 同上书，第92页。

上册卷一（中华书局1985年版）。"①其中"其家逼之，乃投水而死"，《玉台新咏笺注》"投"字作"没"。

苏轼《石钟山记》，首条注释说："选自《苏轼文集》卷十一（中华书局1986年版）。"②其中"大石侧立千尺"，《苏轼文集》"尺"字作"仞"。

白居易《琵琶行》，首条注释说："选自《白居易集笺校》卷十二（上海古籍出版社1988年版）。"③原书题目作《琵琶引》。小序说："因为长句，歌以赠之，凡六百一十六言，命曰《琵琶行》。"引、行，都是乐府名。但是，不能杂出，应该注明。又："似诉平生不得志。"原书"志"作"意"。又："浔阳地僻无音乐。"原书"地僻"作"小处"。这些都欠一个交代。

苏轼《念奴娇·赤壁怀古》："乱石穿空，惊涛拍岸。"④原书"穿空"作"崩云"，"拍岸"作"裂岸"。课文皆未注明其据何本改易，至少说是不严肃的。至于明显"硬伤"也随处可见，特举例如下。

例之一 《谏太宗十思疏》第一条注释说："选自《贞

---

① 部编：《普通高中教科书语文》选择性必修下册，2020年版，第7页。
② 同上书，第83页。
③ 部编：《普通高中教科书语文》必修上册，2019年版，第62页。
④ 同上书，第65页。

观政要集校》卷一（中华书局2003年版）。"[1]其明白无误地告诉我们，这篇课文选自《贞观政要集校》。旧版《语文》课本也有这篇文章，第一条注释说："选自《魏郑文公集》。"[2]在明以前并不见有《魏郑文公集》流传，只有唐代王方庆辑录《魏郑公谏录》五卷与元代翟思忠辑《魏郑公谏续录》二卷。但是，这两种书都未收《谏太宗十思疏》。《魏郑文公集》这部书，最早见录于清王灏光绪五年（1879）编纂的《畿辅丛书》，后又见于上海商务印书馆1937年出版的《丛书集成初编》。由此可知，在明以前根本不存在《魏郑文公集》，此集是由晚清时期辑录、拼合成书的。所以，课文"选自《魏郑文公集》"，就根本不合适，新课本改选《贞观政要集校》，则无疑是正确的。

但是，事实并非如此，我们似乎被欺骗了。课文里有"竭诚则吴越为一体，傲物则骨肉为行路"这样的话，注释说："吴国和越国，春秋时彼此敌对的两个诸侯国。"[3]核对一下《贞观政要集校》原书，"吴越"明明是作"胡越"啊，[4]并且引用元戈直说："胡越者，极南北之间，言至异可同

---

[1] 部编：《普通高中教科书语文》必修下册，2020年版，第144页。
[2] 高中《语文》第二册，2004年，第115页。
[3] 部编：《普通高中教科书语文》必修下册，2020年版，第144页。
[4] 谢保成：《贞观政要集校》，中华书局2003年版，第18页。

也。"从其文意判断，"胡越"和下句"傲物则骨肉为行路"之"骨肉"相反对。胡，是代表最北面的民族；越，是代表最南端的民族。"胡越为一体"，说虽处至远也可以成为一个整体。一者表示疏远之极，一者表示亲密之甚。其作"胡越"，是魏征谏疏的原意。这篇谏疏又见于五代刘昫撰写的《旧唐书·魏征传》、北宋太平兴国七年李昉等编辑的《文苑英华》、宋王钦若编纂的《册府元龟》、宋无名氏编纂的《增注唐策》、明初永乐十四年杨士奇编纂的《历代名臣奏议》、明冯琦冯瑗编纂的《经济类编》、明无名氏正德间编纂的《增注唐策》、清初徐乾学《古文渊鉴》、清初朱轼编辑的《史传三编》、清初李卫等编录的《畿辅通志》、清初蔡世远编选的《古文雅正》等书，"吴越"都作"胡越"。

改"胡"为"吴"，是清人妄改。清代皇族是满族，在古代称"胡"，所以清代以后，古籍里凡涉及"胡""夷""虏"等，都成为忌讳，则一律删改。后来，我们将旧编课本和清代吴楚材、吴楚调编选的《古文观止》对勘，发现二者完全一样，改"胡"为"吴"，连删节也相同。说明旧编课文选自《古文观止》，而非《魏郑文公集》，注释所提供给语文教师的信息是不真实的。新课本虽无删节，而沿袭旧课本"吴越"的错误。有趣的是，粤教版《高中语文》(第四册)、苏教版《高中语文》(第二册)都选《谏太宗十思疏》,将"胡越"作"吴越"。粤教版注说:"选自《旧唐书·魏征传》(中华书局1975年版)。"实际上,粤教版所依据者,即是《古文观止》。学术造假已渗入课本编纂,则太恐怖了!苏教版注说:"选自《全唐文》。"殊不知《全唐文》是清康熙时期董浩主持编纂的,故也将"竭诚则胡越为一体"改作"竭诚则吴越为一体"。为什么偏偏不选用比较可靠的《旧唐书》或《贞观政要》呢?怎么连这点基本的历史文献知识都没有呢?再说,苏教版的删节也同《古文观止》,说明其并非选自《全唐文》,《全唐文》没有删节。新课本并没有认真核对《贞观政要集校》,是抄袭、重复原课本的错误。希望课本编纂者在课文版本选择方面,重新认真核查一遍,杜绝此类错误。

例之二 《劝学》,注释说:"选自《荀子集解》卷一(中华书局1988年版)。"[1]《荀子》是战国时期的著作,其版本流传于今多矣。旧版课本这条注释:"选自《荀子·劝学》。"[2]没有标明是哪种版本,这本身就不符合学术规范,所以新课本改为"《荀子集解》",无疑是正确的。《荀子》的好本子有《四部丛刊》本、《诸子集成》本,都可以用来

---

[1] 部编:《普通高中教科书语文》必修上册,2019年版,第84页。
[2] 高中《语文》第一册,2004年版,第105页。

参校。但是，好本子也会有问题。课文里有"非能水也而绝江河"这个句子，《四部丛刊》本、《诸子集成》本也相同。《大戴礼记》是汉代戴德编辑的礼书，其第六十四篇即收入荀子《劝学》篇。其中"非能水也而绝江河"即作"非能水也而绝江海"。清代王念孙说："'江河'本作'江海'，'海'与'里'为韵，下文'不积小流，无以成江海'亦与'里'为韵，今本'海'作'河'，则失其韵矣。《文选·海赋》注引此正作'绝江海'。《大戴记·劝学》篇、《说苑·说丛》篇并同。《文子·上仁》篇作'济江海'，文虽小异，而作'江海'则同。"①《淮南子·主术训》："乘舟楫者不能游，而绝江海。"《说苑·说丛》："乘舆马不劳致千里，乘船楫不游绝江海。"皆化用《劝学》篇。说明汉代古本，"绝江河"作"绝江海"，今本皆讹也，当据以校改。

例之三 宋柳永《雨霖铃》收入高中实验教科书语文第4册和普通高中《语文》第二册，前者注说："选自《乐章集》。"②后者注说："选自《全宋词》。"③其中"留恋处，兰舟催发"，清光绪二十七年金陵吴重熹石莲庵刊本《乐章

---

① 王念孙：《读书杂志》第四册，上海古籍出版社2014年版，第1628页。
② 《普通高中课程标准实验教科书语文4》必修，2006年版，第34页。
③ 高中《语文》第三册，2004年版，第32页。

集》及别本多作"方留恋处兰舟催发"。"留"上有"方"字。如，胡云翼选注《唐宋词一百首》本（上海古籍出版社1978年版）、清朱彝尊《词综》本（上海古籍出版社1978年版），皆在"留"上有"方"字。又，宋黄昇辑《花庵词选》本，清《御选历代诗馀》本、《御定词谱》本等，也皆作"方留恋处"。方者，正当之谓，处者，时也。[①]岳飞《满江红》词"怒发冲冠，凭栏处，潇潇雨歇"，是说"凭栏远眺之时"，"处"作时间名词。柳永此词，若无"方"字，极易误解"处"为"处所"。

例之四 汉贾谊《过秦论》，注释说："选自贾谊《新书校注》卷一（中华书局2000年版），个别字句依《史记》和萧统《文选》改。"似乎课文编写者颇费周折，版本有所选择，非主一本。课文中有这样的话："尝以十倍之地、百万之众，叩关而攻秦。"注释说："叩关，攻打函谷关。叩，攻打。"[②]《过秦论》版本出处甚多，其中较好的有《史记·秦始皇本纪》《汉书·项籍传》和梁萧统《文选》。而贾谊《新书》早已失传，今本是后世好事者从《史记》《汉书》辑录而成，"所载之文割裂其章段，颠倒其次序，而

---

① 王锳：《诗词曲语词例释》，中华书局1980年版，第41—42页。
② 部编：《普通高中教科书语文》选择性必修中册，2020年版，第93页。

加以标题，殊瞀乱无条理"。① 而今存最早者是明刻本，又经"明人追改"，已非其旧观。所以，《过秦论》选用《新书》版本，则是疏于抉择。《新书》"叩关"作"仰关"，钟夏注释说："仰，颜师古曰：'秦之地形高，而诸侯之兵欲攻关中者，皆仰向，故云仰关。'"② 课文编纂者大概据《史记·秦皇始本纪》、《文选》李善注本改为"叩关"的。但是，李善注引或说："叩，或为仰，言秦地高，故曰仰攻之。"其两存之，采取谨慎的态度。《文选》六臣本作"仰关"，刘良注："言诸侯地与兵于秦什倍，百万仰攻函谷关。关高，故云'仰攻'也。"《汉书·项籍传》也作"仰关"，颜师古注："秦之地形高，而诸侯之兵欲攻关中者皆仰向，故云'仰关'也。今流俗书本仰字作叩，非也。"说明"叩"是错别字。仰的古字作"卬"，讹为"叩"。仰，是仰向的意思。

例之五 《过秦论》又说："蹑足行伍之间，而倔起阡陌之中。"注释说："倔起，兴起。"③ 而"阡陌"无注，大概作民间解释的。因为旧课本有此注释，说："阡陌，本是

---

① 纪昀等：《四库全书总目提要》，清乾隆武英殿刻本。
② 阎振益：《新书校注》，中华书局2000年版，第7页。
③ 部编：《普通高中教科书语文》选择性必修中册，2020年版，第94页。

田间小道，这里指田野、民间。"①《史记·秦皇始本纪》"阡陌"作"什伯"，《集解》："骃按：《汉书音义》曰：'首出十长百长之中。'如淳曰：'时皆辟屈在十百之中。'"王念孙说："阡陌，本作什伯。此因'什伯'误作'仟伯'，故又误作'阡陌'耳。今本《汉书》及《史记·陈涉世家》《贾子》《文选》皆误作'阡陌'。唯《秦始皇本纪》作'什伯'（《群书治要》引同），《集解》引《汉书音义》曰：'首出十长百长之中。'如淳曰：'时皆辟屈在十百之中。'据此则正文及如注皆本作'什伯'明矣。《陈涉世家·索隐》亦作'什伯'，注云：'谓在十人百人之长也。'（今本'什伯'误作'仟伯'，'十人'误作'千人'，与《匈奴传·索隐》不合。且下文云：'将数百之众。'则不得言'千'明矣。）《匈奴传·索隐》引《续汉书·百官志》云：'里魁，掌一里百家；什，主十家；伍，长五家。'又引《过秦论》云：'俛起什百之中。'此皆其明证。上言行伍，故下言什伯。《淮南·兵略篇》所谓'正行伍，连什伯'也。或谓陈涉起于田间，当以作'阡陌'为是，不知陈涉起于大泽，乃为屯长时事，非为耕夫时事。上文先言'甿隶之人'，后言'迁徙之徒'，此文'行伍什伯'，皆承'迁徙之徒'言

---

① 高中《语文》第二册，人民教育出版社2004年版，第93页。

之。下文'适戍之众',又承'行伍仟伯'言之。'蹑足行伍之间,俛起什伯之中,率罢散之卒,将数百之众'四句,一意相承,皆谓戍卒也。若作'阡陌',则与上下文不类矣。"①其说极确。查《陈涉世家》说:"二世元年七月,发闾左适戍渔阳九百人,屯大泽乡,陈胜、吴广皆次当行,为屯长。"②陈胜、吴广为"九百人"的"屯长",正与"十人、百人之长"者符合。

例之六 杜甫《咏怀古迹》,首条注释说:"选自《杜诗详注》卷十七(中华书局1999年版)。"③课文中有这样的诗句:"画图省识春风面,环佩空归夜月魂。"按:"夜月",宋本作"月夜"。如,宋郭知达《九家集注杜诗》,宋黄希原、黄鹤《补注杜诗》,宋无名氏《集千家注杜工部诗集》,宋无名氏《分门集注杜工部诗》,宋王十朋《集百家注编年杜陵诗史》,宋鲁訔、蔡梦弼《杜工部草堂诗笺》皆作"月夜",清钱谦益《钱注杜诗》亦作"月夜"。此诗又见宋以后各种文集、类书,如,宋祝穆《事文类聚》续集卷十二、明朱诚咏《小鸣稿》卷八、明高棅编《唐诗品汇》卷八十四、清陈

---

① 王念孙《读书杂志》第二册,上海古籍出版社2014年版,第707页。
② 义务教育课程标准实验教科书《语文》九年级上册,2003年版,第183页。
③ 高中《语文》第三册,2006年版,第352页。

敬廷编《午亭文编》卷五十、明曹学佺编《石仓历代诗选》卷四十五、清彭定求等编《全唐诗》卷二百三十、清《御选唐宋诗醇》卷十七、宋刘克庄《后村诗话》卷十、清吴景旭《历代诗话》卷四十等书收录此诗，也皆作"月夜"。只有清仇兆鳌《杜诗详注》、清浦起龙《读杜心解》及宋潘自牧《记纂渊海》卷八十一等三种书作"夜月"。作"月夜""夜月"在意义上也不一样。夜月，夜晚有月亮；月夜，有月亮的夜晚。所以"月夜魂"讲得通，而"夜月魂"就是语病了。我们还可以在杜诗里查考一下"辞例"，有没有"夜月"这个词。结果发现没有"夜月"，而"月夜"则有四例，如，《月夜诗》《月夜忆舍弟诗》《东屯月夜诗》，三例题目皆作"月夜"。又，《秋兴八首》："织女机丝虚月夜，石鲸鳞甲动秋风。"也作"月夜"。通过明辨"辞例"，证明杜诗的原貌作"月夜"而非"夜月"。

例之七 《鸿门宴》，首条注释说："节选自《史记·项羽本纪》（中华书局2014年版）。"[①]课文中有这样的话："吾令人望其气，皆为龙虎，成五采，此天子气也。"注释说："望其气，观察他的云气（以预测吉凶穷达）。望气是古代方士的一种占候之术，据说'真龙天子'所在的地方，天

---

① 部编：《普通高中教科书语文》必修下册，2020年版，第13页。

空中有一种异样的祥云，方士能够看出来。"①教参书翻译说："我叫人观望他上方的云气，都是龙虎的形状。"按：日人泷川资言《史记会注考证》："《汉书·高帝纪》无'虎'字。"②泷川氏疑"虎"字为衍文，甚是。王充《论衡·吉验》篇："吾令人望其气，气皆为龙，成五采，此皆天子之气也。"又，《佚文》篇："高祖在母身之时，息于泽陂，蛟龙在上。龙觥炫耀，及起，楚望汉军，气成五采。"王充所据，盖出《史记》，亦无"虎"字。《水经注·渭水注》引《楚汉春秋》："项王在鸿门，亚父曰：'吾使人望沛公，其气冲天，五色采相缪，或似龙，或似云，此非人臣之气。可诛之。'"《太平御览》卷十五引《楚汉春秋》："亚父谋曰：'吾望沛公，其气冲天，五色相缪，或似龙，或似虬。'"卷八十七引《楚汉春秋》："项王在鸿门，而亚父谏曰：'吾使人望沛公，其气冲天，五采相缪，或似龙，或似人，非人臣之气也。不若杀之。'"皆无"虎"字。据传，《楚汉春秋》乃汉初陆贾所作，在《史记》之前。司马迁作《史记》，记载刘邦出生时的奇异怪状，大概据《楚汉春秋》为之。则《史记》原本固无"虎"字，当删。《汉书·高帝

---

① 部编：《普通高中教科书语文》必修下册，2020年版，第13页。
② 泷川资言：《史记会注考证》第二册，北岳文艺出版社1998年版，第26页。

纪》依据《史记》，故亦无"虎"，存其古本之旧。

例之八 《廉颇蔺相如列传》首条注释说："节选自《史记·廉颇蔺相如列传》（中华书局1963年版）。"课文中有这样的话："大王见臣列观，礼节甚倨，得璧，传之美人，以戏弄臣。"①按：日人泷川资言《史记会注考证》："《类聚》'戏弄臣'作'为戏弄'。"②王叔岷《史记校证》："施之勉云：'《合璧事类》卷六二"戏弄臣"作"为戏弄"。按：《艺文类聚》卷一七引'戏弄'下无'臣'字，卷八四引'戏弄臣'作'为戏弄'。《御览》卷三六三引亦作'为戏弄'。"③说明，唐宋时期的类书引《史记》时多作"为戏弄"。从文义看，作"为戏弄"也比作"戏弄臣"为优。

《廉颇蔺相如列传》又云："今君与廉颇同列，廉君宣恶言，而君畏匿之，恐惧殊甚。"④按：王念孙说："'廉颇'当为'廉君'。下文作'廉君'，即其证。今作'廉颇'者，涉上文而误。《文选》卢谌《览古诗》注、曹摅《感旧诗》注引此并作'廉君'。《群书治要》同。'匿畏之'，《览古诗》注引作'畏匿'，《感旧诗》注引作'畏之匿'。按：作

---

① 《普通高中课程标准实验教科书语文4》必修，2006年版，第57页。
② 泷川资言：《史记会注考证》第八册，北岳文艺出版社1998年版，第5页。
③ 王叔岷：《史记校证》第四册，中华书局2007年版，第2447页。
④ 《普通高中课程标准实验教科书语文4》必修，2006年版，第59页。

'匿之畏'者是也。今本'之'字在'匿'字下，则文不成义。"①其说甚是，课文当可据以改正。

例之九 《苏武传》首条注释说："节选自《汉书·李广苏建传》（中华书局1962年版）。"课文中有这样的话："武骂律曰：'汝为人臣子，不顾恩义，畔主背亲，为降虏于蛮夷，何以汝为见？'"②按：王念孙说："'见'字当本在'汝'字上，'何以见汝为'，犹《论语》言'何以文为''何以伐为'耳。若云'何以汝为见'，则文不成义矣。《汉纪·孝昭纪》作'何用见汝为兄弟乎'，'为'下加'兄弟'二字，遂失其指。然据此，知《汉书》本作'何以见汝为'也。"③其说甚是，课文当可据以改正。

《苏武传》又曰："乃幽武置大窖中，绝不饮食。"④按：王念孙说："按此本作'绝不与饮食'。师古所见本脱'与'字，则义不可通，乃曲为之说曰：'饮，于禁反。食读曰饲。'误矣。旧本《北堂书钞·设官部十五》《服饰部三》、《艺文类聚·天部下》、《太平御览·天部十二》《人事部百二十七》《服用部十》引此皆作'绝不与饮食'。是

---

① 王念孙：《读书杂志》第一册，上海古籍出版社2014年版，第341页。
② 部编：《普通高中教科书语文》选择性必修中册，2020年版，第88页。
③ 王念孙：《读书杂志》第二册，上海古籍出版社2014年版，第797页。
④ 部编：《普通高中教科书语文》选择性必修中册，2020年版，第88页。

诸家所见本皆与师古异也。《汉纪》本于《汉书》，而亦作'绝不与饮食'，是仲豫所见本正与诸家同也。今据以订正。（《新序·节士篇》亦作'绝不与饮食'。）"[1]其说极是。有"与"与无"与"，意思也大不一样，课文当可据以补正。

《苏武传》又曰："教使者谓单于，言'天子射上林中，得雁，足有系帛书，言武等在某泽中'。"[2]按：王念孙《读书杂志·汉书杂志》："按'某泽'二字文义不明。某，当为'荒'字之误也（隶书'荒'字作'㠩'，与'某'相似）。荒泽，即上文所云'北海上无人处'也。凡塞外大泽通谓之'海'；海边无人之地，故曰'荒泽中'。言天子射雁，得书，知武等在'荒泽中'。《艺文类聚·鸟部中》引作'某泽'，则此字之讹已久。《汉纪·孝昭纪》正作'荒泽'。"[3]其说甚是，课文当可据以改正。

例之十 《孔雀东南飞》："杂彩三百匹，交广市鲑珍。"注说："交广市鲑珍，从交州、广州（今广东、广西一带）采办的山珍海味。"[4]按：非是。《古乐府》"广"作"用"。逯钦立先生说："按作'用'者是。钱与杂彩皆是货币，故

---

[1] 王念孙：《读书杂志》第二册，上海古籍出版社2014年版，第797页。
[2] 部编：《普通高中教科书语文》选择性必修中册，2020年版，第90页。
[3] 王念孙：《读书杂志》第二册，上海古籍出版社2014年版，第789页。
[4] 部编：《普通高中教科书语文》选择性必修下册，2020年版，第11页。

下言'交用'也。作'广'者，后人不谙币制故妄改。"①逯说极是，课文当可据以改正。

例之十一 《庄子（北冥有鱼）》："抟扶摇而上者九万里。"注释说："乘着旋风盘旋飞至九万里的高空。抟，盘旋飞翔。扶摇，旋风。"②这个"抟"字比较复杂，据郭庆藩《庄子集释》，古来有三种不同解释。一是解作"圆转"，说"抟，圆也。扶摇，上行风也。圆飞而上行者，若扶摇也。范彦龙《古意赠王中书诗》注引司马曰：抟，圆也。圆飞而上若扶摇也"。司马，即晋司马彪。课文注释是采用"司马曰"。二是读"抟"字如"专"，当作通假字，专有"聚集"的意思。郭庆藩说"抟扶摇而上，言专聚风力而高举也"。三是"抟"是"搏"的形讹字。搏，拍击。说"击打也，抟斗也。扶摇，旋风也。大鹏既将适南溟，不可决然而起，所以举击两翅，动荡三千，踉跄而行，方能离水，然后缭戾宛转，鼓怒徘徊，风气相扶摇动而上"。这个说法出于西晋郭象。晋人崔譔也说："拊翼徘徊而上也。"拊，也是"拍打"的意思。清卢文弨说："当云本一作搏，音博。陆氏于《考工记》之'抟埴'，亦云：刘音博。不分别字体，非。"③以上

---

① 逯钦立：《先秦汉魏晋南北朝诗》，中华书局1982年版，第286页。
② 部编：《义务教育教科书语文》八年级下册，2017年版，第116页。
③ 郭庆藩：《庄子集释》上册，中华书局1961年版，第5页。

三种注释，各有依据，似乎都能说通。作为语文教科书需要反复比较，择取其中最善者。其实，最后一解，比较合理。章太炎先生说："'搏击'，乃'拍'字之借。《庄子》'搏扶摇而上'，皆'拍'之借。言两只翅膀拍拍拍拍拍拍的飞上去了"。[1]其说至确，简洁明快。又，"扶摇"，课文也没有注明。郭庆藩说："扶摇，风名也。司马云：'上行风谓之扶摇。'《尔雅》云：'扶摇谓之飙。'郭璞云：'暴风从下上也。'卢文弨曰："从下上倒，今据《尔雅》注改正。"[2] "扶摇"二字的合音，就是"飙"。飙，是旋风，羊角风，今称龙卷风。风因何而起？是大鹏拍拍翅膀而刮起来的，显示其威力巨大无比，不是说大鹏南行别有旋风可以借助。所以，这个"抟"字是"搏"的形讹字，需要依据后一注释校正。

例之十二 吴均《与朱元思书》首条注释说："选自《吴均集校注》（浙江古籍出版社2005年版）。"[3]其中有句："夹岸高山，皆生寒树。"比对原书，"岸"字作"嶂"。历史上没有《吴均集》这样的书，这个《吴均集》是后人辑集而成，所以每篇文章都注明了出处。从现存文献看，此

---

[1] 章太炎：《说文解字授课笔记》，《章太炎全集》第二辑，上海人民出版社2014年版，第492页。
[2] 郭庆藩：《庄子集释》上册，中华书局1961年版，第5页。
[3] 部编：《义务教育教科书语文》八年级上册，2017年版，第56页。

文最早见于唐欧阳询《艺文类聚》,在其书卷七《山部》上"总载山"条中,"岸"字作"峰"。而明陈天定《古今小品》卷三、王志坚《四六法海》卷七皆收录此文,"岸"字作"嶂"。清许梿《六朝文絜笺注》卷七收此文作"岸",注云:"一作嶂。"据上转载情况看,作"岸"最后,显然是清人妄改。从词义上判断,作"嶂"较为妥帖。嶂,陡峭耸立如屏障的山峰。《文选》沈约《钟山诗应西阳王教》:"郁律构丹巘,峻嶒起青嶂。"唐吕向注:"山横曰嶂。"所以这个"嶂"字,应从原书,不能随意改作"岸"。如果真要改换,必须增加一条注释说明。

例之十三 李贺《雁门太守行》首条注释说:"选自《李贺歌诗集注》卷一(上海人民出版社1977年版)。"①"甲光向日金鳞开",比对原书,"日"作"月"。对此,宋代有人表示过质疑。王安石说:"长吉《雁门太守诗》云:'黑云压城城欲摧,甲光向日金鳞开。'是儿言不相副,方黑云如此,安得耀日之甲光也。"②若作"月"字,就不存在问题了。清王琦说:"此篇盖咏中夜出兵,乘间捣敌之事。黑云压城城欲摧,甚言寒云浓密。至云开处逗露月光,与甲光相射,有似金鳞。"文从义顺,无所挂碍,说明王琦所依据的版本也是作"月"字。

---

① 部编:《义务教育教科书语文》八年级上册,2017年版,第136页。
② 蔡正孙:《诗林广记》,中华书局1982年版,第148页。

例之十四 李清照《如梦令》首条注释说："选自《李清照集笺注》卷一（上海古籍出版社2002年版）。"①其中，"争渡，争渡，惊起一滩鸥鹭。"比对原书，"滩"字作"行"。②又核对原书，作者徐培均先生有《校记》，说："一行鸥鹭，《全芳备祖》作'一行鸳鹭'，《乐府雅词》作'一滩鸥鹭'。'滩'字胜。"③则应该补一条注释："滩，原作'行'，据徐培均校改。"

例之十五 刘禹锡《酬乐天扬州初逢席上见赠》首条注释说："选自《刘禹锡集》卷三十一（中华书局1990年版）。"④其中，"到乡翻似烂柯人"，比对原书，"乡"字作"郡"。作者卞孝萱《校记》："'郡'，赵本、黄校、朱本、《全唐诗》作'乡'。"⑤卞氏的整理本，底本是宋绍兴年间刻本。所谓"赵本"，《刘宾客诗集》九卷，清雍正元年华亭赵骏烈刻本；"黄校"，《刘宾客文集》，三十卷，清味书室抄本，清龚文照录黄丕烈校；"朱本"，《刘宾客文集》，正集三十卷，外集十卷，清光绪三十一年仁和朱氏《结一庐賸馀丛书》本。其作"乡"字者，都是清代刻抄本。说明

---

① 部编：《义务教育教科书语文》八年级上册，2017年版，第152页。
② 徐培均：《李清照集笺注》，上海古籍出版社2002年版，第40页。
③ 同上书，第41页。
④ 部编：《义务教育教科书语文》九年级上册，2018年版，第54页。
⑤ 刘禹锡：《刘禹锡集》下册，中华书局1990年版，第421页。

宋刻本作"郡",作"乡"是清代妄改,应该从宋本。

例之十六 陶渊明《归园田居》首条注释说:"选自《陶渊明集笺注》卷二(中华书局2003年版)。"[①]其中,"榆柳荫后檐,桃李罗堂前",比对原书,"檐"字作"园"。作者袁行霈说:"园,一作檐,亦通,然作'园'较胜,后园与前堂对举。'檐'本用以荫也,复言'榆柳荫后檐',显然不如'榆柳荫后园'之自然。"[②]袁说甚确。不知何故改作"檐"?查王瑶编注《陶渊明集》字作"簷"。[③]檐、簷是一字。课文注释本,恐怕采用的是王瑶注本,不是袁行霈的《陶渊明集笺注》。旧编课本都是采用了王瑶注本,是沿袭旧课本而致讹。

例十七 李清照《声声慢》首条注释说"选自《李清照集校注》卷一(人民文学出版社1979年版)。"[④]其中,"如今有谁堪摘",比对原书,"堪"字作"忺"。作者王仲闻校云:"忺,《词林万选》等作'堪'。"[⑤]徐培均《李清照集笺注》:"忺摘,犹言想摘。《方言》:'青齐呼意所欲为忺。'"[⑥]忺,是个山东济南的方言词,实在需要依据王、徐二家校正其误。

---

① 部编:《普通高中教科书语文》必修上册,2019年版,第59页。
② 袁行霈:《陶渊明集笺注》,中华书局2003年版,第78页。
③ 王瑶:《陶渊明集》,人民文学出版社1983年版,第27页。
④ 部编:《普通高中教科书语文》必修上册,2019年版,第67页。
⑤ 王仲闻:《李清照集校注》,人民文学出版社1979年版,第65页。
⑥ 徐培均:《李清照集笺注》,上海古籍出版社2002年版,第163页。

第三节　古诗文的备课：参考古注

古书注释自汉代就开始了，汉代儒生对先秦时期的大量文献著作进行整理、注释，为后人留下丰富的文化遗产。汉初对《诗经》注释，就有鲁、齐、韩、毛"四家"：鲁有《诗故》《诗说》，齐有《齐后氏故》《齐孙氏故》，韩有《韩故》《韩诗内外传》，毛有《毛诗故训传》等。现在只有《毛诗故训传》流传下来。至东汉末，郑玄作《毛诗笺》，唐孔颖达作《毛诗正义》，这就是《十三经注疏》本所收《毛诗注疏》。语文教师教授《诗经》作品，既没有办法又不能够绕过《毛诗注疏》，而是必须认真阅读，在备课时加以参考。不仅《诗经》如此，《左传》《论语》《孟子》《荀子》《楚辞》《史记》《汉书》《后汉书》《三国志》《昭明文选》《世说新语》，等等，皆有汉、唐时期古注，都是语文教师备课时必须参考的重要文献著作。

课文注释多是在参考古注基础上进行的。但是，对于历代流传于今的古注需要有所分辨，即哪些注释比较可靠，哪些注释不很可靠。一般来说，越早的注释越可靠，越往后的注释越不可靠。这是因为早期的注释，如汉注之类，离原著时代比较近，对于原著的词义、语言、习俗、文化等比较熟悉，而千年以后再去读千年前的著作，自然会有生疏之感，其所注内容就要打折扣了。所以，备课的第三步是参考古注，特别要参考较早的注释，尤其是汉、唐注疏，南宋以后的古注（清代属例外）一般不在参考之列。

例之一 人教版新课标实验课本初中《语文》（第七册上）选《论语十则》。第一则选自《学而》：

> 子曰："学而时习之，不亦说乎？有朋自远方来，不亦乐乎？人不知而不愠，不亦君子乎？"

课文对这段古文中的"子""时习""说""愠"等字作注，说"子"是"古代男子的尊称，这里指孔子"；"时习"是"时常复习"；"说同'悦'"，是"愉快"；"愠"是"生气、恼怒"。[①]究竟注得怎样？是否准确可靠？对照《论语》

---

① 部编：《义务教育教科书语文》七年级上册，2016年版，第50页。

的古注，即便明白。现存《论语》注释最早的本子是三国魏何晏《论语集解》。"集解"，是产生于魏晋时期注释古书的"体式"，表示汇集前世所有注释材料的意思，具有"集大成"性质。何晏《论语集解》，则是汇集、保存了两汉时期所有注释《论语》材料，非常珍贵，当是备课首选的参考著作。除此以外，有南朝梁皇侃《论语义疏》、北宋邢昺《论语疏》、清刘宝楠《论语正义》等，都很值得参考。

何晏《集解》，其注"子"字，则引东汉马融曰："子者，男子通称也，谓孔子也。"说明"子"是男人的"通称"，旧版课文注释为"先生"，[①]是错误的。新课本也是据笔者发文批评之后改正的。

何晏注"时习"，引三国魏王肃曰："时者，学者以时诵习也。"王氏的"以时"，据皇侃之意，"时"之义并非如此简单，他说："凡学有三时：一、身中时。《学记》云：'发然后禁，则扞格而不胜，时过然后学，则勤苦而难成。'故《内则》云'十年出就外傅，居宿于外，学书计；十有三年学乐、诵诗、舞勺，十五成童舞象'是也。二、年中时。《王制》云：'春秋教以礼乐，冬夏教以诗书。'郑玄

---

① 义务教育课程标准实验教科书《语文》七年级上册，2007年版，第43页。

云:'春夏,阳也。诗乐者声,声亦阳也。秋冬,阴也,书礼者事,事亦阴也。互言之者,皆以其术相成。'又《文王世子》云:'春诵,夏弦,秋学礼,冬读书。'郑玄云:'诵谓歌乐也,弦谓以丝播,诗阳用事,则学之以声。阴用事,则学之以事,因时顺气,于功易成也。'三、日中时。《学记》云:'故君子之于学也,藏焉,修焉,息焉,游焉。'是日日所习也。言学者以此时诵习,所学篇简之文及礼乐之容,日知其所亡,月无忘其所能,所以为说怿也。"①则"时"之义包涵人之"一生"学习的阶段,又包涵"四时"及"每日",内涵极为丰富。

"说"字,更非"愉快"一义所了。皇侃以"说""乐"二字作比较,说:"说之与乐,俱是欢欣,在心常等而貌迹有殊。悦则心多貌少,乐则心貌俱多。所以然者,向得讲习在我,自得于怀抱,故心多曰说。今朋友讲说,义味相交,德音往复,形彰在外,故心貌俱多曰乐也。"意思是说,说之为"喜悦",在于内心;"乐"之为喜悦,在于外貌。唐代陆德明《论语音义》说得更明白:"谯周云:'悦深而乐浅。'一云:自内曰悦,自外曰乐。"由此可知,孔子"学而时习"所获得的"喜悦",甚于"有朋自远方来",

---

① 皇侃:《论语义疏》,北京大学出版社2018年影印本,第31—32页。

则其重于"学习"昭然若揭，不待明辨。

"朋"，今多以为"朋友"。何晏引东汉包咸云："同门曰朋。"何谓"同门"？梁皇侃《义疏》说："同处师门曰朋，同执一志为友。朋，犹党也，共为党类，在师门也。友者，有也，共执一志，绸缪寒暑，契阔饥饱，相知有无也。"[①]北宋邢昺说："郑玄注《大司徒》云：'同师曰朋，同志曰友。'然则'同门'者，同在师门以授学者也。朋，即群党之谓。故子夏曰：'吾离群而索居。'郑玄注云：'群谓同门朋友也。'此言'有朋自远方来'者，即《学记》云：'三年视敬业乐群也。'同志谓同其心意所趣向也。朋疏而友亲，朋来既乐，友即可知，故略不言也。"可知《论语》"朋"字的原意指"同师门者"，犹今说"同学"，不能解作"朋友"。

"愠"字释为"生气、恼怒"，虽是采用何晏"愠，怒也。凡人有所不知，君子不愠也"之说，其实还得参考他注。唐陆德明《论语音义》引郑云："愠，怨也。"怒、怨是有所区别的：蕴积于内而未外泄者曰"怨"，又曰"愠"；宣泄于外者曰"怒"。意思是说，君子为人所不知，心里头连生气一下都没有，足见君子之为人豁达、开通。如果不

---

① 皇侃：《论语义疏》，北京大学出版社2018年影印本，第32页。

去参考一番旧注,恐怕百思未得其解。

例之二 《寡人之于国也》:"寡人之于国也,尽心焉耳矣。"注说:"尽心焉耳矣,(总算)尽了心啦,焉、耳、矣都是句末助词,重叠使用,加重语气。"①按:《寡人之于国也》选自《孟子》。《孟子》有东汉赵岐《孟子章句》、北宋邢昺《孟子疏》,皆今备课首选的文献参考书。此外有清焦循《孟子正义》,也是研讨《孟子》的名著。"焉耳矣"三字连用,不光是"加重语气",赵岐注:"'焉耳'者,恳至之辞。"邢昺疏:"'耳矣'者,言至极也。"可见,"焉耳矣"连用,表示其心诚恳至极的语气。

又,"王好战,请以战喻。"注说:"请以战喻,让我用打仗来做比喻。"②按:将"喻"解释为"比喻",是犯了以今律古的大忌。在先秦时代,喻,表示"明白""开晓""晓解"之义。《论语·里仁》:"君子喻于义,小人喻于利。"皇侃疏:"喻,晓也。"《汉书·项籍传》:"喻以所为。"颜师古注:"喻,晓告之。"《淮南子·修务训》:"喻于道者。"高诱注:"喻,明也。"据现存训诂材料,表示"比喻"之"喻",盖起于战国晚期以后,至少在孟子生活

---

① 新课标高中《语文》第一册,2007年版,第102页。
② 同上。

的时代还没有出现。又,东汉赵岐《孟子注》说:"因王好战,故以战事喻解王意。""喻解"云者,即是"说解""开解",是用"明晓"的古义。

又,《生于忧患,死于安乐》:"征于色发于声而后喻。"注释说:"看到他的脸色,听到他的声音,然后人们才了解他。"① 按:以"喻"为"了解",其义差近是,不如释"晓明"允当。

又,"填然鼓之,兵刃既接,弃甲曳兵而走。"注说:"填,形容鼓声,拟声词。"② 按:赵岐注:"填,鼓音也。"邢《疏》:"填,塞也,又满也。赵氏云'鼓音',盖言鼓音之充塞,洋洋而盈满也。"《正义》云:"贾逵云:'填,塞也,满也。'《礼》云:'色容填填。'《史》云:'车马骈填。'"据此,"填"是形容鼓音充塞、充满之意,不是"拟声词",是形容词。再说,古代鼓音有拟声词作"镗镗",《诗经·击鼓》:"击鼓其镗。"毛《传》:"镗然,击鼓声也。"或作"逢逢",《灵台》:"于论鼓钟,于乐辟廱,鼍鼓逢逢,蒙瞍奏公。"陆德明《音义》引《埤苍》:"逢逢,鼓声也。"或作"鼕鼕",《绀珠集》"鼕鼕鼓"条:"京师街

---

① 义务教育课程标准实验教科书《语文》九年级下册,2006年版,第158页。
② 新课标高中《语文》第一册,2007年版,第102页。

衢，置鼓于小楼以警昏晓，太宗时，张洎制坊各列牌于楼上。按唐马周建议置鼖鼖鼓，刘禹锡云'鸡人一唱鼓鼖鼖'是也。"绝无以"填填"比拟"鼓声"。

例之三 《氓》："氓之蚩蚩，抱布贸丝。"注说："氓，民。贸，交易，交换。"①课文注释故意回避"布"的意义。"布"是什么东西？大概理解为"麻布"或"丝帛"之类的纺织成品。"抱布贸丝"，是用成品换原料。《诗经》旧注有西汉初毛亨的《诗故训传》、东汉末郑玄的《诗笺》和唐初孔颖达的《正义》。读《诗经》需要参考这三家注。毛亨《传》："布，币也。"郑《笺》："币者，所以贸买物也。季春始蚕，孟夏卖丝。"说明汉人以"布"为"币"，没有看作纺织成品。孔颖达《正义》说："布，泉也。其藏曰泉，其行曰布。取名于水泉，其流行无不徧。《檀弓》注云：'古者谓钱为泉布，所以通布货财，泉亦为布也。'"布，即是市场上流通的货币的别名；泉，后来写作钱，指收藏在库房里，没有流入市场上的货币的别名。春秋战国之世有"爰布""刀布""郢布"等，时见出土于春秋战国之古墓。毛、郑、孔是正确的。《尔雅·释言》："贸，买也。"贸是"买卖""交易"而非"交换"。抱，有"怀藏"之义。明

---

① 部编：《普通高中教科书语文》选择性必修下册，2020年版，第2页。

卓明卿《卓氏藻林》卷三《人物类》"远抱"注："抱，怀也。"《文选》班彪《北征赋》："游子悲其故乡，心怆悢以伤怀。"李善注引《仓颉篇》："怀，抱也。"抱布贸丝，说怀藏布币去买丝。解"布"为"布帛"，盖泥于"手抱"之义。又，课文注"氓，民"是正确的，但是"氓"何以称"民"？孔颖达《正义》："氓，民之一名，对文则异。故《遂人》注云：'变民言氓，异内外也。'"所谓"异内外"者，因出于不同诸侯国。同一诸侯国者称"民"，来自别诸侯国者称"氓"。《孟子·滕文公上》："有为神农之言者许行，自楚之滕，踵门而告文公曰：'远方之人闻君行仁政，愿受一廛而为氓。'"许行见滕文公而称"氓"，以其来自楚故也。又，"蚩蚩"释"忠厚的样子"，本于毛《传》的"敦厚之貌"，是完全正确的。《普通高中课程标准实验教科书语文》又引"一说，通'嗤嗤'，笑嘻嘻的样子"①。徒滋歧纷，实在没有必要。实际上出于南宋朱熹《诗集传》，是不靠谱的。正由于将"蚩蚩"误释为"笑嘻嘻"，然后又正一步误解"氓"为"流氓"。真可谓失之毫厘，谬以千里。

例之四　杜甫《登高》："艰难苦恨繁霜鬓，潦倒新停

---

① 《普通高中课程标准实验教科书语文2》必修，2006年版，第14页。

浊酒杯。"课文注:"潦倒,衰颓,失意。"①按:读杜甫的诗需要参考宋人注释。宋郭知达《九家集注杜诗》:"'潦倒'字、'浊酒杯'字,出嵇康,盖云'潦倒粗疏'。又曰'浊酒一杯'也。若'潦倒'义,《北史·崔瞻传》云:'自天保以后重吏事,谓容止酝藉者为潦倒,瞻终不改焉。'如此则潦倒亦非不佳之语,故公又曰'多材依旧能潦倒'。"其说甚是。从杜诗本意看,作者写晚年虽多病而戒酒,但是仍然疏放酝藉,未失为儒者风度,未失其容态,与课本注释何止霄壤!所以"潦倒"非"穷蹙失意"之状,而是"容止蕴藉"的样子,是巧用嵇康《与山巨源绝交书》"足下旧知吾潦倒粗疏,不切事情"之意。"潦倒"之词,除表示"穷蹙失意"外,别有容止"疏旷""放达"之义,指人的精神气度没有垮掉。又,杜甫《戏赠阌乡秦少府短歌》:"昨夜邀欢乐更无,多才依旧能潦倒。"《秦州见敕目薛三璩授司议郎毕四曜除监察与二子有故远喜迁官兼述索居三十韵》:"交期余潦倒,材力尔精灵。"《夔府书怀四十韵》:"形容真潦倒,答效莫支持。"又,王绩《答程道士书》:"吾受性潦倒,不经世务,屏居独处,则萧然自得。"李邕《春赋》:"趣下里之潦倒,喧乐土之繁华。"李白《上

---

① 部编:《普通高中教科书语文》必修上册,2019年版,第61页。

安州李长史书》:"白之不敏,窃慕余论,何图叔夜潦倒,不切于事情。"刘禹锡《苏州上后谢宰相状》:"某山东一书生,潦倒疏阔,在少壮日犹不逮人,况今衰迟,智力愈短。"《洛中酬福建陈判官见赠》:"潦倒声名拥肿材,一生多故苦遭回。"白居易《答林泉》:"渐知吾潦倒,深愧尔留连。"《七年春题府厅》:"潦倒守三川,因循涉四年。"以上"潦倒"皆为容止"疏放""旷达"之义,可为杜诗"潦倒新停浊酒杯"的旁证。

例之五 《烛之武退秦师》:"行李之往来,共其乏困。"注释说:"行李,出使之人,原写作'行吏'。后习惯写作'行李'。"① 按:此说不确。孔颖达《正义》:"襄八年《传》云:'一介行李。'杜云:'行李,行人也。'昭十三年《传》云:'行理之命。'杜云:'行理,使人。'李、理字异,为注则同,都不解'理'字。《周语》:'行理以节逆之。'贾逵云:'理,吏也,小行人也。'孔晁注《国语》:'其本亦作李字,注云:行李,行人之官也。'然则两字通用,本多作'理',训之为'吏',故为'行人''使人'也。"说明《左传》旧作"行李"或"行理"。"李""理"皆为通假字。时代比较早的古书,尤其是先秦古书,多用通假字。后人

---

① 新课标高中《语文》第二册,2009年版,第36页。

据字义将"行理""行李"改作"行吏"。课文注释则颠倒其次。

例之六 《烛之武退秦师》又说："以乱易整,不武。"注释释："用散乱代替整编,这是不符合武德的。乱,指打完后军队散乱。武,指使用武力时应遵守的道义准则。"① 按:杜预《集解》:"秦晋和整,而还相攻,更相乱也。"据杜氏所注之义,"整",犹治理之义,指秦、晋二家联合和好。《左传·庄公二十三年》:"曹刿谏曰:'不可。夫礼所以整民也。故会以训上下之则,制财用之节。'"孔颖达《正义》:"夫礼者,所以整理天下之民,民皆是尊王室。"以"整"为"整理"。是其证。"整"不是"整编"。"乱",说"内乱",指二家分裂互斗。以"内乱互斗"替代"联合和好",这才称作是"不武"。武,指"威武",不说"武德"。

例之七 《廉颇蔺相如列传》:"秦王与群臣相视而嘻。"注释说:"相视而嘻,面面相觑,发出无可奈何的声音,形容秦王与群臣懊丧而又无可奈何的样子。嘻,这里作动词用。"② 按:刘宋裴骃《集解》:"嘻,惊而怒之辞也。"唐司

---

① 新课标高中《语文》第二册,2009年版,第37页。
② 新课标高中《语文》第五册,2009年版,第80页。

马贞《索隐》:"惊而怒之辞也。"嘻,表示感到意外的惊怒之词,没有"无可奈何"之意。《类篇·口部》:"嘻,恨声。"《史记·鲁仲连邹阳列传》:"噫嘻,亦太甚矣。"司马贞《索隐》:"嘻者,惊恨之叹也。"《礼记·檀弓上》:"夫子曰:'嘻!'"郑玄注:"嘻,悲恨之声。"《吕氏春秋·行论》:"庄王方削袂,闻之曰:'嘻!'投袂而起。"

例之八 《触龙说赵太后》:"位尊而无功,奉厚而无劳,而挟重器多也。"注释说:"挟重器,拥有珍贵的器物。"① 按:课文注释以"重器"为"珍贵的器物",属偏正短语。非是。鲍彪《战国策注》:"重器,谓名位金玉。"重,指名位。器,即物器。并列短语。重,古书确有"权位"之义。《韩非子·说难》:"则以为卖重。"王先慎《集解》:"重,即权也。"重器,非偏正短语。

例之九 《勾践灭吴》:"乃号令于三军曰:'凡我父兄昆弟及国子姓有能助寡人谋而退吴者,吾与之共知越国之政。'"注释说:"昆弟,兄弟。"② 按:解"昆弟"为"兄弟"是正确的。勾践明明是"乃号令于三军",而单单说"我父兄昆弟及国子姓",莫非只对"三军"中的"我父兄昆弟及

---

① 高中《语文》第一册,2004年版,第95页。
② 同上书,第89页。

国子姓"说的？当然不是。但是，课文没有注明其意。三国韦昭《国语注》："号令三军而言父兄昆弟者，方在危陀，亲而呼之也。"意思说，勾践其时正处在危急存亡之际，把三军当作"父兄昆弟及国子姓"看待，是"亲而呼之"。好比过去旧军队长官训话时，开口称其部下为"弟兄们"是一样的道理。

《勾践灭吴》又说："西至于姑蔑。"注释说："姑蔑，古地名，在今浙江衢州东北。"① 按：据此注释，越国的版图非常小，西边仅至于今浙江龙游为止。其实不然。韦昭《国语注》："姑蔑，今太湖是也。"太湖，非今苏、浙交界的太湖，指今之鄱阳湖。太，通作"大"。太湖，即大湖。古代称"洞庭湖""鄱阳湖""五湖"均称为"太湖"。《国语·越语》"战于五湖。"韦昭注："五湖，今太湖。"《九歌·湘君》："遵吾道兮洞庭。"王逸注："洞庭，太湖也。"洪兴祖《补注》："原欲归而转道于洞庭者，以湘君在焉故也。《山海经》曰：'洞庭之山，帝之二女居之。是常游于江渊，澧、沅之风，交潇、湘之渊，出入多飘风暴雨。'注云：'言二女游戏江之渊府，则能鼓动三江，令风波之气共相交通。'又曰：'湘水出帝舜葬东，入洞庭下。'注云：

---

① 高中《语文》第一册，2004年版，第89页。

'洞庭地穴，在长沙巴陵也。'《水经》云：'四水同注洞庭，北会大江，名之五渚。《战国策》"秦与荆战，大破之，取洞庭五渚"是也。湖水广员五百余里，日月若出没于其中。湖中有君山，潜通吴之苞山。郭景纯《江赋》云"苞山洞庭，巴陵地道，潜陆旁通，幽岫窈窕"者也。'按：吴中太湖，一名洞庭。而巴陵之洞庭，亦谓之太湖。逸云'太湖'，盖指巴陵洞庭耳。"洪氏辨"洞庭""太湖"的同异，甚得其旨。王逸"太湖"云云，即大湖。又，《书·禹贡》"彭蠡既潴"，陆德明《释文》："张勃《吴录》云：'今名洞庭湖。'按：今在九江郡界。"则知九江的"鄱阳湖"，或名"洞庭"，或曰"太湖"。越国西境至九江鄱阳湖，也符合历史所载。

例之十　《离骚》："不吾知其亦已兮，苟余情其信芳。"注释说："不了解我也就算了，只要我本心确实是美好的。苟，如果、只要。"[①]课文依据中华书局1983年版《楚辞补注》点校本。其实，点校本的"苟"，是个错别字，选文版本出了问题。《楚辞补注》这种书，存世有明代翻刻宋本、明末清初汲古阁毛表校刻本、清康熙陈枚宝翰楼刻本、清道光二十六年惜荫轩丛书刻本、清同治十一年金陵

---

① 部编：《普通高中教科书语文》选择性必修下册，2020年版，第5页。

书局刻本、日本国皇都林翻刻本以及民国中华书局《四部备要》本，这个"苟"字，均作"苟"。"苟""苟"是音义完全不同的两个字。《离骚》在此句前已出现了"苟"字，如，"苟余情其信姱以练要兮"，东汉王逸注："苟，诚也。"其说确切不易。"苟诚"之苟、"苟且"之苟，是不能混淆的。苟之训"诚"，是副词，即"诚然""的确""确实"之意。《说文·苟部》："苟，自急敕也。从羊省、从勹、口。勹口，犹慎言也。"急敕，即戒敕，有肃敬之义。急、戒通用。《诗经·小雅·六月》"我是用急"，《盐铁论·繇役篇》引《诗》作"我是用戒"。《尔雅·释诂》："亟，速也。"《释文》："亟，居力反。"宋本《玉篇·苟部》："苟，居力切，急也，自急敕也。亦作亟。"则苟、亟亦通，皆职部。《广雅·释诂》："亟，敬也。"敬字从苟，则犹从"亟"，是借声字。肃敬之义而后虚化表示肯定确切的副词，则为"诚然"，所以古人训"诚"。而"苟且"之苟，从"艹"头、句声。音古厚反，侯部。颜师古《匡谬正俗》卷八"苟"条："苟者，媮合之称，所以行无廉隅，不存德义谓之苟且。"虚化之后，则可以表示假设之词，释"如果"。但是，无论是"苟"，还是"苟"，都不能释解为"只要"。《离骚》"苟余情其信芳"，苟，诚然，说我内心确是坚信芳美的。

第四节　古诗文的备课：
广泛参考现代人研究成果

对中学语文课本的古诗文注释，关系到培养下一代的语文素质、文化修养以及中国传统文化传承，稍有良知者无不为之系心关注，故时为著文以研讨之，并时有新义发明。即使非专门为中学语文而作，然其所考释有涉及到语文课本古诗文的内容，也应予以参考。语文教师备课时理应关注这方面的材料，予以合理采用、吸取。如：

例之一　柳永《雨霖铃》："此去经年，应是良辰好景虚设。"注释说："经年，年复一年。"[①] 或注说："经年，一年。"[②] 按：经年，在宋代已固定为表示"累年""积时"之

---

① 《普通高中课程标准实验教科书语文4》必修，2006年版，第35页。
② 高中《语文》第三册，2004年版，第32页。

义。王锳有详考,说:"经年,不一定是恰恰过一年的意思。"其引《太平广记》卷三百一十八《邵公》:"邵公者,患疟,经年不差。"卷二百一十《顾光宝》:"(陆溉)患疟经年,医疗皆无效。"卷三百八十八《张克勤》:"后五年,克勤登第,娶妻经年,妻亦无子。"经年,皆为"积年""累年"。①其说甚是。可以采取。但是,"经年"多见于宋词,犹说"积年""累时",既可以是"年复一年",也不一定是"年复一年",得视语境而定。柳永《倾杯乐》(大石调):"向道我别来,为伊牵系,度岁经年,偷眼觑,也不忍觑花柳。"《凤衔杯》(其二):"经年价,两成幽怨。"柳永《少年游》(其八):"王孙动是经年去,贪迷恋,有何长。"欧阳修《渔家傲·七夕》:"一别经年今始见,新欢往恨知何限?"杜安世《凤衔杯》:"叹分飞,容易经年。"晏几道《鹧鸪天》:"欢尽夜,别经年。"《虞美人》:"玉箫吹遍烟花路,小谢经年去。"王诜《撼庭竹》:"经年费尽东君力,有情先到探春客。"皆其旁证。

例之二 曹操《短歌行》:"契阔谈讌,心念旧恩。"注释说:"契阔谈讌,久别重逢,欢饮畅谈。契阔,聚散,

---

① 王锳:《唐宋笔记语辞汇释》,中华书局2001年版,第97页。

这里指久别重逢。"①大概以"阔"为"散"、以"契"为"聚"。按：非也。契阔，原出《诗经·击鼓》"死生契阔"，毛《传》谓"勤苦"，以后未有确解。清黄生《义府》卷上："'死生'与'契阔'并对言，'契'，合也；'阔'，离也。"而其说《击鼓》"契阔"义在于"阔"，说今日从军，"有'阔'而已，'契'无日也；有'死'而已，'生'无日也"。其视"契阔"为复词偏义。但是，"契阔"又有义偏主于"契"者，说"今人通以'契阔'为隔远之意，皆承《诗》注之误"。②钱锺书先生更明确指出，"契阔"之义，"要皆以二字并而不分。既并而不分，复渐偏主'隔远'，或言'勤苦'；如高适《哭单父梁九少府》'契阔多别离'，即《魏书》高祖语意，以'阔'吞并'契'也。以'契'吞并'阔'者，亦复有之；如繁钦《定情诗》：'何以致契阔？绕腕双跳脱。'合之上下文以臂环'致拳拳'、指环'致殷勤'、耳珠'致区区'、香囊'致和合'、佩玉'结恩情'，则'契阔'乃亲密、投分之意，与'随事而疏'适反。魏、晋、南北朝，两意并用；作'阔隔'意用者，沿袭至今；作'契暱'意用者，唐后渐稀"。③黄、钱之说至

---

① 部编：《普通高中教科书语文》必修上册，2019年版，第58页。
② 黄生：《字诂义府合按》，第107页。
③ 钱锺书：《管锥编》第一册，中华书局1979年版，第80—82页。

确。说明古代"契阔"之义是单用的，绝无既有"契合"又有"阔隔"的双重意义。至于到底是"契"还是"阔"，视不同语境而定。曹操《短歌行》"契阔谈䜩"，义主于"契合"而吞并"阔隔"。故据黄、钱之说，"契阔"，宜释为"亲密""投分"为允当。

例之三 白居易《琵琶行》："莫辞更坐弹一曲，为君翻作琵琶行。"注释说："翻作，写作。翻，按曲改编歌词。"[①]按：翻，是模拟，说模拟其所弹乐曲写为《琵琶行》的诗。"作"才是"写作""改编"，而"翻"不能释为"写作"或"改编"。王锳已发明其义，当予以参考。其引例说："窦巩《少妇词》诗：'梦绕天山外，愁翻锦字中。'权德舆《晚秋陪崔阁老张秘监阁老苗考功同游昊天观》诗：'丽句翻红药，佳期限紫微。'许浑《赠裴处士》诗：'字形翻鸟迹，词诗合猿声。'洪迈《渔家傲引》词：'长浮家而醉月，更辍棹以吟风，乐在生涯，翻在乐府。'辛弃疾《贺新郎》词：'艇子飞来生尘步，唾花寒，唱我新番句。'其字作'番'，义并同。"[②]这个"翻"字多与音乐有关，不当作"写作"理解。

---

① 部编：《普通高中教科书语文》必修上册，2019年版，第64页。
② 王锳：《诗词曲语辞例释》，中华书局1980年版，第79页。

例之四 《长亭送别》:"酒席上斜签着坐有,蹙蹙眉死临侵地。"注说:"死临侵地,呆呆地,死临侵,发呆的样子。"①按:王季思注《西厢记》:"死临侵地:临侵,形容羸疲之辞。《开天传信录》载苏颋《咏兔诗》:'兔子死兰单,将来挂竹竿。'死临侵,疑即'死兰单'之音转。"②其说至确,当予以采用。按:临侵,联绵字,指精神萎靡不振的样子,而非"发呆"的意思。《牡丹亭》第二十出《闹殇》:"不提防你后花园闲梦铳,不分明再不惺忪,睡临侵打不起头梢重。"《望江亭中秋切鲙》第二折:"转过这影壁偷窥,可怎生独自个死临侵地?"《邯郸道省悟黄粱梦》第二折:"你浑身是口难挣扽,赤紧地并脏拿贼,你看他死临侵地不敢把头抬。"《裴少俊墙头马上》第三折:"被老相公亲向园中撞见者,唬的我死临侵地难分说。"《萧淑兰情寄菩萨蛮》第三折:"害的我瘦骨岩岩死临侵,端的是为您、为您。"《陈季卿误上竹叶舟》第三折:"唬的你战兢兢,似楚囚,死临侵,一命休。"《盛明杂剧·英雄成败》第三折:"一个个死临侵,手脚残。"《红梨记》第六出《赴约》:"只为花容丽,玉貌扬,那王丞相呵,死临侵、邀求凤凰。"《元曲》

---

① 新课标高中《语文》第四册,2006年版,第30页。高中《语文》第四册,人民教育出版社2004年版,第131页。
② 王季思:《西厢记》,上海古籍出版社1978年版,第156页。

孙李昌《怨别》:"死临侵魂梦劳,呆答孩心似迷,常常思时时想频频记。"或作"林侵"。徐渭《四声猿》第一折《翠乡梦》:"又面壁九年,却不是死林侵盲修瞎炼,不到落叶归根。"《宜秋山赵礼让肥》第二折:"止不过黑林侵的肌体羸,又无那红馥馥的皮肉娇。"唐时作"兰单""兰殚"。或作"郎当"。张邦伸《云栈纪程》卷六:"明皇入蜀,雨中于此闻铃声,问黄旛绰:'铃语云何?'对曰:'似谓三郎郎当。'"说三郎疲惫不振。或作"羸垂"。白居易《画竹歌》:"人画竹梢死羸垂,萧画枝活叶叶动。"(《白氏长庆集》卷十二)胡文英《吴下方言考》:"按,死羸垂,疲塌不振之貌。吴谓人之不振者曰死羸垂。"或作"落箨"。《敦煌掇琐》卷一〇三《字宝碎金》"人落箨"。或作"落度"。《三国志·蜀书·杨仪传》:"吾若举军以就魏氏,处世宁当落度如此邪?令人追悔不可复及。"皆说"落泊不振"之意。或作"落拓""落托"。《慧琳音义》卷九十四"落拓"条引《考声》云:"落祏,失节貌。"拓、祏古字通用,说"委靡不振"之意。或作"潦倒""独漉""蓝搂""龙钟""拉搭""邋遢"等,虽或书以训诂字,而不可限于形体求之。

例之五 《触龙说赵太后》:"窃自恕,而恐太后玉体之有所郄也。"注释说："郄（xì），病痛。"①按：郭在贻说："这个字（郄），在马王堆汉墓帛书《战国纵横家书》'触龙见赵太后'章中写作'䜣'，马王堆汉墓帛书整理小组注云：'䜣字不见字书，《赵策》作郄，是卻的别体。䜣与卻都和㤕、倁等字通，当劳累、倦乏讲。'这个注释是对的。郄是卻的异体，卻又是㤕、倁的假借字，㤕、倁都有疲羸困乏之义。《说文》卷十下《心部》：'㤕，劳者。'劳者疲顿之义。《广雅》：'困、疲、羸、券、倁，极也。'极即'小极'之'极'，是疲惫的意思。字又写作'倁'，《方言》十二：'㷊倁，倦也。'王念孙《读书杂志·战国策第二》'有所郄'条下云：'郄字本作倁，读如烦勷之勷，谓疲羸也。言恐太后玉体之疲羸，故愿望见也。'其说亦确。"②郭说极是，理当参考采用。据此，"郄"，可以改作通行字"卻"，义释为"疲惫"，而非"病痛"。

例之六 《孔雀东南飞》："东家有贤女，自名秦罗敷。"注释说："东家，泛指邻近人家。"③按：东家，原出有典。宋玉《登徒子好色赋》："天下之佳人，莫若楚国；楚国之

---

① 高中《语文》第一册，2004年版，第94页。
② 郭在贻：《郭在贻文集》第一册，中华书局2002年版，第237—338页。
③ 部编：《普通高中教科书语文》选择性必修下册，2020年版，第8页。

丽者，莫若臣里；臣里之美者，莫若臣东家之子。东家之子增之一分则太长，减之一分则太短；著粉则太白，施朱则太赤。"以后泛指专出美女的地方。徐悱《对房前桃树咏佳期赠内》："相思上北阁，徙倚望东家。"徐悱妻刘令娴《答外诗二首》："东家挺奇丽，南国擅容辉。"王筠《春游诗》："物色相煎荡，微步出东家。既同翡翠翼，复如桃李花。"张正见《轻薄篇》："扬鞭还却望，春色满东家。"梁锽《观王美人海图障子》："宋玉东家女，常怀物外多。"李贺《唐儿歌》："东家娇娘求对值，浓笑画空作唐字。"《铜驼悲》："落魄三月罢，寻花去东家。"李群玉《戏赠魏十四》："知君调得东家子，早晚和鸣入锦衾。"皆其证。故"东家"当注"古代专指出美女的地方"。下文"东家有贤女，窈窕艳城郭"，亦同。又，"自名秦罗敷"之"自"字未注，盖解为"自己"。非是。自，说"本来"的意思。[1]如，唐李乂《享龙池乐第八章》："自有神灵滋液地，年年云物史官书。"杜甫《前出塞九首》："杀人亦有限，列国自有疆。"《陌上桑》："使君自有妇，罗敷自有夫。"以上"自有"，说"本有"。又，女学士宋氏若昭《奉和御制麟德殿

---

[1] 汪贞干先生有详考，可参。《〈孔雀东南飞〉注释质疑》，《古籍点校疑误汇录》第六册，中华书局2002年版，第69页。

宴百僚应制》："自是无为化，非关辅弼功。"杜甫《古柏行》："扶持自是神明力，正直原因造化功。"白居易《昭君怨》："自是君恩薄如纸，不须一向恨丹青。"韦应物《偶入西斋院示释子恒灿》："一来非问讯，自是看山花。"以上"自是"，即"本是"。高适《燕歌行》："男儿本自重横行，天子非常赐颜色。"卢照邻《三月曲水宴得尊字》："由来弃铜墨，本自重琴尊。"袁晖《长门怨》："早知君爱歇，本自无萦妒。"韦应物《答贡士黎逢》："如彼昆山玉，本自有光辉。"以上"本自"为并列复合词，自即本的意思。下文"本自无教训"亦同。又，下文"我自不驱卿"之"自"，亦训"本"。皆可为汪说佐证。

例之七 《孔雀东南飞》："隐隐何甸甸，俱会大道口。"[①]语文课本"会"字皆未注，大概解为"相会"，其义普通，无需加注。按：非也。《方言》："至，会也。"《大戴礼记·千乘》"会时必节"，王聘珍《解诂》："会，至也。"《广雅·释诂》："括、致、会、抵，至也。"王念孙《疏证》云："括者，《王风·君子于役篇》'羊牛下括'，毛《传》云：'括，至也。'又：'曷有其佸'，《韩诗》云：'佸，至也。'毛云：'佸，会也。'会亦至也。……括、佸、会，古

---

① 部编：《普通高中教科书语文》选择性必修下册，2020年版，第9页。

声义并同。"其说极是,当可采用。这里是说一起来到了大道口。

例之八 陶渊明《归园田居》:"开荒南野际,守拙归园田。"注释说:"守拙,持守愚拙的本性,即不学巧伪,不争名利。"①而"归园田"无注。旧版课本注释说:"守住自己的愚拙,回乡过田园生活。"②按:非是。诗的题目称"园田居",是专有名称,非泛指乡间"园田"。袁行霈《陶渊明集笺注》说:"'园田居'乃渊明之一处居舍(另有'下潠田舍'等),其少时所居,地近南山,即庐山。"③其说极是,当据采录。今又易名"守拙居"。又,据逯钦立所考,渊明家世显赫,曾祖陶侃官至大司马,祖父陶茂官武昌太守,父陶逸官安城太守,历三世仕宦,是东晋公认的"洪族",后来,"陶渊明的贵族家庭虽然没落,但还是拥有不少别业园田",④诗文中的"园田居""下潠田舍""南村""柴里"就是。又,《归去来兮辞》:"归去来兮,田园将芜胡不归。"逯氏"田园"下引《宋书》作"园田"。⑤说

---

① 部编:《普通高中教科书语文》必修上册,2019年版,第59页。
② 新课标高中《语文》第二册,2006年版,第34页。高中《语文》第三册,2004年版,第16页。
③ 袁行霈:《陶渊明集笺注》,中华书局2003年版,第78页。
④ 逯钦立:《陶渊明集》,中华书局1979年版,第204页。
⑤ 逯钦立:《陶渊明集》,中华书局1979年版,第160页。

明沈约作《宋书·陶渊明传》时所见旧本作"园田"。陶渊明作《归去来兮辞》和作《归园田居五首》皆在其41岁前后，园田，即园田居，非泛指普通的田园。故当补注："园田，即园田居，陶渊明在庐山旧居名。"土地久不耕种称为"芜"，室舍久无人居亦称"芜"。陶渊明《拟古诗九首》："自从分别来，门庭日荒芜。"沈约《奉和竟陵王经刘瓛墓诗》："日芜子云舍，徒望董生园。"即其证。

例之九 陶渊明《归去来兮辞》："生生所资，未见其术。"注释说："生生，维持生活。第一个'生'是动词，第二个'生'是名词。"①按逯钦立注："生生所资，生活所需用。"②径以"生生"为"生活"。逯说至确，课文注释大误。生生，见《周易·系辞上》："生生谓之易。"孔《疏》："生生，不绝之辞。阴阳变转，后生次于前生，是万物恒生，谓之易也。前后之生，变化改易。生必有死，易主劝戒，奖人为善，故云生不云死也。"据此，生生，是生之又生，两个动词重叠，非"第一个'生'是动词，第二个'生'是名词"，为动宾结构。又见《尚书·盘庚中》："汝万民乃不生生，暨予一人猷同心。"孔《传》："不进进谋同

---

① 新课标高中《语文》第五册，2006年版，第42页。
② 逯钦立：《陶渊明集》，中华书局1979年版，第160页。

心徙。"孔《疏》:"物之生长,则必渐进,故以'生生'为进进。"即是"生之又生"之意。六朝以后,"生生"别有"生活""生计"的意义。晋潘尼《安身论》:"夫能保其安者,非谓崇生生之厚而耽逸豫之乐也,不忘危而已。"生生之厚,说生活的丰厚。江统《徙戎论》:"故当倾关中之谷以全其生生之计,必无挤于沟壑而不为侵掠之害也。"桓玄《与桓谦等书论沙门应致敬王者》:"沙门之所以生生资存,亦曰用于理命。"《魏书·李彪传》:"生生得所,事事惟新,巍巍乎犹造物之曲成也。"《周书·苏绰传》:"畜育鸡豚,以备生生之资,以供养老之具。"以上"生生"皆为"生活""生计",皆可为逯说旁证。

例之十 陶渊明《归去来兮辞》:"或命巾车,或棹孤舟。"注释说:"有时坐着有布篷的小车。巾车,有布篷的小车。"[①]按逯钦立注:"巾车,有帏的车。"[②]逯说是,课文注释非。《周礼·巾车》云:"有容盖。"说古代的"巾车"有"容"又有"盖"。容,或称"裳帏""童容"。《诗经·魏风·氓》:"淇水汤汤,渐车帷裳。"毛《传》:"帷裳,妇人之车也。"郑《笺》:"帏裳,童容也。"孔《疏》云:"以帏

---

① 《普通高中课程标准实验教科书语文5》必修,2006年版,第27页。
② 逯钦立:《陶渊明集》,中华书局1979年版,第159页。

障车之傍,如裳以为容饰,故或谓之帏裳,或谓之童容。"指围在车两边的布幔。逯氏称作"帷",通作"帏",即是车两边的布幔。郑玄注《士昏礼》说:"车有容,则固有盖。"孔《疏》谓:"容、盖相配之物,此既有袟之容,明有盖可知。"据此,逯注"有帷的车",已兼有车帷上的盖了。但是,课文注"布篷",失之。因为"布篷"只指车盖,不得兼称"巾车"两边的"帷裳"。即是说,光有"布篷",就不得称为"巾车"。此当注为:"巾车,有帷裳和篷盖的车。"

第五节　古诗文的备课：
补充当注而未注者

语文课本的古诗文注释，时有发现当注而不注的缺失情况，我们有责任给予补充。如：

例之一　《蜀相》："映阶碧草自春色，隔叶黄鹂空好音。"注释说："遮着台阶的青草自绿。映，遮。"①这条注释是根据笔者批评文章补上去的，原来课本"映"字根本无注。按："映"字通常作"映照""辉映"讲，"映照石阶"，就说不通。映，六朝以后多作"遮蔽""覆盖"讲。杜诗就有诸多例证。《遣兴三首》："耕田秋雨足，禾黍已映道。"说禾黍遮蔽道路。《别唐十五诫因寄礼部贾侍郎》："雄笔映千古，见贤心靡他。"说雄笔蔽盖千古。《解闷十二首》：

---

① 部编：《普通高中教科书语文》选择性必修下册，2020年版，第16页。

"忆过泸戎摘荔枝,青峰隐映石逶迤。"《往在》:"赤墀樱桃枝,隐映银丝笼。"《佐还山后寄三首》:"葳蕤秋叶少,隐映野云多。"隐映,平列复词。映,即隐也。又,《复阴》:"万里飞蓬映天过,孤城树羽扬风直。"《暮秋枉裴道州手札率尔遣兴寄近呈苏涣侍御》:"忆子初尉永嘉去,红颜白面花映肉。"《秦州杂诗二十首》:"对门藤盖瓦,映竹水穿沙。"《晚晴》:"夕阳熏细草,江色映疏帘。"《观李固请司马弟山水图三首》:"方丈浑连水,天台总映云。"《江畔独步寻花七绝句》:"江深竹静两三家,多事红花映白花。"《中丞严公雨中垂寄见忆一绝奉答二绝》:"雨映行宫辱赠诗,元戎肯赴野人期。"《弊庐遣兴奉寄严公》:"野水平桥路,春沙映竹村。"《雨不绝》:"鸣雨既过渐细微,映空摇飏如丝飞。"《茅堂检校收稻二首》:"种幸房州熟,苗同伊阙春。无劳映渠碗,自有色如银。"《题柏大兄弟山居屋壁二首》其二:"笔架沾窗雨,书签映隙曛。"《陪郑公秋晚北池临眺》:"独鹤元依渚,衰荷且映空。"

例之二 《归去来兮辞》:"彭泽去家百里,公田之利,足以为酒。"注释说:"公田,供奉禄的田。"[①] 于"利"字未注,大概解为"利益""好处"之类,此义人所习知,毋

[①] 《普通高中课程标准实验教科书语文5》必修,2006年版,第25页。

需加注。查逯氏"利"字下引曾本云:"一作秫。"① 这说明"公田之利"或本作"公田之秫"。秫是有黏性的粟,可以酿酒。似乎文从义顺,应当作"秫"。其实不然。利,古义即是"谷物"。《左传·成公二年》:"先王疆理天下,物土之宜而布之利。"杜预注:"物土之宜、播植之物各从土宜。"杜氏"播植之物",指五谷之类的粮食,解"利"为"粮食"。《诗经·小雅·大田》:"彼有不获穉,此有不敛穧,彼有遗秉,此有遗穗,伊寡妇之利。"郑《笺》:"成王之时,百谷既多,种同齐孰,收刈促遽,力皆不足,而有不获不敛、遗秉滞穗,故听矜寡取之以为利。"此诗的"穉""穧""遗秉""滞穗"皆为粮食,"伊寡妇之利"的"利"即是粮食。再从文字上分析,"利"字从禾、刀,表示收割粮食之义。可见,"利"为"粮食",于古有所依据。古本作"公田之利"是正确的,后来"利"作为"粮食"的意义,逐渐消失,后人遂改"利"作"秫",则失其旧貌。但是,据或本可以考证"利"字古义,说明异文也不是没有价值的。故"利"字当补注:"指公田所收获的粮食。"

例之三 《孔雀东南飞》:"勤心养公姥,好自相扶

---

① 逯钦立:《陶渊明集》,中华书局1979年版,第159页。

将。"①课本"勤心"无注,以"勤"为"勤劳"之意。按:非是。《淮南子·原道训》:"旋县而不可究,纤微而不可勤。"高诱注:"勤,犹尽也。"勤心,即"尽心"之义。《后汉书·郎𫖮传》:"少传父业,兼明经典,隐居海畔,延致学徒常数百人,昼研精义,夜占象度,勤心锐思,朝夕无倦。"又曰:"践阼以来,勤心庶政,而三九之位未见其人。"《陈宠传》:"是时三府掾属专尚交游,以不肯视事为高,宠常非之,独勤心物务,数为昱陈当世便宜。"《宦者列传》:"至元帝之世,史游为黄门令,勤心纳忠,有所补益。"《晋书·齐献王攸传》:"今方隅清穆,武夫释甲,广分休假以就农业,然守相不能勤心恤公,以尽地利。"《傅玄传》:"以二千石虽奉务农之诏,犹不勤心以尽地利。"《陈书·毛喜传》:"初,高宗委政于喜,喜亦勤心纳忠,多所匡益,数有谏诤,事并见从。"云林右英夫人《七月十八日夕云林右英夫人授诗》:"佳人将安在?勤心乃得亲。"石文素《白鹿乡井谷村佛堂碑铭》:"于是矻矻勤心,孜孜不息。"又,"好自"亦无注,当补,即"好为""善为"之义。《敦煌变文·维摩诘经讲经文》:"伏望居士善为将息,好自调和。"好自、善为对文。萧子良《与孔中丞稚珪书》:

---

① 部编:《普通高中教科书语文》选择性必修下册,2020年版,第9页。

"宵旦而警惕者，正患此心无遂耳，悠悠之语，好自多端。"傅大士《心王铭》："心性虽空，能凡能圣；是故相劝，好自防慎。"释道安《训门人遗戒九章》："如是出家，损法辱身；思之念之，好自将身。"刘元济《怨诗》："愁来好自抑，念切已含嚬。"

例之四 《孔雀东南飞》："举手长劳劳，二情同依依。"①"举手"，课文未注，大概当作普通意义，即是"抬手""招手"的意思。按：举手，古有三义：一是"抬手"，二是"拱手"，三是"举首"（抬头）。需要依据不同语境而给予确切解释。据此诗意，叙写二人分别场景，"举手"应作"作揖拱手"讲。如，阮籍《咏怀》五十二："王子十五年，游衍伊洛滨。朱颜茂春华，辩慧怀清真。焉见浮丘公，举手谢时人。轻荡易恍惚，飘飘弃其身。飞飞鸣且翔，挥翼且酸辛。"谢，辞别；举手，即作揖拱手。李白《赠薛校书》："我有吴越曲，无人知此音。姑苏成蔓草，麋鹿空悲吟。未夸观涛作，空郁钓鳌心。举手谢东海，虚行归故林。"司马光《登平陆北山回瞰陕城奉寄李八丈学士使君二十二韵》："举手辞双戟，腾装改北辕。乌飞城树晓，雁泊野芜喧。耿耿清标阔，浟浟宿酒昏。"苏轼《如梦令·题

---

① 部编：《普通高中教科书语文》选择性必修下册，2020年版，第9页。

淮山楼》:"城上层楼叠巘。城下清淮古汴。举手揖吴云,人与暮天俱远。魂断,魂断,后夜松江月满。"吕渭老《水调歌头》:"织女回车相劳,指点虚无征路,翻动月明船。举手谢同辈,岂复念渔竿。"杜范《七夕歌》:"何如凤箫缥缈猴山巅,举手辞世乘云輧。我欲浩歌痛饮秋风前,仰视星斗奕奕纷罗骈。安得壮士横笛一声吹上彻九天。"王元宗《临终口授铭》:"举手长谢,亦复何言?示人有终。"高启《蔡经宅》:"昆仑主者王方平,身骑黄麟朝紫京。举手长辞汉公卿,得道不愿世上名。"张舜民《画墁录》:"房陵有猎人善射,矢无虚发,一日遇猿,凡七十余发皆不能中,猿乃举手长揖而去,因弃弓矢不复猎。"以上所列,"举手"分别与"谢""辞""揖"等词语连用,"举手",即"作揖拱手"之义。

例之五 《采薇》:"昔我往矣,杨柳依依。今我来思,雨雪霏霏。"此诗已选入人教版依据新课程标准编写《高中语文实验课本》第二册(人民教育出版社2006年版)。课文"依依"未注,大概作"依依不舍"之"依依",柔弱的样子。按:非是。毛《传》:"霏霏,甚。"是说雨雪甚大的意思。依依、霏霏为对文,则"依依"是形容杨柳之甚。宋范处义说:"追念昔我之往,杨柳始依依而茂,今我之归,雨雪已霏霏而甚。"(《诗补传》卷十六)清范家相引唐陆德明《经典释文》引《韩诗》："依依，盛貌。"(《三家诗拾遗》卷七)清余萧客引宋本《文选注》二十《薛综章句》："依依，盛貌。"(《古经解钩沈》卷七)皆得其旨。依，古通殷。《尚书·武成》"一戎衣"，《康诰》作"殪戎殷"。《礼记·中庸》："壹戎衣而有天下。"郑注："衣，读如殷，声之误也。齐人言殷声如衣。"衣、依古今字，依亦通作"殷"。殷有盛多的意义。《诗·溱洧》："士与女，殷其盈矣。"毛《传》："殷，众也。"《士丧礼》："月半不殷奠。"郑注："殷，盛也。"《文选》王融《三月三日曲水诗序》："殷殷上均乎姚泽。"李善注引高诱曰："殷，盛也。"故当补注："依依，茂盛的样子。"此诗是说，从前我离开之日，杨柳长得非常茂盛，现在回来之时，雨雪下得很大。

例之六 杜甫《咏怀古迹》(其三)："一去紫台连朔漠，独留青冢向黄昏。"[①]。课文"一""连"二字均未注，大概以"一去"为"即去"，一，用作副词，"立即"之意。以"连"为"连接""交接"之义。按：一去、独留为对文，一、独之义相近。一，即"独自"的意思。杜甫《秦州杂诗二十首》："烟尘独长望，衰飒正摧颜。"《全唐诗》注："独，一作一。"以独、一同义为异

[①]《普通高中课程标准实验教科书语文3》必修，2006年版，第38页。

文。是其证。故需要加注:"一,说独自一人。"又,如果解"连"为"交接",则此诗就读不通了。连,在唐诗别有"通""到""入"的意思,盖其时口语。连、通唐诗多为异文,属二字同义互易之。如:徐晶《送友人尉蜀中》:"水向昆明阔,山连大夏深。"《全唐诗》注:"连,一作通。"王昌龄《沙苑南渡头》:"蓬隔苍茫雨,波连演漾田。"《全唐诗》注:"连,一作通。"无可《赠圭峰禅师》:"朝满倾客心,溪连学道僧。"《全唐诗》注:"连,一作通。"李希仲《蓟北行二首》:"一身救边速,烽火通蓟门。"《全唐诗》注:"通,一作连。"沈佺期《从幸香山寺应制》:"南山奕奕通丹禁,北阙峨峨连翠云。"连、通对文,连即通。刘长卿《送南特进赴归行营》:"虏云连白草,汉月到黄沙。"杜甫《舍弟观赴蓝田取妻子到江陵喜寄三首》:"鸿雁影来连峡内,鹡鸰飞急到沙头。"钱起《和人秋归终南山别业》:"野径到门尽,山窗连竹阴。"连、到对文,连即到。张谓《送杜侍御赴上郡》:"地入商山路,乡连渭水桥。"岑参《西掖省即事》:"千门柳色连青琐,三殿花香入紫微。"杜甫《登兖州城楼》:"浮云连海岳,平野入青徐。"连、入对文,连即入。皆其证。杜诗"连朔漠",说"通朔漠","到朔漠"。也应加注补充。

例之七 白居易《琵琶行》:"弟走从军阿姨死,暮去朝来颜色故。"①这"阿姨"是谁？课文未注。大概误为母之姊妹。按：阿姨，是母亲的别称。王献之《如省》："不审阿姨所患得差否，极令悬恻。"是王献之称母为阿姨。《太平广记》卷一百六十一"萧子懋"条（出《法苑珠林》）："齐晋安王萧子懋，字云昌，武帝之子也。始年七岁，阮淑媛尝病危笃，请僧行道，有献莲华供佛者，众僧以铜罂盛水浸之，如此三日而花不萎。子懋流涕，礼佛誓曰：'若使阿姨因此胜缘，遂获冥祐，愿华竟斋如故。'七日斋毕，色更鲜红，看视罂中稍有根须。淑媛病寻瘥，当世称其孝感。"是萧子懋称其母为阿姨。元好问《启母》："书载涂山世共知，谁传顽石使人疑。可怜少室老突兀，也被人呼作阿姨。"是称启母为阿姨。清赵翼《陔馀丛考》卷三十八"姨娘"条说："姨本妻之姊妹之称，见《尔雅》及《释名》。又，《左传·庄十年》'蔡哀侯娶于陈，息侯亦娶焉，息妫过蔡，蔡侯曰：吾姨也。止而见之'是也。然世俗又称妾为姨娘，亦有所本，《南史》：'齐衡阳王钧五岁时，所生母区贵人病，便悲戚。左右以鲜饴之，不肯食，曰：须待姨瘥。'晋安王子懋七岁时，其母阮淑媛病笃，有献莲花供佛者，子懋流涕礼佛曰：'若使阿姨因此和胜，愿诸佛令

---

① 部编：《普通高中教科书语文》必修上册，2019年版，第63页。

此花竟夕不萎。'二王皆呼母为姨。盖姨本姬侍之称，二王所生母皆非正嫡，宫中久呼为姨，故其子之呼母亦同耳。"①白诗说弟走从军而母亲死亡。琵琶女之母是否出放嬖妾，已未可考。但是，姨为母之称由来已久。故当补注："阿姨，母亲的别称。"

例之八 李清照《声声慢》："三杯两盏淡酒，怎敌他，晚来风急。"②按："三杯两盏"皆未注。"三杯两盏"，犹说"一杯接一杯"，宋代的劝酒辞。当补注。史浩《青玉案·劝酒》："三杯两盏，眼朦胧地，长向花前醉。"戴复古《洞仙歌》："把三杯两盏记时光，问有甚曲儿，好唱一个。"宋自逊《蓦山溪·自述》："若肯小留连，更薄酒，三杯两盏。"张镃《朝中措》："三杯两盏，五言十字，迟老工夫。"无名氏《永遇乐》："风前月下，三杯两盏，撞著即莫与放。"无名氏《花酒令》："十朵五枝花，三杯两盏酒，休问南辰共北斗。"元王恽《感皇恩》："三杯两盏，不致玉山倾倒。"无名氏《踏莎行》："三杯两盏乐天真，谁能与你争闲气。"明王屋《木兰花慢·漫兴》："遇佳节当胜景，要三杯两盏雨前茶。"

---

① 赵翼：《陔馀丛考》第三册，中华书局1963年版，第831页。
② 部编：《普通高中教科书语文》必修上册，2019年版，第67页。

例之九 李清照《声声慢》:"这次第,怎一个愁字了得!"注释说:"一个'愁'字怎么能概括得尽呢!"①但是,"了得"没有注出其义。按:徐培均《李清照集笺注》:"了得,济南章丘方言,意为了结。"②了得,意为"了结"。甚是。课文当注。但是,"了得",非济南章丘方言。无名氏《促拍满路花》:"自家性命事,自家了得,自家性命便宜。"司空图《上方》:"荣枯了得无多事,只是闲人漫系情。"司空图,字表圣,唐河中虞乡人。张乔《宿江叟岛居》:"了得平生志,还归筑钓台。"张乔,唐池州人。唐僧人清澜《答杜荀鹤》:"如何即是僧心了,了得何心是僧心?"清澜是歙县人。唐僧人居遁《偈颂》:"了得心源处处安,何须终日对林峦。"居遁是抚州人。陈瓘《一落索》:"古人公案不须论,还了得,如今否。"陈瓘,北宋神宗、哲宗间沙县人。葛长庚《满庭芳》:"了得真空命脉,天地里,万物春风。"葛长庚,号白玉蟾,北宋福建人。凡此皆证"了得",非济南方言。

例之十 苏轼《赤壁赋》:"如怨如慕,如泣如诉,余音袅袅,不绝如缕。"③按:课文未注"慕"字之义,大概以

---

① 部编:《普通高中教科书语文》必修上册,2019年版,第67页。
② 徐培均:《李清照集笺注》,上海古籍出版社2002年版,第164页。
③ 部编:《普通高中教科书语文》必修上册,2019年版,第118页。

为其义普通，因而解为"爱慕""眷恋"或"怀念"，则与此文渲染"悲愁"者扞格不合。其实，慕，即"悲哀"的意思，相反为训，始见于汉。《史记·韩安国传》："梁王恐，日夜涕泣思慕，不知所为。"《汉书·元帝纪》："人怀思慕之心，家有不安之意。"思，愁。思慕，并列复语，慕亦谓愁。《匡衡传》："陛下秉至孝，哀伤思慕，不绝于心。"《韦玄成传》："皇帝思慕悼惧，未敢尽从。"《元后传》："先帝弃天下，根不悲哀思慕。"思慕，说悲愁。蔡邕《陈留太守胡硕碑》："痛心绝望，切怛永慕。"永慕，说永伤。《太傅胡广碑》："故吏济阴池喜感公之义，率慕黄鸟之哀。"谓率伤黄鸟之哀。《济北相崔君夫人诔》："情兮长慕，涕兮无晞。"长慕，说永悲。繁钦《与魏太子书》："暨其清激悲吟，杂以怨慕。"怨慕，说哀怨。无名氏《平舆令薛君碑》："身殁言存，是谓不朽，于我吏民，悲慕罔已。"曹植《卞太后诔》："百姓歔欷，婴儿号慕。"《三国志·魏书·后妃传》注引《魏书》："逸甍，加号慕，内外益奇之。"《吴书·虞翻传》注引《翻别传》："弃骸绝域，不胜悲慕，逸豫大庆，悦以忘罪。"《古文苑》邯郸淳《曹娥碑》："时娥年十四，号慕思盱，哀吟泽畔。"《宋书·礼志二》："思慕烦毒，欲诣陵瞻侍，以尽哀愤。"又："痛慕摧感，永无逮及。"又："今者谒陵，以叙哀慕。"《晋书·左贵嫔传》：

"中外俱临,同哀并慕。"《安献平王孚传》:"奄忽殂陨,哀慕感切。"王劭《书》(出《淳化阁帖》三):"劭白,明便夏节,哀慕崩摧,肝心抽绝,烦冤弥深,不自忍任,痛当奈何!"王羲之《杂帖》:"永惟崩慕,痛彻五内。"又:"兄灵柩垂至,永惟崩慕,痛贯心膂,痛当奈何!"又:"得长风书,灵柩幽隔卅年,心想平昔,痛慕崩绝,岂可居处。"谢安《与某书》:"每念君,一旦知穷,烦冤号慕,触事崩踊,寻绎荼毒,岂可为心?"又:"号慕崩痛,烦冤深酷,不可居处。"陶潜《士孝传赞·高柴乐正子春孔奋黄香》:"九岁失母,思慕骨立,事父竭力以致养。"《庶人孝传赞·江革廉范汝郁殷陶》:"父母终,思慕致委,推财与兄弟,隐于草泽,君子为难。"无名氏《简文帝哀策文》:"攀龙輴以号慕,抚素膺以泣血。"《梁书·孝行传·滕昙恭》:"每至忌日,思慕不自堪,昼夜哀恸。"或"号慕",或"思慕",或"怨慕",或"痛慕",皆平列同义,慕,谓哀痛。课文当补注。

第六节　古诗文的备课：
求真务实，发明新义

　　语文教学，尤其是古诗文的字词教学，讲求内容准确无误，语言规范，有章可循，厚重朴实，而不是花里胡哨、形式翻新，一味玩弄"花样"。求"新"的前提是求"真"，如果为了"新"害于"真"，对语文"教"与"学"都将带来无穷危害。评价语文教师课堂质量和教学水平，首先看其在课堂上所传授的语文知识是否准确无误、真实可靠。倘若在课堂上讲得眉飞色舞，"生动有趣"，而连最基本的词义常识都没有到位，或者谬误百出，能算是个优秀的语文教师么？无视语文知识的"真"，越是"生动有趣"，其贻误学生的危害也就越大。语文教师要认真备课，用心钻研，敢于校"真"、求"真"。对于教材中所发现的疏误，有责任、有义务予以纠正，切不可盲目依从，奉课本为金科玉律，尽信其注，以讹传讹，误人子弟。只有这样，才能有所发现、发明，提高课堂教学质量。

例之一 《氓》："信誓旦旦，不思其反。"注释说："旦旦，诚恳的样子。"① 按：其说甚确。但是，"旦旦"本身无"诚恳"之义，需求其本字本义。马瑞辰《毛诗传笺通释》说："旦旦，即悬悬之省借。《尔雅·释训》：'晏晏、旦旦，悔爽忒也。'《释文》：'旦，本或作悬。'《说文》：'悬，憯也。从心、旦声。悬，或从心在旦下。'引《诗》'信誓悬悬'。李黼平疑毛《传》时经字作悬悬，故《传》以'旦旦然'释之。今按李说非也。经文盖本作旦旦，毛《传》以悬悬释之，即悬之异文，故定本云'旦旦犹悬悬'。据《笺》义，旦旦是恳恻款诚之貌，则郑君所见经本或作悬悬，抑或申释《传》义耳。胡承珙曰：'悬本训憯痛。惟伤痛者有至诚迫切之意，故可通为形容诚恳之貌。'至《尔雅》云'悔爽忒'者，是释《诗》义，非以旦旦为爽忒。"② 其说可从。当补注："旦，通'悬'，恳诚的意思。"

例之二 《离骚》："帝高阳之苗裔兮，朕皇考曰伯庸。"

---

① 部编：《普通高中教科书语文》选择性必修下册，2020年版，第3页。
② 马瑞辰：《毛诗传笺通释》，中华书局2005年版，第213—214页。

注释说:"皇考,对已故父亲的美称。皇,大。考,称已故的父亲。"①按:注释正确。但是,需要指出的是,课文编写者是根据《训诂学与语文教学》(浙江大学出版社2008年版)改过来的。原来注释是这样的:"皇考,太祖。皇,大,美。考,亡父。"②按:旧注实在互相矛盾,既然"考"是指"亡父","皇考"不应该是指"太祖"。皇考,屈原过世的父亲的美称。王逸《楚辞章句》:"皇,美也。父死称考。……屈原言我父伯庸,体有美德,以忠辅楚,世有令名,以及于己。"下文"皇览揆余初度兮"之"皇",王逸注:"皇考也。"指父亲,则"皇考"没有理由说是"太祖"。课文选自人教社1990年版王泗原《楚辞校释》,属选本不当,应当选王逸《楚辞章句》才对。其注释多择王泗原说,故承袭其误而不能别。《离骚》前称"皇考"是直叙其事,说明屈原作《离骚》之时,其父已过世。而"皇览揆余初度兮",屈原追忆其父为其取名之情景,历历在目,仿佛其父犹在人世,故改称"皇"。

例之三 《离骚》:"长太息以掩涕兮,哀民生之多艰。"注释:"民生,人生。"③按:注释以"民生"作"人生",不

---

① 部编:《普通高中教科书语文》选择性必修下册,2020年版,第3页。
② 新课标高中《语文》第三册,2006年版,第7页。
③ 部编:《普通高中教科书语文》选择性必修下册,2020年版,第4页。

知其在说明什么。如果是指异文,民,别本作"人",那是唐人所改。唐代避太宗李世民的讳,古书里的"民"字统改作"人"。但是,《离骚》的"民生"绝不是说"人生",更不是"百姓的生活"。按:从上下文来审定,何为"民生之多艰"?《离骚》下文自作回答:一是"怨灵修之浩荡兮,终不察夫民心"。说君王糊涂到了极点,从不察知我的心思。二是"众女嫉余之蛾眉兮,谣诼谓余以善淫"。说同列众臣嫉妒余品德美好,造谣生事说我是好色之徒。三是"固时俗之工巧兮,偭规矩而改错"。说当时的世道风尚坏了,背弃法度而另搞一套。由此三端,致使"吾独穷困乎此时也"。所以,"民生之多艰",指屈原自己。民,即屈原自称。屈原虽是楚国贵族,任过"左徒""三闾大夫"之类的官,但是,在作《离骚》时已经沦落为罪臣、削职为民了,当然自称为"民"。这在屈原作品里有证据。《哀郢》:"民离散而相失兮,方仲春而东迁。"王逸注:"仲春,二月也。刑德合会,嫁娶之时。言怀王不明,信用谗言而放逐己,正以仲春阴阳会时,徙我东行,遂与室家相失也。"王逸遂以"民"为屈原自称,故释"民"作"我"。现在许多介绍屈原的教科书或通俗读物,以"民"为"万民",然后无限拔高,将"人民性诗人"桂冠加于屈原,实在是"闹剧"。

例之四 《离骚》："固时俗之工巧兮，偭规矩而改错。"注释说："世俗本来是善于取巧的。"① 以"工巧"为"善于取巧"。按：这是泥字曲解。工巧，平列复合词。② 巧，是指工师、工匠。《墨子·非儒下》"巧垂作舟"，《北堂书钞》卷一百三十七《舟部》"舟总篇"条引《墨子》作"工倕"。《庄子·胠箧》篇："工倕之指。"《释文》："倕，尧时巧者也。"巧，即工。工巧，工匠的通称。《韩诗外传》卷三："贤人易为民，工巧易为材。"贤人、工巧，俪偶相对。工巧，即工匠。《汉书·食货志》："过使教田太常、三辅，大农置工巧奴与从事，为作田器。"说工匠之奴作田器。工巧即工匠。《颜氏家训·勉学篇》："人生在世，会当有业。农民则计量耕稼，商贾则讨论货贿，工巧则致精器用。"农民、商贾、工巧，相对为文，工巧即工匠。《杂艺篇》："下牢之败，遂为陆护军画支江寺壁，与诸工巧杂处。"说与众工匠杂居。如果以工巧为工师巧诈，工巧之上不当冠以"诸"字。《太平广记》卷二百二十五"淫渊浦"条（出《拾遗录》）："皆生埋巧匠于冢里，又列灯烛如皎日焉。先所埋工匠于冢内，至被开时皆不死。巧人于冢里，

---

① 部编：《普通高中教科书语文》选择性必修下册，2020年版，第4页。
② 黄灵庚：《楚辞章句疏证》第一册，上海古籍出版社2019年，第218—219页。

琢石为龙凤仙人之像及作碑辞赞。"巧匠、工匠、巧人皆一，皆指工匠。巧，即工的意思。又，卷三百七十一"曹惠"条（出《玄怪录》）："当时天下工巧，皆不及沈隐侯家老苍头忠孝也。"卷四百六十三"仙居山异鸟"条（出《录异记》）："是日，将驾巨梁，工巧丁役三百余人缚拽鼓噪，震动远近。"工巧亦工匠也。《资治通鉴》卷一百二十四《宋纪》六："魏主徙长安工巧两千家于平城。"说迁徙工匠两千家于平城。《文献通考》卷三十五《选举考》八："唐制：凡医术不过尚药奉御，阴阳、卜筮、图书、工巧、造食、音声及天文，不过本色局署令。"工巧与阴阳、卜筮、图书、造食、音声及天文并列，工巧即工匠。皆其证。《离骚》此二句要一气读下来，说时世工匠背去规矩而改作。

例之五 《孔雀东南飞》："新妇谓府吏，勿复重纷纭。"注说："勿复重纷纭，不要再添麻烦吧，也就是说，不必再提接回来的话了。纷纭，凌乱。"①按：承传了旧版课文注释，没有改动一字。纷纭，联绵字，解为"乱""繁絮"的意思，释为"添麻烦"，没有训诂依据。《后汉书·光武纪下》："刘庸代，纷纭梁赵。"李贤注："纷纭，喻乱也。"《冯衍传》"心愊忆而纷纭"，李贤注："纷纭，犹瞀乱也。"

---

① 部编：《普通高中教科书语文》选择性必修下册，2020年版，第8页。

其形体无定，《古音骈字》有"纷员""纷云""纷缊""葐蓬""纷纭"等。亦作"汾沄"。《班马字类》"汾沄"条："《汉书·扬雄传》：'汾沄沸渭。'奋击貌，音纷云。"此"纷纭"，是话语乱而烦多。新妇是说，你勿要再啰唆了。下文"何言复来还"，即承此意来。

例之六 《孔雀东南飞》："谓言无罪过，供养卒大恩。"注释说："谓言，以为。"①或者注释说："谓言，总以为。"②按：两种注释同出人教社中语室所编课本，其前后不一致。以"谓言"为"总以为"者甚是；别作"以为"解者，失之。谓言，六朝以后是个固定结构，表示"事与愿违"，即主观猜想和现实不相符合的语气，当可释为"原以为""总觉得"等。③庾信《伤王司徒褒》："昔闻王子晋，轻举逐神仙。谓言君积善，还得嗣前贤。四海皆流寓，非为独播迁。"寒山子《快榜三翼舟》："莫能造我家，谓言最幽野。岩穴深嶂中，云雷竟日下。"《俊杰马上郎》："谓言无死日，终不作梯航；四运花自好，一朝成萎黄。"《我见凡愚人》："饮酒食生命，谓言我富足。莫知地狱深，唯求上

---

① 部编：《普通高中教科书语文》选择性必修下册，2020年版，第8页。
② 新课标高中《语文》第三册，2006年版，第10页。
③ 汪贞干：《〈孔雀东南飞〉注释质疑》，《古籍点校疑误汇录》第六册，中华书局2002年版，第70页。

天福。"《昨到云霞》:"谓言灵无上,妙药心神秘。守死待鹤来,皆道乘鱼去。"《侬家暂下山》:"时人皆顾盼,痴爱染心意。谓言世无双,魂影随他去。狗咬枯骨头,虚自舐唇齿。"李白《东鲁见狄博通》:"谓言挂席度沧海,却来应是无长风。"王维《黄雀痴》:"黄雀痴,黄雀痴,谓言青毂是我儿。一一口衔食,养得成毛衣。到大啁啾解游扬,各自东西南北飞。"韩愈《赴江陵途中寄赠王二十补阙李十一拾遗李二十六员外三学士》:"谓言即施设,乃反迁炎洲。"元稹《青云驿》:"岧峣青云岭,下有千仞溪。徘徊不可上,人倦马亦嘶。愿登青云路,若望丹霞梯。谓言青云驿,绣户芙蓉闺;谓言青云骑,玉勒黄金蹄;谓言青云具,珊瑚并象犀;谓言青云吏,的的颜如珪。怀此青云望,安能复久栖。路途信不易,风雨正凄凄。"以上"谓言"皆可为旁证。下文"谓言无誓违",亦与此同。

例之七　《送东阳马生序》:"既加冠,益慕圣贤之道。"①课文"慕"字无注,大概当作"羡慕"解。按:慕解"羡慕",非是。《说文·心部》:"慕,习也。"慕即学习。"益慕圣贤之道",说更努力学习圣贤之道。而后引申之为"仿效"。《三国志·蜀书·董和传》:"苟能慕元直

---

① 部编:《义务教育教科书语文》九年级下册,2018年版,第52页。

之十一，幼宰之殷勤，有忠于国，则亮可以少过矣。"是说能仿效元直的十分之一，可以少犯过失。《七国春秋平话》卷上："那燕王老耄不能治国，欲慕唐尧、虞舜授禅的道理，欲将国政让与子之做燕王。"慕，是仿效。《种树郭橐驼传》："他植者虽窥伺效慕，莫能如也。"注释说："窥伺效慕，暗中观察，效仿羡慕。"[①]效慕，并列同义，多连用，是复合词。慕亦效也。"效慕"，非羡慕。如，《宋史·李光传》："傥因斯时，显用一二酋豪，以风厉其党，必更相效慕。"朱熹《与刘德修》："窃窃私为同志一二君子道之，盖不唯欲以少效慕用之，诚亦冀转以闻于左右，而求所以善其后也。"宋黄震《黄氏日钞》卷十九《读礼记》："方八蜡之神，使得与诸方通祭，以歆动民心，使之效慕也。"元胡祗遹《至元壬午秋旱米涌贵人绝食禁糜黍作酒因以除酒课焉喜为之赋诗》："竹林七贤称达士，开元八仙争效慕。士风放旷亦如是，四海巫风了晨暮。"明宋濂《静学斋记》："孔明之学惟本乎此，故其所为，当世无及焉，至今无有非焉者，而又从效慕之，区区霸术之徒，固不能然也。"明王世贞《弇山堂别集》卷九十三《中官考》四："京师人多效慕之，一时侈物价贵，多于往时，

---

① 高中《语文》第二册，2004年版，第118页。

不可计料云。"

例之八 杜牧《阿房宫赋》:"歌台暖响,春光融融;舞殿冷袖,风雨凄凄。"注说:"歌台暖响,春光融融,人们在台上唱歌,歌声响起,好像充满着暖意,如同春光那样融和。舞殿冷袖,风雨凄凄,人们在殿中舞蹈,舞袖飘拂,好像带来寒气,如同风雨交加那样凄冷。"基本沿袭旧课本的注释。按:"歌声响起",怎么会"充满着暖意"?显然是曲解。"歌台暖响,春光融融",这是夸张说法,说宫女们唱歌时,由声响伴随而来的宫女所呵出的口气,像融融和暖的春光,所以说是"暖响"。苏轼《老饕赋》:"愿先生之耆寿,分余沥于两髦。候红潮于玉颊,惊暖响于檀槽。忽累珠之妙唱,抽独茧之长缲。"李彭《次韵谢朓直中书省诗寄冯彦为》:"黄金买蛾眉,歌台争暖响。"张孝祥《南乡子·送朱元晦行张钦邢少连同集》:"楚舞对湘弦,暖响围春锦帐毡。"说明唐宋文人已将"暖响"视为通例。又,"舞殿冷袖,风雨凄凄",是说舞女抛袖长舞,由此而起的阵阵凉风,好比是凄凄的风雨,所以说是"冷袖"。卢照邻《梅花落》:"因风入舞袖,杂粉向妆台。"白居易《山游示小妓》:"红凝舞袖急,黛惨歌声缓。"这在唐宋也已成通例。

例之九 《归去来兮辞》:"园日涉以成趣,门虽设而常关。"注释说："每天在园中散步，成为乐趣。"①按：以"趣"为"乐趣"，望文生义。逯氏"趣"字下引曾本云："一作'迳'。"②这说明"趣"的意义，与"径（迳）路"有关系。唐李善《文选》注："《尔雅》曰：'堂上谓之行，堂下谓之步，门外谓之趋，中庭谓之走。'郭璞曰：'此皆人行步趋走之处，因以名。'趋，避声也，七喻切。"胡克家《文选考异》："按：'趣'当作'趋'，善引《尔雅》'谓之趋'为注，又云'趋，避声也，七喻切。'是其本作'趋'甚明。倘作'趣'，此一节注全无附丽矣。五臣良注云'自成佳趣'，乃作'趣'也。各本皆以五臣乱善而失著校语。"据此，课本作"步趣"，解为"每日在园中散步成为乐趣"，因袭五臣的讹误。逯氏注："成趣，成趋，成了散步场所。"③已在注释中校正讹字。曾本作"迳"，虽非其旧观，但是，保存了"成趋"的古义。

例之十 王羲之《兰亭集序》："或因寄所托，放浪形骸之外，虽趣舍万殊，静躁不同，当其欣于所遇，暂得于己，快然自足，不知老之将至。"注释说："趣舍万殊，意

---

① 新课标高中《语文》第五册，2007年版，第43页。高中《语文》第二册，2004年版，第104页。
② 逯钦立：《陶渊明集》，中华书局1979年版，第161页。
③ 同上书，第162页。

思各有各的爱好。趣,通'取'。舍,舍弃。"①苏教版注释说:"取舍,爱好。趣同'取'。"②按:此不必破其假借字,趣,非"取舍"之义。《汉书·司马迁传》:"夫仆与李陵俱居门下,素非相善也,趣舍异路。"师古曰:"趣,所向也。舍,所废也。"《后汉书·冯衍传》:"用之则行,舍之则藏,进退无主,屈伸无常。故曰有法无法,因时为业,有度无度,与物趣舍。"李贤注:"《史记》司马谈之辞也。言法度是非皆随时俗,物所趋则向之,所舍则违之,所谓随时之义也。"趣舍,以后成为一个固定的词,不必拆分二字二义,犹说爱好、志向。《何敞传》:"敞性公正,自以趣舍不合时务,每请召,常称疾不应。"说自以为志向不合时务。《庞公传》:"夫趣舍行止,亦人之巢穴也,且各得其栖宿而已。"《三国志·魏书·臧洪传》:"幸相去步武之间耳,而以趣舍异规,不得相见,其为怆恨,可为心哉!"《蜀书·李严传》:"亮亦与达书曰:'部分如流,趣舍罔滞,正方性也。'其见贵重如此。"《晋书·戴逵传》:"固当先辩其趣舍之极,求其用心之本识。"《魏书·谷浑传》:"浑正直有操行,性不苟合,趣舍不与己同者,视之

---

① 高中《语文》第二册,2004年版,第101页。
② 苏教版高中《语文》第五册,第96页。

蔑如也。"《易·系辞下》："唯变所适。"王弼注："变动贵于适时，趣舍存乎会也。"《刘子·论士》："趣舍同则相是，趣舍异则相非。"陶渊明《饮酒》："有客常同止，趣舍邈异境。一士长独醉，一夫终年醒。"皆其例。课程标准试验教材《语文》课本注释说："意思各有各的爱好，取舍各不相同。趣，趋向，取向。舍，舍弃。"后虽然有所改进，仍不免泥滞。

例之十一 《张衡传》："虽才高于世，而无骄尚之情，常从容淡静，不好交接俗人。"①从容，没有注释，课本编写者大概没有意识到需要注释，盖作"宽缓""闲逸"之意理解的。其实不确。按：从容，古书表示"举动""行为"的意思，多为今所未知。清人王引之说："《楚辞·九章·怀沙》篇：'重华不可遌兮，孰知余之从容。'王逸注：'从容，举动也。言谁得知我举动欲行忠信？'家大人曰：按从容有二义：一训为舒缓，一训为举动。其训为举动者，字书、韵书皆不载其义，今略引诸书以证明之。《九章·抽思》篇曰：'理弱而媒不通兮，尚不知余之从容。'《哀时命》曰：'世嫉妒而蔽贤兮，孰知余之从容。'此皆谓己之举动，非世俗所能知，与《怀沙》同意。

---

① 《普通高中课程标准实验教科书语文4》必修，2006年版，第66页。

《后汉书·冯衍传·显志赋》曰：'惟吾志之所庶兮，固与俗其不同；既俶傥而高引兮，愿观其从容。'此亦谓举动不同于俗。李贤注：'从容，犹在后也。'失之。又按：《中庸》曰：'诚者不勉而中，不思而得，从容中道，圣人也。'从容中道，谓一举一动，莫不中道。犹云'动容周旋中礼也'。《韩诗外传》曰：'动作中道，从容得礼。'《汉书·董仲舒传》曰：'动作应礼，从容中道。'王褒《四子讲德论》曰：'动作有应，从容得度。'此皆从容、动作相对为文。《中庸·正义》曰：'从容闲暇，而自中乎道。'失之。《缁衣》曰：'长民者衣服不贰，从容有常。'引《都人士》之诗曰：'彼都人士，狐裘黄黄；其容不改，出言有章。'从容与衣服相对为文，'狐裘黄黄'，衣服不贰也；'其容不改'，从容有常也。《正义》以从容为举动，得之。《都人士序》曰：'古者长民者衣服不贰，从容有常。'义与《缁衣》同。郑笺以'从容'为'休燕'。失之。《大戴礼·文王官人篇》曰：'言行亟变，从容谬易，好恶无常，行身不类。'从容与言行相对为文。从容谬易，谓举动反复也。卢辩注云：'安然反复。'失之。《墨子·非乐》篇：'食饮不美，面目颜色，不足视也；衣服不美，身体从容，不足观也。'《庄子·田子方》篇曰：'进退一成规，一成矩，从容一若龙，一若虎。'《楚辞·九章·悲回风》:'寤从容以周流兮。'傅毅《舞赋》曰:'形态和,神意协,从容得,志不劫。'《汉书·翟方进传》曰:'方进伺记陈庆之从容语言,以诋欺成罪。'此皆昔人谓举动为从容之证。"①其说至确。从容,即举动、行为之义。当可为此"从容淡静"解作"举动淡静"的旁证。

---

① 王引之:《经义述闻》第三十一《通说》"从容"条,第728页之下至729页之上。

第七节　古诗文的备课：
体会文心，疏理脉络

——以《送东阳马生序》《咏怀古迹》为例

古诗文教学，在扫除文字语言障碍以后，需要仔细体会文心，疏理章节脉络，求其大义所在，姑且以《送东阳马生序》《咏怀古迹》为例，略作说明如下。

一

《送东阳马生序》自选入中学语文教材以后，宋濂的勤学故事，广为流传，已经成为家喻户晓的励志经典。但是，解读这篇文章时，我认为仍有四个问题需要深入探究。

第一，"当余之从师也，负箧曳屣，行深山巨谷中"，这个"师"是谁？他为何居住在"深山巨谷中"？

宋濂一生拜过四任老师：启蒙之师是闻人梦吉，继后是浦江的吴莱、柳贯和义乌的黄溍。闻人师居金华城里，黄溍居义乌县城洞门，也在城里，柳贯居浦江通化乡横溪镇，虽有山村，处在是金华、建德交通要道上，毋需"行深山大谷"。则所称"师"者，无疑是吴莱。

吴莱是什么人？用宋濂的话来说，是浦阳江之上的"大儒"（《渊颖先生碑》）：学问大，人品高，在元代后期是出了名的。前去求学的人络绎不绝，以至于"户外之履常满"。宋濂也是慕名前往。吴莱为何居住在"深山谷中"？到底在浦江什么地方？这要从他的爷爷辈说起。

浦江吴氏是个大家族，诗礼济世、耕读持家，是其一贯家风。据说在唐末乾宁年间，为躲避战乱，吴氏先祖从常州迁居浦江吴溪，在今浦江县西部的花桥镇通济湖北边，风景很是优美。传至宋末元初，吴氏有兄弟三人：寳、埙、渭。吴寳虽无名气，吴埙、吴渭都不是简单人物。吴埙，乡贡进士，任浦江月泉书院山长。吴渭是饱学之士，被荐引入朝为官，是当时义乌县的知县。宋朝灭亡后，兄弟三人保持民族气节，不肯入元，和当时的方凤、吴思齐、谢翱结社共盟，组织了一个名为"月泉吟社"的社团。他们以吟田园风光为名，向天下不愿做亡国奴的文士征集诗歌，达近三千首。继请方凤、吴思齐、谢翱等品评等级，从中选出了280首，60位诗人，揭榜悬奖，最终编辑成《月泉吟社》一书。这是一次大规模的民间征辑诗歌活动,借吟咏田园景色的名义,表达了"物是人非"的遗民伤感之情,既对宋朝故国无尽怀念,更是对蒙元统治控诉和抗拒,具有非常强烈的民族意识和爱国精神。

鉴于蒙元铁骑屠戮暴行,遗民的诗歌活动自然不能公开张扬。他们的活动场地,即选在远离吴溪的深袅山。据《浦江县志》记载,深袅山,在县西南五十里,重峰复岭,峭拔千仞。其下溪流清澈,浦阳江的源头所在。更是浦江、建德、桐庐三县交界之地,往北上通富春江,往南下达金华城,交通并不闭塞。宋末文士群聚于此,在这些地方往来穿梭,至今留下了许多文化遗迹,是一条极有旅游开发价值的"南宋遗民诗路"。当时的蒙古权贵集团对汉族文化领会不深,没当一回事,要是遇上后来清朝满族集团的"文字狱",恐怕"月泉吟社"的文士一个也逃不了。

吴莱是吴寊的孙子,但是,对他影响最深的是叔祖吴埙、吴渭。三兄弟的后代子孙,都没有走出深袅山。吴莱的父亲名吴直方,元武宗至大间,只身"北漂"到大都,做上了集贤院大学士、荣禄大夫,是一品大官。南人在元廷一品官只有四人:吴直方、欧阳玄、程钜夫和赵孟𫖯。吴直方起初做了权臣马札儿台太师家的塾师,并取得权臣脱脱丞相信任,为恢复中断近五十年的科举,推行儒家政治发挥了巨大作用，动摇了元廷以藏佛教为国教的基础，朝廷也因此加速垮台。眼看一场祸乱将再起，顺帝至正七年（1347），这位一品大臣主动引退，回到了浦江深袅山终老。吴直方继承了父辈的遗志，是用另一种方式为大宋王朝复了仇。有意思的是，吴直方在朝廷做了大官，好像和儿子吴莱没半点关系，吴莱更没有走父亲的后门去捞一官半职，想通过自己努力去获得。"莱举进士不第，退归深袅山，四方学者称曰深袅先生。"①

吴莱喜欢在深袅山居住，他的《深袅江源诗》可以作证："半绕山根但一洼，真源凿破杳无涯。清澄灌或於陵圃，窈窕寻犹博望槎。积雨冲隄蜗自国，微烟幂渚鹭专沙。欲行复坐皆云水，只属骚人与钓家。"但是，深袅山确实险峻。笔者虽和吴莱同乡，最近第一次才进入。山路去年始通，颠簸于盘山之道，几半小时。盘旋蛇行而上，到山顶，才见吴氏家族的四喜堂故居。问了当地长辈，若无车路，上下山只有一条旧时官道，陡峭且艰险。进一趟城，早上5时起行，晚上8时才能回到家。其间辛苦之状，可以遥想。宋濂"行深山巨谷中"云云，是真实的感受。若非亲临其境，则体会不到如此深刻。况且他去的时间，"穷冬烈

---

① 清雍正《浙江通志》卷十七《浦江县》"深袅山"条引《元史》。

风,大雪深数尺,足肤皲裂而不知",也真不是时候。所以"至舍,四支僵劲不能动,媵人持汤沃灌,以衾拥覆,久而乃和"。这都是真实记录。令人不解的是:宋濂明知上深裛山道路既艰且长,为何不选择一个艳阳天,而偏在大雪纷飞、寒风凌冽的时节?

第二,"寓逆旅,主人日再食,无鲜肥滋味之享。同舍生皆被绮绣,戴朱缨宝饰之帽,腰白玉之环,左佩刀,右备容臭,烨然若神人;余则缊袍弊衣处其间,略无慕艳意以中有足乐者,不知口体之奉不若人也"。课文注释说:"寓逆旅,主人日再食,寄居在旅店,店主人每天供给两顿饭。逆旅,旅店。"这条注释表面看,似无疑义。但是,进一步追问:这"逆旅"是哪儿的"旅店"?是在深裛山吗?当时的深裛山也有旅店吗?不能含胡。

吴莱一生做塾师,没有在深裛山开办过私塾。宋濂当年进入深裛山问学,属于初次私访。宋濂在大约19岁前,师从闻人梦吉,同门者有楼士宝、贾思诚、唐怀德等。大约在20岁左右,有志于学"古文辞",而听说浦阳吴莱、柳贯,义乌黄溍都是一代宗师,于是有拜访吴莱念想。入深裛山,是初访吴莱的经历。吴莱还专门出了《拟秦王平夏郑颂》《宋铙歌鼓吹曲》两个题目,让他试写。深裛山是没有"逆旅"的,当晚是寄宿在吴莱家里。文中所说"媵人",也是吴氏家族中的人物,而不是"逆旅"的"服务员"。

后来,吴莱出山执教于诸暨县白门方氏义塾,时间在元文宗至顺三年(1332),宋濂成婚后的次年,时23岁。《万历绍兴府志》:"诸暨白门义塾,在白门。元方镃立,延金华吴莱为师,宋濂、王袆俱受业焉。"其实,和宋濂一起从学的,还有浦江的宣昰、郑浚、郑涛,义乌的楼士宝,金华的陈士贞,东阳的陈璋、胡翰等。像宣昰家庭比较富裕,确实"被绮绣,戴朱缨宝饰之帽,腰白玉之环,左佩刀,右备容臭,烨然若神人"。还有浦江郑氏义门子弟条件也不差,衣着妆扮,比起寒门出身的宋濂,自然高人一等。但是,这都是表面,他们"生长富家而不染绮纨之习。别无嗜好,唯购书不知休。或请脱衣巾以偿,亦不靳。入仕极清白,凡所需之物,必取给于家,毫分不受于民"。后面宋濂追述这些人物时,如《故温州路总管府判官宣君墓志铭》可以说明。所以,不能因此将他们认作"纨绔子弟"。那时,他们寄宿的地方,都是"逆旅"。方氏白门私塾的"逆旅"?还是私塾以外的旅店?恐怕很难弄清楚了。如果是前者,那么供两顿饭的"主人"是诸暨白门方氏。如果是后者,则成千古疑案了。但是,序文"寓逆旅"以下一段,分明是记述在白门书塾求学的经历,和前面一段私访深袅山的经历,是两段不同的故事。供两顿饭的"主人",不可误解为深袅山的吴氏。

第三,"东阳马生君则,在太学已二年,流辈甚称其贤"。这个"马生"是谁?到底是一个怎样的人?

关于"马生",一度成为热门考证的人物,学术界对于"马生"有种种揣测,最有代表性的说法,认为"马生君则"是"马从政"或"马原礼"①。其实,种种说法多无文献支撑,流于无根臆测,不甚靠谱。

宋濂还有一篇涉及"马生"的文章,多为学者忽略,说明考证马生,必须通读《宋濂全集》,不能局限于一篇送序。其《题马氏谱图后》(见《芝园前集》卷五)说:"同郡马生铨,其先出于唐太师北平庄武王燧。北平五世孙大同,来为婺之东阳县令,咸通五年,遂卜居松山之下。县令十世孙承节郎乔岳,宋崇宁五年,又自松山迁仁寿之兜鍪山。承节七世孙克复,尝以武显节制婺州屯戍军马,兼中书省计议官,兼浙东降断斩斫使讨寇事。计议四世孙,则铨也。铨以县学弟子员,贡入成均,惓惓于谱事,唯恐废坠,间请予题其后。"此文的"马铨",和《送东阳马生序》的"马君则"应该是同一人。古代取名和字,二者多是同义词或者近义词,名,一般是单字;字,一般复合字。铨的意义,是称,

---

① 周明初:《〈送东阳马生序〉人物考》,载《苏州大学学报》(哲学社会科学版)2014年第2期。

即"秤锤"。则,也是衡器,"秤锤"。《史记·律书》:"王者制事立法,物度轨则,一禀于六律。"湘潭出土宋铜锤铭文:"铜则,重一百斤。"铜则,指铜锤,衡器。据此,铨,是名;君则,是字。查《东阳西源马氏宗谱外纪》"花园下府派"第六世有名"铨"的人,无子嗣,无兄弟。父名"植",未仕。祖曰世昌(第四世),知平江府兼发运使。曾祖曰扬祖,宋太师马光祖的族弟。高祖曰益。益父曰之纯。属"坊塴派"马氏后裔。遗憾的是,走遍了东阳大地,没有找到《花园下府派宗谱》,可能已经放佚不存。上海图书馆仅存一册残本,也查不到需要的内容。

东阳市婺剧团最近创作了一个以马生为主要角色的剧本,在本地区公演了多场,据说反应甚佳。说马生做过县令,是个清官,在反腐方面走在前列。那是无端杜撰,不是历史。

第四,"余朝京师,生以乡人子谒余,撰长书以为贽,辞甚畅达"。课文注说:"朝京师,这里指退休后进京朝见皇帝。"① 古代官员退休之后,没有规定一定要上京朝见皇帝,明代也是如是。但是,对于宋濂是例外。明太祖朱元璋给宋濂立了规矩,"岁一来朝",表面上似乎是朱元璋舍不得宋濂退休,实际上想继续控制他。朱元璋是猜忌心极重、手段

---

① 部编:《义务教育教科书语文》九年级下册,2018年版,第54页。

也极为残忍的皇帝，伴君如伴虎，平时，宋濂和谁在一起吃饭，都要派人盯哨，然后再侦问宋濂，如发现回答有假，则决不轻饶。即使像宋濂如此淳厚不欺的老臣，也不会放过，规定他每年必须朝京一次，向皇帝去汇报真情。

宋濂总共"朝京"三次：首次在致政当年十月，即洪武十年（1377）十月，至十二月二十四日辞归浦江过年，留京城二月。第二次在洪武十一年（1378）十二月，至次年（1379）正月归浦江，留京一月，且在京城过年。最后一次在洪武十二年（1380）十二月二十六日至京，方孝孺随侍，待京时日不详，恐怕也是在京城过年。洪武十三年，宋濂没有朝京。冬十一月，孙子宋慎涉入了胡惟庸党案，宋濂举家连坐被刑，投入大牢。如果不是太子朱标和马皇后极力劝谏，宋濂恐怕也会死于屠刀之下。最后，宋慎、宋濂次子宋璲坐法被处死。宋濂及长子宋瓒等全家流放到四川的茂州安置。十四年（1381）七月，至夔门病死。结束了其悲剧的一生。

宋濂《送王文冏序》："（洪武）十二年春，复诏大臣曰：'朕甚欲尊显诸生，虑其未悉吾意。诸生入学之日久矣，其令归省其亲，赐其二亲帛各四端。'"大明皇帝发了"恻隐"之心，在京师的太学生都放假回家探亲，带上了朝廷发送父母的礼物"帛各四缎"。太学生马铨正在其列，恰好宋濂在京师，所以前来辞别。则推送序的写作时间，应该在洪武十一年末至十二春的第二次。

以上四个问题是这篇古文"关节",关节通了,无论执教的老师,抑或从学的学生,都不会感到有什么困难的了。

二

古诗的情况有些区别,既要弄通字面意义,还要挖掘寄寓于字面的深层意义,需要结合作者所处的历史背景、社会风貌,透过字面探求意旨所在。

杜甫《咏怀古迹》(其三):"画图省识春风面,环佩空归夜月魂。"课文注:"环佩,妇女佩带的饰物。"[①] 按:环佩,古代并非只为妇女所佩带,男人也可以佩带。环,是圆形的玉璧,而玦是有缺的玉璧。佩环、佩玦,别有文化意义。屈原《九歌·湘夫人》"捐余玦兮江中",东汉王逸《楚辞章句》:"玦,玉佩也。先王所以命臣之瑞,故与环即还,与玦即去也。"宋洪兴祖《楚辞补注》"玦,如环而有缺。《左传》曰:'佩以金玦,弃其衷也。'《荀子》曰:'绝人以玦。'皆取弃绝之义。《庄子》曰:'缓佩玦者,事至而断。'《史记》曰:'举佩玦以示之。'皆取决断之义。"与环即还、与玦即去,见于周秦、两汉典籍所载,王逸之说确有依据。《国

---

① 新课标高中《语文》第三册,2006年版,第38页。

语·晋语》"而玦之以金铣者,寒之甚矣",韦昭注:"玦,犹离也。"《白虎通·谏诤》:"赐之环则反,赐之玦则去,明君子重耻也。《王度记》曰:反之以玦。其不待放者,亦与之物。明有介主无介民也。"《穀梁传·宣公二年》"出亡,至于郊",范注:"《礼》:'三谏不听,则去,待放于境三年,君赐之环则还,易之玦则往。"《诗经·羔裘序》"大夫以道去其君也",郑《笺》:"以道去其君者,三谏不从,待放于郊,得玦乃去。"《荀子·大略》篇:"聘人以珪,问士以璧,召人以瑗,绝人以玦,反绝以环。"杨倞注:"古者臣有罪,待放于境,三年不敢去,与之环则还,与之玦则绝,皆所以见意也。反绝,谓反其将绝者。此明诸侯以玉接人臣之礼也。"杜诗"环佩"也是此意:说汉元帝想到了昭君,遣使赐环,令她归反,而昭君其时已逝,所以说"环佩空归月夜魂"。"环佩",实在不能泛说是"妇女佩带的饰物"。

但是,历史上根本没有记载汉元帝思念昭君而遣使送璧的故事,也是说,历史上根本没有这样的事实,是杜甫编造出来的。杜甫为什么要编造这样一个故事?《咏怀古迹》五首,是杜甫出川后,"往来梓、夔间"[①]的作品。虽然杜甫其时远离朝廷已久,但是他忠于朝廷心丝毫未变。"扬

---

① 傅璇琮:《唐才子传校笺》一,中华书局2000年版,第396页。

镳惊主辱，拔剑拨年衰。社稷经纶地，风云际会期。血流纷在眼，涕洒乱交颐。"(《夔府书怀四十韵》)希望有朝一日，重返朝廷，"终觊在皇都"(《续得观书迎就当阳居止正月中旬定出三峡》)。令其失望的是，始终没有得到朝廷招复的音讯，而身多病，垂垂将老。在流落夔州之时，自然去凭吊王昭君出生的村庄，于是写下了这首脍炙人口的名篇："群山万壑赴荆门，生长明妃尚有村。一去紫台连朔漠，独留青冢向黄昏。画图省识春风面，环佩空归月夜魂。千载琵琶作胡语，分明怨恨曲中论。"

杜甫当然不是为怀古而怀古，把自己身世遭遇都寄托了进去，其中"画图省识春风面，环佩空归月夜魂"二句，意思是说，自己也将像昭君那样，野死南荒。如果朝廷真有一天想到召回自己，恐怕也是"空归月夜魂"了。所以杜甫笔下的那个昭君，不就是他自己的写照么？但是，这个"言外"的意蕴，也必须在通"环佩"的基础上才能得以彰显。所以古人说，"通经之根柢，在通小学，此万古不废之理也。不通小学，其解经皆亿说也；不通经学，其读史不能读表、志也；不通经史，其词章之训诂多不安，事实多不审，虽富于词，必俭于理"。[①]

---

① 张之洞：《创建尊经书院记》，见《张文襄公古文书札骈文诗集·古文二》，第一册，民国十七年刻本。

【附一】

上古声母及常用字归类表*

一 喉音

(一) 影母〔ʔ〕

埃唉意億憶郁彧臆醫膺應么憂優麀幽幼黝坳窈要鷹雍甕壅饔邕擁歐鷗甌毆嘔嫗奧懊澳襖媼夭妖沃屋幄握渥翁鴉烏鳴污亞堊惡爊於淤迂紆映益影英汪枉蛙娃窪益隘縊厄扼阨軛鶯嬰櫻攖鸚纓縈熒縈衣依黳懿一伊壹噎嘻殪印因姻烟胭咽恩茵絪湮堙殷慇畏偎猥煨慰威哀愛僾璦曖隱慍醞蘊抑鬱倚椅猗漪阿窩渦委萎倭矮藹靄斡挖謁遏彎灣宛碗菀畹惋婉豌鴛淵苑腕怨蜎冤安鞍按案宴晏堰偃鼴握焉蔫鄢嫣燕嚥閼陰瘖薩飲音闇諳暗瘖揖奄庵掩淹唵腌閹醃鵪邑悒浥押猰厭魘壓軋鴨

(二) 曉母〔x〕

喜嘻嬉禧熹僖熙哈海黑灰悔晦誨賄醢興畜蓄旭煦醯嫮孝好吼休朽嗅栩譶曉蒿項凶兇匈洶胸酗虎琥戽許滸呼蝦嘩

---

* 本表及附二字表均为繁体字。

諱吁詡栩虛歔嘘赫嚇霍藿郝香鄉亨享響嚮饗向荒肓慌謊兄
馨羲犧曦戲巇呵化靴貨夥麾撝喝歇蠍瞎鼾罕漢嘆顯憲獻歡
驩喚煥渙奐軒烜晅喧暄萱夯血火伙餛希晞稀晰欷忽惚笏揮
輝暉徽毀燬啄諱卉炘掀烌熏壎曛薰勳燻釁勛訓絢昏婚閽葷
吸脅哈憨喊險獫

（三）匣母（中古的匣母和喻三）〔ɣ〕

械或惑緘亥劾核孩骸駭訧恒幸倖號鴞皞浩皓鵠顥昊降
弘宏閎竑肴殽淆效傚校鎬號豪壕毫皓檄鶴學斛侯喉猴堠厚
後后候縠觳邂紅項頒虹訌鴻鬨洪巷閧户滬扈怙祜互胡湖糊
鬍葫餬蝴弧狐瓠乎壺下夏廈遐暇瑕霞華樺驊貉獲穫鑊護頀
行杏荇桁航杭黃橫黌衡蘅簧璜皇煌惶遑凰蝗篁晃熀奚傒系
繫蟹邂鞋畫劃翮滎螢熒莖陘形刑型婞悻迥禍賀禾和龢盉何
河荷兮會繪話活絜潔曷褐害鑄轄頡慧桓狟還環寰鬟緩完浣
皖莞換幻患豢丸紈寒韓翰瀚旱汗旰閑嫻現莧宦穴滑猾惠蟪
蕙諧擷淮懷壞回迴茴匯潰槐雋嶲攜鑴賢玄泫眩炫衒弦舷痃
縣懸痕恨很限渾魂混圂溷協勰挾俠狹峽盍闔餄合盒洽迨叶
狎匣艦檻酣邯含頷函涵菡嫌銜咸鹹憾撼陷馅

有宥囿侑又友右佑祐尤疣郵域羽禹于芋盂竽宇雩雨王
往旺詠瑩榮鉞樾粵彙爲曰戊員袁園遠猿轅爰援瑗垣院
圓圜帷韋違圍幃闈偉煒葦緯衛韙位忽惚胃渭蝟謂云耘芸雲
隕殞韻運暈熠炎

二 牙音

(四) 見母〔k〕

久玖疚灸基箕期姬冀驥己紀記改龜戒誡該垓賅陔革棘亟殛國幗鹹亘韭九鳩糾究赳軌晷簋皋羔糕催救廄叫教肱弓躬宮贛降絳高稿縞膏篙搞矯告誥果絞狡佼姣皎校較繳皦徼梟玨戟覺激攪勾鈎句拘駒狗苟够垢姤溝構購媾屨俱菊鞠掬縠穀谷角講構共恭供龔拱公工功攻鞏貢江缸肛港舉莒據矩瓜孤觚家嫁稼猳假椵瞽蠱買寡車股古居估牯姑沽故固錮辜蛄裾鋸倨踞雇顧虢脚各格骼閣郭岡剛綱鋼崗疆僵殭薑繮禝光廣礦更梗骾埂姜競京景鏡竟境庚羹鷄圭閨佳桂袿街桂卦掛規竿解乖枴價怪詭擊勁徑經涇耕耿荆驚警敬儆頸到肩同炯堈果裹戈哥歌柯畸寄个個加架駕枷嘉過鍋隔介界芥疥蹶會儈澮檜膾繪劊括刮剮割葛揭羯潔蓋丏干肝竿旰捍幹乾間簡澗建見官棺管貫慣觀灌罐盥冠鰥關柬揀諫蹇姦肩涓鵑蠲卷捲眷眹稽几肌机飢麂幾機譏饑羈計繼薊癸夬決訣抉橘譎皆偕階稽喈吉結袺髻既塈概溉鬼瑰貴歸季孑屆厥蕨汨骨袞滾鯀均鈞君軍堅緊謹巾斤筋艮跟根艱昆崑琨鯤急給級汲伋劫今矜金錦禁襟緘減碱夾莢頰鋏甲鴿甘柑泔感敢監鑒劍

兼縑蒹檢繭

（五）溪母〔k〕

悝起杞屺芑欺盉恢詼克啓刻肯丘邱蚯考攷烤靠酷叩扣巧竅礐謦萼穹犒敲蹺碻搉推口區摳驅軀寇曲麴哭愨殼恐空腔控孔庫袴苦枯骷輆刳跨誇婞胯墟去客廓槪鞹却康糠慷亢抗伉坑羌匡框眶筐曠壙纊卿慶溪谿歧窺奎闚硻輕頃傾磬罄可珂軻騎綺崎課科窠顆蝌尯契鍥闊噲睽闚看刊愆騫褰牽縴寬款犬勸券遣繾譴侃開揩楷鍇器豈凱愷鎧磑塏闓傀塊魁慨乞氣愾挈启企劏榮縈快喟缺闕屈詘窟鏗硻懇墾坤髡困絪闉棄泣欽嶔衾堪戡欠坎恰龕瞰闞嗛謙歉祛胠怯愜篋

（六）群母〔g〕

期舊柩忌極求球述裘賕仇虬臼舅咎窮喬橋僑蕎翹癯局佝具俱邛共巨拒距炬詎渠遽醵劇劇瞿衢強狂競鯨黥勍技妓芰伎屐葵跪擎檠瓊茄伽騎桀傑竭碣件健鍵乾虔卷拳蜷倦圈權悸暨櫃崛掘倔窘郡群芹僅廑瑾饉近勤憖芩琴禽擒黔鈐儉芡鉗箝

（七）疑母〔ŋ〕

疑嶷擬猷礙凝翱咬敖傲熬鰲獒嗷驁堯岳獄嶽玉樂虐瘧臥禺偶耦藕隅愚喁遇寓顒吳蜈誤娛虞御禦馭五伍午仵忤吾梧語齬悟晤寤魚漁牙芽訝迓衙逆愕顎鄂萼鱷齶額卬昂迎倞

涯崖危桅鹢宜誼荥瓦我蛾鹅饿俄娥峨義議儀蟻訛譌偽乂艾外月刖倪霓麂輗蜺猊睨儿說藝刈羿岸顔言唁硯元阮玩頑沅黿原源願研妍雁彥諺兀皚鬼魏巍詣劓屹眼銀垠齦業吟嚴儼巖驗

三　舌音

（八）端母（中古端知兩母）〔t〕

戴獃得德登燈等雕凋琱弔鳥篤督冬刁刀舠貂島搗檮到倒兜的釣斗抖鬥東董懂凍棟妒蠹陡堵賭睹都當璫黨擋打堤隄帝諦滴嫡鏑丁釘叮頂訂鼎多朵掇帶妲靼旦疸典丹單簞殫端短斷鍛氐低底抵邸柢羝堆碓敦對墩頓殿滇顚巔癲嚸耽眈酖湛擔點坫玷掂墊答搭耷

置徵癥肘啁朝嘲竹卓罩桌築竺涿琢啄中忠衷冢駐誅蛛株邾揍貯豬著詐吒長張漲帳脹知蜘智晝謫摘貞楨哲磔鱣氈展輾轉傳致窒輊綴輟質珍鎮瑱追輜蜇縶沾霑站

（九）透母（中古透徹兩母）〔t'〕

台胎態忒慝忑倜謟掏韜彘饕討寵叨佻挑祧跳耀條偷媮透疃通桶捅痛土吐兔菟托柝橐禿拓籜籜湯鏜撐倘燙趟踢剔惕逖珽逞騁聽廳汀町他拖它唾獺太汰泰闥撻脫蛻坦灘攤坦忐炭嘆腆靦湍妥踏榻體替屜鐵饕梯剃薙退腿推天吞忝添貪探塔貼帖毯

答耻飭蠹敕瘳抽瘳丑醜畜超戳椿褚楮詫拆伥怅鬯昶暢瞠螭魑虿蟶樫偵䫏徹撤怵郗絺黜郴琛覘諂

（十）定母（中古定澄兩母）〔d〕

臺怠駘殆迨紿苔代袋岱黛玳待特鄧滕䐉騰𦕈藤陶淘道導稻蹈盜悼掉調檮濤燾條滌笛迪桃逃朓窕迢苕毒翟蘀翟彤佟豆逗荳痘頭投獨竇讀牘犢瀆檀動慟同恫銅桐筒洞峒童僮瞳潼杜肚度踱渡鍍徒屠途塗荼圖鐸蕩盪碭唐糖塘螗宕堂棠螳題提醍啼蹄棉締敵覿狄荻定錠亭停廷庭霆蜓艇挺梃地陀駝沱跎酡舵馱兌大達墮惰憚鼉彈斷段緞團摶蛋壇檀但袒誕跌迭𩌣疊弟悌娣第睇遞銻荑頹隊棣逮埭垤絰鼛奪突凸囤屯沌鈍盾遁豚遯畛曇罎填闐田佃畋鈿電奠殿澱臀墊覃簟潭譚牒喋蝶諜澹儋談痰淡啖甜恬

持朕澄澂懲橙紂酎朝潮綢稠籌儔疇躊宙紬冑軸妯舳躅肇逐仲冲蟲兆晁召趙濯櫂擢柱住廚櫥躅濁重撞幢除著宁苧紵儲躇箸杼擇澤丈杖仗長萇萇腸場踟擲呈程酲鄭綻池馳轍墜纏塵躔篆椽傳遲坻坻槌鎚縋术椎陣陳塵沈沉湛鴆蟄

（十一）泥母（中古泥娘兩母）〔n〕

能乃鼐迺奶耐匿暱猱腦惱閙淖妞紐扭狃鈕忸耨農濃儂膿橈嫋溺尿懦糯奴呶孥駑努弩怒女諸曩囊攘釀娘寧濘那挪奈柰尼泥呢怩涅暖難赧嫩碾撚攆膩你禰餒內訥納軜衲伲年

念聶鑷躡黏拈鮎南楠諵喃男

（十二）來母〔l〕

來萊徠淶睞誄賚耒誅吏李里理裏鯉俚嫠犛氂犛狸力肋勒仂劣陵淩菱鯪綾牢老流硫旒琉劉瀏綹留餾溜雷榴瘤柳聊陸六隆窿勞嘮撈澇癆燎僚遼繚療鐐寥蓼醪戮廖料了樂礫櫟婁螻樓簍縷褸鏤瘻屢擻漏陋綠淥祿錄碌鹿用麓漉簏轆龍籠嚨聾朧瓏隴弄盧爐鑪顱瀘鸕壚蘆廬臚驢呂間侶旅膂魯鹵慮虜擄路賂露潞璐輅鷺洛酪烙落駱絡略掠良郎廊狼琅瑯莨朗浪榔涼諒量糧梁樑兩輛輛亮離蘺灕籬璃縭罹麗儷驪鸝罾荔曆瀝櫪剌辣靈令冷領伶零聆鈴齡玲瓴翎羚囹嶺羅蘿籮鑼邏裸捋酹列烈例裂賴懶癩籟瀨厲勵礪蠣鬲連漣鰱蓮聯闌蘭爛欄攔瀾練煉鍊棟戀孌攣變鸞巒欒卵亂履禮澧醴蠡利痢犁黎藜梨鱺磊縲擂嫘蕾壘騾螺摞類隸栗慄戾淚唳律憐鄰鱗麟嶙璘轔遴吝賃藺侖掄論崙輪倫綸笠立粒苙笠林淋琳霖婪臨廩凜懍嵐藍籃濫襤邋獵鬣躐臘蠟拉斂匳臉殮廉鐮簾帘濂覽纜擎攬

（十三）余母（中古喻四）〔ʎ〕

怡貽詒冶頤圯以苡羑已鳶異孕蠅媵攸悠由油蚰柚釉游遊酉莠誘卣猶輶猷舀育毓鬻融搖鷂遙瑤姚約躍耀曜藥瀹籥籲鑰浴裕欲慾峪俞喻諭愈榆逾渝愉瑜曳腆萸庾庸傭墉用甬勇涌俑踴牖容熔溶蓉窬予豫預余餘與舁輿歟譽亦奕譯

繹驛嶧斁夜掖液腋耶爺野羊洋佯徉陽楊揚瘍颺煬養癢恙樣
漾易埸溢鎰盈楹嬴贏瀛營塋郢穎穎移也匜迤悦閱疫役曳拽
杝緣延筵蜒綖埏沿衍兖裔夷胰姨痍彝逸肄維唯惟佚泆佾軼
遺聿裔通鷸匀胤尹寅貪螾演引蚓允昱煜頁葉淫婬霪鹽簷檐
閻焰炎琰剡黵

（十四）章母（中古照三）〔t〕

之芝止趾沚恥芷址志誌痣寺織職識幟鷙拯證帚周賙週
舟州洲粥燭酌灼焯鑄呪咒祝終螽蛊眾招沼照詔昭朱銖珠侏
主注炷蛀麈囑矚斫斮

鐘鍾種腫踵炙者煮渚諸奢赭蔗摭遮鷓柘蹠章樟漳彰璋
鄣障掌紙只咫軄枳支枝肢卮梔正政征鉦整制製折浙顓戰專
磚顫氈鸇旃栴旨指脂祇至桎質鑽摯贄鷙贅佳錐拙真縝
稹振震賑甄諄準准診疹軫畛埶摺枕針斟箴占佔詹瞻

（十五）昌母（中古穿三）〔t'〕

蚩嗤媸齒熾扯稱偁臭醜綽姝樞觸春充衝憧蠢車處尺赤
斥昌唱倡猖菖鯧敞廠氅秤侈掣舛串闡穿喘鴟叱吹炊出啜
川釧嗔瞋春蠢幨襜

（十六）船母（中古床三）〔dz〕

食蝕乘剩滕塍繩澠贖射麝諡蛇舌船實示術秫吮神脣漘
盾順萓

（十七）書母（中古審三）〔ɕ〕

始式軾拭試弒詩飾識升昇陞勝收手首守狩獸倏束成叔菽少澆鑠爍輸春鼠黍書恕舒抒紓暑奢賒庶舍捨赦釋奭商傷殤觴賞晌餉翅適啻聲聖施弛矢設說稅帨世勢羶扇煽豕尸屍鳲著室失水屎身申伸呻紳娠哂矧舜瞬濕深審沈攝苫陝閃襫

（十八）禪母〔z〕

時塒蒔恃侍鰣市丞承讎酬受綬授壽售勺芍孰熟淑召韶紹邵劭殊殳豎樹澍蜀屬蠋署薯曙墅石碩秠佘社尚常嘗償嫦裳徜上氏是匙寔敁成盛城誠垂睡折誓逝筮噬涉瑞遄單嬋禪蟬澶嬗擅善膳部尊視嗜誰醇淳鶉純莼辰蜃晨宸臣腎慎十什拾忱甚諶剡贍蟾

（十九）日母〔ŋz〕

而胹輀乳耳洱刵餌珥仍扔擾柔輮鞣蹂揉戎茸絨饒蟯繞弱孺儒濡肉辱褥縟蓐如汝茹若箬惹瓤攘禳穰壤鑲讓蕤蕊熱兒衂然燃染軟日馹爾邇二貳廿人仁刃忍認軔韌閏潤芮蛃枘入稔壬任荏紝妊冉苒髯

四　齒音

（二十）精母〔ts〕

栽哉載再茲滋孳子孜災梓宰則稷曾增罾繒甑熷憎遭糟

附一 上古声母及常用字归类表 543

早蚤竈棗足陬椒蹙總梭宗稷綜鬃焦僬蕉鷦醮剿澡藻躁爵釂
雀鏃縱豵蹤祖組姐租借作做臧臟葬將漿獎蔣醬貲觜紫訾嘴
積蹟績迹脊鶺精菁晴井晶旌左佐嗟祭稼際贊讚攢鑽纂纘鐫
樵僬攜箋濺薦煎箭剪翦擠濟霽臍齋齎姊秭資恣姿咨粢諮即
鯽節癤卒醉最晋揖繒戩津進儘尊樽遵俊唆畯駿接睫簪僭浸
綏浸匝殲尖

(二十一) 清母〔ts'〕

采彩菜蹭草秋楸湫鰍鞦愀糙蹴戚俏峭悄操簇蔟促忖取
娶趣趨匆忽囱葱聰璁驄樅且蛆胆粗醋錯措厝鵲倉蒼艙鶬滄
傖槍搶蹌鏘此泚玼雌束刺脆猜青清鯖請倩蒨蜻茜挫剉銼搓
磋蹉擦蔡餐粲燦璨荃詮銓痊爨千仟阡遷淺佘竄次妻萋凄七
漆切砌毳翠崔摧璀催撮猝啐悛竣親寸村緝葺妾參驂慘憯侵
駸寑僉簽塹槧

(二十二) 從母〔dz〕

字牸慈磁在才財材裁賊曾層贈皂造曹槽嘈就鷲酋遒蝤
寂族琮淙噍樵譙憔誚嚼燋鑿聚从從叢徂阻昨祚阼柞酢作藉
籍藏奘臟匠牆嬙檣薔眥眥疵漬瘠靜靖婧靚淨情晴坐座瘥嵯
絕雋泉全瓚前錢殘踐賤瓷茨薺臍劑自疾蒺摧罪萃悴瘁雜盡
秦存荐捷集齏纔輯截砸潛暫慚漸鏨

(二十三) 心母〔s〕

司笥伺絲思偲鰓腮緦息熄媳塞賽羞秀銹修脩蕭簫瀟騷

搔掃嫂速蕭嘯繡夙宿粟送宋鞘肖消宵硝銷逍削燥臊小笑匈松菘淞嵩悚竦聳慫疽睢胥婿須嬃酥甦戌絮蘇鬚素訴溯索昔惜腊寫瀉卸遡桑顙嗓喪纕廂斯撕廝賜錫析淅晳晰星猩莎娑些璅鎖髓楔雪徙薛歲褻散姍珊霰算祘蒜宣瑄渲巽選轋線鮮癬獮仙秈傘西棲犀細私死四泗駟肆悉蟋恤繐膝雖睢綏碎粹崇邃璽蓑浚峻酸梭先洗銑跣孫蓀遜飧損荀詢洵恂汛訊迅筍隼湑辛新薪信卅颯心三暹孅纖銛

（二十四）邪母〔z〕

似姒巳祀汜耜寺詞祠嗣飼辭壻囚泗袖岫俗續誦頌訟徐叙緒嶼序夕邪斜謝榭席蓆詳祥翔庠象像橡隋隨涎羨旋璇鏇璿兕穗遂隧燧隰燼旬殉徇循巡馴習襲尋潯

（二十五）莊母（中古照二）〔tʃ〕

淄菑錙緇輜仄昃側滓捉爪抓笊鄒縐查鮓詐窄榨莊裝妝壯責債齜簪幀靜盞酢第櫛齋榛臻蓁扎札紮眨譖斬

（二十六）初母（中古穿二）〔tʃʻ〕

惻測廁叉釵齔抄炒吵鈔剿窗楚礎初瘡創愴策冊柵差察刹涮揣鑹刬屫纂閂拴曝齜襯岔插參讖懺攙闖

（二十七）崇母（中古床母）〔dʒ〕

俟士仕柿事寨豺鉏鋤茌愁崇巢驟鐲鋤乍狀牀砦柴棧孱潺撰饌儕雛閘岑涔饞讒巉

(二十八) 山母（中古審二）〔ʃ〕

史使駛嗇穡色傻搜颼餿溲瘦縮漱梢捎筲稍鞘潲數梳疏蔬所朔槊霜孀雙爽灑曬生牲笙甥省沙紗鯊殺鎩煞刷澀產杉衫芟潸訕疝刪衰帥率蟀師獅篩蝨瑟詵駪森參滲摻

五　唇音

(二十九) 幫母（中古幫非兩母）〔p〕

鄙北背逼崩繃冰寶包胞苞飽保堡葆褓褒鴇報鑣臕表標飆彪豹駁爆卜濮剝邦幫譜布佈圃補博伯迫碧柏百霸巴兵浜稟秉丙昺炳榜謗擺卑裨俾碑臂璧躄臂并迸併摒憋蔽波彼陂跛簸播拜八貝撥別半絆班斑頒搬板版辮鞭變辯扁徧遍匾編鯿蝙褊邊籩匕比庇妣畀痹畢必泌祕毖秘閉筆悲輩彬邠斌豳賓檳濱殯鬢儐擯瀕扮本奔賁鉢砭貶窆

否富福蝠幅輻缶飆腹複風諷封葑唪賦傅付咐府腑俯甫脯黼斧方坊枋防舫放發廢髮蕃藩反返販畈非扉鯡霏痱匪篚誹飛沸佛分吩粉奮法

(三十) 滂母（中古滂敷兩母）〔pʻ〕

丕坏伾秠嚭胚醅剖泡砲炮飄漂縹剽拋仆璞樸撲醭普怖鋪浦痡溥粕魄拍怕帕滂雱霧烹澎砰派劈譬霹僻癖撇瞥姘品怦砰抨傅聘葩叵披破坡頗潑湃沛霈攀番潘胖判泮篇偏翩騙片批砒屁紕配匹媲濞繽盼忿噴

副覆蝮復孚孵郛荸稃俘廊赴訃捧豐澧酆峰蜂鋒烽丰撫拊紱敷芳妨仿訪肺霏菲騑斐妃費拂佛芬紛雾氛泛汎氾

（三十一）並母（中古並奉兩母）〔b〕

備背培陪賠部焙倍蓓菩否痞邳佩珮朋鵬馮憑雹抱鮑袍咆匏跑孚荸愎埠瓢僕暴瀑曝棒蚌篷蓬龐步蒲脯葡匍哺捕薄簿白泊箔帛舶並病彭膨彷旁膀傍敝幣綼埤牌裨陴婢擗闢避躃斃鷩平坪評瓶洴屏萍骈罷皮被疲婆鄱爬杷琶鈸拔跋魃芨敗諞辦辨辯辮便梗緶弁昇卞汴忭盤槃磐瘢伴拌畔蟠磻叛弼比妣枇琵蚍貔陛圮排裴俳徘悖勃渤誖臍嬪牝貧頻瀕蘋顰笨盆

咢苯涪服伏茯袱鵩婦負馮阜匐復馥鰒浮蜉枹鳳凫奉俸逢縫符苻附駙鮒腐父釜輔縛賻夫鈇扶芙防房魴肪伐閥吠煩繁蘩蕃燔墦膰藩樊礬飯肥淝腓翡焚分份汾棼墳憤罰乏凡帆犯氾範

（三十二）明母（中古明微兩母）〔m〕

麥麰母拇每敏梅莓霉枚玫某媒煤謀牟眸侔埋霾牡牧墨默夢蒙濛矇檬懞朦甍穆睦卯昴茆貿懋茂矛瞀麥蟊繆謬苗描貓貌藐廟妙秒眇渺毛氂芼冒帽瑁木沐目苜龙厐馬瑪獁駡姥莫暮墓幕寞漠摸摹饃模謨冪膜莽蟒漭陌貊貉忙芒茫邙盲虻皿孟猛明萌盟脈覓賣買澠僶名茗酩銘命冥溟蓂瞑螟暝鳴麻痲魔麼磨摩縻糜靡邁勱末抹沫滅蔑衊篾免勉娩冕面緬偭

麵湎眄沔浼蠻瞞蹣滿綿棉曼慢熳縵漫幔墁謾鰻饅蔓密蜜宓謐弭彌瀰獼汨袂美微眉媚嵋湄楣米麋迷謎妹昧魅寐没殁閩旻閔岷眠泯愍門捫悶懣緡

侮務霧鶩騖婺毋無蕪憮庶舞巫誣武鵡亡忘罔網惘輞魍妄望襪晚輓挽万萬微黴薇尾娓未味勿物吻刎文紊抆紋蚊雯聞問

【附二】

上古韵母及常用字归类表

一 之部〔ə〕

不丕邳伾秠坯杯胚芣否䴾罘痞鄙菩部倍蓓醅培陪賠剖掊佩謀某媒楳祺煤埋薶霾母拇敏畝晦負婦侮梅鶥莓玆滋慈孳鷀孜淄輜緇鎡災子秄梓滓字詞祠伺司辭絲思總偲笥似祀姒耜寺嗣飼俟埃之芝止趾址芷阯祉痔時邿詩治志誌痣笞蚩媸嗤持恥齒塒蒔鰣史使茞始士仕事寺侍恃痔市侍而腨耳餌珥珇圮擬癡狸李裏理鯉悝吏怡詒貽飴矣涘竢已以枲殆冶迨怠鮐待胎台苔臺駘態乃奶耐能來萊徠賚睞哉栽宰載再在才材財裁采彩採菜鰓豺咍姬其箕基期己紀記䢜忌欺綦旗萁淇祺騏麒琪棋起屺杞芑熙頤嘻禧熹喜僖疑嶷該垓賅改咳孩陔骸海亥駭挨埃唉礙龜灰恢詼悔賄晦誨洧鮪龘久玖灸疚舊樞丘邱蚯裘郵尤疣有友羑又右佑祐宥囿侑

二 職部〔ək〕

北背備邶逼偪牧服䮃伏茯福幅輻蝠菖匐副富麥踣墨默代袋貸岱黛臘賽賊德得特慝忒勒則側廁惻測塞色穡嗇織職

直值殖植置幟陟熾飭敕食蝕飾識式軾試弒拭奭匿曘力革克剋刻劾核國鹹幗或惑戒誡械亟殛棘極稷驥息熄異翼意薏憶臆噫弋翊翌域蜮黑

三　蒸部〔əŋ〕

朋崩繃鵬棚夢薨甍曹馮冰掤凭憑登蹬等嶝凳磴鄧瞪騰滕塍藤膽縢賸棱增憎曾增罾繒矰鄫甑贈層蹭僧徵澂懲癥丞拯氶承烝蒸證稱倗澄乘塍橙升昇陞勝繩剩扔仍亙恒凝陵綾菱淩興膺鷹蠅肱弓弘宏紘竑鈜泓穹芎熊雄肯孕

四　幽部〔əu〕

彪褒包苞胞袍雹庖枹寶保堡葆褓緥飽報抱鮑鉋泡炮咆匏砲矛茅蝥蚤督楙懋袤卯昴茆冒帽茂牡郛稃俘孚浮蜉桴莩阜嫪戊務鶩霧婺軌暓篧牟侔眸缶笛迪島禱鑄導道彫雕碉凋調茠舀稻蹈條滌條篠滔綯韜諂慆燾濤檮擣幬陶匋綯萄騊討糟遭棗早蚤皂造糙曹槽漕嘈草騷搔慅掃搜蒐餿瘦溲曳州洲周調週舟肘帚紂宙冑酎抽瘳惆稠綢儔籌疇醻躊愁雠酬丑醜臭收手守首狩受綬授售壽柔揉鞣蹂輮牢醪老膠謬廖繆蟉狃扭紐鈕流硫旒劉瀏懰留騮鎦柳溜餾雷攷考皋烤嗥好皓浩翱窈鳩丩虬糾赳九仇綹韭就鷲究救厩臼舅咎秋楸湫鞦西酉蝤獸酒猶鯂蝤遒囚泅求球逑賕羞脩休朽秀袖岫憂優悠攸幽

呦由油游遊莠黝誘柚鼬幼

五 覺部〔əuk〕

目睦穆苜腹複覆蝮复復鰒馥寂戚慼督篤粥踧肅夙宿縮畜蓄妯軸竹竺筑築逐祝俶叔菽淑孰塾肉六陸戮稑告誥靠梏酷鵠窖鷽匊菊鞠鞫趜旭鷟育毓昱煜逯燠奧澳隩奥窜學

六 冬部〔əuŋ〕

降淙絳芃風楓鄾澧諷鳳冬螽終彤佟統農膿儂濃禯穠醲隆窿楤宗鬃踪綜琮淙嵩宋中忠衷仲眾忡充蟲崇戎絨狨融躳宮窮雍壅雝饔邕擁臃

七 宵部〔ao〕

標飆鑣表苗描眇秒渺廟妙猫毛芼旄髦耄眊刀舠到倒菿盜叨桃逃咷勞撈癆潦澡藻躁燥操召招昭沼兆照詔超抄鈔紹弨貂弔挑佻桃迢苕窕跳眺潦遼繚鷯燎療嘹巢嘲朝潮晁少炒吵梢捎稍筲肖小悄俏峭誚鞘宵消銷霄硝逍搖瑤窰遥謠姚焦蕉醮噍譙樵憔鷦韶邵劭高蒿膏羔糕縞稿犒蒿豪毫號壕濠耗昊鎬号嗷敖嗷獒鰲鷔傲交郊蛟茭鮫驕嬌狡絞姣矯皎皦繳教校較喬橋僑轎敲蹻翹梟驍肴殽淆曉孝效笑夭妖要腰邀堯咬夒鷂

八　藥部〔aok〕

瀑曝暴爆豹貌皃樂鶴駁弱搦溺犖卓桌焯酌灼翟濯糴擢耀芍約妁爍鑠爵爝催雀礿躍龠籥籲推的戳削藥鑿櫟礫悼綽罩櫂勺杓釣掉耀嫋激檄竅確沃虐瘧謔謞

九　侯部〔o〕

誅姝蛛株邾朱珠硃銖洙茱主拄駐柱注住蛀炷麈斗門豆恆脰荳逗頭廚櫥躕芻雛趨鄒騶縐走奏取趣陬娶聚緅驟俞逾榆渝愉瑜輸媮愈喻諭偷蝓兜斗抖殳投數戍豎樹澍需懦儒濡孺須嫠禺隅遇寓偶耦藕乳婁搜嶁蔞籔樓屢僂鏤瘻縷褸屨漏區驅軀樞傴摳歐謳鷗甌殴嘔漚口扣叩寇厚後句狗苟拘駒鴝后姤雊詬具俱構購媾覯遘簼

十　屋部〔ok〕

卜仆撲濮僕璞樸木沐赴訃剝涿啄斫斲蜀濁獨鐲躅燭觸屬囑矚讀瀆犢贖續贖禿族鏃簇蔟嗾祿碌錄綠鹿漉簏轆粟足促浞齪束速漱嗽辱褥縟蓐耨奏哭殼瀔穀觳惑穀穀谷浴俗欲慾屋渥握幄齷局跼曲玉珏項角斛岳嶽獄

十一　東部〔oŋ〕

邦幫蚌封葑唪奉俸捧逢縫蓬篷丰棒峰鋒烽蜂豐蒙濛朦矇龐龙庞東董懂凍楝重動慟冲舂童瞳憧僮鐘鍾種踵腫用庸傭鏞墉囱窗總聰雙茸容溶熔蓉甬勇涌俑通踴恿桶捅痛誦撞同峒恫桐洞銅筒從聳縱松鬆訟頌送驄從從蹤冢寵幢龍籠聾壟瀧瓏攏櫳隴工邛攻功江紅鴻虹項澒空控腔鞏恐蛩貢公翁蓊孔恭共供巷閧閧狨喁顒龔烘洪拱凶訩講構

十二　魚部〔a〕

巴芭犯笆把耙葩甫逋補哺捕匍鋪蒲葡圃浦脯黼輔溥賻傅敷痡布佈怖莽夫膚扶蚨芙普父釜斧付附駙鮒腑俯跗無蕪撫舞憮廡武母賦馬罵莫謨模漠禡挐遮者楮諸都堵緒賭睹瘏猪瀦煮渚著箸屠儲躇褚暑署薯曙奢宁貯土杜社肚吐徒塗余徐餘途除荼叙圖蠱兔菟女如茹恕絮汝奴駑帑努弩怒盧爐蘆壚鸕廬臚虜慮呂閭侶莒筥旅膂魯鹵舍車所且沮詛姐砠租祖組阻俎粗徂鉏殂助疽砠苴狙鋤予預豫野蘇穌酥素與輿歔嶼譽序初楚礎處胥壻疏梳蔬書抒舒紓鼠黍古姑辜沽酤枯居詎琚裾鋸倨踞怙祜鵠蛄估牯軲罟詁苦故固鋼胡湖糊葫餬蝴鬍股遽據懼瞿衢籧舉鼓瞽家稼嫁葭假嘏暇遐蝦霞瑕賈價夏廈下牙鴉芽雅訝迓邪五伍吾語銜梧悟痦晤齬魚漁午忤許滸

瓜呱觚孤狐弧瓠去祛寡夸洿誇胯跨刳綺樗華譁驊雇顧庫乎
呼謼滹壺雨虎琥虛墟嘘歔巨拒距炬榘矩鉅渠秬户戽扈滬互
烏嗚于汙吁迂紆孟宇芋御禦禹圉污巫誣羽栩詡吳虞娱蜈誤
於淤

十三　鐸部〔ak〕

步霸灞白柏拍怕泊箔伯帛舶粕迫魄碧百陌貊莫摸膜寞
漠暮慕墓幕縛薄亳吒詫託妬度渡宅乍昨窄祚阼作柞酢笮秸
詐榨昔借錯措惜厝醋藉籍索朔逆溯遡槊愬鐸擇澤釋譯懌籜
驛繹擇敷庶蹠石祏跖赤尺斥坼拆赦若箬諾路貉胳洛落絡駱
烙略露鷺掠雒夜液掖腋席蓆亦奕弈夕射謝榭麝各客胳貉擱
閣格骼額却脚隙郭椁廓槨鞹虢墼赫嚇霍藿蠖鑊獲濩鑊獲護
戟亞惡堊燁曄

十四　陽部〔aŋ〕

兵丙炳柄病邴秉並方坊芳妨防肪房魴彷紡仿雱訪放舫
膀旁謗髣榜傍滂螃亡忙忘邙芒茫盲虻氓荒肓謊罔網輞魍惘
妄望皿明萌盟孟猛勐黽彭當尚掌倘常賞裳堂鐺蟷棠襠黨嘗
嫦敞昜楊陽揚颺煬盪瘍暘湯場腸蕩暢傷殤邕上瑭唐塘螗糖
裹鑲攘孃穰壤讓釀囊曩良郎廊狼莨琅瑯稂朗浪閬娘梁粱
量糧涼諒亮兩緉魎爿莊裝狀床牀戕斨臧藏牆嬙薔將漿蔣獎

鎗醬臧臟葬壯奘倉搶槍滄蹌瘡創愴蒼鶬匠喪桑纇長張帳賬脹根佷悵萇漲章樟瘴彰障羊洋佯翔祥詳庠養樣恙丈仗杖昌倡唱猖菖閶漳璋商象像相想湘廂箱緗霜孀爽京景倞黥勍鯨影慶卿竟境更梗埂綆鯁骾光洸晃舥怳姜羌羹罡岡崗剛綱康庚慷麖鶊黃廣曠壙纊獷橫潢璜簧黌衡蘅享鄉饗響向餉香亢伉抗杭航犺頏迒沆坑吭行卬仰昂迎強襁繈彊疆僵韁薑永泳咏兄況睨央怏泱秧殃英鴦鞅盎映王枉往汪旺匡筐狂誑框眶皇湟惶瑝徨遑隍煌蝗篁凰

十五　支部〔e〕

卑稗俾睥髀裨婢碑牌錍買賣笛虒褫遞蹏知蜘踟智是騠提匙寔題媞緹褆騠豸豕支技伎妓芰岐跂枝豉翅肢歧卮栀只咫枳軹氏祗疵芪紙徙蓰此貲柴眥髭齜紫雌疵泚斯廝兒倪蜺睨霓輗睍弭麗纚灑驪鸝儷邐釃奚徯蹊巂鷄溪兮圭佳閨奎崖涯卦挂袿罣蛙窪娃鞋街規窺危詭跪

十六　錫部〔ek〕

派脈辟薜嬖劈臂襞避璧譬壁霹癖僻闢甓擘幂謫摘適滴嫡敵狄逖謫迹實蹟績帝蒂諦䄌締摕啻蹄冊責債簀幘漬積束策刺易場賜裼惕剔錫析淅晰晢歷曆瀝櫪蠣覛鬩系係擊繫畫劃鬲翮隔膈阨厄軛搤解蟹懈邂覈鷊益鎰溢鷁隘役疫

十七　耕部〔eŋ〕

妍餅屏併俜聘平蘋評萍瓶骈鸣命名銘茗冥溟暝瞑螟争筝諍净鄭貞禎楨偵正政征鉦整定廳汀町亭停聽樫蟶呈郢廷梃挺庭程酲裎逞騁生甥笙旌醒性姓幸鼎丁訂釘頂成誠城盛寧濘令鈴伶零齡苓蛉聆瓴翎玲囹領嶺靈聲磬馨罄省青請精清情睛蜻菁靜靖星猩腥盈楹嬴贏耕耿莖經涇頸剄勁徑逕輕陘頃穎傾井形刑硎型荆婞倖佞扃垌迥泂炯瓊敬驚警儆擎榮滎榮鶯縈莹营瑩螢熒嬰鸚櫻嚶纓瓔櫻

十八　脂部〔ei〕

牝匕比妣秕庇枇毗琵蚍陛貔眉湄嵋楣媚美米迷謎彌瀰獼瀰禰次姿資咨粢瓷恣茨諮姊秭弟悌娣梯第綈涕剃稊鎕夷荑姨痍氐低羝抵牴邸袛坻底鴟爾邇二貳泥禮澧醴履黎黧藜利梨四駟泗宄旨脂恉詣指遲犀齊濟霽薺齋劑僿臍蠐妻淒悽萋棲西栖矢雉死私師獅篩尸鳲屍示視覘祁耆鰭嗜自細稽稅几飢麂笄癸揆夔冀皆偕階喈揩楷鍇諧啓棨綮伊呬

十九　質部〔et〕

八轡鼻閉匹畢必泌蜜密謐秘祕閟愍鐵疐嚏替至室垤絰咥致窒蟄姪瑟跌失秩妷帙迭軼疾嫉蒺佚軼懿肆逸肆屑庛萴

栗血恤洫質躓即鯽節櫛七叱漆虱實悉蟋浬日隸棣逮吉袺詰佶結桔拮詰頡擷黠計繼季悸器棄戛闋穴泬鴃橘鷸譎遹抑一乙羿壹噎殪懿瞖惠總穗蕙蟪

二十　真部〔en〕

賓濱瀕殯鬢檳臏繽頻蘋顰嚬扁編蝙褊區遍篇偏翩騙蹁編諞民泯緡丏沔麪真顛巔癲填瑱縝滇稹鎮嗔闐瞋陳申呻紳神身田伸電佃甸鈿畋塵天引蚓寅覣演蜔尹胤印年人仁佞藺憐鄰鱗燐麟轔璘千阡親辛新薪莘痒信津進晉搢縉秦榛蓁溱臻旬絢徇筍荀詢洵恂殉勻均鈞筠韻汛訊迅矜盡爁藎牽縴臣堅賢緊銜玄泫眩炫絃弦蚿舷淵因恩烟胭咽姻絪茵

二十一　微部〔əi〕

妃飛非扉霏匪菲騑腓排俳徘悲裴篚棐誹斐翡肥淝枚尾微薇追佳騅椎誰崔錐睢催摧帷維惟唯雎堆推蓷淮隤餒綏遺雷擂礧累螺蕾壘纍末誄衰罪水蕤乖開幾機譏饑璣畿蟣祈圻沂頎豈凱塏愷鎧皚希稀郗俙欷豨饋歸鬼魁餽愧瑰槐嵬傀魏巍畏猥委揮火毀煅虺回迴茴韋違偉葦煒緯圍幃闈諱威葳衣依哀壞懷

二十二 物部〔ət〕

气筆勃悖渤弗拂佛紼沸費勿忽笏物惚没殁未妹昧味魅寐退對突戌卒醉淬粹焠倅啐翠悴萃瘁碎誶猝率帥隊遂邃隧燧出祟黜拙詘茁崛掘倔窟术怵述術訥聿律類貴潰匱櫃既暨概溉嘅慨骨乞屹仡訖迄紇齕氣餼懯毅匯彙位兀軏鬱愛噯曖瑷僾慰胃渭蝟謂

二十三 文部〔ən〕

本奔賁笨憤噴彬墳分枌扮雰貧吩芬紛氛蚡汾邠棻粉忿份奮糞焚文雯閔憫紋旻蚊汶紊盆燹門悶問聞吻刎敦諄淳醇鶉淮準隼春椿蠢盾循遁豚遯屯囤鈍沌純莼頓典腆殿臀澱珍殄疹診軫畛饗紾尊遵寸忖村飧存荐薦涍辰唇震漘晨宸振蜃賑刃忍仞軔認靭靷吝侖論淪綸掄崙倫輪孫遜榛損船沿川釧順巡馴訓西舜瞬先詵銑洗跣巾斤近掀靳欣圻芹昕旂炘焮爨筋堇勤鄞謹憖瑾饉槿覲僅允悛充竣俊駿畯浚峻逡畯鰥袞昆混崑琨鯤雋鐫璿坤困綑睏閫艮很根跟狠恨痕墾懇齦限眼銀垠齦舛昏婚閽君群郡宭裙熏薰纁勛軍葷渾量運溷恩溫愠醖蘊云耘雲魂員鄖隕殞閏潤圓禋闉湮堙慇隱穩

二十四　歌部〔ai〕

罷羆麻縻糜蘼靡麾磨摩魔痲皮彼披陂疲波被玻跛簸坡婆頗麼磻也地池馳弛他拖施迤匜它蛇駝紽陀沱跎酡佗多侈移迻墮隨隋髓惰吹炊垂睡蕊惢那哪儺羅罹蘿鑼裸臝離籬摛褵璃灕醨螭魑坐座左佐差嗟蹉搓瘥嵯璅鎖沙紗鯊裟挲娑莎戈可訶阿呵何河荷柯軻珂奇寄騎崎觭琦錡猗漪畸齮倚椅苛歌宜誼義犧曦羈科蝌果裹稞顆窠課加嘉枷痂瘕珈茄伽笳袈架駕賀過禍鍋窩渦我莪俄峨娥餓哦鵝蛾義議儀蟻譌禾和盉穌穌化訛吪貨靴爲僞嫣撝虧瓦

二十五　月部〔at〕

貝敗狽吠沛肺帯霈斾拜湃敝蔽幣斃弊繫憋瞥鼈撇別蒯髮拔跋妭魃茇發廢撥伐筏茷閥垡莈篾蠛巘襪末抹沫袜滅邁勱蠆罰怛妲狚笪靼達闥撻大泰帶滯螮奪裰輟啜惙綴制製最贅兌蛻銳稅帨脫說悅閱㺿札扎紮軋祭蔡察際穄刹殺鎩折哲蜇淛誓逝撤轍徹舌設撮臬闑陧齧奈柰嚙勢熱埶埒鋝賴癩瀨籟列例烈洌裂厲勵礪蠣劣絕歲世泄枻紲曳洩絏拽筮噬雪褻叡濬叡辇薊桀傑截夬決抉訣快缺觖缺厥橜蹶蕨闕介界芥疥曷羯竭謁碣揭褐遏蝎葛渴歇蠍喝藹靄契鍥楔絜挈害瞎鎋割轄谿蓋丏藝囈刮鴰憩話餂佸括栝銛活劌闊會膾儈澮

檜繪薈獪噲劊外斡曰月刖戉越鉞樾粵乂艾刈彗慧穢

二十六 元部〔an〕

反板版返販飯半絆伴拌判泮叛畔片便鞭緶梗邊邉辨辯辦卞忭汴抃弁昇變攀樊礬番蕃墦璠藩翻蟠膰幡蹯燔嶓潘班斑般搬瘢磐槃盤礜煩蘋繁蘩綿緜棉免娩勉俛冕萬面緬沔偭悗麵曼謾饅蔓慢嫚縵幔漫墁鰻卵短斷段鍛緞耑端湍專轉傳團摶磚顓喘遄巽撰饌選篹緣椽穿丹旃單殫簞憚彈蟬禪嬋闡癉戰歎旦疸但坦袒壇擅嬗檀顫澶瓬鸇膻羶延誕涎筵蜒埏綖焉蔫嫣鄢彦諺顔炭軟覞然撚亂輦難灡蘭爛讕攔欄斕嬾連漣鰱蓮練揀鍊戀攣孌贊攢讃瓚鑽鑽纂簒算餐粲燦璨戔殘淺琖醆盞剗錢棧箋牋踐賤錢餞濺前煎湔剪翦箭沿船遣繾遷散霰纖羨鮮癬展碾輾纏躔鄽廛泉線全栓詮銓痊筌荃產鏟扇煽山訕疝汕䒐仙善鱔鄯繕饍膳繭間簡澗鐗柬揀涑諫建健鍵腱肩官遣管琯館棺綰貫慣關寬觀灌鸛歡權顴勸驩謹見峴硯現莧筧趼研妍犬畎卷券踡拳倦捲蜷圈干竿肝桿稈玕虷秆矸旰骭邗奸汗幹扞軒罕岸旱閈翰豜姦捍乾顯愆憲獻巘縣懸閑嫻癇漢煓桓狟洹宣渲諠喧萱貆垣塞謇寒翰韓言唁原源螈願袁園轅猨遠元沅黿玩阮頑完豌莞皖冠浣院宴晏安案鞍按偃堰蝘雁贗燕譴嗹患宦雋鐫免浼換唤煥暖緩鸞巒欒癴欒圞孌彎灣虋丸紈芄還環擐鬟寰圜鐶爰援媛煖湲緩諼旋鏇娟捐

涓冒鹃冤晚挽輓宛苑怨婉菀畹琬剜惋豌椀盌腕鴛

二十七　緝部〔əp〕

答搭褡苔塔拾集雜颯沓逤內納衲衵軜立粒笠苙濕隰澀入十什汁執贄摯鷙蟄縶合閤蛤盒迨恰洽祫鴿給習襲輯緝楫檝戢茸揖泣急及級伋汲岌吸歙龕邑悒浥挹

二十八　侵部〔əm〕

品凡帆汎耽躭酖眈覃撢潭譚簟忝添舔探貪淫霪南楠諵喃男念稔壬任飪妊荏賃紝衽婪林淋琳霖臨禀廩凛懍簪僭潛譖岑涔森郴枕沈沉忱鴆諶審深琛朕浸綅侵寢祲尋燖心沁三甚葚湛參驂滲慘摻杉衫蠶堪戡勘咸鹹緘減鹼喊感撼憾禁襟金錦欽嶔禽擒今吟衾琴芩衿黔鈐含玲頷函涵菡音歆暗闇諳黯暗瘖窨陰蔭飲

二十九　葉部〔ap〕

乏眨法榻遢踏邋蠟插妾唼接霎萐喋蝶諜牒鞢爕捷婕睫涉匝歃闒躡鬣臘獵夾挾莢頰鋏狹峽俠愜篋甲匣狎鴨押壓劫怯魇業聶顳躡攝叶葉脅協颯盍嗑闔饁

三十 談部〔am〕

氾范範犯砭貶泛炎淡談郯惔痰毯剡琰啖甜銛恬澹膽擔詹瞻憺儋幨檐蟾襜贍簷染冉苒髯聃藍籃覽攬濫檻纜廉簾鎌濂斂臉殮瀲瞼斬漸塹槧暫慚占點玷店坫苫站沾霑佔坫覘黏鮎攙鑱巉饞閃芟殲僉簽籤讖纖孅兼謙歉嫌縑鶼賺蒹檢驗險嶮儉獫監鑑襤鑒鹽劍甘柑紺拑蚶酣邯鉗嵌箝敢憨嚴巖儼釅闞瞰欠芡笅舀焰諂陷閻垎掐焰猒厭魘饜銜奄掩庵菴醃鵪埯淹崦晻腌閹蠱

【附三】

王力《古代汉语》上古声韵表的正误

王力先生主编的《古代汉语》自中华书局1962年出版以来，已重印了37次，发行册数达到了200余万，这在我国高校古汉语的教材中是创纪录的。这部书尽管已历时50余年，但至今仍然是一部最受高校文科古汉语专业普遍欢迎的好教材。五十多年来，全国各院校的古汉语教师在使用这部教材过程中，陆续发现了一些问题或失误，编者在以后的版本中也都作了相应的修订，使这部教材日趋完善。可以说，到目前为止，还没一部古汉语教材能取代它。但这些修订多是"文选"的字义注释方面，似乎还存在着某些"死角"。笔者在教学中，使用附在《古代汉语》第二册后面的《上古韵母及常用字归部表》（以下简称《韵表》）和《上古声母常用字归类表》（以下简称《声表》）时，发觉问题不少。本文将这些问题提出来，以供编者在再版修订时参考。

笔者比较《古代汉语》几种不同时期的版本，发现两份《韵表》和《声表》都是逐步完善起来的。如《韵表》

的"之部",首版本才收113字,1996年版本已增加为280字。《声表》的"影母",首版本才113字。1996年版本已增加为199字。二表韵部、声母的排列次序也有较大的调整。如"韵表"的"冬部",首版本置于第二十七"侵部"之后,1996年版本与第四"幽部"、第五"觉部"为阴阳平入相配,则在"觉部"之后。首版本"声表"为28个声母,且以唇音居先,而1996年版增至32个声母,移唇音于齿音之后。正是由于以后陆续增补字数,且出于多人之手,难免造成新的错误。笔者归纳起来,大致有以下三个方面。

第一,出现了不少重复的例字。如在"韵表"中,"之部"的"否"、"悝"字,"蒸部"的"乘"字。"幽部"的"陶"字、"翛"字、"酉"字,"药部"的"乐"字,"鱼部"的"据"字,"耕部"的"荣"字、"屏"字、"聘"字,"脂部"的"枇"字,"质部"的"血"字,"微部"的"菲"字,"文部"的"论"字,"歌部"的"侈"字,"元部"的"禅"字、"蕃"字、"观"字、"冠"字、"完"字,"侵部"的"绶"字,"叶部"的"挟"字,"谈部"的"擔"字、"监"字、"剡"字,都分别在同一个韵部里出现了两次。又如在《声表》中,"影母"的"燕"字,"匣母"的"见"字、"圜"字,"见母"的"贾"字、"纠"字、"监"字、"劲"字,"端母"的"徵"字,"定母"的"度"

字、"调"字，"来母"的"勒"字、"落"字，"章母"的"衹"字，"心母"的"宿"字、"洗"字、"塞"字，"帮母"的"臂"字、"剥"字，"并母"的"牌"字，"明母"的"渑"字、"曼"字、"蔓"字，都分别在同一个声母里出现了两次。以上这些重复的例字，在首版本里都不存在。这显然是以后累增过程中校勘不细而造成的失误。

第二，出现了一些明显的错别字。如果比较一下前后几种版本，不难发现，编者对这些错别字是有所校正的。如，1989年版本"鱼部"的"围"字，1996年版本校正为"圉"字；1989年版本"阳部"的"易"，1996年版本校正为"易"字；1989年版本"谈部"的"搅"字，1996年版本校正为"揽"字。1998年版本"帮母"的"具"，1996年版本校正为"贝"字。但反覆二表，发现仍有诸多漏校而未及改正的错字，远未至穷尽之日。如在《韵表》中，第十六"锡部"的"惕"字，《说文》训放，从心、易声。或作婸，从女、易声。古韵属阳部，不在锡部。"惕"当系"惕"字的形讹。第二十二"物部"的"戍"字，又见第九"侯部"。"戍"字古音在侯部，不在物部。"物部"的"戍"当是"戌"的形讹字。"戌"字古音在物部。第三十"谈部"的"舀""滔"二字，又见第四"幽部"。"舀""滔"古音皆在幽部，不在谈部。"舀"当作"臽"，"滔"当作

"䣭",都是形讹字。臽、䣭二字古音在谈部。又如在"声表"中,牙音第五"溪母"的"芑"字,未见《说文》,查河南信阳楚墓竹简文有"芑"字,即"芷"字的古文。芷字不读溪母,实读舌音第十四"章母"。"芑"当系"芑"字的形讹,芑音驱里反,属溪母。第六"群母"的"梵"字,《广韵》去声六十《梵韵》音扶泛切,古音属并纽,不读溪母。且"梵"字不见《说文》,盖产生于东汉佛学东渐以后,先秦古音也不当收梵字。"梵"当系讹字。舌音第九"透母"的"魄"字,又见于唇音第三十"滂母"。考"魄"字古音不读透母,但读滂母。"透母"的"魄",当系讹字,但未审其因何而误。盖"醜"字的形讹。"透母"又有"轡"字,即《说文》的"轡"字,或作䋎,《广韵》去声第六《至韵》音平秘切。古音在并母,不在透母。"轡"当系"韜"字的形讹。"韜"音土刀切,古属透母。第十九"日母"的"肬"字,古属匣母三等,古书但作"尤",非日母字。"肬"当"肰"字的形讹。"肰"同然音,人延切。古音在日母。齿音第二十三"心母"的"戌"字,音伤遇切,本属审母三等音,非心母字。"戌"当系"戌"字的形讹。"戌"音辛聿反,属心母。第二十四"邪母"的"妃"字,音芳非切。古属滂母三等,不当归邪母。"妃",当作"妃",实系"姒"的异体字。"姒"音详里切,古属邪母。唇音第二十九"帮母"的"七"字,音亲吉切,古属精母。"七"当系"匕"字的形讹,"匕"音卑履切,古属帮母。"帮母"三等音的"航"字,音胡郎切,古属匣母。"航"当系"舫"字的形讹。"舫",或作"枋"、"汸",音府良切,古音属帮母。以上例字的讹误,多由字形相似所致。两份表里还出现个别不很规范怪字,应该给以改正过来。如第四"幽部"的"皋"字当作"皋"。"嘷"字当作"暤"字。

第三,个别例字的声韵归类不尽精当,有待进一步查证。在"韵表"中,第六"冬部"收"众""淤"二字。第十一"东部"也有"众""淤"二字。让人无所适从。其实"众""淤"二字上古只属冬部,不属东部。第十六"锡部"收有"適"字,第二十五"月部"也有"適"字。其实,"適"字古音属锡部,不属月部。"月部"之"適",当作"适",音苦栝切。"適""适"是二字,今简写合为一字。第二"职部"的"冀"字,据《说文》从北、異声,似乎该归职部。可是,"冀"字上古只与脂质部协韵,《九辩》"冀""唏"相协,即其证。同时"冀"字用作"冀希"义时,其本字作"覬",古在微部。段玉裁《六书韵均表》归第一之咍部,朱骏声《说文通训定声》归颐部之入,但段、朱都认为"冀""覬"通用,据"冀"字的实际读音应

附三　王力《古代汉语》上古声韵表的正误　567

归脂部。王念孙《古韵谱》即将"冀、唏"韵字例系属于脂部之下，而不在"之部"之下，是不为《说文》形声所囿，而是以实际古音为依据的。这是一种实事求是的态度，比起段、朱二人，自是高出一筹。《韵表》将"冀"字归职部，似欠斟酌。"职部"的"昱、煜"二字，段玉裁《说文解字注》归第七侵盐添部之入，朱骏声《说文通训定声》归第四"临部"之入，皆犹《韵表》的第二十七"辑部"。查《广韵》入声第一《屋韵》"昱"音余六切，第二十六《缉韵》"煜"音为立切。则昱字古音属第五"觉部"，"煜"字古音属第二十七"辑部"。《韵表》并归"职部"，不知其所据。第二十四"歌部"的"危"字，据上古韵例，但与"支"部字相协。段玉裁《六书音均表》、王念孙《古韵谱》皆归支部。故"危"字不当属"歌部"。第二十六"元部"的"艰"字，古属文部。《诗·何人斯》艰、门、云相叶，《凫鹥》五章亹、熏、欣、芬、艰相协。皆其例。故"艰"不当归"元部"。"元部"的"演"字，古属真部。段玉裁《说文解字注》谓演属第十二真先臻部，朱骏声《说文通训定声》谓属第十六"坤部"。故"演"也不当归"元部"。第十二"鱼部"的"冶"字，《广韵》音羊者切。从其切语"行韵"，似可归鱼部。可是"冶"字实际韵例，本不在鱼部。如《荀子·非相》冶与子、士、起、友、市、始相协，未见有与鱼部字相协之例。可见"冶"字古音属之部。而"韵表"归鱼部也是沿袭旧误。"鱼部"还收有"花"字，盖未审"花"字是魏晋以后产生的俗字，其音已由鱼部转入歌麻部，不是"华"字的古音，故不当收。又，"韵表"第十六"锡部"及"声表"舌音第八"端母"的"蒂"字，《说文》作"蔕"，从艸、带声，古音属月部，非"锡部"字。蒂是"蔕"的后起俗字，故也不当收。在"声表"中，多见有一字两声兼收的情况，这是因义而别。如喉音第三"匣母"的"见"字，又见牙音第四的"见母"。唇音第二十九"帮母"的"比""普""背""否"等字，又见第三十一的"并母"。可是舌音第十二"来母"的"悝"字，《广韵》上平声第十五《灰韵》音苦回切。又音里。说明此字有两声，一属来母，一属溪母。本应兼收，而"溪母"未见有悝字。第三十二"明母"的"丏"字，《广韵》去声第十四《泰韵》音古太切；又音缅，弥兖切。知此字也有两声，一属见母，一属明母。本应兼收，而"见母"未见有丏字。第十四"章母"的"召"字，《广韵》去声第三十五《笑韵》："召，直少反。又，实照反。"一为"澄母"，一为"船母"，古属"定母"。二切皆不在"章母"。未知《声表》所据。唇音第三十二"明母轻唇音"的"曼、蔓"二字，《广韵》上平声第二十六《桓韵》并音母官切，知中古也属重唇音，不当归为轻唇音。

　　这部教材虽已经过多次修订和再版，没想到这两份上古声韵常用字的附表仍然存在着如此诸多的疏误，且至今未见有人提出来，这是颇为遗憾的事情。说明这两份附表使用者不多，在教学实践中似乎没有人认真地使用过它，不然，上述的错误还不至于隐藏到今天。笔者认为，要让学生掌握上古声韵的分部及常用字的常识，并努力与词义训诂的实践结合起来，则联系上古声韵知识，教学生学会查检这两份表也是很有必要的。这个"死角"就应该好好清理一下。同时，为方便初学声韵者考虑，常用例字的编排需要改正，从中能体现出一定的序列来。笔者以为《韵表》和《声表》常用字的排列是无序的。检一字，常常要从头查到尾，非常不便。建议《韵表》同部的例字，可以按三十二古声母的次序排列。如"之部"的280个例字，则按照从影母至明母的次序编排，目的是使学生在查检韵部中也学到了古声母的知识。"声表"同部的例字，可以按三十古韵部排列。如"影母"的199个例字，按照从之部至谈部的次序编排，目的是使学生在查检古声母中学到古韵部的知识。笔者曾经按照这样的原则另外编撰了《上古韵部常用字表》和《上古声母常用字表》，发给学生使用。反应甚为热烈。这条建议也希望编者下次再版时能给予认真考虑。

参考文献

《义务教育教科书语文》七年级上、下册，教育部组编，人民教育出版社2016年版。

《义务教育教科书语文》八年级上、下册，教育部组编，人民教育出版社2017年版。

《义务教育教科书语文》九年级上、下册，教育部组编，人民教育出版社2018年版。

《普通高中教科书语文》必修上册，教育部组编，人民教育出版社2020年版。

《普通高中教科书语文》必修下册，教育部组编，人民教育出版社2020年版。

《普通高中教科书语文》选择性必修上册，教育部组编，人民教育出版社2020年版。

《普通高中教科书语文》选择性必修中册，教育部组编，人民教育出版社2020年版。

《普通高中教科书语文》选择性必修下册，教育部组编，人民教育出版社2020年版。

《义务教育课程标准实验教科书语文》七~九年级，人民教育出版社2004年以来各版本。

普通高中《语文》课本，人民教育出版社自1995年以来各版本。

初中《语文》课本，人民教育出版社自1995年以来各种版本。

初中《语文》课本，浙江教育出版社自1998年以来各种版本。

《普通高中课程标准实验教科书语文》1—5必修，人民教育出版社2006年版

新课标高中《语文》课本，江苏教育出版社2006年版。

新课标高中《语文》课本，广东教育出版社2006年版。

《尚书正义》，〔汉〕孔安国传，〔唐〕孔颖达正义，中华书局1980年影印《十三经注疏》本。

《毛诗正义》，〔汉〕毛亨传，郑玄笺，〔唐〕孔颖达正义，中华书局1980年影印《十三经注疏》本。

《毛诗草木鸟兽虫鱼疏》，〔三国吴〕陆玑撰，《丛书集成初编》本。

《毛诗传笺通释》，〔清〕马瑞辰撰，中华书局2005年版。

《诗地理考》，〔宋〕王应麟撰，《丛书集成初编》本。

《礼记正义》，〔汉〕郑玄注，〔唐〕孔颖达正义，中华书局1980年影印《十三经注疏》本。

《春秋左传正义》，〔晋〕杜预注，〔唐〕孔颖达正义，中华书局1980年影印《十三经注疏》本。

《春秋左传注》，杨伯峻编著，中华书局2016年版。

《论语注疏》，〔三国魏〕何晏注，〔宋〕邢昺疏，中华书局1980年影印《十三经注疏》本。

《论语集解义疏》，〔三国魏〕何晏集解，〔南朝梁〕皇侃义疏，文渊阁《四库全书》本。

《孟子注疏》，〔汉〕赵岐注，〔宋〕孙奭疏，中华书局1980年影印

《十三经注疏》本。
《论语正义》,〔清〕刘宝楠撰,中华书局1954年版《诸子集成》本。
《孟子正义》,〔清〕焦循著,中华书局1954年版《诸子集成》本。
《荀子集解》,〔唐〕杨倞注,〔清〕王先谦集解,中华书局1954年版《诸子集成》本。
《庄子集解》,〔清〕王先谦著,中华书局1954年版《诸子集成》本。
《庄子集释》,〔晋〕郭象注,〔清〕郭庆藩集释,中华书局1954年版《诸子集成》本。
《列子注》,〔晋〕张湛注,中华书局1954年版《诸子集成》本。
《墨子间诂》,〔清〕孙诒让注,中华书局1954年版《诸子集成》本。
《晏子春秋校注》,张纯一校注,中华书局1954年版《诸子集成》本。
《论衡》,〔汉〕王充著,中华书局1954年版《诸子集成》本。
《论衡校释》(附刘盼遂《集解》),黄晖撰,中华书局1990年版。
《孙子十家注》,〔三国魏〕曹操等注,中华书局1954年版《诸子集成》本。
《韩非子集解》,〔清〕王先慎集解,中华书局1954年版《诸子集成》本。
《韩诗外传笺疏》,屈守元笺疏,巴蜀书社1996年版。
《世说新语》,〔南朝宋〕刘义庆著,〔南朝梁〕刘孝标注,中华书局1954年版《诸子集成》本。
《世说新语笺疏》,余嘉锡撰,中华书局1983年版。
《世说新语校笺》,徐震堮校笺,中华书局1984年版。
《颜氏家训集解》,〔北齐〕颜之推撰,王利器集解,上海古籍出版社1980年版。
《齐民要术》,〔北魏〕贾思勰著,《四部丛刊》本。
《经籍纂诂》,〔清〕阮元编,中华书局1995年版。

《故训汇纂》,宗福邦、陈世铙、萧海波主编,商务印书馆2003年版。
《古音汇纂》,宗福邦、陈世铙、于亭主编,商务印书馆2019年版。
《尔雅诂林》,朱祖延主编,湖北教育出版社1998年版。
《小尔雅义证》,〔清〕胡承珙著,《四部备要》本。
《广雅诂林》,徐复主编,江苏古籍出版社1998年版。
《通雅》,〔明〕方以智著,中国书店影印本。
《别雅》,〔清〕吴玉搢著,文渊阁《四库全书》本。
《说文解字》,〔汉〕许慎著,《四部丛刊》本。
《说文解字系传》,〔宋〕徐锴撰,《四部丛刊》本。
《说文解字注》,〔清〕段玉裁注,上海古籍出版社1981年影印本。
《说文通训定声》,〔清〕朱骏声撰,武汉古籍出版社1983年影印本。
《说文解字义证》,〔清〕桂馥撰,上海古籍出版社1987年影印本。
《方言疏证》,〔汉〕扬雄著,〔晋〕郭璞注,〔清〕戴震疏证,《万有文库》本。
《方言笺疏》,〔汉〕扬雄著,〔晋〕郭璞注,〔清〕钱绎疏,上海古籍出版社1984年影印本。
《释名疏证补》,〔清〕毕沅注,〔清〕王先谦补注,上海古籍出版社1984年影印本。
《说文古籀补》,〔清〕吴大澂撰,清光绪七年刊本。
《广韵》,〔宋〕陈彭年等修,《四部丛刊》本。
《集韵》,〔宋〕丁度著,扬州使院重刊本。
《四声切韵表》,〔清〕江永著,北平富晋书社1930年据应云堂藏石印本重印。
《音韵学讲义》,曾运乾著,中华书局1996年版。
《音韵学概论》,黄建群编著,武汉大学出版社1995年版。
《古字通假会典》,高亨纂著,齐鲁书社1989年版。

《史记》,〔汉〕司马迁著,〔南朝宋〕裴骃集解,〔唐〕司马贞索隐,〔唐〕张守节正义,中华书局2013年版。

《史记会注考证》,〔日本〕泷川资言著,北岳文艺出版社1999年版。

《史记校证》,王叔岷撰,中华书局2007年版。

《汉书》,〔汉〕班固撰,〔唐〕颜师古注,中华书局1962年版。

《汉书补注》,〔清〕王先谦撰,中华书局1983年版。

《汉书窥管》,杨树达著,上海古籍出版社2006年版。

《后汉书》,〔南朝宋〕范晔著,〔唐〕李贤注,中华书局1965年版。

《后汉书集解》,〔南朝宋〕范晔撰,〔清〕王先谦著,中华书局1984年版。

《三国志》,〔晋〕陈寿撰,〔南朝宋〕裴松之注,中华书局1959年版。

《晋书》,〔唐〕房玄龄等撰,中华书局1974年版。

《宋书》,〔南朝梁〕沈约著,中华书局1974年版。

《南齐书》,〔南朝梁〕萧子显撰,中华书局1972年版。

《梁书》,〔唐〕姚思廉撰,中华书局1973年版。

《陈书》,〔唐〕姚思廉撰,中华书局1972年版。

《魏书》,〔北齐〕魏收撰,中华书局1974年版。

《北齐书》,〔唐〕李百药撰,中华书局1972年版。

《周书》,〔唐〕令狐德棻等撰,中华书局1971年版。

《隋书》,〔唐〕魏征等撰,中华书局1973年版。

《南史》,〔唐〕李延寿撰,中华书局1975年版。

《北史》,〔唐〕李延寿撰,中华书局1974年版。

《旧唐书》,〔后晋〕刘昫等撰,中华书局1975年版。

《新唐书》,〔宋〕欧阳修、宋祁撰,中华书局1975年版。

《旧五代史》,〔宋〕薛居正等撰,中华书局1976年版。

《新五代史》,〔宋〕欧阳修撰,〔宋〕徐无党注,中华书局1974年版。

《二十四史》(全二十册)，中华书局2008年版。
《资治通鉴》，〔宋〕司马光编著，〔宋〕胡三省音注，中华书局1956年版。
《前汉纪》，〔汉〕荀悦著，《四部丛刊》本。
《后汉纪》，〔晋〕袁宏撰，《四部丛刊》本。
《战国策》，〔汉〕高诱注，〔宋〕姚宏校正，清雅雨堂本。
《战国策笺证》，〔西汉〕刘向集录，范祥雍笺证，范邦瑾协校，上海古籍出版2006年版。
《国语》，〔三国吴〕韦昭注，上海书店1987年版。
《楚辞》，〔汉〕王逸章句，〔宋〕洪兴祖补注，黄灵庚点校，上海古籍出版社2016年版。
《离骚校诂》，黄灵庚撰，中州古籍出版社2021年版。
《楚辞异文辩证》，黄灵庚著，中州古籍出版社2000年版。
《楚辞章句疏证》(增订版)，黄灵庚疏证，上海古籍出版社2019年版。
《唐诗异义例研究》，李家树、黄灵庚著，香港大学2003年版。
《全上古三代秦汉三国六朝文》，〔清〕严可均辑，中华书局1987年版。
《先秦汉魏晋南北朝诗》，逯钦立辑校，中华书局1983年版。
《山海经》，〔晋〕郭璞注，《四部丛刊》本。
《水经注疏》，〔清〕杨守敬、熊会贞疏，江苏古籍出版社1989年版。
《一切经音义》，〔唐〕释慧琳著，中华书局1993年出版《中华大藏经》本。
《陶渊明集》，逯钦立校注，中华书局1979年版。
《陶渊明集校笺》，杨勇校笺，上海古籍出版社2007年版。
《陶渊明集笺注》，袁行霈笺注，中华书局2003年版。

《陶渊明诗笺证稿》，王叔岷撰，中华书局2007年版。
《古文苑》，〔宋〕章樵注，《四部丛刊》本。
《全唐诗》，〔清〕彭定求等编，中华书局1960年版。
《全唐文》，〔清〕董诰等编，上海古籍出版社1990年版。
《全宋词》，唐圭璋编，中华书局1965年版。
《全宋诗》，孔凡礼等编，北京大学出版社1998年版。
《北堂书钞》，〔唐〕虞世南著，南海孔氏刊印本。
《艺文类聚》，〔唐〕欧阳询撰，上海古籍出版社1965年版。
《初学记》，〔唐〕徐坚等著，中华书局1962年版。
《白孔六帖》，〔唐〕白居易原本，〔宋〕孔传续撰，文渊阁《四库全书》本。
《太平御览》，〔宋〕李昉等著，上海涵芬楼藏影宋本。
《匡谬正俗》，〔唐〕颜师古著，清雅雨堂本。
《苏氏演义》，〔唐〕苏鹗撰，中华书局2012年版。
《封氏闻见记》，〔唐〕封演撰，中华书局2005年版。
《野客丛书》，〔宋〕王楙撰，王文锦点校，中华书局1987年版。
《墨客挥犀》，〔宋〕彭乘著，中华书局2004年版。
《梦溪笔谈》，〔宋〕沈括著，文物出版社1975年据古迂陈氏家藏影印本。
《文昌杂录》，〔宋〕庞元英撰，《学津讨原》本。
《太平广记》，〔宋〕李昉等著，中华书局1982年排印本。
《容斋随笔》，〔宋〕洪迈著，《四部丛刊》本。
《老学庵笔记》，〔宋〕陆游著，中华书局1979年版。
《邵氏闻见录》，〔宋〕邵伯温撰，中华书局1983年版。
《能改斋漫录·辨误录》，〔宋〕吴曾撰，中华书局1979年版。
《学林》，〔宋〕王观国著，田瑞娟点校，中华书局1988年版。

《西溪丛语》，〔宋〕姚宽著，中华书局1993年版。

《林下偶谈》，〔宋〕吴子良著，《唐宋丛书》本。

《嬾真子》，〔宋〕马永卿撰，《稗海》本。

《项氏家说》，〔宋〕项安世撰，《聚珍版丛书》本。

《考古质疑》，〔宋〕叶大庆撰，中华书局1991年版。

《云麓漫钞》，〔宋〕赵彦卫撰，中华书局1996年版。

《分门集注杜工部诗》，〔唐〕杜甫撰，〔宋〕王洙注，《四部丛刊》本。

《九家集注杜诗》，〔唐〕杜甫撰，〔宋〕郭知达注，文渊阁《四库全书》本。

《读杜心解》，〔清〕浦起龙著，中华书局1961年版。

《钱注杜诗》，〔清〕钱谦益著，中华书局1958年版。

《杜诗详注》，〔清〕仇兆鳌著，中华书局1999年版。

《诂训柳先生文集》，〔唐〕柳宗元撰，〔宋〕韩醇撰，文渊阁《四库全书》本。

《注释音辩唐柳先生集》，〔宋〕童宗说注，〔宋〕张敦颐音辩，〔宋〕潘纬音义，《四部丛刊》本。

《五百家注昌黎文集》，〔唐〕韩愈撰，〔宋〕魏仲举集注，文渊阁《四库全书》本。

《东雅堂昌黎集注》，〔唐〕韩愈撰，〔宋〕廖莹中集注，文渊阁《四库全书》本。

《李太白集分类补注》，〔宋〕杨齐贤集注，文渊阁《四库全书》本。

《鸡肋集》，〔宋〕晁补之撰，文渊阁《四库全书》本。

《演繁露》，〔宋〕程大昌撰，文渊阁《四库全书》本。

《困学纪闻》，〔宋〕王应麟纂，商务印书馆1959年版。

《书斋夜话》，〔宋〕俞琰撰，文渊阁《四库全书》本。

《示儿编》，〔宋〕孙奕撰，《知不足斋丛书》本。

《齐东野语》，〔宋〕周密撰，文渊阁《四库全书》本。
《七修类稿》，〔明〕郎瑛撰，上海古籍出版社2002年版。
《五杂组》，〔明〕谢肇淛撰，上海古籍出版社2012年版。
《日知录》，〔清〕顾炎武著，乾隆五十八年刻本。
《义门读书记》，〔清〕何焯著，中华书局1987年版。
《癸巳类稿》，〔清〕俞正燮著，光绪十九年刻本。
《寄园寄所寄》，〔清〕赵吉士撰，上海古籍出版社2002年版。
《九曜斋笔记》，〔清〕惠栋著，《丛书集成续编》本。
《读书杂志》，〔清〕王念孙著，上海古籍出版社2017年版。
《高邮王氏遗书》，〔清〕王念孙等撰，罗振玉辑印，江苏古籍出版社2000年版。
《经义述闻》，〔清〕王引之著，《四部备要》本。
《经传释词》，〔清〕王引之著，中华书局1958年版。
《钟山札记》，〔清〕卢文弨撰，《清代学术笔记丛刊》，学苑出版社2006年影印本。
《龙城札记》，〔清〕卢文弨撰，《清代学术笔记丛刊》，学苑出版社2006年影印本。
《读史札记》，〔清〕卢文弨撰，《清代学术笔记丛刊》，学苑出版社2006年影印本。
《西圃丛辨》，〔清〕田同之撰，《清代学术笔记丛刊》，学苑出版社2006年影印本。
《订讹类编》，〔清〕杭世骏著，中华书局2006年版。
《订讹杂录》，〔清〕胡鸣玉著，康熙五十八年刊刻本。
《双砚斋笔记》，〔清〕邓廷桢著，中华书局1987年版影印本。
《读书脞录》，〔清〕孙志祖撰，光绪十三年醉六堂刻本
《逊志堂杂钞》，〔清〕吴翌凤撰，中华书局2006年版。

《乙卯札记》，〔清〕章学诚著，中华书局2006年版。
《茶香室丛钞》，〔清〕俞樾撰，中华书局1995年版。
《拜经日记》，〔清〕臧庸著，《拜经堂丛书》本。
《嘉定钱大昕全集》，〔清〕钱大昕著，江苏古籍出版社1997年版。
《札朴》，〔清〕桂馥撰，中华书局1992年版。
《焦循全集》，〔清〕焦循著，广陵书社2016年版。
《东塾读书记》，〔清〕陈澧著，广东刻本。
《三余偶笔》，〔清〕左暄著，清嘉庆十四年赵绍祖刻本。
《古书疑义举例五种》，〔清〕俞樾等著，中华书局1956年版。
《读书杂释》，〔清〕徐鼒著，咸丰十一年福宁初刻本。
《字诂义府合按》，〔清〕黄生撰，中华书局1984年版。
《国故论衡》，章太炎著，《章氏丛书》本。
《文字声韵训诂笔记》，黄侃著，上海古籍出版社1983年版。
《积微居小学金石论丛》，杨树达著，中华书局1983年版。
《积微居小学述林》，杨树达著，中国科学院出版1954年版。
《诗词曲语辞汇释》，张相著，中华书局1970年版。
《诗词曲语辞例释》，王锳著，中华书局1986年版。
《唐宋笔记语辞汇释》，王锳著，中华书局2001年版。
《古籍点校疑误汇录》，国务院古籍整理出版规划小组编，中华书局1990年至2003年版，共八册。
《蒋礼鸿集》，蒋礼鸿著，浙江教育出版社2001年版。
《同源字典》，王力著，商务印书馆1982年版。
《汉语音韵学》，王力著，中华书局1956年版。
《古代汉语》，王力著，中华书局自1964年以来各种版本。
《魏晋南北朝史札记》，周一良著，中华书局1985年版。
《郭在贻文集》，郭在贻著，中华书局2002年版。

《后读书杂志》，徐复著，上海古籍出版社1996年版。
《徐复语言文字学丛稿》，徐复著，江苏古籍出版社1990年版。
《徐复语言文字学论稿》，徐复著，江苏教育出版社1995年版。
《训诂简论》，陆宗达著，北京出版社1980年版。
《说文解字通论》，陆宗达著，北京出版社1981年版。
《训诂学要略》，周大璞著，湖北人民出版社1980年版。
《训诂通论》，吴孟复著，安徽教育出版社1983年版。
《训诂学》，洪诚著，江苏古籍出版社1984年版。
《训诂学简论》，张永言著，华中工学院出版社1985年版。
《训诂方法论》，陆宗达、王宁著，中国社会科出版社1983年版。
《训诂学导论》，许威汉著，上海教育出版社1987年版。
《训诂学纲要》，赵振铎著，陕西人民出版社1987年版。
《训诂学》，郭在贻著，湖南人民出版社1986年版。
《训诂原理》，孙雍长著，语文出版社1997年版。
《三国志丛考》，吴金华著，上海古籍出版社2000年版。
《高中语文语义探究》，陈小平著，浙江古籍出版社2003年版。
《初中语文语义探究》，陈小平主编，浙江古籍出版社2004年版。
《高中语文语义探究〔苏教版〕》，陈小平著，浙江古籍出版社2008年版。

后　记

校完最后一遍，偶然间想起了一个问题：中学课本的古诗文中，许多普通名物词多不作注释。

如：《孔雀东南飞》："君既为府吏，守节情不移。贱妾留空房，相见常日稀。鸡鸣入机织，夜夜不得息。"这个"房"是指焦仲卿、刘兰芝夫妇的"居室"呢？还是别有所指？又如："府吏得闻之，堂上启阿母。"这个"堂"是南堂，还是北堂？"堂"是怎样的建筑结构？有什么作用？又如，诗中写焦仲卿替妻向母哀求，反遭一顿痛骂，于是"府吏默无声，再拜还入户"。这个"户"，是通向哪个房间的门？最末写焦仲卿"徘徊庭树下，自挂东南枝"。这个"庭"又在何处？课文均无注。

其实，房、堂、庭等居所类建筑的名称，在古代有其特定的文化意义，和现代称谓有较大差异。房，不同于住室（室才是住室），也非泛称房屋。房，指厢房，妇人作炊事或纺织的工作场所，一般在南堂和北堂之间的西面。"堂上启阿母"的"堂"，指"北堂"，是刘母日常坐息的场所。"南堂"是祭祀、会客、举办婚丧大事等重大事件的场地。阃内家妇日常活动，不在南堂，是在北堂。庭，指庭院，在南堂和应门（正门）之间。北堂前面也有庭院，但是一般都很小，而且无门户和外面相通。焦仲卿上吊自杀的树，在正门的庭院内。这些名物词直接描述了焦、刘二人的活动空间，是表现人物不可缺少的环节，如果连人物活动的空间、位置都不甚清楚，则怎么能准确理解此诗的思想内容？实在需要注释。我也无法想象，一线的语文教师，不知在课堂上如何给学生讲解、描述。

于是，我突然冒出了一个念想：把中学课本里涉及到名物的文化词语都摘录出来，类分为"人体""衣服""饮食""居室""交通""书籍（包括文房工具）""娱乐""军事""天文""地理""草木""鸟兽"等等，然后逐个给予释解，且配上实物的图画，暂且题名为《中学古诗文名物词通释》。诸如此类的书，对于中学语文教学，会有所帮助。这当然是以后的事，我会尽自己努力去完成。但是，最终能否写成，现在还很难说，得看看往后有没有空闲时间。更希望一线的语文教师关注、参与此类事情。

这本书所以能出版，和责任编辑李节女士催促、鼓励分不开。我的在读博士生肖选搏参与了此书校改，编制了《本书古汉语词汇索引》，在此深表谢忱之情。

黄灵庚

辛丑年秋末九月十一日

本书古汉语词汇索引

说明：词条相同而释义不同，各出条目；释义相同而复见，同条下各列页码。

词条	页码
A	
阿姨	502
爱	40
爱²	204
暧暧	30
安危	425
岸	461
B	
巴	374
把	440

词条	页码
颁	263
半	364
报	270
抱	278
抱²	472
抱关	37
暴	242
本	99
必	103
诐	197
敝	108
边	353
辨	244

斌	95	触龙	82
秉	440	雌兔、雄兔	389
逋慢	420	从	84
不	242	从容	519
不较多	360	淬	245
不幸	67	翠	12
不与饮食	458	存亡	425
布	472		
		D	
C		殆	87
操	436	但	229
槽枥	414	旦旦	508
尘	240	蹈	89
巉岩	225	盗贼	424
猖獗	45	登轼	22
长	103	邸	243
裳	64	弟	230
彻	64	第	230
彻²	352	殿	123
臣	399	东	129
成趣	516	东家	487
蚩蚩	473	东南	424
持	86	督过	416
持²	438	断肠	325
持国秉	261	夺	47
酬	184		

E

饿	32
恶卧	291
而	122
而²	275
而³	232
尔	16

F

发	260
乏	95
翻	353
翻作	484
樊	66
方	451
房	581
废离	418
纷纭	512
奋	72
粪壤	418
奉	439
夫	17
扶	362
拂	246
负	329
复却	419

G

改	210
革	210
更	210
工巧	511
公姥	424
苟	479
姑蔑	478
蛊	95
顾反	415
贯	126
贯²	399
广博	24
广崇	272
衮	198
果	286
过	37

H

憾	251
还	245
何处	363
何当	298
和	378
河	100
河干	239、397

盍	242	见	255
荷担	24	见²	299
鸿鹄	19	谏	65
糊突	223	江	100
环佩	531	江河	450
缓急	425	交广	459
皇考	508	交通	385
回	99	巾车	492
会	489	袷	197
惠	247	菁	245
婚姻	41	惊	110
获	36	经年	481
		景	252
J		陉	197
饥馑	31	竞	399
饥穰	427	迥	100
肌肤	307、423	弄	323
殛	396	举手	42
疾病	307	举手²	498
纪	266	句	197
技	244	距	245
加	100	窭	96
家家	367	遽	430
甲光向日	462	倦极	358、415
间语	85	矍	213
佥	292		

K

堪	464
考	101
苛政	290
恐	121、399
控引	420
叩	382
叩关	451
硁硁	398
匮	243
愧	362
昆弟	477
焜黄	222

L

兰家女	289
狼狈	224
老	101、128
了得	504
雷	128
类	399
离	246
利	495
利害	425
连	501
连天	352
粮	120
潦倒	474
胪	246
令	103
流	57、396
龙虎	455
龙钟	365
沦	56
落英	324

M

谩	28
氓	113、473
媒	183
孟	131
勉	45
偭	328
民	127
民生	509
莫	122、255
谋	112
某泽	459
慕	505
慕[2]	514

N

那堪	347
乃	232
耐	347
难	356
能	202、428
麑	216
娘	277
牛马走	290
浓	197
怒	293
暖响	516

P

攀援	224
盘游	418
配	123
朋	469
偏知	370
贫居	287
频烦	375

Q

崎岖	343
弃去	417
契阔	482
恰恰	372
千里足	279
阡陌	344
阡陌[2]	452
墙援	273
悄头	75
禽	251
勤心	497
情	382
穷	106
秋冬	125
秋士	48
诎	243
区区	123
鸲	197
取	109
去来	425
去留	427
趣舍	517
泉源	417
铨	528
逡巡	80

R

然	122、250
攘	228

糅	100	逝	38
輮	243	市朝	427
汝	232	誓违	411
汝为见	458	受	254
辱	111	孰	253
蕊	266	属	399
若	94	术	115
若²	232	述	119
		庶	128
S		率	123
三杯两盏	503	说	250、468
少长	426	私	18
设	103	思	48
涉	246	死临侵地	485
摄	66	虽	122
身	97	缩	288
娠	197	所	21
生	242，268	所²	67
生生	491	所³	232
省	88		
时习	467	**T**	
莳	115	太史公	290
始	346	滩	463
士	399	叹惋	43
式	394	汤武	50
恃	244	堂	266

堂²	582	唯	231
特	231	惟	232
腾	104	畏匿之	457
提	271	谓言	513
天	127	温蠖	53
田田	214	握	440
填	471	无忽	372
调	384	无赖	294
庭	581	无虑	54
通	399	吴越	447
同命	34	武	95
透	371	物	386
徒	230	痦生	269
徒²	399		
土橐	274	**X**	
抟	460	西	129
		希	241
W		熙	276
鞔	244	嘻	476
亡	264	郤	486
罔	242	喜	340
望洋	223	戏弄臣	457
危	395	虾蟆陵	377
威严	423	騢	196
委蛇	320	县	254
为	248	县官	29

乡	250	偃蹇	220
乡²	463	要	256
相	18	夜月	454
向	96	一	429
向来	329	一²	500
消魂	330	依依	30、499
消息	335	揖	83、246
萧森	226	夷	63
效	385	已	46
谢豹	12	已²	66
邂逅	341	以	232
昕	102	映	138
刑	242	益	253
行李	475	義	103
行路	386	盈盈	383
匈	243	映	494
雄雌	426	用	232、431
休褪	426	忧劳	385
宿	128	由	232
埍	198	犹尚	419
迅	100	犹豫	218
		有	241
Y		余烈	72
焉	122	虞	399
焉耳矣	470	与	39、241
檐	464	与²	232

圉	247	执	437
欲	384	直	231
喻	470	直²	240
园圃	423	直³	259
园田	490	直⁴	397
远近	426	职分	286
怨	300	质	247, 263
运寸	23	挚	183
愠	469	置	327
		治乱	321
Z		中庸	320
杂然	10	终……且……	293
暂	347	众	262
臧否	29	重器	477
则	529	逐	399
择	244	追	66
泽	267、398	追逐	308
舴艋	227	子	467
斩	101	自	488
折枝	33	自存	288
振怖	274	自非	248
振慑	398	自疏	35
朕	79	走狗	331
揕	201	卒	241
争	399	最	116
整	476	作息	424
只	103		